트라우마 치유를 위한 가이드 드로잉

Healing Trauma with Guided Drawing:
A Sensorimotor Art Therapy Approach to Bilateral Body Mapping

A Sensorimotor Art Therapy Approach to Bilateral Body Mapping

HEALING TRAUMA with GUIDED DRAWING

트라우마 치유를 위한 가이드 드로잉

양손 바디매핑을 통한 감각운동적 미술치료 접근

코넬리아 M. 엘브레히트 지음

최호정, 양지윤, 김수연 옮김

圖書出版 하나醫學社

이 책에 쏟아진 찬사

"감각운동 접근법과 양손 바디매핑을 통합하는 이론적 개념에 대한 연구는 '감각느낌'이라는 직관적인 경험으로부터 시작된, 일생에 걸친 심오한 여정이다. 이 통합된 방법은 신경생물학적 고찰과 미술치료 이론과 실제를 아우르는 창의적 예술치료의 획기적인 발견이다."

– 엘리자베스 와슨(ELIZABETH WARSON)

"놀라울 정도로 유용하고 영감을 주는 이 책은 가이드 드로잉이 치료적일 수 있으며, 신체에 대한 이해, Mark Making, 리듬감있는 움직임 및 원형의 형태가 이를 뒷받침할 수 있다. 눈을 감고 움직임, 리듬, 반복에 집중하면서 반복적인 모양을 사용함으로써 앞으로 나아가는 길을 스스로 찾을 수 있다는 것이 말 그대로 그렇게 간단한 것일지, 이 책을 읽으면서 생기는 질문이다. 가이드 드로잉에 관한 설명적 담론, 개인적인 경험 및 실제 사례라는 유례없는 조합을 담은 책이다."

– 진 베넷(JEAN BENNETT)
영국, 더비대학교 창의적 표현치료 및 미술치료 강사

"이 책을 읽으면서 특정 분야의 마스터를 보고 있는 것 같은 생각이 들었다. 점토를 활용한 트라우마 치유에서와 마찬가지로 코넬리아 엘브레히트는 신경생물학적 정보에 입각한 트라우마 치료의 새로운 지평을 열었다. 감각운동 미술치료사로서 그녀의 수십 년간의 경험은 어떤 심리적 과정도 신체와 별도로 개별적으로 경험할 수 없다는 이해에 뿌리를 두고 있다. 현대 과학에 대한 광범위한 지식과 고대, 현대의 신체기반 움직임 명상 및 치유에 관한 수년간의 숙달된 경험을 결합하여 저자는 내담자에게 적용할 수 있는 가이드 드로잉 방법들을 제공한다. 양손 드로잉, 글쓰기 및 바디매핑 작업을 하는 우리는 엘브레히트에게 빚을 지고 있는 셈이다. 개입 도구도 확장되어 가는 동시에 이러한 전-뇌, 전-신 방법이 어떻게 그리고 왜 그렇게 효과적인지에 대한 직관적인 이해를 깊이 있게 만든다. 깊은 감동을 주는 사례 연구들로 이해하기 쉽게 쓰인 이 책은 표현예술치료사, 트라우마 치료 전문가 및 통합 실무자가 반드시 읽어야 할 책이다. 저자의 지혜, 경험, 영감이 페이지마다 빛을 발한다."

– 루시아 카파치오네(LUCIA CAPACCHIONE)
Creative Journal Expressive Arts 인증 교육 프로그램 책임자
『왼손의 힘』, 『당신의 내면의 아이 회복』 저자

"트라우마와 트라우마 치유의 복잡성을 민감하게 다루고 있는 이 시대의 도발적인 책으로서 새로운 활력을 가져다준다. 일생의 작업과 경험을 정교하게 표현한, 코넬리아 엘브레히트는 치료사들에게 어려운 분야를 탐색해 갈 수 있도록, 의미 있고, 직설적이며, 삶을 변화시키고, 예술적 관점이 극대화되는 맥락에서 적용할 수 있는 신체중심의 틀을 제공한다. 그녀는 우리 신체의 고유한 회복력과, 이를 치료적 관계 안에서 어떻게 변화와 치유를 위해 사용할 수 있는지 말하고 있다. 이 책은 트라우마 치유에 대한 훈련과 담론을 깊이 있고 확실하게 발전시켜 갈 것이기 때문에 반드시 지녀야 할 필수품이다."

– 로널드 P.M.H. 레이(RONALD P.M.H. LAY)
싱가포르, 라셀예술대학교 미술치료 프로그램의 리더 및 수퍼바이저
공인 자격 미술치료사

"코넬리아 엘브레히트의 책은 선, 모양, 형태, 색, 그리고 미술작업 과정에서의 움직임이 트라우마를 경험한 내담자에게 어떻게 역동적으로 영향을 미치는지를 이해하고자 하는 독자들의 관심을 끈다. 미술작업에서 생성되는 원형적인 시각적 형태들은 내담자의 본능적이고 체화된 반응을 위해 연구되었다. 그녀의 미술치료 모델은 피터 레빈의 독창적인 작업을 포함하여 트라우마 분야의 주요 권위자들로부터 영향을 받았다. 엘브레히트는 풍부한 삽화들을 통해 그녀의 미술치료 방법을 시각적, 서술적으로도 전달하고 있다. 이 책은 예술, 치유, 트라우마에 관한 문헌에 유례없는 관점을 제공한다."

– 패트리샤 펜너(PATRICIA FENNER)
멜버른, 라트로브대학교 심리학 및 공중 보건 학교의 미술치료 석사 프로그램 선임 강사 및 코디네이터

"이 책에서 코넬리아 엘브레히트는 트라우마와 신체에 대한 새로운 연구들을 기반으로 그녀의 생에 걸친 전문적인 경험과 훈련을 엮어낸다. 신경과학은 신체, 뇌, 감정 간의 관계에 대한 이해를 심화시켜 트라우마 작업의 새로운 지평을 열었다. 엘브레히트의 책은 미술치료에 특화된 접근 방식을 소개하고 있어, 이 분야에 크게 기여하고 환영받고 있다. 그녀는 자신의 풍부한 경험을 아낌없이 공유한다. 이론과 실제에 대한 설명이 잘 통합되어 있고, 사례를 통해 책을 생생하고 흥미진진하게 만들고 있다. 엘브레히트의 삶의 경험이 있었기에 트라우마를 경험한 내담자들을 더 깊게 배려하면서 다가갈 수 있었다."

– 발 휴이트(VAL HUET)
영국 미술치료사협회 회장

나를 키워준 부모들 그리고 미래 세대인

나의 아이들과 손주들에게 사랑과 감사를 전하며

깨어나라, 사랑하는 이여
잠자고 있는 당신의 심장에게 친절하라
광활한 빛의 들판으로 내보내라
그리고 숨 쉬게 하라

- 하피즈(HAFIZ)[1]

목차

2부 신체의 형태: 신체는 형태를 통해 말한다

3부 감각운동 드로잉 회기와 전개 과정

한국어 번역을 축하하며

가이드 드로잉으로 삶의 리듬 이해하기

우리 몸의 모든 세포는 리듬감있고 반복적인 진동을 한다. 생명은 리듬이다. 생명은 리듬감있는 패턴 안에서 흘러간다. 트라우마의 핵심을 정의하자면 이 패턴 있는 생명의 흐름에 일어난 장해라고 할 수 있다. 우리의 생존을 담당하는 원시 두뇌인 뇌간은, 해파리가 리듬감있게 확장하고 수축하듯이 작동한다. 방해를 받으면 얼어붙고, 주변 환경이 안전하다고 여겨지면, 리듬감 있는 운동을 하며 앞으로 나아간다.

우리의 신경계는 이 기본적 리듬감 조절을 태아일 때 엄마의 자궁 안에서 배운다. 엄마가 자신의 교감신경계와 부교감신경계의 각성 상태를 조절할 수 있다면, 아기도 마찬가지이다. 만일 엄마가 우울감, 공포, 트라우마 혹은 다른 이유로 이 상태를 조절하지 못하면, 아기의 기본적인 신경계도 그럴 것이고, 일생 그런 상태로 고정될 것이다(Perry, Malchiodi and Perry. 2020).

일상에서, 그리고 가이드 드로잉 치료 회기 동안에, 우리는 여러 다양한 리듬을 경험한다. 대지 느낌의 매우 그라운딩적인 리듬일 수도 있고, 아주 섬세한 마음의 파닥거림일 수도 있다. 우리는 여러 다양한 방식으로 감정의 동요를 느낀다. 불같이 치솟는 분노나 흥분, 애정 어린 감미로운 소통이나 슬픔의 무게 등이 있다. 우리가 영적 경험이라고 부를 수 있는, 초월적 성질을 지닌 섬세한 진동이 있고, 고통의 진동도 있고, 공포에 휩싸이고, 충격, 사고, 트라우마로 장해를 입은 리듬들이 있다.

우리가 파트너와 춤을 출 때, 서로의 리듬감들의 호흡이 맞을 때 기쁨과 즐거움이 일어난다. 우리가 사랑을 나눌 때, 우리는 함께 서로에게 만족스러운 리듬을 찾아야 한다. 우리가 사랑하는 사람으로부터 멀어질 때, 우리는 어긋난 리듬의 패턴들로 인해 고통을 받게 되는데, 우리는 이를 거절이나 외로움이라고 여기게 된다. 예를 들어 어린아이들에게 이것은 매우 괴로운 일인데, 왜냐하면, 그들은 안전한 애착이 있어야만 건강하게 성장할 수 있기 때문이다. 우리 포유류의 중뇌에는 집단에 속해 있다는 느낌이 필요한 것이다.

Peter Levine으로 인해 우리는 트라우마 치료에 있어서, 일어났던 사건의 이야기를 반드시 회상할 필요는 없다는 것을 이해하게 되었다(Levine, 2010). 더 나아가 그는 기억이 지닌 악영향에 대해 언급하였지만, 성공적인 접근법은 내담자들을 생명의 흐름과 재결합re-membering시키고, 다시 그들을 생명의 리듬과 연결시킴으로써, 내담자를 폐쇄나 동결상태에서 벗어나게 할 것이라는 점을 강조하였다.

가이드 드로잉의 중요한 요소는 알맞은 움직임을 찾는 것인데, 이는 신체 내의 특정 부분의 감각느낌과 그 움직임을 하는 동안, 알맞은 리듬으로 공명하는 움직임이다. '알맞은'이라는 것은 매우 개별적이고, 순간적인 상태로 오직 신체가 보내는 신호를 통해서만 확인될 수 있다. 적절하게 알맞은 긴장, 이완, 분노나 즐거움의 목적은 개인의 내적 일치감과 만족감의 추구 이외에는 다른 것이 없다.

만일 내담자가 위기에 처했을 때 자신감이 결여되어 있거나, 기저에 트라우마가 있을 경우, 이 리듬들은 차단되거나, 망가지고, 어긋날 수 있다. 내담자들은 그렇게 망가진 리듬들을 엄격한 자기통제나 과다한 업무 수행으로 위장하는 법을 배웠을 수도 있다. 과도한 통제가 있을 경우 그리기 리듬은 불편한 정도로 느리고 의도적이 될 수 있다. 지루함과 피로감이 생겨나고, 치료사로서 임하는 것을 힘들어하고 있는 나를 느끼기도 한다. 내담자는 신체 본연의 흐름을 신뢰할 수 없기 때문에 움직임을 과도하게 주저하는 것이다. 또 다른 내담자들은 감각적 공명을 회피하기 위해서 매우 빠른 움직임을 보인다. 그들은 겉으로는 역동적으로 보이지만, 이는 과잉행동으로 자신들의 감정들을 추월하는 것인데, 특히 그렇게 불편한 내적 감각들은 약점, 수치심, 무능력, 나약함 그리고 무력함 등과 관련되어 있다.

기본적으로 나는 가이드 드로잉에서 개별성의 지표로서 리듬을 살펴본다. 내담자의 운동 충동들이 그들의 내적 리듬들과 호흡을 맞추었다는 감각느낌적인 인상을 받기 전까지는 내가 개입을 하기도 하는데, 왜냐하면 그 시점에 이르러야만 내담자 신체지각의 감각 반응회로가 살아나고 관련된 감정들과 기억들이 살아나기 때문이다.

리듬감 있는 반복에 이렇게 집중함으로써, 마음mind의 통제기관인 자아ego와 그에 관련된 신뢰체계를 거치지 않고, 트라우마의 이야기를 우회하게 되면서, 유연하고, 신체화되고, 내적으로 의지할 수 있는 정체감 형성을 시작하게 되는 것이다. 가이드 드로잉의 리듬감 있는 반복은 우리에게 자신만의 흐름을 신뢰하는 법을 가르쳐 준다. 이른바 마사지 동작들massage movements은 자신감을 북돋는 방법으로, 얽매였던 패턴들을 풀어내어 생명의 흐름과 다시 연결되도록 한다. 단순하고 리듬감 있는 반복들이 신뢰감과 그 어떤 인지적 통찰보다 훨씬 더 진정한 내적 진실을 길러내는 것이다.

내담자들은 초기에 이러한 바디 맵핑 회기에 기존의 행동양식과 운동 충동들을 가진 채 참여하게 되는데, 이 운동 충동들은 어쩌면 금지되고 두려운 것이거나, 혹은 과잉행동으로 발현될 수 있는 것들이다. 그러나, 내담자들은 '더 나아졌다는 느낌'을 주는 방법들을 금새 발견하고 더욱 만족스러워진다. 감각운동 반응회로를 통해서, 내담자들은 신체화된 방법으로 자신들의 잠재력을 경험한다.

최선의 방법은 실험을 해보는 것이다. 주의를 기울이며 다양한 리듬과 형태들을 시도해봄으로써 우리는 암묵적 감각느낌에 점점 더 집중하게 된다. 점진적으로, 움직임을 통해서 내적 감각느낌과 그림으로 드러나는 그 리듬 사이의 일치성이 생겨나기 시작한다.

양손으로 원형적 형태들을 리듬감 있게 반복하여 그리는 것은 개인을 생명의 움직임이 그려져 있는 청사진에 연결하는 것이다. 가이드 드로잉은 우리가 경험했던 트라우마 이야기들, 개인사적인 경계들, 그리고 문화적인 차이점들을 초월한다. 이것은 암묵적 학습 방식으로, 마치 걷거나 수영하는 법을 배우는 것과 같다.

리듬감 있게 그려진 위안, 흔들기 동작, 또는 밀어내기, 경계 설정 또는 공간의 창조 같은 운동 충동들은 무력함, 고통 그리고 압도되는 느낌들에 대해 능동적으로 대처할 수 있다. 감각적인 지각으로 인해 새로운 신경학적 경로들의 발달이 가능해지고, 이는 보다 고유한 자아감을 회복할 수 있게 한다. 가이드 드로잉은 우리가 온전함과 치유를 향한 체험의 여정에 이를 수 있도록 해준다.

나는 한국의 치료사들과 이 접근법을 공유할 수 있게 된 것에 깊은 감사를 드린다. 심오하고 영속적인 변화의 과정들을 만끽하기를 기원한다.

코넬리아 M. 엘브레히트

추천의 글

『트라우마 치유를 위한 가이드 드로잉: 양손 바디매핑 통한 감각운동적 미술치료 접근』은 40년에 걸친 임상 경험과 지혜를 겸비한 뛰어난 치료사이자 교사가 집필한 획기적인 책이다. 이 책은 트라우마 기반의 미술치료사들이 표현 미술이 어떻게 회복과 치유를 가능하게 하는지에 관해 알고 있는 내용을 담은 미술치료계의 빛나는 문헌이다. 회복의 열쇠는 신체의 리듬, 움직임 그리고 기억에서 찾을 수 있다. Elbrecht는 사용자 친화적이면서도 감각통합의 패러다임을 통하여 현대 신경생물학 및 근본적인 치유 실제, 곧 대칭적 드로잉과 원칙을 소개하고 있다.

Elbrecht는 전반적으로 이 책의 각 장에서 회복과 복구 과정에 있는 내담자들이 통찰력(자신이 느끼는 것을 앎)과 공감(다른 사람이 느끼는 것을 앎)으로 반응한다는 개념의 본질을 강조하며 보물과 같은 많은 임상과 실제 적용 사례를 실어놓았다. 어떤 이들은 이를 두고 비언어적인 의사소통, 리듬, 타인에 대한 반응을 인식하는 능력, 즉, 조율 attunement이라고 언급한 반면, Siegel은 이것을 정신적 통찰력인 '마음의 눈'[1]이라고 하였다. 다시 말하면, 사람들이 말하는 것을 인식하는 것뿐 아니라, 눈의 신호, 얼굴의 움직임, 목소리 톤, 자세, 심지어 호흡까지도 주의 깊게 살피는 능력이다. 우리는 생리적 차원에서 타인과의 연결감을 느끼기 때문에 이는 체화된 반응이다. 조율이 상향식으로 작동하는 이유는 타인의 감정을 인식하는 것은 뇌의 오래된 부분인 편도체, 해마 그리고 피질의 기초가 되는 구조물에서 담당하기 때문이다. 이러한 경험에 부합하는 치료적 관계는 전반적으로 기능을 향상시키고 새롭게 적응적인 반응을 만들어낸다.

심리치료의 한 형태로서의 미술치료에 익숙하지 않은 독자들을 위해 설명하자면, 미술치료가 변화를 일으키는 요소는 미술의 심리치료적 관계에서의 고유한 감각적 특성에 있다. 이것이 트라우마 기반의 개입에서 미술치료가 언어적 접근과 비교하여 차별화된 영향과 역할을 가지는 이유이다. 미술 표현은 감각, 감정, 비언어적 의사소통을 구체화시킨다. 미술치료는 보다 단어에 덜 의존적인 개인 혹은 집단과 임상가 사이에서 일종의 조율을 가능하도록 만든다. 게다가, 특정한 관계의 역학이 존재한다. 미술치료에서 치료사는 재료의 제공자(양육자), 창조적 과정의 촉진자이자 내담자가 시각적 자기표현을 할 수 있도록 돕는 적극적인 참여자이다. 이 경험들은 내담자와 치료자의 단순한 언어적 의사소통이 아닌 경험적, 촉각적, 시각적 교류를 통한 상호작용을 강조한다.

저자처럼, 수십 년 전에 나는 종이나 캔버스에 크고 리듬감 있는 그림을 그림으로써 양손으로 작업하는 간단한 미술 기반의 기법에 감명을 받았다. 그것은 '진지한 예술'을 창조하기 위한 준비 운동으로서 몸짓 반응을 통해 '이완'하는 방법으로 제시되었다. 최근 일반적으로 양손 드로잉이라 불리는 기법을 내가 처음 접한 것은 미술치료사이자 교육자 그리고 예술가인 Florence Cane[2]의 글을 통해서였다. Cane은 미국의 초기 미술치료 활동가 중 하나로, 몸을 사용하여 종이에 그림을 그리는 것의 자유로운 운동 미학적 특성과 해당 경험의 구체화된 특성 사이의 중요한 연관성을 관찰하였다. Cane은 20세기 중반, 아이들과 어른들을 대상으로 한 연구에서 손을 사용하는 것을 넘어 몸 전체를 자연스러운 리듬으로 이끄는 동작을 통해 내담자를 참여시키는 것이 중요하다는 가설을 세웠다. 구체적으로 그는 어깨나 팔꿈치, 손목으로부터 출발하여 크게 휘두르는 동작을 이야기했는데, 이는 창의적인 표현을 방출시킬 뿐만 아니라 몸과 마음의 건강한 리듬을 지지하는 회복의 효과가 있다. 즉, 이러한 리듬감 있는 동작은 허공에서 연습한 뒤 드로잉 재료와 함께 종이 위로 옮겨질 수 있다.

감각통합은 종종 작업치료를 포함하여 특정 감각을 조직하는 데 도움을 주는 다른 경험에서 발견되는 유사한 대칭적 테크닉과 관련있다. 정신적 트라우마를 치유하는 과정에서, 우리는 이제 교차 반구 활동을 자극하는 데 효과적으로 사용될 수 있는 다양한 형태의 대칭적 자극 또는 운동을 볼 수 있다. 이는 양손을 사용함으로써 뇌의 양쪽 반구가 자극을 받는다는 가정을 내포한다. 이러한 믿음은 이중주의 자극과 대칭적 눈의 움직임, 가벼운 두드림tap 및 소리를 내담자와의 감각적 신호로써 사용하는 상담가를 포함하여 Shapiro의 안구 운동 둔감화 및 재처리[EMDR] 치료 모델[3]을 반영한다. 감각운동 치료[4], 신체 경험[5] 그리고 다른 형태의 신체기반 트라우마 개입 또한 대칭적 원리와 활동을 포함한다. 트라우마를 기반으로 하는 인지적 작업에 미술치료를 적용하는 경우, 대칭적 작업은 미술 창작[6]에 포함되는 감각 기반 과정을 통해 '생각'과 '느낌'을 다시 연결하는 것일 수 있다. 많은 이들의 경우 뇌의 변연계와 우반구는 트라우마의 실제 경험이나 기억에 의해 활성화되기 때문에, 이러한 적용은 트라우마 사건으로부터의 회복에 영향을 미칠 수 있다.

나는 양손 드로잉이 자기조절과 안정화 기법의 하나로 효과적일 뿐만 아니라 트라우마 후 말 그대로 몸과 마음을 앞으로 나아가게 하는 과정을 시작하는 데 효과적이라고 생각한다. 트라우마 기억을 다시 경험하는 사람들, 특히 얼어붙는 반응이 지배적인 사람들은 과흥분, 또는 갇히고 철회되거나 해리되는 느낌을 줄이기 위해 움직임을 포함하는 경험을 필요로 한다. 두 손으로 종이에 표시를 남기거나 움직임을 그리는 것은 신체의 고통스러운 감각을 전달하지만, 신체의 고통스러운 감각으로부터 행동 지향적이고 자기권한을 갖도록 관심을 전환시키기도 한다. 심리치료적 관계 속에서, 이러한 변화는 신체가 트라우마에 대한 가장 깊고 오래 지속된 감각 기반 기억조차 해결할 수 있는 가능성을 내포하고 있다.

나 역시 동시대에 지구의 반대편에 있던 이 책의 저자처럼 심리역동과 원형 이론을 가르치는 미술치료 대학원 커리큘럼에 환멸을 느꼈다. 리듬과 움직임을 공명시키는 감각 기반 경험으로써의 미술의 창조적 잠재력은 가르쳐지지 않았으며, 심지어 치료의 핵심 개념이 될 수 없다는 점을 비판하였다. Elbrecht가 목격한 바와 같이, 최근의 미술치료 관행은 "너무 오랫동안 인지 행동 접근법" 그리고 유사한 하향식 심리치료 이론의 그늘에 있었다. 그러한 치료 전략은 특정한 장애나 어려움을 해결할 수 있지만, 많은 경우 불안, 공황, 우울증 또는 해리의 경험은 신체가 어떤 방식으로든 고통을 해결할 때까지 지속된다. 트라우마 기반의 개입에서 신경생물학의 기본 원리를 계속 탐구하고 이해함에 따라, 신체에 초점을 맞춘 이 책의 개념들은 급성 및 복합성 트라우마를 치료하는 데 있어서 우리의 중요한 공동체적 무기가 될 것이다.

마지막으로, 이 책의 서문을 쓰는 영광을 가진 것과 Cornelia Elbrecht를 동료이자 친구라고 부를 수 있음에 감사한다. 그는 미술치료 이론, 방법론과 실천, 건강과 행복에 대한 신체기반 접근법, 트라우마 기반 작업의 깊이와 폭을 넓힌 선구자이다. 그는 나의 심리치료적 작업과 내담자들의 삶을 복구 및 변화시키는 미술의 힘에 대한 열정에 지속적으로 영감을 주었다. 가장 중요한 점은 독자들이 이 책에서 발견된 영감, 통찰력, 지성을 발견하여 적용할 수 있게 될 것이라는 사실이 다행스럽다는 것이다.

트라우마 기반의 적용과 표현미술치료 협회 창립자 및 이사

캐시 A. 말키오디

저자 서문

뜻밖의 우연이 나를 미술치료로 이끌었다. 그 당시 나는 미술을 전공하던 새내기 대학생이었다. 춥고 비 오는 어느 늦은 11월 밤, 나는 아파트 열쇠를 잃어버려 그것을 찾기 위해 어두운 돌바닥 길을 헤매고 있었다. 감사하게도 그때 한 여성이 비에 흠뻑 젖어 초라해진 나를 자신의 집으로 초대해 주었다. 나는 그녀의 집에 발을 딛는 순간 숨이 턱 막혔다. 바닥에서 천장까지, 그녀의 벽은 큰 흑백 그림으로 덮여 있었다. 그 선들에는 날것의 감정이 그대로 드러나 있었고 나는 순간 그것에 사로잡혔다. 그녀는 독일의 슈바르츠발트(검은 숲Black Forest)에서 돌아온 직후였고 그곳의 이야기를 나에게 들려주었다. 그녀는 6주 동안 그곳에 머물면서 선Zen 명상, 하타 요가 그리고 내가 그녀의 벽에서 보았던 가이드 드로잉guided drawing이라는 것을 수련하였다고 했다. 놀랍게도, 우리는 50년이 지난 지금도 여전히 친구로 지내고 있다.

아마도 그것이 내가 찾고 있던 열쇠였던 것 같다. 1969년에 나는, 학생운동의 중심이었던 프랑크푸르트 대학에서 심리학과 사회학 강의를 수강했고 그 혼란 속에서의 나의 대학생활은 정말 실망스러웠다. 그 강의들(만약 그런 수업도 강의라고 한다면)은 온통 실험용 생쥐와 들쥐에 관한 내용뿐이었고, 내가 삶의 의미에 대해 가지고 있던 실존적인 질문에는 어떤 대답도 해 주지 못했다.

60년대를 살아가는 여느 젊은이들처럼 나는 마약을 하는 히피였다. 그때 나는 하버드의 유명한 Timothy Leary 교수의 사상을 따르는 무리와 어울려 지냈다. 당시 그는 스위스로 '망명' 중이었고 "기존 질서에서 이탈하고 함께 어울리자"라는 슬로건으로 LSD(환각성 약물)를 선전하였다.[1] 초월적 경험을 추구하던 나에게 프로이트 학파의 대화중심법 치료들은 나의 관심사를 조금도 충족시켜주지 못했다.

나는 미술을 정말 좋아했지만, 학교 선생님이 되거나 광고 대행사에서 일하고 싶지도 않았고 프리랜서 예술가가 될 자신도 없었다. 하지만, 비가 오는 한밤중에 이 작은 방에서, 비록 그때는 *미술치료*라는 용어가 존재하지도 않았지만, 나는 내가 직관적으로 이해한 미술치료 과정으로 덮인 벽을 보았다. 결국 나는 스스로 슈바르츠발트에 있는 센터를 찾아가 18년 동안 머무르며 수련을 하였다.

나의 스승 Maria Hippius와 Karlfried Graf Dürckheim은 그들의 분야에서 선구자였다. 심리학과 철학 교수인 Dürckheim은 일본에서 10년간 D. T. Suzuki[2]의 지도를 받으며 선불교Zen Buddhism를 공부했다. Dürckheim은 동양과 서양의 지식을 연결시키는 저서로 유명해졌으며[3], 1950년대에 전혀 들어본 적도 없는, 정신 수련에서의 신체 인식의 중요성과 함께 선Zen 명상을 유럽에 도입시켰다. 그의 핵심 가르침 중 하나는 물체처럼 "몸을 소유하려는 것을 멈추고", "나 자신이 몸이 되라"라는 것으로, 즉, 몸과 마음, 정신을 통합하는 것이었다. Dürckheim에게 몸은 영혼을 담는 그릇이었다. 그는 정신적 체험이 우리의 몸을 벗어나서 경험되는 '엑스타시ecstasy'보다는 내면을 울리며 관통하는 '인스턴시instancy'를 장려하였는데, 이는 우리의 정신을 담은 신체적(라틴어, 자기인식personare) 존재를 점진적으로 초월하는 것이다. 이런 이유로 Dürckheim은 힌두 신 크리슈나가 피리 부는 이미지를 사용하여, 개인들을 신성한 숨결이 지나가며 소리를 만들어내는 피리에 비유하였다.

Rütte라고 불리는 그들의 센터에서, Dürckheim은 명상과 자아 초월 바디워크Transpersonal Bodywork[4]를 가르쳤고, Hippius는 심리학자로 가이드 드로잉을 이용하는 Jung 분석가로 일하였다. 그녀는 감정이 개인의 필체에 미치는 영향에 대한 1930년대 박사학위 논문에 기원을 둔 양손 드로잉을 하나의 기법으로 점차 발전시켰다. 내가 그녀를 만났을 때, 이미 그녀는 심리학과 연금술[5]에 관한 자신의 저서에서 Jung이 설명한 대로, 특정 형태들을 원형적인 패턴과 연관시키기 시작하였다. 그녀는 Jung의

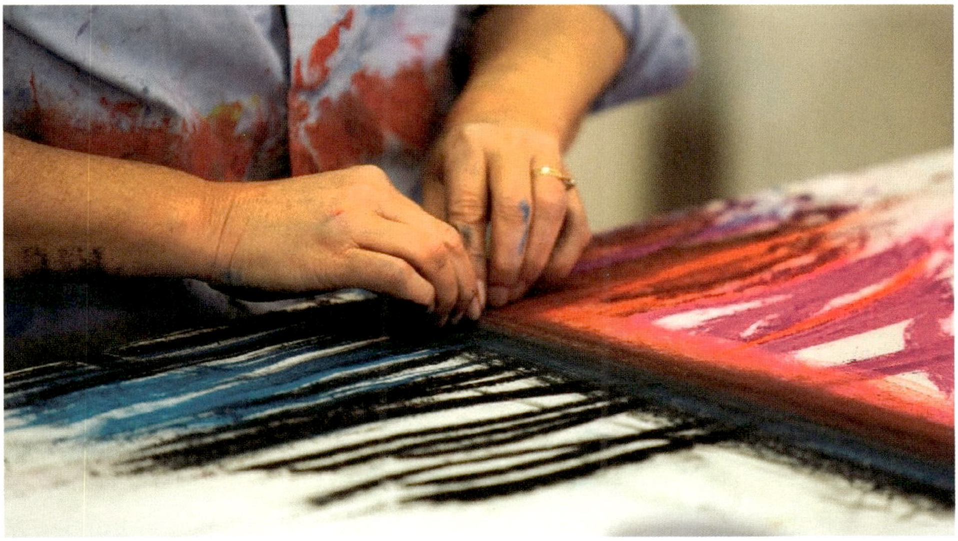

양손을 사용한 반복적이고 리듬감 있는 드로잉

제자인 Erich Neumann[6]과 만남으로써 그러한 형태들이 집단 무의식을 불러일으킬 수 있다는 것을 확인할 수 있었다. 그 예로, Hippius는 리듬감 있게 반복적으로 그려진 커다란 원을 대모Great Mother의 원형archetype과 관련지었다.

내가 Maria Hippius에게 받은 수련은 견습 과정과도 같았다. 처음에는 형식적이지 않았으며 내가 내담자였다가 학생이 되었고 점차 동료로 발전해 갔다. 시간이 지나면서 나는 게슈탈트 치료사가 되기 위해서 배움을 더해 갔고, 15년 동안은 심리치료의 일환으로 지압을 활용하는 바디워크bodywork 치료사로 일하였다. 이를 통해 나는 트라우마가 어떻게 근육과 결합조직에 갇혀 경험되는지, 그리고 정묘체subtle body[1)]의 에너지의 흐름, 즉 혈을 따라 움직이는 기의 흐름을 어떻게 트라우마가 가로막는지에 대한 매우 중요한 사실을 배우게 되었다.

그런 점에서, Stanley Keleman과 Wolf Büntig에게 받은 생물에너지학 훈련은 매우 놀라웠다. 여기에서 나는 가이드 드로잉에 바로 접목할 수 있는 신체기반 심리치료의 형태를 발견했다. 그 후 40년 동안, 이 접근법은 나의 작업에 중요한 수단이 되

1) 오감으로는 식별할 수 없는 초감각적 세계에 존재하는 몸의 총칭(역자 주).

었다. 나는 원형archetype을 강조하는 것에서 벗어나 양손 드로잉이 종이 위에 어떻게 내면을 반영하는지 살펴보고, 근육의 긴장도가 어떻게 가시화되는지, 에너지의 흐름이나 차단이 특정한 모양의 리듬감 있는 반복적 움직임과 종이 위에 크레용으로 그려지는 압력에 어떻게 반영되는지에 관심을 기울였다. 즉, 가이드 드로잉은 일종의 바디워크bodywork 방식이 되었고, 그것은 내담자들에게 그들이 경험하는 신체적 불편함과 그 고통 속에 갇혀 있는 그들의 자전적 이야기가 직접적으로 연결되어 있다는 것을 알려 주었다. 자기 주도적인 방법으로 신체에 기억된 긴장을 풀어 주는 것이 힘이 된다는 것이 증명된 것이다.

나는 이 방식이 매우 효과적이었기 때문에 40년 동안 이를 연습하면서 유지하였다. 최근이 되어서야, Peter Levine, Bessel van der Kolk 그리고 Babette Rothschild[7]로부터 받은 수련 덕분에, 나는 이 방법이 트라우마 치료를 위한 감각운동 기법이라는 것을 진정으로 이해할 수 있게 되었다.

가이드 드로잉은, 전후 독일에서 융학파의 원형archetypy 개념에 기반을 둔 글쓰기 치료법을 거쳐, 1930년대 심리학 연구에서 필적학이 대두되면서 태동되었고, 신체중심 감각운동 미술치료에서 매우 중요한 접근 방식으로 발전해 왔다. 가이드 드로잉에 관한 나의 첫 번째 저서인, 『변화 여정The Transformation Journey』[8]은 여전히 융학파의 패러다임을 따르고 있다. 그러나 불과 10년 만에 신경과학, 발달정신병리학, 대인관계 신경생물학의 새로운 학문들이 치료 환경을 크게 변화시켰다. 최근 신체기반 심리치료는 트라우마를 이해하는데 도움이 되었다. 이로인해 나는 감각운동 접근 방식에 새롭게 초점을 맞춰 『변화 여정The Transformation Journeyk』을 다시 소개하게 되었다.

특히 최근 몇 년간 나는 공부와 수련을 할수록 신경생물학과 복합 발달 트라우마와 같은 새로운 과학 분야들이 신체에 초점을 맞추고, 양측성 움직임에 기반하여 감각적 통합을 이루려는 치료법들을 지향하고 있다는 것을 알게 되었고, 이러한 사실들은 나의 동기부여에 큰 힘이 되었다. 하지만, 이러한 접근법의 적용을 용이하게 하는 치료법들은 매우 부족하다. 미술치료 역시 여전히, 이미지 만들기와 창작물들을 인지적으로 처리하는 작업에 초점을 맞추는 것을 기본으로 하고 있다. 하지만, 전전두엽 피질 중심의 치료법들은, 트라우마가 갇혀 있는 뇌간에 영향을 미치지 못한다. 이러한 하향식top-down 접근 방법들은 자율신경계에서 촉발된 비자발적 공포 반응을 지속적으로 안정시키지 못 한다.

이 설명은 나의 첫 번째 책의 일부분에서 다시 언급될 것이다. 그러나 나의 목표는 신경과학의 맥락에서 신체중심 트라우마 치료에서의 이 양손 난화bilateral scribble 그리기 접근법을 소개하는 것이다. 감각운동 미술치료 접근법으로서의 가이드 드로잉은 이미지 작업 과정이라고 할 수는 없지만 암묵적 신체 기억의 인식 확장에 도움을 준다. 이 기억들은 항상 개인사적이지만, 치료 자체는 개인의 증상에 초점을 맞추지 않는다. 그것은 실제 과거의 트라우마 사건이나 공포에 기반한 미래의 예상에 이끌리기보다는 지금 현재 순간의 신체 감각에 집중하는 것이다. 구체적인 문제나 위기가 중심이 되는 것이 아니라, 삶의 새로운 선택을 찾는 것이 이 접근법의 핵심이다. 이러한 해결책은 인지적 개념이 아니기 때문에, 문제를 이해하는 것으로 찾을 수 있는 것이 아니고, 오히려 해답은 신체의 감각느낌에 내재되어 있다.[9] 우선 우리가 이러한 신체 기반 학습 과정을 찾아내고, 탐구하고, 연습하면, 그것들은 수영하는 법이나 자전거 타는 법을 배우는 것처럼 감각운동의 성과로서 기억 속에 저장된다. 심지어 그것들은 초기 아동기의 발달상 문제에 변화를 가져올 수 있는 영속적인 절차 기억이 되는데, 이는 트라우마 경험에 대한 적극적인 반응을 찾는 데 도움이 된다. 이러한 단계들은 개인의자율적 권한을 회복시킬 수 있다. 우리의 뇌는 영향을 받기 쉬우며, 변화할 수 있다. 이 신경가소성은 현재의 현실에 적절하게 반응하기 위해서, 뇌가 스스로 재조정할 수 있도록 새로운 경험을 만들어 줌으로써 과거의 파괴적인 습관과 부정적인 신념 체계의 작용을 방해할 수 있다는 것을 발견했다.[10] 이러한 과정을 통해 내담자들은 자신의 이야기를 보다 진정성 있고 살아 있는 자아감각을 향하여 다시 써 갈 수 있다.

신경생물학은 최근 몇 년간 트라우마에 대한 이해를 넓히는 데 큰 발전을 이루었다. 우리는 어린 시절의 부정적 경험이 어떻게 뇌를 형성하는지, 엄청난 신경학적 재해가 어떻게 개인에게 평생 영향을 미치고 나중에 정서 조절 장애, 섭식 장애, 면역 체계 파괴, 만성 질환, 약물 및 알코올 중독 등으로 나타나는지 너무나 잘 알고 있다.[11] 또한 어린시절에 겪은 사건으로 발생된 복합 트라우마와 잘 적응하며 살던 개인이 겪게 된 고통스러운 트라우마 경험 간 차이점에 대해서도 이해가 깊어졌다. 결국, 트라우마는 삶의 일부이다. 우리는 모두 한 번 이상 트라우마에 노출된다. 그러나 우리가 어떻게 회복하느냐는 우리의 회복탄력과 가족, 친구, 전문가들로부터 받을 수 있는 지원에 따라 전적으로 달라진다.

오랜 시간 미술치료는 다양한 인지행동 접근법에 가려져 있었다. 하지만, 이러한 전통적 치료법들은 특정한 기능 장애를 다룰 수는 있지만, 원초적 핵심에 도달할 수는 없었다. 신체중심 미술치료법들은 트라우마를 다룰 때 매우 효과적으로 적용할 수 있다. 한편, 미술치료사로서 복합 트라우마를 입은 내담자들을 효과적으로 치료하기 위해서는 신경생물학 분야에서의 더 깊은 교육과 훈련이 필요하고, 신경학적 접근법에 기여 할 수 있는 도구로서 우리는 미술치료를 귀중하게 여겨야 한다. 정신의학 치료모델은 미술치료를 진지하게 받아들이는 것을 여전히 고민하고 있다. Bessel van der Kolk는 그의 획기적인 저서인 『몸은 기억한다The Body Keeps the Score』에서 복합 트라우마로 고통받는 내담자를 위한 댄스, 드라마 치료, 요가, 명상 그리고 바디워크bodywork에 대한 연구에서 이렇게 말한다.

> 현대 신경과학의 가장 분명한 교훈 중 하나는 우리 자신에 대한 감각이 우리 몸과 긴밀하게 연결되어 있다는 것이다. 우리는 신체 감각들을 느끼고 해석할 수 없다면 진정으로 자신을 알 수 없다. 우리는 삶을 안전하게 살아가기 위해 이러한 감각에 집중하고 행동해야 한다. 무감각(또는 보상적 감각 추구)이 삶을 견딜 수 있게 만드는 반면, 우리는 우리의 몸 안에서 일어나는 일에 대한 인식의 상실과 더불어, 감각적으로 온전하게 살아 있음을 느끼지 못하는 대가를 지불해야 한다.[12]

가이드 드로잉은 의식적 기억인 사건의 이야기를 다루기보다는 내재된 신체 감각에 초점을 맞춘다. 암묵 기억은 감각, 감정, 행동을 통해서 발생한다. 그것들은 주로 우리가 어린 시절에 배운 감정과 행동 패턴들을 중심으로 조직되어 있는데, 그것들은 보통 우리의 의식적인 인식의 범위를 훨씬 벗어나 나타났다가 사라진다.[13] 종이 위에 크레용으로 그림을 그려 이러한 암묵적인 신체 감각을 추적함으로써 신체적 불편, 정서적 고통, 통증에 대응하고 해소하고 변형시킬 수 있다. 예를 들어, 내담자들은 어깨 근육의 긴장을 경험할 수 있다. 양손을 사용하여 단순한 난화 그리기 동작을 통해 이 긴장감을 *느끼*는 그대로, 강한 힘을 사용해서 경직된 수직의 획들을 그릴 수도 있을 것이다. 복부의 메스꺼움 덩어리가 단단한 매듭으로 얽힌 꼬불꼬불한 소용돌이처럼 나타날 수도 있고, 찔리는 듯이 느껴지는 통증을 외현화하여 크레용으로 종이를 찌르며 표현해 볼 수도 있다. 그러한 신체 감각에 집중하고, 그것들을 추적하고 표현하는 것으로 이미 안도감을 느낄 수 있다. 하지만 여기에서 더 중요한 것은, 대부분의 모든 내담자들이 안도감을 찾기 위해 그들이 정말로 원하거나 필요로 하는 것이 무엇인지를 알아차리기 시작한다는 것이다. 이것이 가이드 드로잉의 *안내*이다. 안내란 치료사의 지시나 개입을 말하는 것이나 내담자가 자신의 깊은 내면으로부터 신체에 기반한 해결책을 알려주는 내적 깨달음에 따르게 되는 것을 말한다.

다음 단계에서 내담자들은 그들의 내면에 존재하는 마사지 치료사나 무술전사와 '연결'될 것이고 증상들을 완화 시킬 움직임을 가지고 반응할 것이다. 마사지를 하는 것처럼 움직임은 리듬감 있고 반복적이다. 긴장은 화살이 되어 종이 위에서 선을 따라 날아가며 해소된다. 침범을 당한 경계는 종이 주변에 견고한 선들로 재탄생되어, 다시 안전한 공간을 만든다. 크고 오목한 형태의 그릇 안에서 왔다 갔다 하는 흔들림은 진정시켜주고 편안함을 준다. 꽉 조이는 듯이 뭉친 느낌에는 납작한 크레용으로 부드럽게 쓰다듬어 주며 가득 차오른 감정을 풀어주는 것이 필요하다. 내담자가 즉각적으로 경험하는 것은 그들 스스로 도울 수 있다는 것과 그들의 행동이 그들의 감각에 확실한 영향을 미친다는 것이다.

이 접근법은, 종종 절망감으로 이어지는 내담자의 무력감에 대응하여 그것을 상쇄시킨다. 수동적인 상태에서 경험하던 고통은 깊은 곳에서 느껴지는 내적 욕구와 만나면서 능동적 대응으로 변화한다. 이렇게 내담자들은 생존에서 벗어나 점차 살아 있음을 느낄 수 있다.

가이드 드로잉은 다양한 내담자들에게 적용할 수 있다. 나는 주로 어른들과 함께 작업해 왔지만, 아이들도 이러한 접근법에 잘 반응한다. 한 번은 언어 치료사를 지도했었는데, 그녀는 3살에서 6살 아이들과 함께 이 방법을 사용했다. 그녀는 아이들이 발음하기 어려운 소리를 양손 드로잉으로 표현할 수 있도록 도와주었다. 그녀는 'f', 't', 'h' 그리고 's'와 같은 특정 소리와 가이드 드로잉의 형태들 사이의 직접적인 상관관계를 알아냈다. 그녀는 혀 운동을 하는 대신 각각의 손에 크레용을 쥐어주고 아이들에게 대응하는 혀 모양을 그리도록 권했다. 놀랍게도 처음에는 이런 움직임이 뚜렷하게 차단되어 아이들은 그림을 그리지 못하거나 분절된 선처럼 그렸다. 크레용으로 종이가 찢어질 정도로 압력을 가하거나 격한 감정을 표출하기도 했다. 그러나 점차 나타난 것은 단어도, 이야기도, 이미지도 아니었고, 자신에게 무슨 일이 일어났는지, 무엇이 말을 더듬거나 혀를 움직이지 못하도록 했는지에 대한 아이들의 감각적인 표현이었다. 불과 몇 번의 회기만으로도 내면의 많은 장애물을 제거할 수 있었고 아이들의 언어 장애도 사라졌다.

가이드 드로잉은 마음챙김, 감각 인식 그리고 신뢰를 필요로 하는데, 신체중심 접근이 모든 사람에게 처음부터 맞는 것은 아니다. 많은 내담자들은 전기적이거나 상징적인 사건의 이미지를 콜라주로 만들거나 형상으로 조각하는 창조적인 전통적 미술치료작업으로 시작한다. 이는 미술치료 회기에 대한 그들의 기대에 더 부합하며, 자원을 만들어 가는데 이런 미술치료 작업들이 도움이 된다. 우선 내담자들이 치료 세팅, 치료 관계 그리고 그들의 내면의 진행 과정에 대한 신뢰를 갖게 되면 우리는 가이드 드로잉으로 이어갈 수 있다.

역자 서문

먼저, 이렇게 귀중한 내용이 담긴 책을 우리말로 옮기는 과정에 참여하게 된 것이 얼마나 행운인지 말하지 않을 수가 없다. 미술치료를 포함하여, 다양한 표현치료 접근에서 예술활동들을 심리치료의 도구로 삼고 있는 이유는, 모든 예술활동에는 말로는 전하기 어려운 개인의 내면이 어떤 식으로든 반영이 된다는 것을 신뢰하기 때문일 것이다. 꼭 치료와 관련이 없더라도, 무언가를 창작하는 활동을 통해, 이유는 알 수 없지만, 적어도 기분이 전환된다는 것 정도는 많은 개인도 경험으로 알고 있을 것이다. 만일 여러분들이 여기서 좀 더 깊이 들어가서, 저자도 거듭 강조하고 있듯이, 신체를 매개로 우리가 경험하는 모든 현상이 우리의 행동뿐만 아니라 의식과 감정, 심지어는 영성에도 영향을 미친다는 사실을 전제로만 삼는 데 그치지 않고, 깊게 신뢰하고 있다면, 여기서 소개하는 양손 그리기 기법을 이해하는 데 큰 도움이 될 것이다. 만약에 이 책을 읽고 나서, 그렇게 될 수 있다면, 역자들은 더 이상 감사할 것이 없을 것이다.

누군가가 창작한 작품을 진정한 공감을 가지고 깊이 있게 바라보고, 그것을 통해 전하고자 하는 창작자의 마음과 의도를 헤아리는 것은 당연히 쉽지 않은 일이다. 미술치료사로서 내담자의 작품을 만나는 것이 그러할 것이고, 번역자로서 다른 언어로 표현된 타인의 이야기와 지식을 우리의 환경과 구조에 맞게 우리 말로 옮기는 일도 마찬가지일 것이다. 특히나, 치료사로서 읽어낸 그림 속 이야기를 내담자들에게 여러 방법으로 피드백하며 그들의 치유와 성장을 도와주는 것이 얼마나 큰일인지 알고 있는 역자들로서는, 저자의 오랜 경험과 귀중한 지혜가 담긴 이 책을 영어로 표현된 작품으로서 이해하고, 그것을 다시 다른 동료들, 혹은 독자들과 나누기 위해 우리말로 옮기는 과정이 어떤 면에서 치료사의 작업과 비슷하다고 느꼈다. 더구나 저자는 호주에서 오랫동안 미술치료사로 활동하고 있기는 하지만, 독일 태생으로 영어는 그녀의 모국어가 아니다. 그녀도 이 창작의 과정이 수월하지만은 않았을 것이다. 그래서인지 이해하기 난해한 문장 표현도 많았고 그때마다 우리 번역자들은 함께 머리를 맞대고 어떻게 우리말로 옮기는 것이 가장 적절할지 고민하곤 했다. 여러분들도 경험한 적이 있겠지만, 마음에서 떠나지 않던 내담자의 표현이, 어느 날 갑자기 아무 상관도 없는 일을 하고 있는데 문득 이해되듯이, 쉼표도 없이 접속사로 끊임없이 연결된 길고 긴 복잡한 문장의 내용이 며칠 뒤 갑자기 이해된 적도 있었다. 한 편, 그런 과정을 겪을 때마다, 그녀가 전하고자 하는 것을 이렇게 길고 복잡한 글로 읽고 이해하지 않고, 직접 우리가 그녀의 워크숍에 참여해서 경험할 수 있다면 얼마나 쉽고 확실하게 이해할 수 있을까 하는 생각을 했지만, 저자가 호주에 살고 있다는 것은 접어 두고라도, 코로나-19는 겪어보지 못한 상황의 발생으로 그 소망은 훗날의 기약으로 남겨둘 수밖에 없었다. 그녀가 사는 멜버른은 코로나-19 위험지역으로 오랫동안 방문이 통제된 지역이었다.

그렇지만, 코로나-19 시국이라는 겪어보지 못한 특수한 환경 안에서 수년 동안 살게 되면서, 아이러니하게도, 어쩌면 우리는 트라우마의 개념을 더 가깝게 느끼는 경험을 하게 된 것 같기도 하다. 본문에도 언급되듯이 우리가 일생을 살면서 겪는 어려움을 트라우마로 경험하는 경우는 의외로 빈번할 수 있다. 다만 그 경험을 겪어내고 나서 더 넓고 깊은 의미를 깨우치고 삶을 살아 나아갈지, 그 경험이 남긴 상처의 그늘에서 겨우 버티며 견뎌낼지가 개인에게 맡겨진 선택의 갈림길이 될 것이다. 이 책의 저자에게 큰 영향을 미친 Peter Levine은 최근 온라인 강연에서, 과연 혼자서 트라우마를 극복할 수 있느냐는 사회자의 질문에, "I don't think so"라고 단호하게 대답했다. 누가 되었든 옆에 머물면서, 그 손을 잡아주고, 따듯한 말과 눈빛으로 격려해 줄 수 있는 사람이 반드시 필요하다고 했다. 노학자의 이 짧은 한마디가 트라우마 치유에 왜

치료사의 개입이 필요한지 명료한 대답일 것이다. 미술치료사로서, 모든 내담자에게 그런 사람이 되어 줄 수 있기를 희망하지 않는 사람은 아무도 없을 것이다. 우리 번역자들은 여러분이 그 희망을 이루는데 이 책이 반드시 도움이 되리라 생각한다.

이 책은 총 3부로 구성되어 있다. 1부에서는 가이드 드로잉에 관한 전반적인 도입 부분으로, 신체중심 미술치료의 한 접근법으로서 가이드 드로잉을 소개한다. 1장은 특히 마사지 개념을 언급하고, 감각과 그것의 인식 그리고 미술 표현의 연결관계를 소개한다. 2장은 가이드 드로잉의 세팅에서 유용한 재료와 양손을 사용하는 형식적 구조를 설명한다. 3장은 가이드 드로잉에 있어서 '가이드'의 의미, 즉, 내면의 안내가 일어나는 과정을 회기에서 치료사가 어떻게 이끌어 가는지를 지시적 안내와 비지시적 안내로 구분하여 사례를 통해 서술한다. 형태, 리듬의 조절, 감각, 인식, 공명, 감정 등의 요소들이 이뤄내는 안내를 추적해 본다. 가이드 드로잉에서 중요한 역할을 하는 또 다른 요소 중에서 직관적 본능과 그것을 그림으로 표현하는 데 사용되는 원형들archetypes의 관계가 4장에서 논의되고 있다. 특정 원형 그리기를 구조적으로 도입하여 리듬감 있는 양손 작업으로 내담자를 이끌고 이를 통해 Jung이 강조하던 무의식과 생리학적 충동 그리고 드로잉으로 이것들이 상호작용하는 순환이 일어난다는 것을 보여준다. 5장은 이 순환이 가이드 드로잉의 반응회로feedback loop 작용이라는 점과, 이에 요구되는 중요 감각들로 초기유아기에 발달하는 피부감각, 균형, 깊이 감각을 설명한다. 그리고 이 감각들이 감각적 신체와 개인의 내적 성장이 얼마나 밀접하게 상호 연결되어 있는지와 그 중요성을 강조한다. 6장은 치료적 접근에 있어서 상향식과 하향식의 방법의 개념, 차이점, 실제 치료 장면에서 치료적 개입과 치료사가 유념할 점들을 두뇌의 역할과 기능 측면에서 보여 준다. 특히 감각적 인식과 운동 충동에 대한 신경계의 반응과 그 영향의 암묵적 신체저장과 기억의 관계를 삼위일체의 두뇌 구조와 함께 7장에서 다루고 있다. 이제 이런 정보들을 바탕으로, 트라우마 경험이 암묵 기억으로 신체에 저장되고 개인의 정체성을 형성하게 되는 이유와 과정이 8장에서 다루어지며, 9장은 신체에 여러 형태로 남아 있는 트라우마의 경험이 개인에게 미치는 영향과 그 치료를 개념적으로 설명하는 Peter Levine의 생명의 강 모델을 소개하며 트라우마 소용돌이와 치유 소용돌이의 생성과 역할을 치유와 이어준다, 같은 목적으로, Porges의 신경계 조절 모델도 살펴본다. 또한 안전하게 개입하여 트라우마가 남겨 놓은 기억을 해소할 수 있는 여러 형태의 직선들도 예를 들어 보여 준다. 10장은 언어를 기반으로 하는 전통적 대화치료와는 달리 신체중심 가이드 드로잉의 감각운동 과정을 위해 치료사가 언어적 개입을 하는 단계를 '몰입flow', '어떻게how', '무엇을what'으로 구분하여 논의하고 있다. 이어지는 세 장에서는 실제 치료사들이 회기 중에 집중해야 할 치료의 구성요소들에 대해 살펴보는데, 11장은 표현치료연속체expressive therapies cuntinuum를 다루고, 12장은 그림에 나타나는 선과 그 질에 대해서 고찰하고, 13장은 치료적 개입에 대한 내용을 담고 있다.

2부에서는 보다 깊게 들어가, 가이드 드로잉에서 양손을 사용하는 리듬감 있는 움직임을 통해 신체 내면에서 일어나는 운동 충동의 감각과 인식, 그 반응들이 신체 안에서 공명을 만들는 것에 대한 상세한 설명이 이어진다. 그리고, 이 모든 과정이 가이드 드로잉으로 어떻게 종이 위에 반영되어 개인의 트라우마 이야기가 전개되는지, 그리고 나서 그 감각적 기록을 의식과 연결하고 개인의 삶에 변화를 가져오는지가 담겨 있다. 가장 먼저 가이드 드로잉에서 많이 다루어지는 기본적인 형태들을 이야기하는데, 14장은 여성적 특성을 담고 있는 기본적 형태들인 그릇, 아치, 원, 나선, 8자 형태, 물결 형태를 깊이 있게 들여다본다. 그에 상응하는 성질을 지닌 남성적의 기본적인 형태들이 15장에서 서술된다. 수직선, 평행선, 십자형, 삼각형, 사각형, 뾰족뾰한 선형, 점에 관한 고찰이 있다. 이 두 장에서는, 형태들을 생리학적 측면, 원형archetype적 측면, 개입의 측면에서 다각도로 탐색하기 때문에 그 이해의 폭이 매우 풍성하다.

마지막 3부에서는, 1부와 2부에서 다루었던 모든 내용이 실제 한 개인의 트라우마 치유 과정에서 어떻게 전개되는지 사례를 통해 상세하게 따라가면서 여러 장의 그림과 내담자의 설명을 통해 생생하게 소개하고 있다. 그 과정에서 요구되는 동반자로서의 치료사가 회기 중에 개입할 때 중요하게 생각할 점들을, 저자의 오랜 경험에서 터득한 지식을 바탕으로 16장에서 소개하는데, 실제로 회기에서 적용할 수 있는 매우 실질적인 수준으로 신체중심 치료관점에서 요약해 준다. 이어지는 17장을 읽는 것은 마치 한 편의 영화를 보는 듯한데, 저자는 Cath라는, 어린 두 아이를 둔 젊은 여성 내담자의 트라우마 치유 여정을 그녀가 창작한 가이드 드로잉 그림들과 함께, 단계별로 보여 주며 그 의미를 공유하며, 양손을 이용한 가이드 드로잉이 어떻게 한 개인을 새로운 삶의 단계로 이끌어 주었는지를 보여 주고 있다. 마지막 18장은 전체적인 마무리로 상향식 미술치료 개입 도구로서 양손을 이용한 가이드 드로잉에 대한 기대와 당부로 마무리하고 있다.

처음 이 책을 만났을 때 전통적인 미술치료와 결이 달라 생소했지만, 미술치료 분야에 새로운 방향성을 제시해주어서 참 기뻤다. 번역을 시작한 지 꽤 오랜 시간이 지났지만 그 때의 감동이 더욱 깊어지는 걸 보면 미술치료 분야에 선물과 같은 책임에 분명하다. 이 책의 번역 출판을 흔쾌히 허락해주시고 오랜 시간 기다려준 하나의학사 임직원들에게도 깊은 감사의 인사를 드린다.

이 책의 한국어판 발행에 대한 축하의 글을 보내며, 저자가 이메일로 짧은 소식을 전해왔다. 최근 북극으로 감동적인 여행을 다녀왔다면서, 직접 찍었다는 산타클로스의 우체국 사진을 첨부해 보냈다. 왠지 모를 깊은 안도감이 올라왔다. 45년이 넘는 풍부한 경력을 지닌 중년의 그녀 안에는, 여전히 세상의 아름다움을 바라보는 순수한 내면의 아이가 호기심 가득한 눈망울을 지닌 채 살아 있다는 것을, 그 한 컷의 사진을 통해 알아차릴 수 있었다. 직접 그 북극의 우체국을 방문 할 수 있는 행운이 우리 모두에게 있지는 않겠지만, 적어도 이 책이 그곳에서 날아 온 반가운 선물과도 같기를 바라며, 그녀가 이메일에 남긴 마지막 문장으로 역자 서문을 마무리하고자 한다.

“여러분에게 행운을 빕니다.”

1부

신체중심 미술치료

트라우마 치유를 위한 접근법의 구성요소

1장 들어가기

당신이 가이드 드로잉Guided Drawing 회기에 참석하면, 겹겹이 쌓여 있는 여러장의 A1 크기의 종이와 바로 옆에는 핑거 페인트, 파스텔과 오일 파스텔이 준비되어있는 책상 앞에 앉게 될것이다.

[그림 1.1] 내면의 긴장 해소를 표현한 전형적인 양손 낙서 그림. A1 사이즈(약 59×84cm)

일단 서로가 이 세팅 안에서 충분한 신뢰가 쌓이고 접촉이 이루어졌다면 나는 내담자에게 미술 작업을 한다기보다 바디워크를 한다고 상상해보는 것이 이해하기 쉬울 것이라고 설명을 한다. 또한, 필요한 경우 시간을 좀 더 할애하여 모든 감정들은 그것들을 표현하는 생리적 증상들이 있다는 점을 설명한다. 두려움은 심장을 두근거리게 하고, 손에 땀이 나고, 위가 뒤틀리는 느낌이 들 수도 있다. 흥분은 고조되고, 기쁨은 쉽게 막힘 없이 흐르고, 분노는 뜨겁고 격렬하여 늘 솟아오르는 듯하다. 반면 그라운딩grounding[2] 은 마치 나무가 땅에 뿌리를 내리는 것과 같이 아래로 향한다. 숨을 들이마시는 것은 나의 영혼에 영감을 불어넣는 것과 같다. 우리는 복부에 덩어리가 생기거나 목이 뻣뻣해지는 등 움직임이 막힌 듯한 느낌을 감지할 수 있고, 심지어 종양의 움직임도 느낄 수 있다.

예를 들어, '속이 울렁거리는' 것 같은 느낌이 든다면, 가이드 드로잉에서는 이 경험을 머릿속에서 이미지로 옮기기보다는 나는 내담자에게 반복적인 움직임을 이용하여 내적 감각을 느껴보고 확인해보며 이를 종이 위에 반영하여 그려보는 것을 장려할 것이다. 그러면 내면의 움직임은 곧바로 종이 위에 움직임으로 그려져 나타날 것이고, 울렁거리는 바로 '그' 느낌을 크레용으로도 표현할 수 있게 된다.

시작할 준비가 되면, 눈을 감게 하거나, 시선이 한곳에 집중되지 않도록 한다. 감각적 지각이 일어날 수 있도록 숨을 내쉬고 골반을 고르게 하여 "앉으세요"라고 요청하고, 두 발이 땅에 닿는 것을 느끼고, 척추가 곧게 서 있는 것을 인식하고, 호흡의 리듬에 귀를 기울여 몸을 통한 인식을 안내하는 것부터 시작할 것이다. 이렇게 나의 몸에 집중하는 연습은 신체적인 고통이나 불편함, 감정의 움직임, 특히 내면의 움직임을 알아채도록 고안되었다.

나는 언제든지 우리가 우리 몸이 지각하는 것을 신뢰하도록 권장한다. 그것은 가장 간단하면서도 직접적인 자기 자신과의 접촉 방법이다.

이제 당신은 양손에 크레용을 잡고, 되도록 두 눈을 감고, 내부의 감각과 접촉하며 그림을 그려보게 될 것이다. 드로잉은 가장 단순하게 반복되는 최소한의 움직임으로

---

2) 심리학적 용어로, 척추를 통한 자기 지지와 통합의 느낌으로 다리와 발, 체중, 땅과 자기 자신의 연결을 알아차리고 안정감을 경험하는 과정(역자 주).

시작해도 된다. 특히 리듬감 있는 반복적 움직임을 통해 어떤 움직임이 내부의 감각과 가장 유사하게 느껴지는지 주의 깊게 확인해 볼 수 있다. 이런 내부 감각들에 따라서 그림의 형태를 다양하게 부분 응용할 수도 있고, 아니면 마음에 들 때까지 형태 전체를 변형할 수도 있다. 이는 형태를 생각해서 그려내는 과정이 아니고, 안전하게 내담자를 인지적 통제에서 벗어나게 해 줄 리듬과 형태를 찾는 과정이다. 머리로는 자신에게 무엇이 필요한지 알지 못한다. 리듬감 있는 반복적 움직임은 서서히 내담자를 자신의 체화된 자전적 경험인 암묵 기억과 연결될 수 있도록 해주는 것이지, 그들의 과거 이야기를 의식적으로 회상하게 해주는 것이 아니다. 춤을 출 때 머리로 박자를 세면서 추지 않듯이, 일단 자신을 이끄는 리듬을 신뢰하면, 어떤 형태가 생겨나더라도 내담자는 자신을 그 형태와 친숙해지도록 해야한다.

둥근 형태가 나왔다고 가정해보자, 이 움직임을 반복하다 보면 너무 작은지, 큰지, 리듬이 너무 빠른지, 느린지 몸으로 느낄 수 있다. 그림을 그리는 움직임이 나에게 적절하게 느껴지고 내면에서 경험한 내용과 일치할 때까지 이러한 내면의 '안내'를 따른

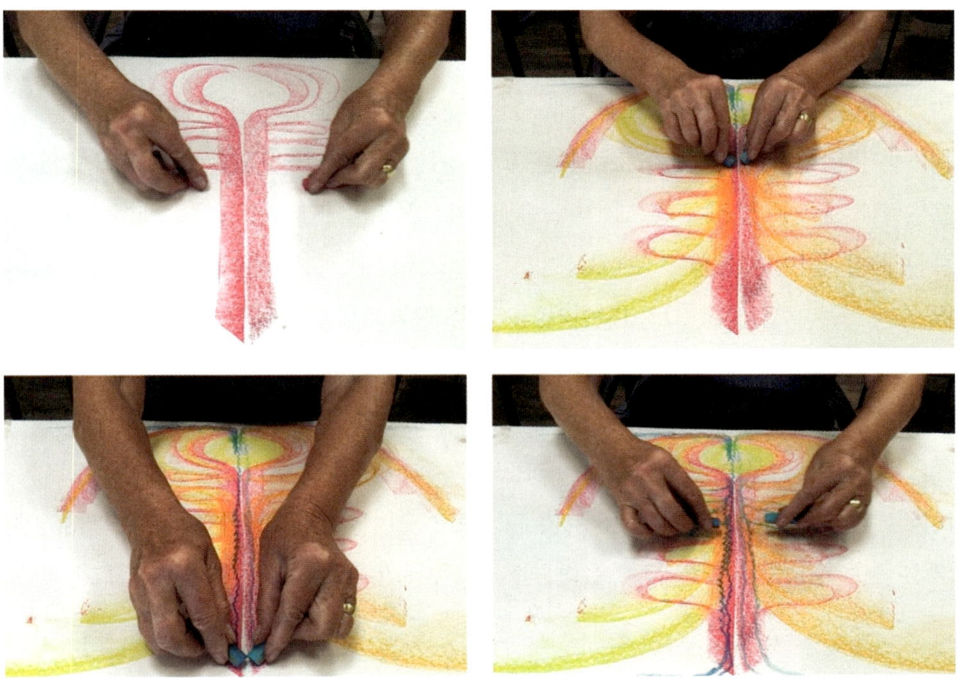

[그림 1.2] 리듬감 있는 양손 드로잉의 단계별 진행

다. 하나의 충동에 대한 충분한 탐색이 끝날 때마다 새로운 종이가 제공된다.

그런 다음, 다음과 같이 질문을 할 수 있다. *나의 느낌은 어떤가?* 이 긴장을 풀기 위해서 *나에게 어떤 움직임이 필요한가?* 무엇이 통증을 완화하는 데 도움이 되는가? 부드럽게 원을 그리며 진정시키듯 '마사지'하는 움직임이 필요한가? 아니면 압박감을 해소시키는 뾰족하고 힘 있는 직선을 그리는 움직임 중 어떤 것이 필요한가? 무언가를 밀어내거나 누군가로부터 거리를 두어야 하나? 아니면 품어주기가 필요한가?

어떤 움직임이 기분을 나아지게 하는가? 지금 마사지를 받을 수 있다면, 우리 내면의 치료사가 우리 몸에 무엇을 해주길 바라는가? 만약 무술을 연습하는 거라면 지금 당장 어떤 방어적인 움직임이 필요한가? 이러한 움직임들을 종이 위에 리듬감 있는 반복 동작을 통해 몸 안에서 분명한 움직임이 느껴질 때까지 시도해 볼 수 있다. 긴장감이나 통증이 감소했는가? 무감각함이 조금 나아졌는가? 두려움이 덜 느껴지는가? 에너지가 더 느껴지고 몸을 바로 세울 수 있는가? 좀 더 그라운딩을 할 수 있는가? 더 희망적인가? 더 용기가 나는가? 이 질문들은 그림을 그리기 위해 무엇인가를 생각해내는 인지적인 과정이 아니라 해소와 변화를 가져올 내면의 지침을 찾는 과정이다. 이 과정에서 새롭게 그려진 확장된 원이나 다른 형태들은 내담자의 신체 인식뿐만 아니라 정신적, 감정적 태도까지도 바꿀 수 있다.

가이드 드로잉은 신체 감각들과 리듬감 있는 반복적인 움직임이 서로 조화롭게 일치되도록 장려한다는 점에서, 잘 알려진 난화기법과는 다르다. 생성되는 형태와 리듬감 있는 반복적 움직임은 모두 신뢰와 내적 구조를 형성하고 구축하는 데 목적이 있다. 이것은 특히 내면의 두려움을 경험하는 내담자들에게 중요한데, 트라우마를 겪은 많은 개인들은 실제로 자신이 느끼는 신체 감각들을 매우 두려워하고, 위협적으로 경험하기 때문이다.

이러한 접근 방식은 내담자가 그들 자신과 깊은 접촉을 통해 만들어 낸 자신만의 형태를 발견해 갈 수 있게 해준다. 움직임과 감정뿐만 아니라 차단된 움직임과 그것을 제한하는 방식까지도 표현이 된다. 이 새로운 형태의 신체 언어는 그와 연관된 감정과 사고의 형태가 분명해짐에 따라 점점 그 의미가 이해되고, 더불어 신체 자세를 이루는 방식도 이해될 수 있다. 예를 들어, "내가 그린 원은 너무 작다"라는 느낌은 "안전하기 위해서는 정말 작아져야 한다" 또는 "숨을 쉬기 어렵기 때문에 이 상태에서 빠져나와야 한다"와 같은 자기 제한적 사고방식과 서로 연관되기 시작한다. 또는 원을 반복해서 그리는 움직임은, 원을 따라 계속해서 달리는 것과 같거나 악순환처럼 느껴지기도 한다.

나는 생물에너지학을 공부하면서 나의 신체적 경험, 특히 근육의 수축과 이완이 감정 및 정서 상태와 밀접하게 연결되어 있다는 것을 알게 되었다. 가이드 드로잉은 신체 치료의 한 형태이다. 모든 감각, 감정, 기분은 사고 패턴과 신체 자세와 연결되어 있어 모든 것이 미묘하게 상호 관련되어 영향을 미친다. 심신의학은 사람이 실연으로도 죽을 수 있음을 밝혔다. 우리의 언어는 어떻게 사람들이 자신의 입장을 고수할 수 있는지hold their ground, 현실적이고 겸손한지down to erath, 책임감으로 부담을 느끼는지carry the world on their shoulders, 또는 침착하고 감정을 드러내지 않는지stiff upper lips, 눈빛에 살기가 어릴수 있는지looks can kill와 같은 표현이 있다. 작업에서의 변화는 항상 신체적 요인을 포함한다.

예를 들어, 분노는 긴장되고, 뜨겁고, 항상 상승하는 움직임을 보인다. 그러나 내담자는 크레용으로 종이 위에 이 상승하는 움직임을 따라 그리는 대신 "내가 얼마나 화가 났는지 보여 줘서는 안돼", "화내는 것은 나빠"와 같이 하향하는 움직임을 일으키는 학습된 행동을 보이고자 하는 또 다른 충동을 감지할 수도 있다. 즉 고조된 분노와 조절된 분노라는 두 가지 움직임이 복부, 가슴, 또는 목 어딘가에서 충돌을 일으킬 때, 이러한 움직임을 종이에 시각화하는 것이 가장 효과적이다.

그러면 다음과 같은 질문에 초점을 맞출 수 있다. 어떻게 화를 다스릴 수 있을까? 내 분노가 무슨 말을 하는가? 화를 꾹 참고 폭발할 것처럼 돌아다니는 게 적절한 걸까? 혹시 이런 태도가 10년 후에 궤양을 일으키진 않을까? 친한 친구나 나 자신을 해치지 않고 분노를 표출할 수 있는 방법은 무엇일까? 종이에 분노를 표현해 보니 기분이 어떤가? 이 분노는 현재 겪고 있는 문제보다 얼마나 더 오래된 것인가?

그려진 움직임은 내부의 에너지 흐름을 반영한다. 이 흐름은 의식적이든 아니든 파괴적이거나 건설적일 수 있다. 이는 특정한 생각, 감정, 기분, 행동은 흘러가게 하고 다른 것들은 금지하고 차단해야 했던 내담자의 삶의 이야기이다. Keleman의 표현대로, "당신의 몸은 마음을 말한다".[1] 치료사와 내담자 모두 이러한 방식에 대해 의문을 제기하고 이해해야 한다. 내담자들은 그들의 에너지 흐름을 이해하고, 방향을 바꾸고,

변환하고, 통합하는 방법을 배울 수 있으며, 이를 통해 치유하고, 에너지의 흐름을 증가시킬 수 있다.

눈을 감고 양손 드로잉을 하는 것은 곡예를 하기 위해서가 아니다. 눈을 감거나 한 곳에 집중하지 않는 것은 종이 위에 그려질 예술적 결과를 통제하고 싶은 충동을 피하고 내면에 집중하는 데 도움을 준다. 의식이 통제하고 평가하는 방식으로 간섭하는 것을 멈출 수 있다면 눈을 뜨거나 감는 것은 중요하지 않다. 그러나 내담자가 눈을 감자마자 이미지에 압도되거나, 의식적으로 에너지의 방향성을 잡아야 하는 경우라면 예외일 수 있다.

가이드 드로잉에서 양손을 모두 사용하는 것은 전체론적인 접근 방식을 지원하는 방법으로, 이것은 훈련되지 않고 자주 사용되지 않은 부분도 포함하여 모든 신체를 온전하게 사용함으로써 이성적이고 직관적인 좌우 대뇌반구를 동시에 자극한다.

전 과정을 통해, 적어도 의도를 가지고 이미지를 그려내는 것이 아니다. 주된 욕구가 무엇이든 간에 반복적인 운동 충동을 통해 종이에 드러나게 된다. 내담자들이 이런 식으로 표현하기 때문에 추상적인 형태들이 겹겹이 쌓여 그림이 창작된다. 그러고 나면 그림을 통해 근육의 긴장, 감정 그리고 사고방식을 묘사하는 시각적 언어를 읽고 이해하는 법을 배우게 된다. 그려진 형태의 의미는 내담자들마다 다를 것이다.

치료사는 치료적 개입 도구로 특정 형태를 선택하여 제안할 수 있다. 내담자들은 이러한 형태들을 리듬감 있고 반복적인 움직임으로 표현하고 그들이 감각느낌felt sense[3] 안에 만들어낸 감각적 반응을 살펴볼 것이다. 이 형태들은 신체 구조와 관련이 있는데, 예를 들어 수직선은 척추를 세우는 데, 오목한 그릇 모양은 골반이 균형을 잡는 데 도움을 준다. 내담자는 이 개입을 적용하여 긴장된 근육을 효과적으로 마사지하거나, 안전하게 화를 표출하거나, 스스로를 진정시키는 방법을 찾아갈 수 있다. 이런 식으로, 내담자들은 자신들의 느낌을 조직화하고, 수용하며, 더 나은 기분을 가질 수 있는 신체적 자원을 만들 수 있게 된다.

---

3) 시카고대학교 Eugene Gendlin이 만든 '포커싱 체험중심 심리치료(focusing experimental psychotherapy)' 등을 비롯한 여러 신체중심 치료에서 동일한 용어인 감각느낌이라고 번역되어 사용됨(역자 주).

2장 세팅과 미술재료

가이드 드로잉은 신체 움직임을 통한 마음챙김mindfulness이다. Hippius는 그것을 '적극적 명상'의 한 형태라고 불렀다. 작업하는 공간은 차분하고 집중할 수 있는 분위기가 지원되어야 한다. 내담자들은 눈을 감고 그림을 그리기 때문에, 작업하는 공간이 안전하지 않으면 충분히 긴장을 풀고 편안함을 느낄 수 없다.

가이드 드로잉은 집단뿐만 아니라 개인 회기로도 진행할 수 있다. 개인 회기에서는 침묵 속에서 드로잉 리듬을 따라가고, 그러한 감각 경험을 간략하게 혹은 깊이 있게 나눈 뒤, 다시 침묵한 상태에서 드로잉을 한 후 마지막에 인지적 처리과정으로 이어진다. 집단 회기에서는 서로 첫 소개 후 약 40~50분 정도 침묵 속에서 드로잉을 시작한다. 이후 그림을 바닥에 순서대로 놓고 소집단으로 나누어서 집단원들과 경험을 나눈다. 그다음 목표는 집단원들은 그림이 어떻게 변화했는지 관찰하고, 내담자의 설명을 들으며 그림이 들려주는 이야기를 이해하는 방법을 배우는 것이다. 표현된 운동 충동은 내담자의 감각 지각에 어떻게 공명되는가? 이런 감각 인식은 이제 섬세하게 조율되어 인지적 통찰로 연결될 수 있다.

드로잉을 하기 위해서는 테이블과 의자가 필요하다. 이상적인 테이블의 높이는 내담자의 배꼽보다 약 2.5cm 낮아야 한다. 의자의 높이는 앉았을 때 무릎이 골반보다

[그림 2.1]

약간 낮고 발이 땅에 닿을 정도여야 한다. 드로잉은 신체를 인식하는 명상적인 활동이기에 허리를 펴고 편안한 자세로 앉아서 그리는 것이 중요하다. 물론 이것이 모든 사람이 침묵 속에서 앉아서만 작업을 해야 한다는 것은 아니다. 서서 그림을 그리는 사람도 꽤 많으며, 움직임이 강렬하고 시끄러울 수도 있다. 하지만 시작할 때는 편안한 상태로 허리를 바로 세우는 것이 중요하며, 바닥에 웅크린 자세로는 불가능하다.

개인 회기와 집단 회기에서 내담자는 필요한 모든 재료를 가까이에 준비해두어야 한다. 내담자는 각 회기당 10장 정도의 A1 크기의 종이(약 59×84cm)와 종이를 책상에 고정시킬 테이프, 초크크레용chalk crayons[4]과 오일 파스텔 세트가 필요하다.

파스텔은 압력의 미세한 변화에 매우 민감하다. 특히 납작한 면으로 사용하면 여러 겹의 선들이 비쳐 보이게 그려질 수 있다. 파스텔은 자기초월적이거나, 명상적 접근법 드로잉을 하거나, 섬세하고 예민한 내담자들에게 적합하다. 파스텔은 질감이 건조하고 손바닥으로 종이에 가루를 문지를 수 있어 접촉성이 높아진다. 따라서 능숙하지 않은 내담자도 만족스러운 방식으로 색상을 혼합할 수 있다. 하지만, 건조함이 모두에게

---

4) 파스텔보다 단단하고 둥근 모양(역자 주).

[그림 2.2] 핑거페인팅

맞는 것은 아니다. 어떤 내담자에게는 알레르기 가려움 반응이 나타날 수 있고, 가격 또한 비싸다. 어떨 때는 한 번에 두 개의 파스텔을 사용하는 내담자를 볼 때 원망하는 마음을 가져 본 적도 있었고, 회기가 끝났을 때, 20달러짜리 파스텔 한 세트가 빻아져 가루가 된 적도 있었다. 파스텔은 힘을 가하면 쉽게 부서져 내담자가 실망하거나 당황스러울 수 있다. 그럴 때는 오일 크레용을 선택하는 것이 좋다.

오일 크레용은 품질과 두께가 다양하며, 학교와 유치원에서 사용하기 때문에 훨씬 가격이 저렴하다. 만약 크레용이 너무 딱딱하면, 종이가 쉽게 찢어지고 긁히는 느낌으로 그려져 만족스럽게 표현하지 못할 수 있지만, 전문가용을 사용한다고 해서 효과적인 것은 아니다. 미취학 아동들은 주먹으로 쥐고 그림을 그릴 수도 있으므로 힘을 견딜 수 있는 두꺼운 크레용을 준비하면 좋다.

핑거 페인트는 학용품으로 큰 병에 담겨 나온다. 이 물감들은 보통 가격이 저렴하고 천에서도 물로 지워지는데, 그렇지 않으면 양손 드로잉을 할 때 매우 지저분해지므로 문제가 될 수 있다. 나중에 그림을 말릴 때는 충분한 공간이 필요하다. 나는 대부분의 회기에서 물감을 요청하면 제공해준다. 때로는 특정한 감정을 강조하기 위해 한가지 색만이 필요하거나 종이에 표현된 상처에 바를 수 있도록 물감에 연고를 섞어 사용한다. 애착 트라우마를 가진 많은 내담자들은 '충분함을 경험하지 못한다'. 그렇기에 내담자가 눈을 감고 있는 동안 치료사가 그들의 손에 물감을 부어 주는 것은 그들의 욕구를 충족시키는 돌봄의 행위가 될 수 있다. 손에 가득한 물감은 확실히 더 촉각적이고 감각적인 면에서는 중요한 역할을 하기에 어떤 사례에서는 매우 의미 있는 경험이 되기도 한다. 물감을 문지르고 섞고, 긁고, 장난을 치는 것, 물감과 직접 접촉하는 것은 어린 시절의 기억을 불러일으키고 허용되지 않았던 욕구를 충족시킬 수 있다. 그렇기에 때때로 핑거 페인트는 크레용보다 더 적합한 재료가 되기도 한다. 선명한 색채는 감정을 더욱 호소력 있게 표현할 수도 있다. 또한 물감의 유동성은 자신에게 마사지를 해 준다는 생각이 더 들게 한다. 그러나 접촉으로 인한 정신적 충격을 받은 내담자들, 특히 성적 학대를 당한 내담자들은 물감을 만지는 것으로 인해 심각한 자극을 받을 수 있다. 이 경우, 트라우마의 소용돌이에서 벗어날 수 있도록 닦을 것을 충분히 제공하고 물로 씻을 수 있게 하는 것이 중요하다. 직접 재료와 접촉하는 행위는 촉각적인 측면에서 엄청난 치유의 잠재력을 가지고 있는데, 나는 점토 작업을 할 때 이를 자세히 탐구했었다.[1]

크레용과 붓을 사용하여 종이로부터 거리를 두는 것은 자기self와 직접적인 접촉으로부터 거리를 유지할 수 있지만, 핑거 페인트는 "매우 직접적"이다. 하지만 내담자들은 손끝으로 물감을 만지는 등의 방법으로 압도적인 접촉으로부터 거리를 둘 수 있다. 양손에 물감을 묻히고 종이와 온전히 접촉한다는 것은 내부에서도 감각적 신체와 접촉이 이루어졌음을 나타낸다. 촉지각haptic perception은 접촉을 통한 지각으로 내담자들의 손이 세상을 향한 정향감을 어떻게 익혀왔는지 판단할 수 있는 지표의 통찰력을 제공한다. 내담자들이 외부와 접촉하기 위해 소통하는 방식은 그들이 내면에서 자신들과 어떻게 접촉하는지를 반영한다.[2] 촉지각haptic perception은 손바닥의 아랫부분을 골반과 내면의 그라운딩에, 손의 중간 부분을 가슴과 감정에 그리고 손가락, 특히 손끝을 인지처리과정으로 비유하여 설명한다.[3] 손의 사용이 편안하다면 감각느낌이 편안하다고 판단할 수 있는 반면, 긴장되고, 경직되고, 겁에 질린 듯하고, 손으로 물감을 전혀 만지지 못하는 것은 두려움에 대한 지표이고 관계적 학대와 관련된 트라우마 이력을 보여 주는 것으로 진단할 수 있다.

색: 나는 내담자들이 감각느낌에 관한 색의 선택에 있어서는 신중하고 솔직하라고 권유한다. 만약 어떤 것이 내부에서 파란색으로 느껴지면 파란색으로 그리고, 그것이 중립적으로 느껴진다면 검은색이나 갈색과 같은 중립적인 색을 사용한다. 그러한 선택들은 그 그림들을 더 의미 있게 만든다.

나는 경험을 통해 특정한 색에 어떠한 해석과 의미도 부여하지 않게 되었다. 색이 누군가에게 미치는 영향은 매우 개인적이며, 당시의 신체나 감정의 상태에 따라 다를 뿐 아니라, 영적, 문화적 관점에 따라서도 달라진다. 우리가 대학에서 수행한 연구에 의하면 동일한 사람이라도 특정 색을 어떤 상황에서는 "따듯하게" 느꼈고 다른 상황에서는 "차갑게" 인식되었다.

우리 주변에는 인터넷에서도 쉽게 찾아볼 수 있을 정도로 많은 색채 이론들이 있다. Joan Kellogg는 MARI 만다라 평가 체계를 위해 개발했다.[4] Goethe는 1790년에서 1808년 사이에 색채에 대한 이론을 썼다.[5] 나와 함께 게슈탈트 치료를 공부했던 Werner Arnet은 에이도스eidos(그리스어로 '인식', 그의 학교 이름이기도 함)에 대한 그의 전반적인 심리적 색채 개념을 1920년대 바우하우스 학교의 일원이었던 Johannes Itten의 가르침에 기초하였다.[6] Verena Kast는 융학파의 개념에 따라 색에 대하여 깊이 있게 해석하였다.[7] 신학적 가르침에서는 일곱 가지 창조의 빛에 따라 특별한 의미를 부여한다. 힌두교도들은 차크라를 위한 색 체계를 가지고 있으며, 가톨릭교도들은 교회 행사에 따라 제의와 제단 장식에 대한 색 지침을 가지고 있다. 이처럼 색채가 어떻게 인식되는지에 대한 문화적 차이는 상당하다. 애도의 색의 경우, 중국에서는 흰색이지만 서양에서는 검은색이다. 다문화 사회에서 내담자들은 치료사와 동일한 원형적 가치를 가지고 있다고 볼 수는 없기 때문에 색과 의미를 다르게 연관 지을 가능성이 높다.

하늘은 파란색이고, 풀은 초록색이며, 피는 빨간색이듯, 색에는 보편적인 인식이 붙어 있다. 하지만 궁극적으로 언제나 개인적인 경험이 있다. 피의 붉은색은 생리통이 있는 여성에게는 특정한 느낌을 불러일으킬 것이고, 사고를 목격한 이에게는 다른 감정들을 불러일으킬 것이다. 의사는 의학적 세부 사항을 혈액과 연관시킬 수 있는 반면, 부두교 무속인에게 그것은 신성한 물질이다. 파푸아뉴기니의 열대 우림에 사는 사람들에게 초목의 초록은 호주 사막이나 대도시 지역에 사는 사람들과는 다른 의미를 지닐 것이다. 이에 따라 내담자가 선택한 색상에 대한 내담자의 인식과 그 색상에 부여하는 의미에 귀를 기울여야 한다. 색은 감정을 증진시키고, 더 깊은 통찰력으로 가는 관문이 될 수 있다.

이러한 외부 요건이 갖춰지면 내적 여정이 시작될 수 있다.

3장 가이드 드로잉 지침

> 우리 모두의 무의식적인 움직임은 소통, 건강, 그리고 생존과 관련 있다. 우리가 아무리 위축되고 고립되더라도, 혹은 우리가 경험한 트라우마가 아무리 심각하더라도, 우리 각자의 가장 깊은 내면에는 식물이 자발적으로 햇빛을 향해 움직이는 것과 같이 연결과 치유를 향해 나아가는 충동들이 있다.[1]

Daniel Heller와 Aline LaPierre이 언급한 것과 같이, 가이드 드로잉은 치료사의 지시와 지도에 의해 안내되는 것을 의미하는 것이 아니라, 무엇이라 단정하기는 어렵지만, 우리 안에 분명하게 존재하고 있는 내면의 힘에 의해 안내되는 것을 의미한다. Jung은 이 내적 주체를 모든 인간에게 있는 불멸의 영적 핵심으로 묘사하며 개인의 직관적 자아라고 설명한다.[2] 감각운동 치료에서는 이런 작동 원리를 뇌간에 위치한 '본능'이라고 하며, 우리가 자연에서 볼 수 있듯이, 이것은 오로지 치유와 회복에만 관심을 두고 있다. 한편, 동양 철학에서는 내면의 지침을 기氣라고 부르기도 한다. 아유르베다 의학Ayurvedic medicine에서는 쿤달리니를 척추의 차크라를 통해 상승하는 치유의 힘이라고 지칭할 수 있다. 우리가 이 내면의 지침을 어떤 방식으로 명명하든, 그리고 신체 어디에 있든, 그것은 분명히 작용하고 있으며 목격될 수 있다. 나는 개인적으로 그 핵심에 있는 인간 본성이 '선good', 즉 생명력으로서 성장과 치유에만 관심을 갖는 신념 체계라고 생각한다. 그렇지 않으면 어떻게 인류와 지구가 전쟁, 폭력, 파괴로부터 나아가면서도 계속해서 아름다움, 사랑 그리고 상처의 치유를 가져올 수 있을까? 나도 여러 번 회기에 참여했으며, 내담자만큼이나 혼란스럽고 아무것도 알 수 없는 상태로 앉아 있었던 경우도 있었지만, 유일한 차이점은, 이런 내면의 안내가 개인들을 일깨워서 적절한 해결책을 얻을 수 있다고 믿는 것이었다.[3] 나는 주술사들이 그들의 능숙함과 환자에 대한 신뢰, 즉, 치유가 가능하다는 신뢰를 불러일으킴으로써 아주 비슷한 일을 한다고 믿는다. 그러면 개개인들은 스스로를 치유할 수 있다. 그러나 자신을 믿을 수 있는지 확인해주거나 그 믿음을 쌓아갈 수 있도록 돕는 사람이 필요하다.

직관, 본능, 또는 내면의 안내는 더 높은 차원의 의식 수준으로 볼 수 있다. 그것은 수많은 충동, 암시, 신체 감각, 감정, 자극, 감흥, 꿈, 이미지, 기억을 통해 소통한다. 우리는 거의 끊임없이 직관에 이끌리지만, 동시에 그것을 설명하는 데 어려움을 겪기 때문에 일상 생활에서 그것을 부정하는 경향이 있다. 흔히 육감sixth sense으로 불리는 우리의 감각은 수많은 삶의 상황에서 자연스럽게 안내를 담당한다. 일단 내담자들이 그들의 감각적 자극을 진지하게 받아들이는 데 익숙해지면 내면의 안내가 시작되고, 치료 과정에서 이 단계가 달성되면 치료사는 산파 역할을 하게 된다. 치료사는 출산의 과정을 도울 것이지만 적절한 환경에서 새로운 것을 맞이할 준비가 된다면 오직 내담자 자신만이 출산할 수 있다. 내담자가 자신의 내면에서 유기적으로 발달하지 않았다면, 치료사는 내담자들의 변화를 불러일으킬 수 없다.

이것은 자아-주도적ego-driven 과정이 아니다. 내담자와 치료사 모두 무언가 새롭고 놀라운 것들이 나타나도록 하기 위해서는 기대를 내려놓아야 한다. 원래 가이드 드로잉은 적극적 명상으로 수행되며, 크레용은 내적인 사건을 시각화하는 것이다. 신체에 초점을 맞춘 선 명상과 마찬가지로, 그 태도는 있는 그대로 주의 깊게 바라보고 그것을 조건 없이 받아들이는 것이다. 리듬감 있는 반복적 움직임은 상황이 달라지기를 바라는 것보다 "있는 그대로"를 유지하도록 돕는 것이다. Suzuki는 명상을 위해 필요한 태도를 "친절한 알아차림loving awarenes"이라고 불렀는데, 이는 즉각적으로 문제를 해결하기 위해 서두르지 않고 친절하게 내면의 움직임과 사건을 관찰하는 것이다.[4] 이러한 수용 상태는 타인으로부터 우리가 호감을 얻고, 존중받고, 칭찬받기 위해 노력하는 것과는 다르다. 친절함의 본질은 보편적이며 모든 것을 포괄한다. 내담자는 단순히 미술 작품을 *만드는 것*이 아니라 양손을 사용하여 낙서하듯이 양손 드로잉을 하며 신체 감각을 찾아간다. 이러한 감각이 생겨나도록 허용하고 종이 위에 운동 충동으로 반응하려면 놀라움을 맞이할 공간이 필요하다. 분노와 슬픔은 흘러갈 수 있으므로 그 감정들을 관리할 필요는 없다.

너무나 많은 원망과 고통이 우리의 몸에 수십 년 동안 남은 탓에 우리는 '나아갈 수 없고 갇혀 있다'. 리듬감 있는 반복적 움직임은 수축으로 인해 움직일 수 없고 꽉 잡혀 갇혀 있는 패턴을 추적할 수 있다. 치료사들에 의해 모델링되어야 하는 사랑의 인식과 온화하고 친절한 태도로, 우리의 본능과 직관, 생명력은 해결책을 찾을 것이다. 고통을 덜 느끼거나, 용서를 받거나, 삶의 리듬이 새로운 맥박을 찾을 때까지 계속된다.

치료 초기에 치료사는 내담자에게 특정한 형태를 제안하거나 리듬을 조절하기 위해 자주 개입할 필요가 있다. 가장 중요한 것은, 치료사는 내담자에게 일어났던 사건에 집중하기보다는 그들이 내면의 흐름과 연결될 수 있도록 리듬감 있는 반복적 움직임을 장려할 필요가 있다. 많은 내담자들은 그들의 자전적 이야기를 하는 것이 심리치료 회기의 초점이 될 것이라 기대한다. 외현 기억의 인지과정은 틀림없이 회기의 일부이지만, 감각운동 미술치료의 맥락에서는 그것이 주요 목표는 아니다. 그러나 암묵적인 신체 기억과 연결되기 위해서, 눈을 감은 상태에서 양손으로 그림을 그리는 것은 대부분의 사람에게 불안할 정도는 아니더라도, 처음에는 상당히 낯선 경험이 될 수 있다. 치료 초기나 회기가 시작될 때 치료사는 여러 가지 방법을 마련하여 내담자들이 이런 낯선 접근법에 편안하게 다가갈 수 있도록 해야 한다. 이를 위해, 눈을 감고 양손으로 그림을 그리는 이유를 설명하는 심리교육이나 신체중심 운동 또는 짧은 명상 등을 하는 것이 도움이 될 수 있다.

내담자들은 치료 초기에는 어떻게 움직여야 할지 잘 모르기 때문에 치료사에게 도움을 요청한다. 일단, 내담자가 그림을 그리기 시작하고 흐름을 막고 있는 것들이 나타나게 되면, 치료사는 상당히 지시적으로 다가갈 필요가 있고, 고착되고 비생산적인 태도들로부터 내담자를 벗어나게 해줄 움직임을 장려해야 한다. 만약 이 단계에서 치료사가 지시적이지 않다면, 내담자들은 도움을 받지 못한다고 느낄 것이다. 낯설거나 서로 상충하는 운동 충동들을 종이 위에 그리도록 격려하는 이러한 시도는 새로운 감각과 신체 인식을 불러일으킨다. 그것은 유연성과 성찰을 촉진시키기 때문에 하나의 고착된 정체성과 자세, 접근방법으로부터 다양한 가능성을 찾을 수 있도록 안내한다. 내담자는 특정한 형태를 선택하고 반복을 통해 이를 시도하고 시험할 수 있다.

일단 내담자가 자신 안의 목소리를 신뢰하게 되면, 치료사의 역할은 크게 변한다. 이제 치료사는 비지시적인 방법을 사용하여 개입을 줄이고, 내담자들의 내적 감각에 대한 인식을 지지해야 한다. 치료사는 비판단적이고 사려 깊은 관찰자가 되거나 함께 길을 걷는 동반자가 된다. 격려와 보호가 필요한 내담자라면 치료사는 내담자가 이끄는 데로 따라갈 필요가 있다. 치료가 깊은 단계에 이르면, 처음에 필요했던 치료사의 지시적인 제안들은 이제 귀찮고 집중을 방해하는 것으로 느껴지기 쉽다.

이어지는 과정은 능동적 운동 충동과 수동적 감각 지각 사이의 긴장 속에서 모순적이지만 창조적 역설처럼 일어난다. 내담자는 적극적이고 창의적인 동시에 수동적이고 수용적이며, 내면에 귀를 기울인다. 그림 그리는 과정은 무의미하게 행동하는 것이 아니다. 그것은 감각 인식 없이 카타르시스를 방출하는 것도 아니다. 이러한 접근의 효과는 감각적인 신체 지각과 이것을 리듬감 있는 운동 충동으로 표현하는 것에서 일어나는 상호작용에서 비롯되며, 이는 결과적으로 내적인 감각 경험에 새로운 정보를 제공하게 된다. 내담자들이 이러한 방식으로 발전함에 따라, 그들은 깊은 곳에 있는 비언어적인 자신의 측면에 대해 점차 알아갈 것이고, 이런 또 다른 자기의 존재를 알게 되자마자 진정한 자기를 느끼게 된다. 우리가 흔히 말하는 전기적인 이야기들은 어제부터 수년 전에 이르기까지의 모든 과거를 다루고 있다. 그러나 우리의 몸은 지금 여기 현재에 반응한다. 내담자들은 지금 현재 그들의 몸 안에서 일어나고 있는 일들과 지금 이 순간에 그들이 인식하는 대로 그린다. 내면을 인식하는 능력을 신뢰할 정도가 되면, 그들은 구체화된 정체성과 신념 체계를 인지하게 될 것이며, 이러한 정체성이 고착된 정체성이 아니라, 능동적으로 다른 느낌으로 변화시킬 수 있다는 것을 알게 될 것이다. 제한된 자아상self-image이 사라지면서 내담자들은 생존 수준에서 벗어나서 더 살아 있음을 느낄 수 있게 될 것이다. 비록 모든 해답을 찾을 수는 없더라도, Babette Rothschild가 한 세미나에서 언급한 것처럼 누군가의 삶의 질을 향상시키는 것은 언제나 가능하다.

가이드 드로잉은 내담자의 욕구와 치료 단계에 따라 지시적일 수도, 비지시적일 수 있다.[5] 특정한 원과 선의 형태들이 비언적인 개입 도구로 제공될 수 있고 치료사는 이것 중 하나 또는 그 이상을 제안할 수 있다. 다음과 같이 내담자가 운동 충동을 조절해가도록 개입할 수 있다.

- 특정한 모양을 그려보라.
- 리듬을 좀 더 느리거나 빠르게 바꿔보라.
- 선을 그릴 때 점점 힘을 빼서 긴장을 풀어보라.
- 둥글고 흐르는 듯한 선을 그려보라.
- 선을 꺾어 모서리를 만들어 의식적으로 의사 결정을 해보라.

일단 감각 인식에 접근할 수 있게 되면, 개입은 덜 지시적이게 되고, 치료사는 더 수동적인 언어를 사용하기도 하고 질문을 하기도 한다. 질문은 내담자가 신체 감각을 추적하고 신뢰할 수 있도록돕기 위한 것이다.

- 이것은 당신의 몸에 어떻게 공명을 일으키는가?
- 어디서 느껴지는가?
- 이 느낌은 색이나 질감, 무게가 있는가?
- 이전에도 이런 느낌을 받은 적이 있는가? 알고 있는 감각인가?
- 이러한 것들 안에서 움직임은 어떻게 느껴지는가?

내담자들은 질문에 대해 속이 뒤틀리고, 숨이 깊어지고, 다리가 풀리는 느낌이라고 대답할 수 있으며, 긴장되고, 닫히고, 막힌 상태에서 더 개방적이고, 편안하고, 흐르는 자세로 변화하는 신체적 상태를 경험하였다고 대답할 수도 있다. 그들은 대답하면서 갑자기 그때의 기억들을 떠올릴지도 모르는데, 그것은 자신이 어떻게 다쳤는지, 그리고 그 고통을 막기 위해 그때부터 어떻게 몸을 보호했는지를 보여 주는 기억이다. 그리고 이 과정을 통해, 그들은 두려움을 느끼기 전의 모습을 엿볼 수 있을 것이다. 내담자들은 빨간 물감을 종이 위에 뿌리고 표면 아래에 숨겨져 있던 것이 무엇이든 그것이 무너질 때까지 때려 부수고 싶은 충동이라고도 대답할 수 있다. 그것은 서로 싸우는 것이 아니라 양손을 함께 움직여서 종이 위에서 춤을 추며 어떤 느낌인지를 시도해보자는 의미일 수 있다. 나는 종이에 검정 크레용으로 긁힌 '상처'에 핑거 페인트를 연고처럼 바르며 상처가 아물어 가는 것을 본 적이 있다.

치료사는 내담자가 그림을 그리는 동안 즉각적인 반응을 통해서 또는 내적 · 외적 사건을 통해 "내가 올바른 방향으로 가고 있다"라는 증거를 만들어 갈 때까지 그들 자신의 내적 충동을 시도하고 실험할 수 있을 만큼 안전하다고 느껴지는 환경을 만들어야 한다.

다음 두 가지 사례를 소개한다. 처음 사례에서는 거의 개입하지 않았지만, 두 번째 사례에서는 매우 지시적이었다.

비지시적 안내

나는 한 중년 여성의 사례와 그녀의 그림을 통해 내면의 안내inner guidance를 설명하려고 한다. 그녀는 16명의 참가자들과 함께 워크숍에 참석했다. 우리는 세 시간 동안 그룹 회기를 진행했다. 워크숍은 간단한 소개가 끝난 후 참가자들이 최대 50분 동안 침묵 속에서 그림을 그리고 물감을 칠하는 방식으로 구성되었다. 어떤 개인들은 그들의 그림을 바닥에 펼쳐 놓고 자신들의 경험을 집단원들과 공유했다. 나의 역할은 강조하거나 질문하거나, 진행을 돕는 것이었다.

다음 사진은 세 번째 집단 회기의 전체 기록이다. 그림은 약 59×84cm 크기로 여섯 장 모두 한 번의 집단 회기에서 치료사 개입 없이 자발적으로 그려졌다. 나는 그녀를 Maryann라고 부르겠다.

이 단계에서 Maryann은 가이드 드로잉과 유사한 형식의 두 번의 워크숍을 경험했다. 그녀는 그 회기들에서, 집단 과정과 개인 경험을 통해 자신에 대한 기본적인 신뢰를 발전시켰다. 그녀는 몸에 집중하고 마사지를 적용하는 개념을 이해했다. 또한 그녀는 긴장을 풀기 위해 획을 휙 긋거나, 수용하기 위해 부드럽게 원을 그리는 움직임

과 같은 몇 가지 기본적인 움직임들도 배웠다. 나는 회기를 시작할 때 간단한 명상으

[그림 3.1] 처음에, Maryann은 '쇄골의 감각'에 초점을 맞춘다. 그녀의 팔은 어린아이처럼 손가락을 강조한 채 옆으로 늘어져 있다. 이는 파편화되고 분리된 신체 이미지이다. 내면의 땅도 없고 척추도 없다. 그녀는 말 그대로 공중에 뜬 채로 어깨를 붙잡고 매달려 있다. 이러한 해리된 신체 이미지는 내담자가 복합 트라우마를 경험했을 때 자주 나타난다. 내적 기반인 골반과 복부는 그녀에게 신뢰할 수 있는 것으로도, 심지어 '존재'하는 것으로 경험되지 않는다. 오히려 내부의 그라운딩이 부족한 것에 기인하는 불안정함은 어깨에 힘을 주어 몸을 지탱함으로써 과잉 보상되고 있다. 그것은 우리가 세상에서 기능할 수 있게 해 주는 생존 태도이다. 그러나 그것은 생명이 없는 구조로 생동감과 풍요가 결여되어 있다.

로 신체에 집중하도록 돕는데, 그렇게 하는 동안 내담자들은 자신의 몸을 어떻게 지탱하고 있는지, 긴장 유지에 특히 신경을 쓰도록 권장하고, 그들이 어디서 흐름과 이완을 경험하는지 알아차리도록 한다.

Maryann의 과정을 이해하기 위해 그녀에 대한 몇 가지 정보를 추가하자면, 그녀는 50대이고 그녀의 어머니가 16살에 수녀원에 숨어 있을 때 아이를 낳았다. 친부모는 모두 상류층 가정 출신이었고, 이러한 임신은 부끄러운 사고로 여겨졌다. Maryann은 친부모로부터 버려져 농가로 입양되었다. Maryann은 친부모에 대한 정보를 찾기 위해 삶의 많은 시간을 보냈다. 입양되는 것은 삶의 시작에서 충격적일 수 있다. 그녀의 어머니는 임신 중에 심한 스트레스와 불행을 겪었을 것이다. 출생 후,

[그림 3.2] 그녀는 집단 안에서 지시에 따라 신체 상태를 편안하게 하기 위해 마사지를 하였다. "종이 위에 손을 올려놓고, 손에서 느껴지는 감각을 느껴보세요." 그녀는 자신의 손에 초점을 맞추고, 비록 충동과 억제 사이를 오가며 어떻게 할지 결정하지 못하고 주저하면서 문지르는 동작일지라도 그것은 살아나는 것처럼 보인다. 거기서부터 그녀는 척추를 따라 올라가는 선들을 그렸고 어깨의 긴장을 풀어주며, 이것을 여러 번 반복 하였다. 이 운동 충동 작업은 선택사항이었다.

Maryann은 그녀의 어머니가 마음을 바꿀 수도 있기에 몇 달 동안 병원에 남겨져 있었다. 이러한 애착 트라우마는 내적 기반과의 연결을 취약하게 만든다. Maryann은 수줍음이 많고 예민하며, 자신을 드러나지 않게 만드는 경향이 있는데, 그녀는 집단에서 눈에 잘 띄지 않았다.

나는 항상 그림 그리는 과정의 시작점을 보는 것을 좋아한다. 그녀는 자발적 마사지를 통해 50분 만에 해리 상태에서 활기찬 체화embodiment상태로 바뀌었다.

Maryann의 그림은 내적인 안내에 따라서 질서를 찾아가는 힘을 보여준다. 그녀는 신체로 분리되어 있으며, 활기도 없는 혼란스러운 자아상태를 그리기 시작했다. 그녀의 팔과 어깨는 생명이 없는 구조물처럼 보인다. 그녀는 자신이 필요한 것에 초점을 맞춰 마사지 동작을 하였다. 그녀의 하체는 점점 더 살아나고, 리비도가 흐르기 시작하며, 온전한 감각이 생겨났다.

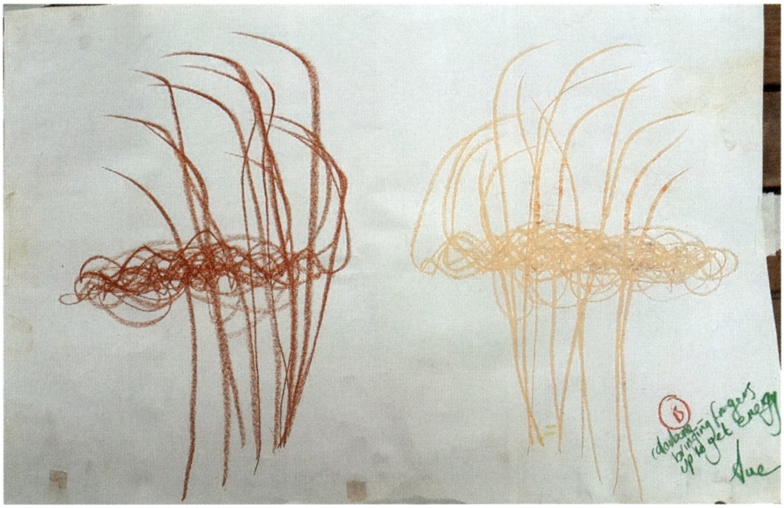

[그림 3.3] '손 없는 색시' 설화는 무력한 여성의 원형을 잘 보여 준다.[6] 여기서, Maryann의 손은 말 그대로 삶의 상황을 다루는 능력을 얻게 된다. 이것은 힘을 실어 주며, '손가락은 에너지를 퍼뜨리고 있다'. 그녀는 여전히 손에 초점을 맞추고 있다. 그녀는 이제 자신의 필요에 적극적으로 대응할 수 있다. 이전 그림에서 불러일으켜 진 감각은 수평의 물결선으로 그려져 있다. 그것들은 그녀의 몸 중앙을 암시할 수 있는, 종이의 중앙에 위치하며 횡경막이 살아나고 있음을 알 수 있다. 그런 다음 그녀는 '에너지를 퍼뜨리기' 위해 똑바로 세워진 수직선을 반복적으로 시도한다.

[그림 3.4] Maryann은 이제 핑거 페인트를 사용하고 더욱 대담하게 마사지를 한다. "에너지를 퍼트려보자. 온전함을 느껴보자." 그녀가 얼마나 자신의 몸의 많은 부분들을 인식하게 되었는지 볼 수 있다. 그녀의 상체는 여전히 하체보다 강하게 표현되었지만, 지금은 내적 기반이 생겼다. 그녀의 첫 번째 그림에서 분명하게 나타났던 내면의 공허함은 이제 그녀가 온전함을 느낄 수 있는 생생한 물감의 움직임으로 채워져 있다.

[그림 3.5] Maryann은 노란색 크레용으로 이전 그림에서 나타난 구조를 다시 그려보는 것으로 시작한다. 그녀는 두 개의 파란 동그라미로 움직임, 충만함 그리고 연결을 이끌어 낸다. 그녀는 이 그림에 "에너지를 퍼뜨리고, 움직임을 느껴보자"라고 이름 붙였다. 이제 리듬과 흐름이 생겼다. 그녀는 상체와 하체를 연결하고, 전에 그녀를 아프게 하였던 쇄골에는 두 개의 날개가 생겨났다. 그것들은 이제 가벼워졌다.

그녀의 치료 과정은 상향식bottom-up 접근법을 보여준다. 처음에 그녀는 감소 된 자아감각을 반영하는 신체 감각과 관련된 불안정한 운동 충동을 그렸다. 자신의 욕구에 귀를 기울이고 내적 감각의 신호를 따르면서, 맨 처음 그녀를 자신의 몸으로부터 몰아낸 것에 점차 대응할 수 있게 되었다. 그녀는 손과 함께 힘을 되찾았는데, 이것은 그녀가 그녀의 내면의 필요에 능동적으로 반응하는 그림을 그릴 수 있게 해주었다. 회기가 끝날 무렵 자율신경계는 불완전한 스트레스 반응이 수십 년간 머물렀던 뇌간으로부터 긴장을 방출한다. 그것은 그녀의 척추 기저부에서 진동 흐름으로 방출되며, 이는 자율신경계의 균형을 재설정하는 데 지속적인 영향을 미친다. 이에 대한 자세한 내용은 다음 장에서 확인할 수 있다. 이것이 우리가 생존에서 삶으로 나아가는 방법이다. 회기가 끝나감에 따라, Maryann은 보다 명확하게 생명력을 꽃피우며, 의미를 찾아갈 수 있었다.

[그림 3.6] '에너지의 물결'이 물결모양 선들은 더 이상 활성화된 마사지 운동 충동이 아니지만, 깊은 치유가 일어날 때 나타나는 자율신경계에서 발생하는 비자발적인 운동신경에서 나타난 진동하는 흐름을 보여준다. 그곳에 그녀는 자신의 빛나는 에너지의 완전한 흐름 속에 곧게 서 있다.

지시적 안내

다음 여섯 장의 그림은 한 중년 여성과의 단일 개인 회기 때 그려졌다. 그녀는 이 회기에 오기 위해 거의 세 시간을 운전하여 울면서 도착했다. 그녀는 자살 사고를 호소하였고, 결혼생활과 십 대 자녀들과의 어려움에 대해 언급했다. 그녀는 지나치게 감정적이었고 자존감이 떨어져 있었다. 만약 처음 몇 분 안에 그녀가 공유한 모든 문제를 해결하고 싶었다면 그녀는 장기적인 치료가 필요했을 것이다. 그러나 그녀에게는 경제적, 환경적 자원이 부족했다.

이러한 압도된 상태에 있는 내담자의 경우, 비지시적 방식은 훨씬 더 많은 과부하를 초래할 수 있다. 그래서 나는 재빨리 그녀 안의 구조적인 능력을 강화하고 그녀가 겪은 트라우마 이야기에 집중하지 않기로 했다. 나는 그녀가 자원을 찾는 것을 돕고 싶었고 더 이상의 상처를 건드리지 않기를 원했다.

특정한 형태를 선택하게 하는 이 접근 방식은 내담자 안의 구조와 신뢰를 유발시키는 방법중 하나이다. 나는 Julie(가명)에게 척추, 등뼈, 직립성의 상징으로 수직 형태만 그리도록 하였다. 그리고 추가로, 그녀를 짓누르고 짓밟는 것이 무엇이든 수평 형태로 그리며 방출할 수 있다고 설명했다. 이 경우 그녀는 양손으로 척추를 세우듯 위로 향하게 그려야 하며, 내면의 긴장이나 고통과 마주치는 곳에서는 모서리를 그려서 골치 아픈 문제를 양옆으로 방출해야 할 것이다. 모서리는 그냥 나타나는 형태가 아니고, 의식적이고 의도적으로 실행해야만 그릴 수 있기 때문에, 이것은 의사결정이 일어나도록 유도하는 형태이다. 가이드 드로잉에서 수직은 신체의 척추와 관련이 있으며, 그것은 또한 자아, 자존감 그리고 우리의 정체성과 연관되어 있다. 수직은 우리의 곧은 등뼈로서, 곧은 자세, 스스로를 위해 일어설 수 있고, 눈에 보이는 능력을 나타낸다. 그것은 우리가 유아기에 기어 다니는 것에서 걷는 것으로 이동하면서 발전한다. 이것은 동시에 아이들이 그들의 어머니로부터 분리되고, 또 다른 정체성, 즉 '나'를 발견하기 시작하는 단계이다.

나는 Julie에게 수직과 모서리를 그리자고 제안했고, 이는 그녀의 자신감을 점점 북돋우는 과정에 영감을 주었다. 그녀는 두 번째 회기에서 "재충전"을 위해 나를 한 번 더 만날 수 있었다. 여섯 장의 그림은 모두 첫 번째 회기에서 그려졌다. 다시 말하지만, 종이 크기는 A1이며, 크기는 대략 59×84cm이다.

매번 그림을 그린 후에, 나는 그려진 모양들이 어떻게 그녀의 몸에 공명하는지 질문했다. 그러고 나서 나는 그녀가 그 과정에서 발견한 신체 감각을 게슈탈트 치료법인 "나는……"으로 시작하는 확언으로 표현해 보라고 제안했다. 이러한 방식으로, 그녀는 그림으로 그려진 운동 충동의 각 순서를 새로운 감각느낌 경험으로 인식하고 인지적으로 의미 있는 통찰력을 형성함으로써 이러한 감각 경험을 통합할 수 있었으나, 그녀의 모든 확언은 통합된 감각 경험과는 달리 그녀의 삶 속에서 두렵고 곤경에 처하고, 충분하지 않았던 경험에 관한 것이거나 다른 사람들이 그녀에 대해서 어떻게 생각하는지에 관한 것들이었다. 그러나 그녀가 그러한 힘과 명료함으로 수직 형태를 그리는 능력은 그녀가 어려움에 직면해도 대처할 수 있다는 것을 보여 준다. 그녀는 모든

[그림 3.7] "나는 충분히 잘한다. 감정적이기보다는 이성적이다. 나는 똑똑하다. 나는 무엇이든 할 수 있다."

[그림 3.8] "나는 더 높이 올라갈 준비가 되어 있다. 나는 강력한 지지 기반을 가지고 있다. 나는 사랑받고 있다. 나는 강하다고 느낀다. 다른 사람들이 나를 어떻게 인식하는지 걱정하지 않는다."

[그림 3.9] "나는 사람들의 반응에 대해 두려워하지 않고 나 자신이 되는 것을 허용하고 있다고 느낀다. 마치 내가 키가 크고, 별과 하늘에 닿는 포플러처럼 느껴지며, 나는 미지의 세계로 여행하는 것처럼 느껴진다. 내가 무엇을 발견할지는 모르지만, 그것이 불가능할 것이라는 두려움은 없다. 외롭지 않다. 나는 이루었다."

[그림 3.10] "나는 발산하고 있으며, 자유로우며, 나 자신에게 만족한다. 나는 보살핌을 받았으며, 내면의 힘, 따뜻함, 열정, 밝은 느낌을 갖고 있다."

[그림 3.11] "나는 나누고 싶은 것이 많다. 나는 내가 곤경에 빠지지 않을 것 같다. 나의 가족은 강하다."

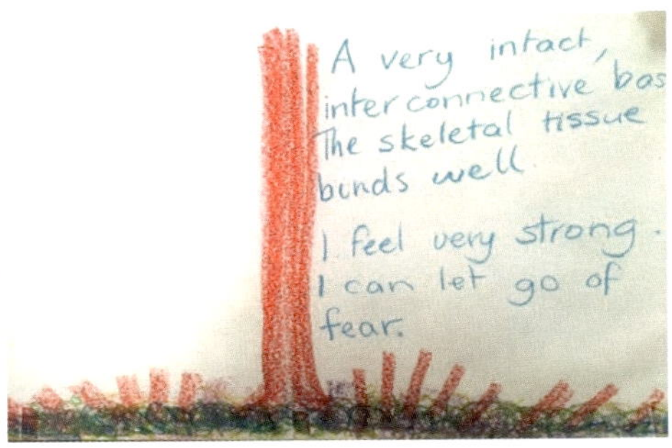

[그림 3.12] "내적 기반으로 상 · 하체는 매우 온전히 연결되어 있다. 골격 조직이 잘 결합한다. 나는 매우 강하다고 느낀다. 나는 이제 두려움에서 벗어날 수 있다."

그림에 똑같은 밝은 오렌지색 크레용을 선택했다. 그녀에게 척추를 그려달라는 나의 첫 번째 안내는 두 회기 동안 공명을 일으켰다. 기본적으로 다양한 변화가 있었지만, 그녀는 주어진 구조를 받아들였다. 그녀의 운동 충동은 분명하며 감각 인식은 정확하고, 감정을 조절하는 데 도움을 주며, 다시 말하자면, 그것은 신체기반 운동 충동에서 감각, 인식 및 인지 통합까지 상향식으로 진행되었다. 마지막 그림은 얼마나 아름다운가? 그녀는 자신을 세우고 모든 자원을 사용할 수 있게 되었다. 더 이상 어떤 것도 그녀를 짓누르지 않는다. 그렇게 되기까지 60분밖에 걸리지 않았다.

4장 원형적 형태를 통해 보여지는 본능

치료사는 원형archetype 및 신체body 관련 특성에 대한 지식을 바탕으로 특정 형태를 그리도록 제안하는 개입을 통해 가이드 드로잉의 회기를 구조화할 수 있다. 원형archetype이 이미지를 통해 보여진다는 꽤 일반적인 가정과는 달리, Jung은 *원형archetype*을 본능이라고 정의하였다. 그는 인간의 마음의 기원을 생물학적으로 선사시대에 살았으며, 정신psyche은 여전히 동물의 것과 가까웠던 고대 조상들의 무의식의 발달과 관련지었다. "우리 몸의 구조가 포유류의 일반적인 해부학적 패턴에 기초하는 것처럼, 우리 마음의 구조는 이 엄청나게 오래된 정신에 기초한다."[1]

원형이라는 용어를 만든 Jung에 따르면, 이미지는 부차적이며, 각 문화권에서는 이러한 본능을 특정한 방식으로 설명하고 있다.

> "원형(archetype)"이라는 용어는 종종 특정한 신화적 이미지나 모티브로 한정된 의미로 오해된다. 그러나 이것들은 의식적인 표상에 지나지 않으며, 그러한 가변적 표상이 계승될 수 있다고 가정하는 것은 터무니없는 것이다. … 인간의 무의식적인 원형 이미지는, 기러기 떼가 대열을 맞추어서 이동하는 능력이나, 개미가 조직화된 사회를 형성하는 습성, 벌들이 꼬리 흔들기 춤을 통해 벌집에 먹이의 정확한 위치를 전달하는 것만큼이나 본능적이다. … 여기서 나는 본능과 원형 사이의 관계를 분명히 하고자

> 한다. 우리가 확실하게 본능이라고 부르는 것들은, 생리적 충동이며, 감각에 의해 인식된다. 그러나 동시에, 환상 속에서 나타나기도 하고 종종 상징적인 이미지로써만 그들의 존재를 드러내기도 한다. 나는 이렇게 드러나는 것들을 원형이라고 부른다.[2]

이 인용문은 Jung 자신이 원형을 어떻게 이해했는지에 대한 맥락에서만 흥미로운 것은 아니다. 그의 정의는, 당시나 오늘날 많은 사람들이 원형을 이미지로 해석하는 방법과는 확실히 다른 관점을 말하고 있다. 그러한 이미지들은 우리의 기저에 깔린 본능적인 충동을 단지 문화적 특성에 따라 해석한 것으로 볼 수 있다. 한 예로, Erich Neumann은 3,000년 이상의 예술 역사를 통해 살펴본 위대한 어머니 원형의 다양한 측면에 관하여 구체적으로 기술하였다.[3] 우리 조상들은 생명을 주는, 여러 개의 젖가슴을 가진 다산의 여신들에게 자신들의 생존을 기원했고, 그 여신들의 파괴적이고 피에 굶주린 죽음의 양상에 대해서는 희생제물을 바쳐서 달래려고 노력했다. Jung이 그의 글에서 설명하려고 노력했던 것은, 오늘날 우리가 일컫는 충동이라는 것이 우리의 생존양식이 저장된 뇌간과 감정의 중심인 변연계에서 발생한다는 것이다. 이는 생리학적 충동들로서 삶과 죽음에 대한 본능적 반응을 관장한다. 이러한 뇌간에 근거한 생리적 충동을 이해하고 삶과 죽음에 관련된 문제에 대처하기 위해, 우리는 이런 충동을 전전두엽 피질에서 상징적 이미지로 변환해 왔다. 지난 5,000년 동안, 모든 문명들은 우리의 본능을 집단에서 소통되는 상징적 표현으로 구체화하는 방법을 찾아왔을 것이다. 70년 전까지만 해도 심리학과 신경학은 서로 연관성이 없었다. 나 역시 이러한 새로운 패러다임으로 전환해야 했지만, 그때나 지금이나 핵심은 동일하다. 치유는 우리 존재의 핵심 안에 자리 잡은 본능과 함께 작용하는데, 우리가 트라우마를 다룰 때 특히나 그러하며, 그 이유는 트라우마는 뇌간의 본능적인 생존 반응들을 촉발시키기 때문이다. 이것이 나에게는, 수십 년 동안, 가이드 드로잉의 시대를 초월한 엄청난 효과를 증빙하는 이유가 되어 왔다.

가이드 드로잉에 대한 리듬감 있는 양손 접근법은 우리의 본능적인 생리적 충동과 연결될 수 있다. 종이에 그려진 반복적인 움직임들은 원과 나선, 수직, 직사각형, 십자가와 같은 원시적인 문양들로 나타난다. 이 형태들은 모든 존재의 기초가 되는 전형적인 문양들이며, 자연에서 찾아볼 수 있다. 모든 원형적 형태들은 상징적인 의미와 함께 생명력이 담겨 있다. 이 모든 것들은 종교와 예술의 형태로 역사에 뒤얽혀 사용되어 왔으며, 선사 시대까지 거슬러 올라간다. 드로잉의 언어로서, 원형적 형태들은, 우리가 보편적으로 신체에 구현해 놓은, 인간 정신의 근본적인 질서와 연결된다. 우리는 모두 자궁, 원에서 태어났고, 직립 보행을 하도록 설계되어 있다. 우리의 개인사를 아무리 왜곡하고 손상시켜왔다고 해도, 통제에서 벗어난 마음챙김으로 이 원형들과 연결하여 내면의 질서를 회복시킬 수 있다.

예를 들어, 누군가가 큰 종이 위에 큰 원을 그리기 시작하면, 계속해서 반복적으로 빙글빙글 원을 그리는 움직임을 통해서, 내담자는 그러한 움직임이 불러일으키는 다양한 감정을 경험할 가능성이 높은데, 이 감정의 폭은 즐거움에서부터 공황까지 이를 수 있다. 한 개인에게는 빙글빙글 원을 그리는 움직임이, 안전하게 감싸고 보살피고 양육하는 자궁(또는 포옹, 둥지, 알)으로 경험될 수 있지만, 또 다른 이에게는 포위하고 감금하고 심지어 회피할 수 없는 위협으로 경험될 수 있는 것이다. 두 가지 모두 위대한 어머니 원형The Great Mother의 상징으로서 "둥근 원"의 양면이다. 발달심리학적 관점에서 보면 두 가지 모두 암묵적인 초기 애착 유형의 표현이기도 하지만, 복합 트라우마의 맥락에서 보면 내담자의 안전이나 위협의 경험에 대한 중요한 설명이기도 하다. 서로 다른 움직임들은 서로 다른 형태들을 생겨나게 하는데, 마찬가지로, 그 형태들과 연관된 다른 감정들도 함께 불러일으킨다.

가이드 드로잉은 온전히 신체에 초점을 맞춘 것으로 인식될 수 있으며, 혹은 고조된 감정들의 배출구나 이미지를 만들기 위한 매개도구로 인식될 수 있다. 무엇으로 인식되든, 가이드 드로잉은 개인들에게 내면세계로 접근 할 수 있는 통로를 제공한다. 내담자가 진전을 보이면서, 신체 감각들, 감정들, 그리고 그들의 마음과 정신이 서로 연결되면서부터 통합된 이야기를 형성하기 시작한다.

가이드 드로잉에서 원형적인 형태들은 두 가지 범주로 나누어진다.

- 여성적 또는 음陰의 성질을 내포하는 둥글고 리듬감있으며 부드럽게 흐르는 행태들: 이러한 형태들은 다음과 관련이 있다.
  - 알아차리지 못하는 무의식적인 충동, 잠들어 있는 마음 상태
  - 통제적이지 않으면서 현재에 머무는 명상적이고 초월적인 존재 상태

- 남성적 또는 양陽의 성질을 내포하는 *선형 및 각진* 형태들: 이러한 형태들은 의도와 의식적인 충동과 더 관련이 있다. 예를 들어, 선을 꺾어 모서리를 그리기 위해서는 방향을 바꾸는 결정을 내려야 하는데, 이는 의식적이고 의도적인 실행을 요한다.

두 범주 모두 성별에 기반하지 않으며, 남성과 여성 모두에게 관련이 있다. 불교에서는 이 두 가지 범주를 음과 양, 즉 수동성의 원리와 능동성의 원리라고 부르고 모든 형태들에는 이에 해당하는 성질들이 내재 되어있다. 예를 들어, 원은 이 맥락에서 주요한 여성적 형태이다. 그것은 끊임없이 빙글빙글 돌며 흐른다. 그것과 관련된 이미지는 내적 수용을 뜻하는 포용이나 알에서부터 악순환, 회전목마, 터널에 갇히는 것, 악순환의 소용돌이나 터져버릴 것 같은 감정 속으로 빨려 들어가는 것에 이르기까지 다양할 수 있다.

[그림 4.1] 사랑과 포옹의 원

[그림 4.2] 혼란스런 감정의 원

[그림 4.3] 거름이 된 대변 형태의 원들

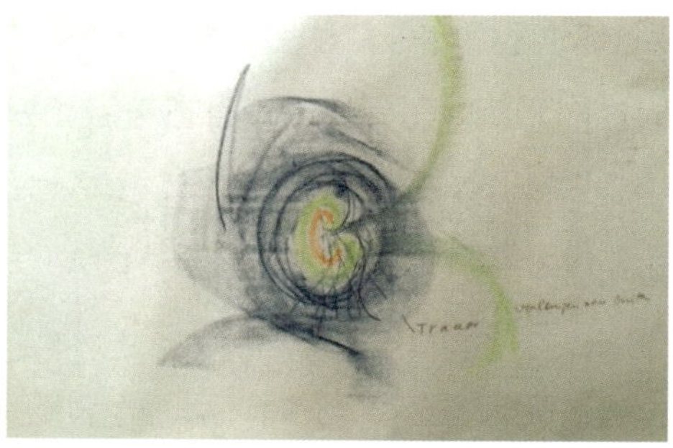

[그림 4.4] "자궁"으로서의 원

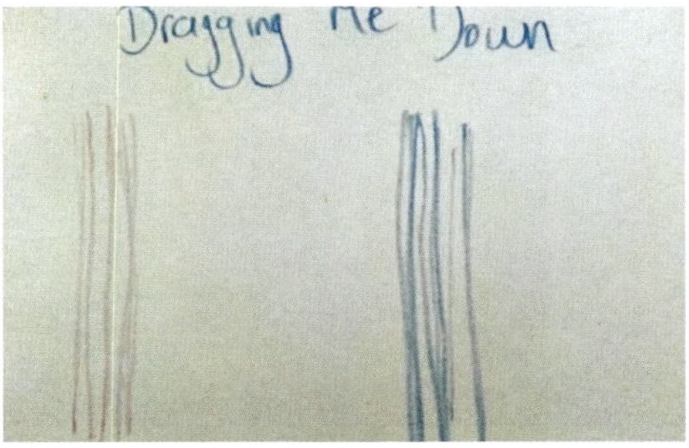

[그림 4.5] 나를 끌어 내리는 수직선

[그림 4.6] 아래로 끌어내리는 수직선

스펙트럼의 반대편 끝에서 원은, 만다라, 완전성, 완성, 통일성 및 일체성으로 인식된다. 신체에서 원은 주로 배와 골반과 관련이 있지만, 아우라나 자궁 내부에 온전히 수용되어 있는 상태와 연관되기도 한다 이 원은 모든 다양한 표현에서 위대한 어머니 원형과 밀접한 관련이 있다.[4] 원형 움직임은 애착 형태를 반영하는데, 즉 우리의 감각이 붙잡혀 있는 것, 안전하다는 것, 사랑하는 사람들과 연결된다는 것과 관련 있으며, 감정의 흐름과 그 조절과도 연결된다. 여성-음 성질이 함축된 또 다른 형태들은 오목한 그릇, 아치, 나선형, 8자 형태, 무한대 기호, 물결 형태가 있다.

대조적으로, 수직은 영웅의 원형과 관련이 있다.[5] 정체성과 관련된 우리의 투쟁은 수직 형태에 잘 드러난다. 수직성은 가장 기본적인 남성적 양陽의 형태로 여겨진다. 신체에서는 척추로서 가장 두드러지게 반영되며, 우리의 강함, 남근의 힘, 그리고 목표에 집중하여 의도적으로 행동하는 우리의 능력을 통해 경험한다. 정체성, 우리가 지지하는 것, 우리를 일으켜 세우는 것 그리고 우리를 화나게 하는 것 등은 수직선이 그려지는 방식으로 나타날 것이다. 개인들이 생각하고 결정한 것들이 화살처럼 자신 있게 멀리 날아갈 수 있을까? 아니면 그러한 충동들이 좌절되고, 억압되고, 베어지고, 짓눌리고, 수치스럽게 여겨질까? 낮은 자존감은 필연적으로 수직적인 직선들을 만들어 낼 능력의 결핍, 심지어는, 부재로 나타난다. 여러 수직선들이 위아래로 계속 문지르는 움직임으로 나타나며, "그렇지만…" 과 "그러고 싶지만…"의 영원한 투쟁을 볼 수 있게 한다. 분노는 번개 형태의 획을 그으며 분출될 수 있고, 손에 크레용을 움켜쥐고 권투나 주먹질 움직임을 통해서 투쟁 충동을 해소거나, 또는 종이 위에 도망치는 움직임을 그리면서 도피반응을 표현할 수도 있다. 남성-양의 의미를 함축한 또 다른 형태들로는 가로선, 번개 형태, 십자 형태, 삼각 형태, 사각 형태, 점 형태 등이 있다.

[그림 4.7] 갇혀 있는 수직선: 그림에서 수직선은 아치형 움직임으로 표현된 어깨에 짓눌려 억압받고 있다. 내담자는 자신이 갇혀서 스스로를 표현할 수 없는 상황을 경험했다. 그녀의 좌절은 격앙된 선들로 분명하게 드러나고 있다.

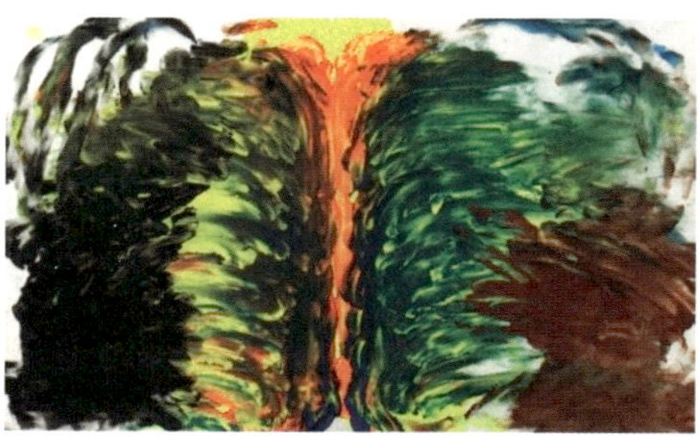

[그림 4.8] 해방된 수직선

[그림 4.9] 수직선의 분출

이 모든 형태들은 리듬감 있는 반복적 움직임으로 그려지며 관련된 신체 감각의 내적 경험에 초점을 맞춘다. 두 눈을 감는 목적은, 작품을 만들려 하고, 정확하고 아름답게 보이도록 하는 데 치중하지 않도록 하기 위한 것이다. 치료사는 내담자의 집중을 강화하고 명확히 하기 위해 특정 형태를 그려보라고 제안할 수 있다. 고조된 근육의 긴장과 압축된 감정을, 선의 끝부분에서 붙잡아 두지 말고, 놓아 주듯이 분출하라고 개입을 할 수 있다. 감정을 달래고 진정시키기 위해 오목한 그릇 형태로 흔들기 움직임을 제안하는 개입을 할 수도 있다. 매번, 이런 개입들은, 내담자가 적합하다는 느낌과 안도감을 얻을 때까지 반복적으로 확인되고 수정되어야 한다.

가이드 드로잉의 핵심적인 이점 중 하나는 위에서 언급한 어떤 기본 형태로도 비언어적인 신체중심 개입 도구로 사용될 수 있다는 것이다. 치료사는 파괴적인 습관에 대항하기 위해 특정한 모양을 제안할 수 있는 선택권을 가지고 있다. 어린 시절의 복합 트라우마로 인해 고통받고 많은 내담자들은 그들 자신에 대해 진정한 호감을 가져본 적이 없다. 그들은 자신감 있게 곧은 자세로 걷는 신체 감각을 모를 수도 있다. 내담자가 내면화된 파괴적 행동양식을 반복하고, 그럼으로써 그것을 더욱 강조하도록 두는 것보다, 치료사가 삶에 대한 새로운 선택권을 제공한다면, 이것이 내담자에게 이로움이 될 수 있다. Lauren Hansen은 복합 트라우마를 경험한 아동을 대상으로한 감각운동 중재에 관한 파일럿 연구에서 신경 경로의 잘못된 발달을 보완하기 위해서는 반복적으로 감각운동 개입이 이루어져야 하며, 반복적인 자극만이 신경 발달의 방향을 바꿀 수 있다고 강조한다.[6] 예를 들어, 내담자들은 그들의 분노를 자신에게 표출하는 경향이 있는데, 때로는, 움직임의 방향을 한 번 바꾸는 것만으로도 변화를 가져올 수 있다. 그림에서 자기 공격성은 보통 안쪽이나 아래쪽을 가리키는 선으로 표현된다. 이는 매우 파괴적인데, 마치 칼로 내담자들의 복부를 찌르는 것과 비슷한 것이다. 따라서 치료사는 운동 충동이 종이의 하단에서 시작하여 위로 올라가거나 밖으로 나가도록, 움직임의 방향을 반대로 바꿔보라고 제안할 수 있다. 이러한 단순한 방향 전환은 확연히 다른 느낌을 유발할 수 있다. "억눌려"있던 기억이 되살아날 수 있고, 오랫동안 내 "안에 새겨져" 있던 것들이 "밖으로 표현" 될 수 있다. 꾹꾹 눌러 담아두었기 때문에 우울해진 생명력이, 분노로 폭발할 수도 있다. 다른 한편으로는, 이 비구조적인 대량의 에너지를 건설적인 방법으로 해소할 방향을 찾아야 한다.

가이드 드로잉의 효과의 핵심은 이러한 감각경험에 능동적으로 반응하는 운동 충동과 감각지각 사이의 반응회로feedback loop에 있다. 반응회로 안에서 인식이 되고 나면, 운동 충동들은 새로운 감각적 인상들을 만들어내고, 이는 다시 종이 위에 행동 유형으로 그려져 나타난다. 아이들의 학습 패턴과 유사하게, 반복은 해결방법들을 통합하는 데 기여한다. 아이들은 원하는 단계에 이를 때까지, 몇 주 동안 걷기를 배우거나 빌딩 블록을 분류하는 것과 같은 특정한 운동 충동들을 통합하는 과정을 반복할 것이다. 가이드 드로잉에서 이 반응회로는 "질병"에서 치유로, 고통에서 해소로 가는 길을 찾는 역할을 한다. 내담자들은 신체에서 고통스럽게 느껴지는 장소들을 반복적으로 오가고, 그다음에는, 감각느낌의 안내를 받으며, 종이 위의 움직임을 통해 적절한 반응을 찾기 위한 노력에 최선을 다할 것이다. 초점은 "무슨 일이 일어났는가?"가 아니라 "무엇이 필요한가?"에 맞춰져 있다. 그것은 신체를 통한 해결책을 찾는 데 초점을 맞추는 각 그림들은 이러한 내적 대화를 반영하고 있고, 내면의 신체 감각들을 그대로 보여 주고 있다. 그림은 특정한 삶의 사건들이 개인들에게 끼친 영향을 반영한다. 그림에, 우리가 사는 동안 맞닥뜨리는 고난들에 맞서기 위해, 포용할 필요가 있는 운동 충동들을 표현한다. 종이 위에서, 고난의 경험이 우리를 어떻게 만들어 왔는지 추적하고, 되돌릴 방법을 찾아가는 것이다. 일반적으로 가이드 드로잉은 여러 장의 그림을 연속하여 그리기 때문에, 단계적 변화를 반영하는 시각화된 자료가 만들어진다. 이는 자기-경험을 더욱 심화시키는 연속성을 세워가는 것이다.

어떤 내담자는 집에서도 스스로 작업을 계속 이어가기를 원하기도 한다. 그 결과, 몇 주 후에는, 수백 장의 그림들이 쉽게 그려지고, 이렇게 힘을 북돋아 주고 내면의 진실을 밝혀내는 과정이 다큐멘터리처럼 그림으로 기록된다.

이 과정은 치료의 중요한 부분이 시각화되어 남겨진다는 점을 제외하면, 다른 치료적 만남들과 다르지 않다. 특히, 변화가 미묘하거나, 개인에게, 믿을 수 없고, 받아들일 수 없고, 언급할 수 없는 문제가 있는 경우, 그림들이 사건을 "증명"하고 기록하기 때문에, 이러한 가시성이 도움이 될 수 있다. 그림들은 이 여정을 반영하며, 내담자들에게 영감과 엄청난 지지를 보낸다.

5장 신체 지각

나는 종종 가이드 드로잉을 신체치료의 한 방법으로 언급한다. 크레용이나 핑거페인트를 사용하여 허리를 마사지하고, 복부의 긴장을 풀거나 한 개인이 그라운딩 하는 것을 도울 수 있기 때문이다. 뒤에 이어지는 장들에서, 나는 기본적으로 사용되는 형태들을 실제 신체의 측면과 밀접하게 연관 지어 설명할 것이다. 예를 들면, 오목한 그릇 형태는 골반, 아치 형태는 어깨, 그리고 수직적 형태는 척추와 연관된다. 가이드 드로잉은 운동 충동motor impulses을 그림으로 표현하는 것에 도움이 되며, 감각적으로 이런 충동들을 인식하는 만큼 그로 인한 변화와 전환이 감각느낌felt sense에 나타나게 된다. 이와 같이 운동 충동을 그림으로 표현하는 과정에서 나타나는 신체의 움직임은 몸 안에서 어떤 공명을 일으키는가? 치유는 인식과 표현의 반응회로feedback loop에서 생겨난다. 이는 근육, 호흡, 감정의 동요 같은 내적 움직임을 느끼고 표현하며, 그에 관련된 생각의 형성을 비판단적으로 지켜보는 것이다.

여러 학파들의 다양한 견해들과 같은 맥락에서 나는 신체body를 개인의 의식mind과 정신spirit에 연관 짓는다. 신체, 의식, 정신 세 가지 모두는 서로 긴밀하게 연결되어 있으며 끊임없이 영향을 주고받는다. 일상의 대화에서도 우리는 누군가의 상태를 "마음이 찢어진다", "애간장이 끓는다", "똥줄이 탄다"라고 비유하거나 "닭살이 돋았다"

라고 표현한다. 우리는 수긍이나 거절의 단서를 찾기 위해 타인의 바디랭귀지를 살핀다. 두 눈은 미소를 띠고 있을 수 있으나, 눈빛에는 살기가 돌 수 있다. 또 냄새와 맛에 대한 우리의 감각은 매혹이나 혐오와 깊게 연결되어 있다. 자존감 및 자존감의 결여는 신체의 자세를 통해 외부에 전달되는데, 우리는 자랑스럽게 가슴을 치거나 눈에 띄지 않으려고 몸을 잔뜩 움츠리기도 한다. 이러한 행동들 대부분은 우리 진화의 유산이다. 근본적으로 우리 인간은 동물이다. 본능이 우리 삶에서 맡은 역할은 너무나 커서 세련된 우리의 이성으로는 쉽게 인정하기 어려울 정도이다.

심신의학psychosomatic medicine은 두뇌와 신체 사이의 긴밀한 연관성에 관한 선구적 분야로, 최근 점점 더 인정받는 패러다임이 되었다. Bessel van der Kolk, Bruce Perry, Peter Levine, Steven Porges, Babette Rothschild, Robin Karr-Morse, Meredith Wiley, Laurence Heller, Pat Ogden 같은 트라우마 전문가들과 의학, 정신의학, 심리학, 신경심리학 분야 같은 다양한 분야의 여러 전문가들이 이루어낸 획기적인 연구와 새로운 치유 방법들의 개발을 통해 외상후 스트레스 장애[PTSD]가 알려졌고, 유년기 트라우마와 행동/학습 장애 사이의 관련성이 밝혀졌다.[1] 스트레스 요인들이 지속되면 육체적, 정신적 질환을 야기한다는 것이 명확해 졌다. 우리가 이미 오래도록 직관적으로 알고 있던 것을 연구자들이 증명한 것인데, 바로 부정적인 마음가짐과 스트레스는 우리를 병들게 하며, 부정적인 자아상이 나쁜 자세의 원인이 된다는 것이다. 적어도 신경과학자들과 발달심리학자들은 더 이상 "나쁜 유전자"가 나쁜 사람을 만든다고 믿지는 않지만, 사는 동안 나쁜 경험이라는 것은 분명 존재하며, 이 경험은 우리 두뇌에 영향을 미치고 결국 어느 정도 우리의 성향이 되어 버린다.

신경과학은 주어진 환경에서 최대한 생존을 보장하기 위해 수정이된 순간부터 뇌가 어떻게 연결되는지 우리가 이해하는 데 도움을 주었다. Karr-Morse와 Wiley는 다음과 같이 말한다.

> 상상하기도 힘든 일이기는 하지만, 수정란이 배아가 되기도 전에, 성인이 된 후 신체 건강에 지속적으로 영향을 미칠 수 있는 매우 중요한 결정이 만들어진다는 믿음이 점차 커지고 있다. 엄마의 자궁속 액체의 방에 탯줄로 연결되어 자리잡기 훨씬 이전에, 전-태아[2] 는 엄마와 역동적이고 화학적인 대화를 하는 것이다.[3]

이런 소통은 대부분의 산모들이 아직 자신이 임신했는지도 모를 때 일어난다. 후성유전학은 외할머니의 영양실조와 향후 자녀의 심장 질환 및 당뇨병 사이에 상관관계가 있음을 발견하였다.[4] 임신기간 중 산모의 스트레스는 아기들에게 중대한 영향을 미친다. 불안하고 만성적인 스트레스로 우울한 산모는, 불안하고 과도하게 스트레스를 받는 아이를 출산한다.[5] 그 이후에 이어지는 발달은 바로 모자 사이의 애착관계 유형을 형성하는 거울 신경세포의 활약에 달려있다. 영유아는 신체적, 정서적 생존을 위해 양육자에게 전적으로 의존을 한다. 그들은 몹시 흥분했을 때 흔들어 주고 안아 주면서 그들의 작고 연약한 신경계를 조절해 줄 양육자들을 필요로 한다. 아이들은 양육자들이 보여주는 모든 행동양식을 의심 없이 받아들일 것이다. 사랑받으면 사랑을 배울 것이고, 무관심으로 방치된다면 그것을 배울 것이다. 양육자가 보여주는 것 외에 다른 어떤 것도 알지 못한다. 양육자의 학대야말로 살면서 겪을 수 있는 최악이라고 묘사되곤 한다. 인생에서 가장 사랑하는 사람이 동시에 가장 두려운 존재일 경우 동반되는 감정적 딜레마는 감당하기가 매우 어렵다. 게다가 어린이들은 엄마나 아빠의 어려움을 이해하지 못하고, 부모에게 일어나는 일들이 자기의 잘못이 아니라는 것도 알지 못한다. 아이들은 나쁜 느낌이 들 때, 자신이 나쁜 아이라고 생각한다. 조절능력이 결여된 양육자로 인해 비롯된 어린아이들의 신경계 조절장애는 고착된 자아상을 만들게 되고 이는 정체성의 혼란으로 이어진다. 우리는 발달이 시작될 때부터 행동양식을 몸에 익힌다. 이렇게 익힌 행동양식들의 거의 대부분은 아무런 검증 없이 우리에게 남아있다. 우리도 모르는 사이에 말이다.

> 안전하게 애착관계를 형성한 어린이들은 무엇이 자기들을 기쁘게 하는지 안다. 무엇이 자기들을 (그리고 타인들을) 슬프게 하는지도 알게 되고, 자신의 행동이 어떻게 감정에 변화를 가져오고 어떻게 타인의 반응을 변화시킬 수 있는지에 대해, 그리고 자신의 수행능력에 대한 감각을 터득해 간다. 안전하게 애착관계를 형성한 어린이들은 자신이 통제할 수 있는 상황과 도움이 필요한 상황의 차이점을 알게 된다. 그들은 어려운 상황을 직면했을 때 자신들이 능동적으로 역할을 수행할 수 있다는 것을 배운다. 반대로, 학대와 방치 속에서 자란 아이들은 자기들의 공포, 애원, 울음이 양육자들에게 아무 영향을 주지 않는다는 것을 배운다. 어린이들은 학대를 중단시키거나 관심과 도움을 받기 위해 할 수 있는 일이 아무것도 없다. 그 결과, 아이들은 나중에 어려

움을 직면하면 포기하도록 조건화되는 것이다.[6]

두 명의 프랑스 감독들이 제작한 「Babies」라는 흥미로운 다큐멘터리가 있다. 네 명의 신생아가 첫 걸음마를 뗄 때 아무런 도움을 주지 않는 것을 촬영한 내용이다.[7] 영상에는 설명이나 대화가 없으며, 편견 없는 시선으로 미국, 일본, 몽골, 나미비아 아이들이 세상을 배우는 법을 관찰한다. 어린 여자아이가 소음과 형형색색의 전자제품들이 가득한 거대도시 도쿄에 어떻게 적응하는지, 전혀 다른 종류의 광활함이 존재하는 외딴 몽골의 초원 환경이 닭 몇 마리와 염소 한 마리만을 친구삼아 천막 안에서 시간을 보내는 어린 남자아이에게 어떤 영향을 미치는지 보여준다. 특히, 우리 모두가 아무 의심 없이 우리 주변을 둘러싼 관습들을 내면화하며 각자의 고유한 방법으로, 우리가 현재 정체성이라고 부르는 행동 유형들을 배우며 자라왔다는 점은, 생각해 보면 참 신기할 뿐이다.

Perry는 자체적으로 조직화해 가는 두뇌의 순차적인 상향식bottom up 발달에 대해 다음과 같이 설명한다.[8] 신생아들은 뇌간이 담당하는 생존 기능을 제일 먼저 익힌다. 예를 들어, 자궁 안에 있는 동안, 순환계와 호흡계는 제 기능을 충분히 발달시켜 두어야 한다. 출생 후 첫 일 년간, 신생아들의 생존은 음식과 따뜻함 그리고 일관된 관심에 달려있는데, 이를 위해 아기들은 외부 양육자에게 전적으로 의존한다. 대뇌변연계와 대뇌 피질은 점차 특정한 신경학적 발달단계 범주 안에서 활성화된다.

초기 유아기의 경험들은 내면화를 통해 우리의 정체성으로 고착되면, 우리가 느끼고 생각하는 방법, 배우자 선택, 자아 양육은 물론 이후 나타날 질병이나 중독에 이르기까지 인생 전반에 영향을 미치게 되는데, 이 경험들은 언어를 습득하기 전이나 정향 능력의 발달 이전에 발생한다. 그러므로 언어 중심의 치료법들로는, 이러한 유아기의 복합 트라우마를 다루기가 어렵다. 어린 시절에 형성된 그러한 행동양식들이 제 기능을 못한다면, 새로운 유형들을 제공하여 기존의 행동양식들 만큼 몸에 배고 익숙 해지도록 하는 것이 유일한 해결책이다. 즉, 오직 감각운동적 접근만이 학습된 행동양식들이 저장된 뇌간과 대뇌변연계에 도달할 수 있다.

수십 년간 Clay Field에서 이루어진 경험적 연구에서, 전-언어기 유아들의 세 가지 주요한 감각운동 발달단계가 관찰되었다.[9]

1. 피부 감각

생후 12개월까지 발달하는 것으로, 주 양육자와의 안전한 애착관계 전반에 걸쳐 발달한다. 피부접촉을 통해 안전함, 사랑, 안정감이 전달된다. 품에 안겨 흔들리고, 젖을 먹고, 속삭임을 듣는 동안 피부 대 피부 접촉은 필수적이다. 이것이 없다면 아기들은 살 수 없다. 양육자가 자기조절 능력이 결핍된 경우 유아는 심각한 발달지연을 겪고 불안정하거나 회피적 애착관계를 형성한다. 유아들의 지각은 신체 전반에서 일어난다. 일차적으로 피부를 통해 인식하는데, 왜냐하면 피부가 온몸을 감싸고 있기 때문이다. 처음에는, 아직 발달하지 않은 자아를 내면에서 깨우기 위해 촉각적 자극은 외부에서 와야만 한다. Perry의 연구가 밝힌 바에 의하면, 생후 첫 9개월간 발달되는 민감한 두뇌 영역은 뇌간brain stem이고, 바로 여기가 각성과 수면, 공포 상태를 조절하는 법을 배우는 곳이다.[10]

가이드 드로잉에서 성인과 청소년들의 애착욕구는 핑거페인팅을 통해 충족될 수 있다. 불안정한 애착관계를 발달시킨 내담자들은 주로 손 전체에 물감을 묻히지 못하고, 한 손가락만 사용하곤 한다. 아이가 너무 어려서 스스로 무엇을 취하기 어려운 것처럼 내담자들도 그렇다고 가정한다면, 치료사가 내담자의 양손에 물감을 부어 줌으로써 전환점을 만들어 낼 수 있다. 그런 다음 그냥 종이 위로 떨어진 물감을 접촉하는 과정으로 들어가서, 손과 팔뚝에 물감을 바르는 것만으로도 감각적 환희를 가져오고 어린 시절의 접촉욕구를 충족시킨다. 이 과정에는 이미지나, 의도된 동작은 없을 것이다. 다만 리듬감 있는 흔들기 동작을 하면서 스스로를 달래고rocking self-soothing, 느긋한 상태에서 안전한 접촉을 경험할 뿐이다. 연령과 연관된 또 다른 기법은 물감을 가볍게 두드리고 튀기는patting and splashing 것인데, 이것은 6개월 된 아이가 으깬 감자를 가지고 장난치는 경험과 비슷하다. 핵심은 풍족하게 경험하는 것으로, 충분한 물감, 충분한 시간, 치료사의 충분한 관심과 보살핌이 필수적이다. 이것은 존재한다는 것, 살아있다는 것, 안전하고 환영받는다는 것에 대한 필수 욕구를 충족해 줄 것이다.

이전 장에서 소개된 Maryann의 그림들은 핑거페인팅이 어떻게 유아기의 욕구를 충족시킬 수 있는지에 대한 예시다. Janina는 일곱 형제 중 여섯째였고, 주로 아홉 살 많은 언니의 보살핌을 받으며 자랐다. 살아오는 내내, 이런 경험으로 인해 그녀는 타인들이 항상 더 풍족하며 자신은 부족한 사람이라고 느꼈고, 매우 불안정한 자아의식을 갖게 되었다. 그녀는 회기에서, 엄청난 양의 분홍물감으로 천천히 리듬감있게 흔들기 동작rocking movements을 하며 종이에 물감을 발랐다. 그녀가 경험한 내적 감각들 덕에 그녀는 며칠 동안이나 꿈처럼 행복했다.

2. 균형

한 살에서 두 살 사이에 발달한다. 유아들은 이제 걸을 수 있고 양육자로부터 떨어질 수 있다. 유아들은 세상에 대해 호기심이 많지만, 정향능력과 주변을 전반적으로 살피는 능력은 부족하다. 그래서 자칫하면 쉽게 위험에 처할 수 있다. 유아들은 걸을 때 양팔을 이용해 균형을 잡는다. 이 발달단계에서의 중요한 발견은 척추가 자신과 타인을 구별해주는 내적 중심축이라는 것이다. 척추는 몸에 배어 있는 정체감과 연관되어 있다. 예를 들자면, 유아들은 이제 자기들의 이름을 인식하고, 양육자들이 들어주지 않는 특정한 욕구를 위해 투정을 부린다. 유아들은 감각적으로 입력된 여러 정보들을 통합하고 더욱 정교한 운동 조절 기술을 발달시킬 필요가 있다. 대뇌변연계의 활약이 시작되면서 감정 상태를 조절하기 위해서는 양육자의 도움이 필요하다. 두 양육자 사이의 화목함이 유아들에게는 내적인 균형감으로 나타난다. 이혼, 사별, 버림 등으로 인해 한 명의 양육자가 부재하는 상황이나, 양육자 사이의 끊임없는 다툼과 싸움은 유아들의 마음속에 불균형을 만들어 낸다. 이 같은 스트레스는 유아들이 양손을 조화롭게 사용하지 못하거나 오직 한 쪽 손만을 사용하는 결과를 가져오곤 하는데, 이 두 가지 모두 뇌의 두 반구들 사이의 협응과 뇌량corpus callosum 양쪽에 있는 신경 세포들 사이의 소통에 영향을 미친다. 양손을 모두 사용하는 리듬감 있는 그리기 활동은 두뇌가 스스로를 재구성하도록 자극하는 데 도움이 되고, 이런 활동은 척추의 수직성 강화에 도움이 될 수 있다.

중년의 여성 내담자 Cath는 생후 18개월에 발병한 제1형 당뇨병을 앓고 있었다. 발병 이후부터 그녀의 어머니는 그녀의 인슐린 수치를 안정시키기 위해 하루에도 몇 번씩 주사를 놓아야 했다. 그렇지 않으면 Cath는 치명적인 혼수상태에 빠질 수도 있었다. 그녀의 음식 섭취는 엄격하게 통제되었고, 학창시절 점심시간이나 친구의 생일파티에서도 항상 관리를 받아야 했기 때문에, 그녀의 사회생활은 큰 지장을 받았다. 나와 만났을 때 그녀의 트라우마 정도는 심각했고 매우 폐쇄적이었다. 그녀는 여전히 엄격하게 통제되는 일상 외에는 자신이 무엇을 원하는지, 무엇이 필요한지 전혀 알지 못했다. 그녀는 자신의 신체를 전혀 감각할 수 없었다. 치료를 받는 동안, 그녀는 회전의자에 앉아 있다가 매우 만족스러운 양손 그리기 방법을 생각해 냈다. 그녀는 의자에 앉은 채 좌우로 움직이며 양손 가득 크레용을 움켜쥐고 그 움직임을 그대로 종이 위에 표현했다. 척추 축을 중심으로 한 리듬감 있고 장난스러운 움직임 덕분에 마침내 그녀는 긴장성 부동증tonic immobility에서 빠져나올 수 있었으며, 18개월 아기에게 필요했던 욕구를 충족할 수 있었다. 이뿐만 아니라 그녀는 그 과정을 통해 크레용을 가지고 투정을 부릴 수 있게 되었고, 그로 인해 드디어 자신이 무엇을 원하고 무엇이 필요한지 단서를 얻을 수 있었다.

3. 깊이 감각

2세에서 4세 사이의 유아들에게 발달한다. 발육의 측면에서, 이것은 신체의 골격과 근육의 조직적 협응으로서 우리가 물건을 다룰 수 있게 한다. Clay Field에서 어린이들은 손을 사용해 누르기, 사물 끌어오기나 밀어내기, 손자국 남기기를 통해 이 과정을 배운다. 이런 활동을 하기 위해서, 유아들은 자신의 목 아래부터 발에 이르는 여러 근육과 관절을 조화롭게 움직일 수 있어야 한다. 유아들은 이런 운동 능력을 양육자, 형제자매, 친구들과 싸움놀이를 하면서 자연스럽게 배운다. 신체를 특정 방식으로 조직화해서 외부에 영향을 미칠 수 있다는 것은 아이들에게 수행력과 경쟁력에 대한 감각을 길러준다. 아이들은 이제 무언가를 할 수 있다. 만약 트라우마가 이 발달단계를 방해한다면, 아이들의 근골격 및 관절 등은 튼튼하게 발달하지 못할 것이고, 자신에 대한 심각한 무력감이 남게 될 것이다. 이 무력감은 아이들의 자존감에 중대한 영향을 미친다. Clay Field에서 ADHD 진단을 받은 어린이들에게 몇 킬로그램의 찰흙을 운반하도록 했을 때, 전신의 골격과 근육 시스템을 조직화하는 여러 가지 운동 기술들을 보여 주었더니 행동이 눈에 띄게 개선되었음을 발견했다. 이러한 운동기술을 발달시키면서 "힘이 세고" 수행력이 있다고 칭찬받는 것은 엄청난 변화를 만들고, 이것은 어린이들이 자신의 힘과 능력에 대한 감각을 익히는 데 도움이 된다. 이러한 운동 기술들이 기본적인 전제가 되어야 이후에 어린이들이 실제로 무엇인가를 이루고 성취할 수 있다.

가이드 드로잉을 할 때 이 과정은 일어서서 물감으로 손도장을 찍는 활동으로 연습할 수 있다. 이때, 양팔을 곧게 뻗었는지, 양 손목의 힘은 적당한지, 양 어깨와 양 팔꿈치가 일렬을 이루고 있는지 주의깊게 살펴보며, 척추, 양측 엉덩이, 무릎, 발목과 발에도 주의를 기울인다. 내담자가 어른이든 어린이든, 마찬가지로 몸 전체를 사용하여 영향력을 행사하도록 권장한다. 비슷한 방법으로 손바닥으로 물감을 밀어내며 자기방어 기제를 연습할 수도 있다.

유아기에 일어나는 이 세 가지 주요 발달단계 동안, 뇌간brain stem과 변연계limbic system에서는 우리의 암묵 기억implicit memory을 만들어 간다. 우리의 "정체성" 형성에 관여하는 체감 방법들과 감각느낌felt sense들이 이 발달단계 동안 아무런 검증 없이 확정된다. 그러므로 방치되었던 영아나 학대받은 유아는 학교를 다닐 때, 혹은 성인이 되어 치료실에 왔을 때 나눌만한 이야기가 없을 것이다. 그들은 그저 슬프고, 멍청하고, 이상하고, 불행하고 가치 없다고 느낄 것이다. 우뇌가 체계적으로 구조화될 기회를 방해받았기 때문에, 그들은 감정에 휘말려 제대로 사고를 하지 못하는 경험을 자주 하게 될 것이고, 적절한 행동을 취할 수 있는 능력들은 좌뇌에서 사라질 것이다.[11] 그들 신경계의 기능은 조절이 불가능해져서 아주 무감각해지거나, 혹은 아주 쉽게 놀라고 흥분하게 될 것이다. 그들은 스스로를 불행하다고 느끼기 때문에 더 불안정한 생활에 빠져들 수 있으며, 이는 육체적으로나 정신적으로 병들고, 중독자가 되고, 또는 비행을 일삼거나 반사회적이 될 때까지 과거의 트라우마를 악화시킬 것이다. 일관성 없고 방치된 상황에서 영유아기의 두뇌 발달이 빈약하게 이루어지면, 이후에 일어나는 더욱 복잡한 영역의 두뇌 발달에 부정적 영향을 미치게 될 것이다.[12]

대략 3세에서 4세 사이 무렵부터, 좌뇌는 활약을 시작하고 이와 함께 대뇌피질의 인지능력도 개발되기 시작한다. 유아들은 이제야 겨우 초보적인 이미지 만들기를 활용해서 의미 있는 상징적 표현을 시작할 것이다. 이제부터, 유아들은 언어를 이용하여 자신의 이야기를 할 수 있다. 만일 이 피부 감각, 균형, 깊이 감각의 단계를 거치며 발달하는 감각운동의 기초가 불완전한 상태로 남는다면, 이는 향후에 일어날 모든 발달의 심화 과정이 바로 이 취약한 기반에서 출발한다는 것을 의미한다. 그럴 경우, 내담자들은 내재된 자아의 활력이 부족하여 자신들은 절대 충분한 보상을 받지 못할 것이라고 느끼거나 세상에 필요없다(피부감각)고 느낀다. 혹은 대인관계 중 일어나는 상충하는 상황들이나 내적 모순들을 적절히 조율하지 못하고, 취약한 자존감(균형)을 갖게 되며 수행능력(깊이 감각)이 결핍된다. 결핍의 상당 부분은 환상을 통해 보상되기도 하지만, 그 단계의 중요한 과업실현은 큰 손상을 입게 된다. 대부분의 미술치료 작업들은 이미지 만들기 과정을 강조한다. 하지만 복합 트라우마를 다룰 경우, 내담자의 초기 유년시절 발달단계의 욕구가 무엇인지 알아보기 위해서는 근본적인 감각운동 관련 문제를 반드시 다루어야 한다. 리듬감 있고, 몸의 양측을 사용하는 신체중심body-focused 작업들, 예를 들면, 양손 그림 그리기, 드럼 연주, 무용, 무술, 신체율동 등은 뇌간에 존재하는 암묵 기억implicit memory을 바로 잡고 재구성할 수 있다.

고대 인도와 중국에서는 이러한 사실들이 전통적으로 널리 알려져 있었고, 요가나 무술 같은 신체중심 치료들을 개발했다. 이런 치료법들에는 "대체alternative"라는 꼬리표가 붙었지만, 그런 오명 따위는 신경 쓰지 않았던 Van der Kolk 같은 학자들 덕분에 효과적인 트라우마 치료법으로 새롭게 인정받고 있다. 춤을 추고 주문을 외고 북을 치는 것은 모든 선주민들의 치유 의식 중 일부이다. 이런 의식들은 지역사회 구성원들의 결속을 강화하며 안전함을 제공하고 신뢰를 재건하는 행사다. 트라우마는 결국 외부와의 단절이므로, 외면받는 대신 환대를 받으며 집단에 속하는 것은 그 자체로 치유다. 드럼 서클, 힌두 교리 암송, 호주 선주민들의 코로보리corroborees 춤 등 이 모든 행위들은 신체의 양측을 사용하는 반복적이며 리듬감 있는 활동을 즐기는 동시에 개인들을 고대의 치유 전통과 이어주는 의식ritual이다. 주술사는 서양식 접근법인 약물이나 인지 과정을 거쳐 환자의 해리상태를 치료하는 대신, 공포에 질려 도망쳐 버린 "정신을 다시 불러들임call back the spirit"으로써 치료할 것이다.

도수 치료feldenkrais, 근육 마사지 치료rolfing, 생물에너지학bioenergetics, Perry의 NMT 치료법neurosequential model of therapeutics[13], 신체기반 심리치료somatic experiencing, 그리고 최근 개발된, 불안정한 애착 유형을 치료하는 데 사용되는 NARMneuroaffective relational model[14] 치료법 등 다양한 신체치료법이 있다. 이 신체치료 방법들은 스파에서 종종 받는 근육 마사지와는 전혀 다른 차원의 치료로, 내담자의 심리치료를 반드시 포함하며, 심리적인 문제와 연관된 감각적이고 신체화된 통찰력을 길러준다. 한 인격이 머물고 있는 신체를 그 개인으로부터 분리하여 치료할 수 없듯이, 신체와 분리된 채로는 어떤 심리 치료과정도 의미깊은 경험이 될 수 없다.

우리의 몸은 물체나 대상물이 아니다. 살아있다는 것은 내 신체 안에 존재하는 것이지 신체를 소유하는 것이 아니다. 이에 대해 나의 스승인 Dürckheim은 “내 몸이 곧 나다”라고 표현했다.[15] 그는 생명leib을 신체body, 영혼soul, 정신spirit이 형상화된 객체라고 정의했다. 우리의 몸은 자동차처럼 연료를 공급하고 깨끗이 닦고 가끔 수리하면 유지되는 기능성 기계 장치로 취급할 수 있는 대상이 아니지만, 안타깝게도 많은 사람이 기계 다루듯 몸을 대한다. 이 생명leib은 감각sense을 지닌 인식의 기관을 의미한다. 감각적 인식sensory awareness이란 대상의 “sense 즉, 감각”을 깨닫는 것으로, 지성을 넘어서는 전체론적 구조에서 삶에 의미를 부여한다. 감각에 대한 깊은 깨달음은 개인을 통합된 정신incorporated spirit으로 보게 해주는 신체 의식body consciousness을 만든다.

깊은 감각적 인식을 통해 우리 신체의 여러 측면에서 일어나는 지각들이 드러나게 된다. 먼저, 우리가 거울을 통해 바라볼 수 있는, 외적으로 지각할 수 있는 신체가 있다. 그리고 우리가 내부에서 지각할 수 있는 생리학적 상태들이 있는데, 심장의 박동이나 배고픔 같은 것들이 해당된다. 이와 같은 내적 지각들과 밀접하게 연관된 것들이 우리의 감정이며, 어떤 학자들은 감정의 신체emotional body라고 부르기도 한다.[16] 실제 육체는 꼼짝 않고 누워서 자는 동안에도, 꿈속에서 걷고 움직일 수 있다는 사실을 모두 알고 있다. 이 꿈속의 신체는 우리가 깃들어 있는 실제 육체와 다를 바가 없다. 이런 경험은 깨어 있는 동안에도 할 수 있다. Houston은 이것을 운동감각성 신체kinesthetic body라고 부른다. [그리스어로 kinerma는 “움직임(motion)”, esthesia는 “감각하기(sensing)”를 의미한다.][17] 두뇌 운동 피질에 입력된 신체의 이미지가 실제 근육 운동처럼 감각신체felt body로 경험되는 것이다. 예를 들어, 운동선수들이나 음악가들은 운동감각성 신체kinesthetic body 경험에 대해 잘 알고 있다. 그들은 실제로는 움직이지 않으면서도 자신의 기술들을 하나 씩 머릿속에서 연습할 수 있다. 그들은 종종 이 운동감각성kinesthetic의 연습상황을 실제 신체를 사용하는 것만큼 선명하게 경험할 수 있다. 우리가 스포츠 경기나 영화 또는 공연을 볼 때도 마찬가지다. 그 내용에 깊이 몰두한다면, 우리는 운동감각성에 의해 실제 참여한다고 느낀다. 그런 이유로, 우리는 축구 경기나 모험 영화를 보고 나면 실제로 흥분하거나 피곤해질 수 있다. 같은 원리로, 훌륭한 배우들은 거울 신경세포계mirror neuron system를 자극하여 우리가 영화를 보는 동안 감동의 눈물을 흘리거나, 공포에 떨거나, 박장대소하게 할 수 있다. 우리는 꼼짝 않고 극장 의자에 앉은 채로 배우들이 출연한 드라마의 내용을 간접 경험하는 것이다.[18]

그렇다면, 우리에게는 신체 기억body memories이라는 별도의 영역이 있다는 것이다. 나는 한 컨퍼런스에서 진행자가 특정 옷의 촉감과 질감을 떠올리는 것만으로도 어린 시절을 회상할 수 있게 하는 흥미로운 워크숍에 참여한 적이 있다. '첫 수영복의 감촉이 어떠했는가?', '첫 브라의 촉감은 어떠했는가?', '생리대를 처음 사용했을 때의 느낌이 어떠했는가?'를 회상하도록 안내했다. 모든 참여자들은 그러한 기억들이 얼마나 생생할 수 있는지 알게 되었고, 신체 치수의 변화나 젊었던 시절, 특정 장소의 냄새 그리고 그 경험들과 연관된 감정과 감각적 인식이 어떻게 완전히 회상될 수 있는지 알게 되었다. 치료사로 일하면서, 나는 아기용 의자에 기저귀를 차고앉아 있던 유아기의 감각적인 기억들을 회상하는 성인 내담자들을 많이 만날 수 있었다. 임신한 것 같은 경험을 하고 나서 자신이 임신 중인 모습을 그림으로 그린 남성 내담자도 두 명이나 본 적이 있다. 그들에게 그것은 아주 생생한 신체의 감각이긴 하지만, 실제 경험을 통해 저장된 기억은 분명히 아닐 것이다. 어떤 경우, 라디오에서 나오는 노래가 과거의 로맨틱한 추억을 떠올리게 할 때, 그러한 기억들은 환영받는다. 그러나 플래시백flashbacks은 우리가 통제할 수 없는 매우 괴롭고 혼란스러운 기억일 수도 있다.

우리의 신체는 마취된 상태에서도 '기억한다'. 신체기반 심리치료somatic experiencing를 수련할 때, 나는 내담자들이 외과 수술 후에 원활한 회복을 위해서 수술 과정 절차를 단계적으로 상상하는 회기를 본 적이 있다. 약물에 취한 채 성폭행을 당했는데도 신체가 사건의 내용을 분명하게 기억하고 있는 내담자들과 함께한 적도 있다. 이런 치료회기에서는 인지적으로 나누는 이야기가 아니라 내면에서 일어나는 감각적 인상들을 콜라주처럼 모으는 것으로 진행한다. Levine은 긴장성 부동증tonic immobility과 해리 상태에서 벗어나기 위해 내담자들은 자신이 겪었던 사건에 대응하는 적극적 반응을 찾아야 한다고 말한다.[19] 이런 반응들은 감각적으로 우리 몸에 깊이 각인되어 있다. 만일 내면의 미묘한 변화에 귀를 기울이고 판단 없이 그 변화를 신중하게 받아들일 수 있다면, 길을 안내해 줄 운동 충동이 발생할 것이다. 그래야만 우리는 분리되어 떨어져 나간 일부분을 "재결합re-member"할 수 있다. 그러면 굳어 있던 어깨에 다시 활력이 생길 것이고, 골반의 무감각이 사라질 것이다. 이처럼 우리의 신체 기억을 재결합할 때는 반드시 이야기가 필요한 것은 아니다. Levine은 우리가 공포에 질려 압도되었을 때, 우리의 지각은 전반적인 이해를 하기에는 너무 혼란스러운 상태이므로 이야기를 제대로 파악하려는 시도는 무의미하다고 강조한다. 하지만 우리는, 공포의 경직 상태로부터 벗어나게 할 내적 운동 충동을 찾아내야만 한다. 우리 몸에 많은 방들이 있다고 가정한다면, 그 안에 갇혀 있는 공포 때문에 머무르지 못하고, 그것을 잠재우고 다시는 그 방들에 들어갈 엄두를 내지도 못한다. '푸른 수염Bluebeard' 이야기에 나오는 소녀처럼, 진정 살아있는 인생을 원한다면, 우리는 금지된 문을 열고, 그 너머에 있는 고통과 두려움을 마주하고, 그리고 그것들을 해결해야만 한다.

힌두교의 아유르베다ayurvedic 의학은 다섯 개의 외부 감각과 다섯 개의 내부 감각들로 이뤄진 열 개의 감각계를 통해 치료한다. 각각의 외부 감각은 그에 상응하는 내부 감각을 가지고 있다. 이 내부 감각들은 매우 섬세하기 때문에, 그것들을 의식적인 기능으로 개발하기 위해서는 요가 수련이 필요하다. 말하자면, 이런 수련을 통해, 우리는 소위 말하는 제3의 눈을 뜨게 되고 날카로운 통찰이 가능해진다. 이 내적 감각들은 "정묘체subtle body"를 인식하도록 설계되어 있는데, 어떤 이들은 아스트랄체astral body라는 용어를 사용하기도 하고, 기독교적 맥락에서는 "영혼soul"이라고 불리기도 한다. 수 천년의 역사를 지닌 동양 전통들 가운데 이 정묘체subtle body에 기반을 둔 치료법들이 많다. 중국, 일본, 한국에서 "기氣"라고 일컬어지는 생명 에너지는 정교한 에너지 통로인 혈을 따라 흐르는데, 이는 식물의 관다발이나 우리 몸의 신경망과 비슷하다. 치료 목적으로 기의 흐름을 의료적으로 조작하는 것을 침술이라 부른다. 기氣 흐름의 활성화는 합기도, 검도, 유도, 가라테 같은 무술이나, 또는 태극권 같은 명상 운동을 통해 수련할 수 있다. 경락 마사지나 지압같은 바디워크bodywork 방법은 혈을 따라가며 지압점을 눌러서 기의 흐름을 조절하는 것이다.

요가는 차크라chakras라는 통로를 따라 쿤달리니kundalini 에너지가 흐른다는 것을 깨닫는 데 초점을 두는데, 차크라chakras는 척추를 따라 자리 잡고 있으며, 신체상의 미주신경과 림프계와 연관되어 있기는 하지만 그것들과 서로 동일하지는 않다. 다섯 개의 내적 감각들은 초월적 신체 개념인 빛-신체light-body와 우리 몸에 분포한 차크라를 지각하도록 수련하여 그것들을 움직임, 빛, 색깔 그리고 형태로서 인식하도록 한다. 이 지식은 지난 5,000년 동안, 신체의 불균형을 바로 잡아 치료하는 아유르베다 의학의 핵심적인 역할을 해 왔다. 또한 힌두교와 불교에서는 더욱 깊은 깨달음을 위해서 명상 훈련을 하는 오랜 전통이 있다. 예를 들자면, 명상을 하면서 호흡을 조절하는 것은 스트레스를 받은 신경계를 안정화하는 데 효과적이라는 것이 밝혀졌다.

성경에는, 개인의 특별한 기운aura을 "빛의 몸body of light"이라고 부른다. 신지학theosophy, 인지학anthroposophy, 힌두교hinduism, 불교buddhism, 자이나교jainism, 신비주의자들the kabbalah 그리고 조로아스터교zoroastrianism 모두 그 기운aura을 빛의 몸body of light이라고 하고, 무지개색을 띠고 모든 생명체 주변을 둘러싸고 있다고 묘사한다. 개인의 기운은 우리의 감정과 느낌에 따라 불투명하고 어두울 수 있다. 예를 들면, 우울한 개인의 기운은 주로 회색일 것이다. 이 기운은 우리가 처한 상황에 따라 신체 주변의 약 90cm 이상까지 팽창하거나 수축할 수 있다. 누군가의 기운 속으로 들어설 때 느껴지는 감각이 있는데, 이것은 편안할 수도 있고 불편할 수도 있다. 언젠가 비행기를 탔을 때 그런 기운을 유난히 느꼈던 적이 있는데, 자리에 앉자마자 내 기운을 잘 챙겨야겠다는 생각이 들었다. 킬리안 촬영kirlian photography을 통해 심지어 식물들도 그 기운의 수축이나 확장을 통해 공포나 안락함에 반응한다는 것이 밝혀졌는데, 식물들은 자신 색감의 생생함이나 흐릿함을 통해 표현해낸다고 한다. 물론 과학적 맥락에서는 이러한 정신적인 깨달음을 환상과 환각이라고 일축했는데, 그 이유는 증거 중심 연구를 통한 증명에는 자주 실패했기 때문이다.

의식의 고조 상태에 이르게 되면, 우리의 신체적 지각들은 서서히 추상적인 형태들로 대체되고, 이 형태들은 색감과 빛으로 지각된다. 정묘체subtle body의 이러한 구조는 가이드 드로잉에서 사용되는 형태들과 깊게 관련되어 있다. 일부 명상 수련과 Barbara Brennan의 『빛의 손길Hands of Light』[20], 『치유의 터치Healing Touch』를 비롯한 바디워크bodywork 학파, 그리고 Jung 분석가 Phyllis Krystal의 『속박과 유대관계 단절하기Cutting the Ties that Bind』[21]에서도 정묘체subtle body를 시각화할 때 비슷한 형태들을 사용한다. 예를 들어, 한 줄기 빛이 우리의 척추를 일으켜 세우는 것을 머릿속에 그리고 나서, 곧이어 더 바른 자세로 앉을 수 있다. 내담자들은 보호의 의미로 자신을 둘러싼 빛의 원을 상상하거나, 같은 목적으로 주변에 빛의 띠를 세울 수 있다. 그런 심상은 대부분 내담자들에게 감각적으로 긍정적인 영향을 미치며, 나는 그런 작업을 적절하게 치료적 자원으로 제공한다.

우리가 개인의 정체성으로 삼으려고 취한 것들이 지닌 한계들에 대해서는 이미 여러 번 신중하게 언급되었다. 대다수의 심리치료에서 자아를 강화하고 견고한 정체성을 기르는 데 초점을 두는 것은 당연한 접근법이긴 하지만, 우리는 또한 다양한 정신적 수련 방법들을 치료적 자원으로서 존중하고, 이를 통해 치료 방법의 더 넓은 영역과 유동성이 확보되었는 점과 이러한 새로운 접근법들이 우리가 타고난 본성을 온전케 하기 위한 또 다른 방법이라는 것을 인정해야 한다. 내담자들이 과거의 트라우마로부터 빠져나오고 신경계가 마침내 안정되었을 때, 그들은 매우 자연스럽게 보다 깊은 명상 체험을 하게 된다. 주변의 모든 것이 천천히 흘러가는 듯하고 모든 흥분과 활성화가 안정되고 나면 내부 깊은 곳에서부터 신비한 치유 과정이 느껴지는데, 이것은 따끔거리는 빛, 따뜻한 물결, 부드러운 진동, 사랑과 감사 등이 온몸에 퍼지고 안전하게 감싸진 느낌이다. 이 과정을 자율신경계로부터 발생한 비자발적 운동 영역의 섬세한 회복이라고 묘사할 수 있겠다. 하지만 그 치유 과정의 경험은 매우 놀라운 것이라서, 내담자의 감각적 경험을 정신적 경이로움이라고 묘사할 수도 있을 것이다. 왜냐하면 이 경험은 내담자들에게 조용히 다가와서, 온전하고 완전하게 현실에 실재한다는 견고한 존재감을 선물로 남겨주는 강력한 놀라움이기 때문이다. 내담자들은 더 이상 겨우 버티고 있는 상태가 아니라는 것을 느낄 수 있다. 마침내 자신들의 신체를 통해서 생생하게 살아있다는 것을 느낄 수 있다.

6장 상향식-하향식

나는 운이 좋게도 신체중심body-focused 접근법을 그 발생기인 1970년대 초부터 배울 수 있었다. 내가 받았던 개인치료 회기의 상당 부분은 심리학자 혹은 Dürckheim이 직접 지도하는 바디워크 치료법들이었다. 3년의 수련기간 동안 생물에너지학 공부뿐만 아니라 요가 및 일일 명상을 했으며, 매년 5일간 일본인 선불교 고승과 함께 명상 수련을 하였는데, 이를 위해 그는 기꺼이 독일 블랙 포레스트의 뤼테Rütte까지 와서 머물곤 했다. 나는 합기도 5년, 일본식 검도를 3년간 수련하였는데, 나에게 두 가지는 모두 심리치료로 여겨졌다. 예를 들자면, 검도를 수련하는 수년 동안, 나는 단 한 번도 배우자와 다툰 적이 없었다. 나의 선생님은 이것을 한마디로 요약하셨다. "네가 상대해야 할 유일한 적이 있는데, 그건 바로 너 자신이다." 수십 년이 흐르고 나서야 내가 얼마나 운이 좋았던 것인지, 그리고 Dürckheim과 Hippius의 접근법이 얼마나 선구적이었는지 알게 되었다.

가이드 드로잉이 어째서 그토록 효과적인지를 만족스럽게 설명할 수 있게 되기까지, 나는 40년 동안 가이드 드로잉 작업을 해 왔다. 내가 Peter Levine을 알게 되고 신체기반 심리치료에 대한 수련을 하게 된 것은 내 인생을 바꿔 놓았고, 비로소 나는 가이드 드로잉을 설명할 수 있는 근거를 갖추게 되었다. 이것이 바로 내가 이 책을 쓰는 이유이다. 나는 가이드 드로잉이 상향식Bottom-up 접근법에 훌륭히 기여할 수 있는 미술치료 기법이라고 생각한다.

> 상향식 치료적 접근법은 신체와 감각느낌 그리고 본능적인 반응에 초점을 두고 있으며, 이들은 뇌간을 통해 중개되어 위쪽으로 이동해서 두뇌의 변연계와 피질에 영향력을 행사한다. 끊임없는 정보들이 신체에서 두뇌로, 두뇌에서 신체로 순환 이동한다.[1]

1970년대에는 신경과학 연구에 기반한 이러한 설명은 존재하지 않았다. 어떤 면에서 치료사로서 내가 배워온 과정 역시 상향식이었다고 볼 수 있다. 나는 리듬감 있게 양손을 사용하여 그림을 그리는 접근법에 대한 확신이 있었다. 나는 신체에 집중하여 이와 연관된 감정의 체험을 치료회기로 구성하는 방법을 알고 있었지만, 인지적 차원에서 기법을 통합하기 위해 40년을 보내야 했다.

가이드 드로잉에서 미술치료사의 역할은, 올라오는 운동 충동들과 그 리듬에 대한 신뢰를 길러주고, 이 운동 충동들이 신체에 미치는 감각적 영향을 추적함으로써 상향식 접근을 장려하는 것이다. 형태들을 이미지로 인식하는 것에서 더 나아가, 치료사는 그것을 창조해내기 위해서 취했던 신체 동작들도 다루어야 한다. 예를 들어, 나는 내담자가 원 형태에서 "둥지", "알", "배", "우주"와 같이 그림으로 드러날 수 있을 법한 이미지 찾기를 권장하지 않는다. 이러한 이미지에 초점을 맞추면 상징적 의미와 개인사적 기억들은 하향식top-down으로 고찰된다. 그 대신에, 치료사는 특정한 형태를 만들어 내는 몸의 움직임을 내담자들이 감각적으로 인식하여 통찰하도록 장려할 것이다. 어떤 동작이 기분 좋게 느껴지거나 내적 상태를 정확하게 반영한다면 반복적으로 계속 움직이도록 하는 것도 이런 깨달음을 위한 격려가 될 수 있다. 또는 다음과 같은 질문을 할 수도 있다. "당신 안의 에너지가 이런 방식으로 그려졌는데, 어떠셨나요?" "이 움직임이 특정 방향을 향하고 있는데, 그럴 필요가 있었다면 당신은 어떻게 알았을까요?" "이런 흐름이 생겨났는데 어떻게 느껴지나요?" "이 움직임이 당신의 몸 안에서 어떤 식으로 공명을 일으켰을까요?" 치료사들의 이런 태도는 내담자들이 그들의 신체 감각들과 계속 교류할 수 있도록 하는 데 도움이 될 것이다. 감정들과 느낌들이 올라올 수 있다. 그렇지만 너무 서둘러서 이미지들을 찾아 해석하려 들면 이성을 작동시키고 본능과 단절될 것이다. 이후 단계에서, 이미지들이 내담자들의 깊은 내면과 연결되어 있다고 치료사가 확신하게 될 때, 이미지들이 중요하게 다루어질 것이다.

이런 식으로, 그림들은 "완성"된다기보다는 이성적 통제가 미치지 않는 내면의 안내에 따라 "발생"하는 것이다. 반복된 움직임은 마음을 가라앉히고 내면 깊은 곳에 있는 "정보"와 "변화"를 떠오르게 해준다. 그러다 보면 결국 개인의 자전적이고 원형적인 삶의 양식들이 드러날 것이다. 신체에 저장된 이런 기억들을 재경험하고, 의문을 갖고, 그것들을 들쑤시고 재건하는 활동들은 내담자들이 생존 수준에서 벗어나 삶의 영위 단계로 이동하도록 도와준다.

상향식 접근법의 시작은 근육 움직임에 관한 것으로, 대부분 비언어적이고, 운동 충동 위주로 이뤄진다. 그런 다음 감각하기, 즉 감각적 인식을 향해 "위"로 움직인다. 회기는 종이에 그려진 운동 충동들과 그것들이 내면에 미치는 영향을 감각하는 것 사이를 왕복하는 내용으로 이루어진다. 회기를 마무리할 때는 인지적 통합이 매우 중요하다. 모든 이야기를 전부 말로 표현하지 않는다 해도, 일어났던 일의 일부라도 말로 표현함으로써 감각운동 상태의 경험을 의식적 사고 양식과 연결시켜야 한다. 나는 종종 내담자들에게 완성된 그림 아래에 간단히 글로 적어보라고 한다. 이것은 과정을 좀 더 의식화하는 데 도움이 되고 나중에 과정을 기억할 수 있는 단서를 남긴다. 가이드 드로잉이 치료적 대화의 역할을 대신할 수 있는 것은 아니다. 치료적 대화는 꼭 필요하지만, 가이드 드로잉은 치료 과정에 상당한 비언어적 깊이와 신체 집중 그리고 감각적 인식을 더할 수 있다.

Van der Kolk는 트라우마 치료 방법 중 널리 인정 받고 있는 세 가지 접근에 대해 언급했다.

- **하향식 접근:** 가장 잘 알려진 대화 치료법으로, 타인들과의 소통, 현재 정황의 이해, 기억들의 처리를 위해 고안되었다.
- **약물 복용:** 부적절한 경보 반응을 차단하고 지나친 과부하를 관리한다. 그 외에, 두뇌의 정보 처리 방법에 변화를 줄 수 있는 첨단 기술들이 적용될 수 있다.
- **상향식 접근:** 신체는 트라우마가 남긴 무력감, 분노, 절망에 대한 깊고 본능적인 대응을 경험하게 된다.[2]

내담자들이 약물치료를 받도록 정신과의사에게 의뢰할 경우도 있기는 하겠지만, 모든 가이드 드로잉 회기들은 하향식과 상향식 접근법들이 혼합되어 구성된다. 지난 100년 동안 심리학은 다양한 하향식 치료 유형들을 개발했는데, 이는 모든 치료 장면에서 필요한 중요한 요소이다. 반면 서구의 심리학과 정신의학계에서 신체를 기반으로 하는 상향식 치료 모델은 비교적 새로운 접근법이다. 이제 우리는 인지적 "이해"만으로 내면화된 스트레스 유형에 맞대응하고 뇌간의 경보 체계를 안정시키는 것은 불가능하다는 것을 알고 있지만, 심리적 변화를 가능하게 할 신체기반 치료기법들은 여전히 부족하다. Heller와 LaPierre는 신체에 주의를 기울이는 상향식 경험을 치유 과정의 기초라고 본다.[3] 우리가 우리의 신체와 더 많이 교류할수록 자기조절 능력은 더욱 향상된다. Perry는 뇌의 하위 신경망이 손상 없이 온전하고 통제가 제대로 이루어져야만 말하기, 언어, 사회감정적 소통 같은 상위 기능에 우리가 영향력을 행사할 수 있다는 것을 분명히 하고 있다. 만일 빈약하게 조직된 뇌간이 재설정되어야 한다면 "유형화되고 반복적인 신체 감각 활동"이 꼭 필요하다.[4]

상향식 접근법은 근육과 신체 내부 기관에 내재되어 있는 운동 충동에 대한 인식을 장려한다. 운동 충동들을 인식하게 되면, 내담자는 신체 내부의 흐름, 이완이나 수축, 긴장, 혹은 동결반응 등을 알아차릴 수 있다. 대부분 자기도 모르게 일어나는 생리학적 현상들이 그림을 통해 시각화되는 것이다. 내담자가 눈을 감은 채 커다란 종이 위에 양손으로 그림을 그리면, 그들의 움직임은 내면의 생리적 상태를 그대로 반영한다. 그리기 과정은 이미지 창조보다는 오히려 근육, 신체 기관, 호흡 등이 내부에서 어떻게 움직이는지에 중점을 둔다. 이렇게 리듬감 있게 휘갈기는 반복 동작은 신체가 체험한 감각들을 시각화한다. 점점 이와 관련된 감정들도 생겨난다. 감각을 지각하고 리듬감 있게 운동 충동을 표현하는 이 단순해 보이는 과정이 자율신경계와 특별한 소통을 가능하게 하는 것이다. 자신이 안전하고 현존한다는 것을 느끼면서, 개인들은 과거의 트라우마로 인해 얼어붙고 위축된 생명 에너지의 흐름에 다시 불을 붙이도록 격려받는다. 시간이 지나면서, 삶의 질은 향상되고, 온전함을 점차 회복할 수 있게 된다.

근육의 긴장, 통증 또는 꽉막힘 같은 신체 감각에 초점을 맞추고, 그와 함께 슬픔, 분노 또는 즐거움 같은 감정의 동요에도 주의를 기울인다. 전적으로 신체의 요구에만 초점을 맞춤으로써 인지적 신념체계와 동일시를 거치지 않고 우회하도록 반응회로를 작동시킨다. 리듬감 있는 그리기 활동이 이런 집중을 도와준다. 예를 들면, "목 부분의 통증"을 표현하기 위해서 내담자들은 사고의 이야기나 이미지를 그리기보다는 양손으로 난화를 그리는 듯한 움직임을 사용하여 표현할 것이다. 다음 단계에서, 내담자들은 내부의 긴장이나 고조된 감정을 해소하기 위해서 "내가 만일 지금 마사지를 받는다면", 어떤 움직임의 마사지가 필요한지 그려본다. 그런 다음 내담자들은 감각느낌과 다시 연결될 것이고 "마사지"로부터 얻은 변화를 알아내기 위해서 "지금은 어떻게 느끼는지"를 그리게 된다. 내담자들은 목 부분의 통증이 사라질 때까지 종이 위에서 신체를 기반으로 한 치료적 개입을 이어갈 것이다. 이런 자기조절은 놀랍도록 간단하고 효과적이다. 그때서야 우리는 "목 부분에 통증이 없는 나는 누구인가?"라는 새로워진 정체성을 마주하게 된다.

더욱 조절된 신경계는 고통이 사라진 신체와 협응하여, 더욱 긍정적인 자아상을 갖게 한다. 치료과정 내내 이런 방식으로, 과거에 일어난 사건 이야기를 회상하기보다는 치유와 회복, 재생이 강조된다. 트라우마 사건이 어떻게 형성되었는지 이해하기 위해서 내담자가 기억하는 것도 중요하지만, 모든 내용까지 자세히 다시 떠올릴 필요는 없다. 적절한 자원과 도움이 없다면 그런 기억들은 재트라우마를 일으킬 가능성이 있고 심지어 내담자들을 더 깊은 무력감 속에 빠뜨리며 압도시킬 수 있다. 외과 의사와 마찬가지로, 환자가 어떻게 부상을 입었는지에 초점을 두는 것이 아니라 부상을 치료하기 위해서 무엇을 할 수 있는지에 집중하는 것이다. Levine은 기억하다remembering의 반대 의미로 재-결합re-membering이라는 용어를 만들었다. 잘려나간 부분들과 연결되는 것은, 마치 주술사가 도망가버린 정신을 다시 불러들이는 것과 같은 맥락으로 치료에 있어서 중요하다. 가이드 드로잉에서 이 재결합 과정은 한 번 일어난 사건, 그 당시 신체가 취했던 반응 그리고 치유를 위해 신체가 현재 요구하는 것 사이에서 세심하게 조율된 움직임으로 변한다.

Heller와 LaPierre는 감각적 인식과 운동 충동 사이의 반응회로를 다음과 같이 설명한다.

> 한 과정이 전개되면 치유의 순환이 시작되는데, 이 안에서 신경계의 조절이 증가하며 왜곡된 동일시와 신념들이 감소하고 결국에는 사라진다. 긍정적인 치유순환에서,

> 신경계의 조절 향상은 고통스러운 동일시와 비판들을 제거하는 데 도움이 되고, 고통스러운 동일시와 비판들이 사라짐에 따라 자기조절 능력을 향상시키는 것이 가능해진다.[5]

리듬감 있는 반복을 통해 느끼는 것이 무엇이든 그것은 매우 중요하다. 단순한 난화 그림을 리듬감 있게 반복하는 것은 내담자들이 이성으로부터 벗어나 자신들의 행동통제를 멈추게 할 뿐만 아니라 안전함을 느끼게 하고 구조를 제공한다. 이것을 우리는 "몰아지경의 상태를 찾아가다find your mojo", "나만의 흐름 속으로 들어가다get into the zone"와 같이 표현한다. 춤이나 성행위와 마찬가지로, 자연스러운 흐름을 위해서 우리는 적절한 리듬을 찾아야 하며, 그렇지 않으면 박자를 맞추느라 아무것도 느끼지 못할 것이다. 모든 내담자들은 스포츠, 애정 행위, 명상, 드럼 연주 등의 경험을 통해 리듬의 중요성을 알고 있다. 아기가 부드럽게 흔들어 주면 편안해지듯이, 내담자는 종이 위에 크레용으로 그 움직임을 그리는 것으로도 편안해질 수 있다. 이렇게 함으로써 내담자들이 의식적인 운동 충동으로부터 자연스러운 운동 충동으로 이동하는 것이 가능해진다. 그것은 내담자가 무엇을 *하고*, *만드는* 것에서 벗어나서 그저 현재에 존재하도록 도우며 그들 내면의 "선한good" 면과 연결되도록 한다.

> 감각느낌(felt sense)은 정신이나 신체에 한정된 인식이 아니라, 다음의 요소들이 모여서 일어나는 것이다. (1) 내/외부 사건에 대한 신체의 직접적인 감각적, 정서적 반응, (2) 감각에 의해 수집된 정보에 대한 마음의 집중과 그 정보들의 통합, (3) 특정 상태/상황/문제에 대한 인식을 위해 통합된 정보들과 정보들을 체험하는 경로들 사이의 일치성 수준. 신체적 차원에서, 감각느낌에 접근한다는 것은 신체가 체득한 암묵적 지식과 지혜를 끌어내는 것이다. 정신적 차원에서는 편안하고 비판단적인 인식이 가능하도록 도와주는, 지속적이고 정확한 집중력을 개발하는 과정으로, 이를 통해서 심리적이고 생리적인 내적 처리과정을 진심으로 이해하고 보살필 수 있다.[6]

여기서 일치성은 중요한 요소이다. 일련의 운동 충동 후에 일어나는 감각신호를 찾아 추적하는 것 역시 필수적이다. 가이드 드로잉은 무작위적 방출로부터 나오는 맹목적인 행동도 아니고, 감각적 인식이 지배하고, 호흡이나 심장 박동을 관찰하는 수준으로 운동 충동을 축소하는 명상도 아니다. 가이드 드로잉은 마음속으로 쇼핑 목록을 작성하고 있는 동안 종이에 끄적댄 낙서가 아니다. 신체 감각들에 대한 비판단적인 인식이고, 그 감각들을 종이에 크레용으로 반영하는 과정이고, 그림으로 나타난 운동 충동에 대한 감각적 반응을 추적하는 과정으로 이어진다. Dürckheim은 이 과정에서 마음mind을 "목격자"라고 표현했는데, 이것은 Suzuki와 함께했던 명상수련에서 배운 것이다. Suzuki는 *친절한 통찰*loving awareness이라는 용어를 만들었는데[7] 그것은 우리 깊은 곳에 내재한 인생의 지혜를 신뢰하는 태도이다. 내담자들은 먼저 이러한 지혜가 자신 안에 존재한다는 것을 신뢰해야 하고, 그래야만 안전하게 그 지혜에 의존할 수 있게 된다.

치료사가 일치성congruency을 관찰할 수 있는 부분은, 내담자의 자세와 표정, 대화 내용, 사건을 그림으로 표현하는 방식 등이 있다. 이에 대해서는 추후에 좀 더 이야기하겠다. 신체 자세는 쉽게 관찰될 수 있는데, 예를 들면 내담자가 그린 특정 형태와 자세가 어떻게 협응하는지를 보는 것이다. 내담자가 구부정하게 있으면서 수직적 그림을 그렸는지, 한 손은 가만히 있고 다른 한 손만 사용하는지 등을 살펴보는 것이다. 나는 슬프거나 끔찍한 사건을 웃으면서 이야기하는 내담자들을 많이 보았는데, 이는 자신의 감정으로부터 단절된 것이다. 종이 위 크레용을 누르는 힘이 부족하거나 과도한 것은 내담자의 감정적 상태를 나타내는 증거가 된다. 한 편, 감각들이 절대 따라갈 수 없도록 그림을 매우 빠르게 그리는 경우는 감각느낌의 기능을 차단하려는 그럴싸한 방법을 사용하는 것이다. 지나치게 천천히 그린다면 종이 위의 모든 동작을 통제하려고 시도하는 것이다. 내담자들은 일치성을 발견하기 위해서 치료사의 도움과 피드백을 필요로 할 것이다. 어떤 이들은 자신과의 일체감을 경험해 본 적이 없을 수도 있다. 또 어떤 내담자들은 자신들 신체의 일부분에만 집중할 수 있는데, 왜냐하면 그들의 경험상 신체는 그들과 친숙하지 않기 때문이다. 그렇지만, 그들은 그 작은 신체 일부에서 일어나는 미세한 변화에 집중하면서 비판단적인 인식을 지속하는 것을 배울 수 있고, 그들의 신체 집중 범위를 점차 확장하는 것이 안전하다고 느낄 때까지 그림을 그려나간다.

일치성은 두 손으로 그림을 그릴 때 성취하기가 더 쉽다. 이것은 분명히 좀 더 완전하고 완벽에 가까운 접근법이라고 할 수 있다. 왜냐하면 양쪽의 손이 모두 사용될 때 두뇌의 양쪽 반구가 모두 자극을 받기 때문이다. Hanson은 Bruce Perry의 NMT

이론에 기반하여, 양손을 사용하여 반복적으로 두뇌를 자극하는 것이 트라우마 치료에 있어 중요한 요소라고 말한다. 효과적인 치료를 위해서, 두뇌는 뇌간의 절차 기억을 통해 스스로를 재구성할 수 있어야 하는데, 뇌간은 우리가 수영, 걷기, 자전거 타기 등의 학습된 운동 유형들을 저장하는 곳이다.[8] 신경순차 모델neurosequencial model은 반복 활동을 통해서 두뇌의 양쪽 반구 모두가 자극을 받는 것이 중요하다고 말한다. 특히, 양손을 사용하는 자극은 뇌량을 가로질러서 양쪽 두뇌 반구 사이의 소통을 증가시키고, 이는 결국 내담자들이 두뇌의 양쪽 반구를 균등하게 사용할 수 있게 해 준다. NMT 치료법의 업적은, 양손을 이용하는 자극을 통해 두뇌가 스스로를 재구성하거나, 또는 발달이 중단된 지점부터 두뇌가 다시 발달을 이어간다는 이론을 정립한 것이다.[9] 나는 Clay Field에서 트라우마를 경험한 유아들과 함께할 때 후자의 사례를 목격하였다. 유아들은 그들에게 무슨 일이 있었는지 말로 표현하지는 않더라도, 기회가 주어진다면, 고통스러운 경험으로 방해받았던 바로 그 단계에서부터 발달을 다시 이어갈 것이다.

이는 내가 가이드 드로잉과 함께 쌓아 온 경험에 확신을 주었다. 만일 내담자들에게 충분한 안전함을 제공하여, 그들이 인지적 신념체계와 부정적인 동일시의 영향을 피할 수 있게 해주는 접근법을 찾는다면, Jung이 말했던 원형과 본능인, 변연계와 뇌간에서 형성되는 보다 더 깊은 층이 역할을 이어받아서 두뇌를 재구성할 것이고, 그럼으로써 개인의 몸과 마음은 더욱 조절되고 진정한 존재가 될 것이다.

Malchiodi는 양손 드로잉을 다음과 같이 비교 설명한다.

> Shapiro의 안구 운동 둔감화와 재처리모델인 EMDR 모델[10] 은 이중주의 자극(dual attention stimulation)을 설명하는데, 이는 양측 안구 운동, 가벼운 신체 터치, 소리를 감각단서로 구성한다. 트라우마를 회상하는 동안, 시각적, 청각적, 촉각적 단서를 이용한 지시를 함으로써, 개인들이 과거에 일어난 일보다 현재에 집중하도록 도울 수 있다고 믿는다.[11]

나는 트라우마를 경험한 개인들이 초기에 양손을 모두 사용하여 움직이는 것을 힘들어하는 모습을 자주 봐왔다. 그들은 회기가 진행되는 동안 억압되어 있던 긴장과 감정을 해소하며 더 나은 균형을 찾아가고 의도한 것은 아니지만 해소감이 뒤따르며 의식적인 기억이나 자전적 이야기를 동반하기도 한다.

운동 충동이 몸 안에 공명함에 따라 이 충동들은 반응회로 안에서 감각적 상태로 인식되어 갈 것이고, 이런 식으로 개인들은 리듬감 있는 운동 충동과 그것의 표현 사이를 오가는 일에 점차 진전을 보인다. 서로 다른 운동 충동은 서로 다른 감각 상태를 일으키는데, 이 과정은 그림으로 표현된 특정 운동으로 인해 내담자들이 좀 더 곧게 앉거나 근육 긴장을 덜 느낄 때까지 이어질 수도 있다.

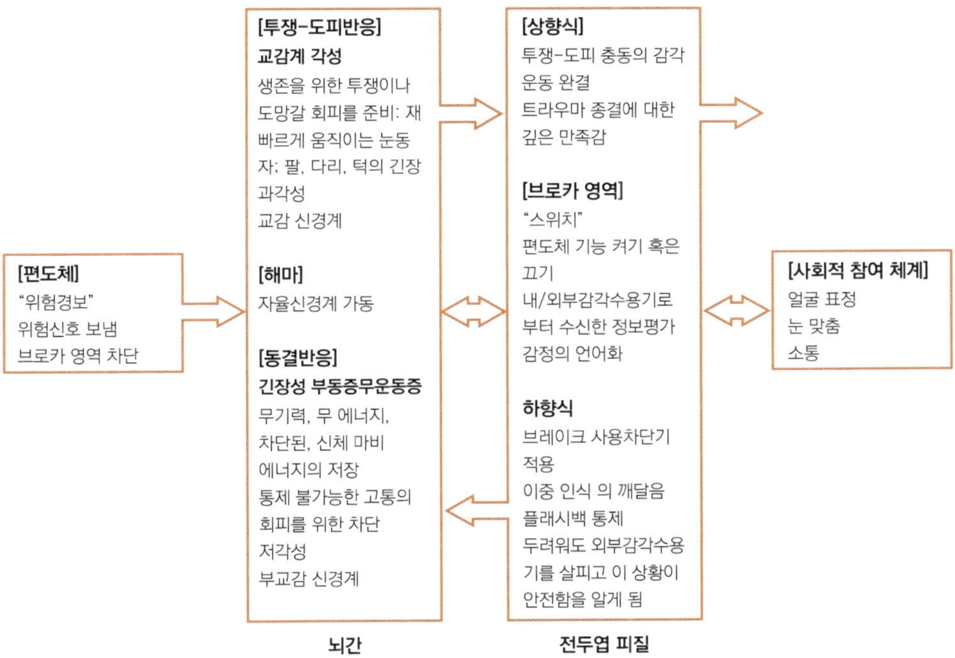

[그림 6.1] 하향식과 상향식 접근법: 뇌간과 전두엽 피질 사이의 소통 유형

뇌과학에 관한 이야기는 매우 복잡한 것이 될 수 있으므로, 나는 상향식/하향식 개입에서 일어나는 신경학적 핵심 과정들을 가능한 한 쉽게 설명하려 한다. [그림 6.1]에서 왼쪽은 뇌간을, 오른쪽은 전두엽 피질을 의미한다. 가장 왼쪽에 있는 편도체는 뇌간의 가장 오래된 부분을 나타낸다. 이것은 심지어 물고기에게도 있는 원시 진화적 기관으로 이것이 우리 생존을 책임진다. 가장 오른쪽에는 사회적 연결 체계social engagement system가 있는데, 이곳은 인간의 대뇌피질 중 가장 복잡하게 발달한 부분이다. 이곳이 우리의 얼굴 표정, 눈 맞춤, 언어와 소통을 관리한다. Levine은 PTSD를 통제권을 갖고자 하는, 원시 뇌간과 전두엽 피질 사이에서 벌어지는 충돌이라고 언급했다. 동물로서 인간은 생명이 위협받는 상황을 겪을 때, 모든 에너지를 전두엽피질과 사회적 참여 체계로부터 철수시키는데, 왜냐하면 생존의 맥락에서 그 기능들은 사치로 여겨지기 때문이다. 대신 편도체amygdala는 마치 화재경보기와 같이, 해마에서 본능적 대응을 작동시킨다.

해마는 두 가지 경로를 가지고 있으며, 두 가지 선택을 할 수 있다.

- 적극적인 대응: 즉 생존을 위한 투쟁 혹은 도피
- 소극적인 대응: 동결반응, 해리 혹은 죽은 척하기

투쟁-도피반응과 동결반응 가운데 어느 대응을 보이든지 해마가 활성화되는 순간부터 전두엽 피질의 많은 영역이 작동을 멈춘다. 우리는 사람이 충격을 받으면 말문이 막힌다는 것을 알고 있다. 해리 상태로 인해 눈 맞춤을 하지 못하는 내담자들을 많이 보았다. 뇌간은 우리가 트라우마 사건을 경험할 때와 트라우마 사건을 기억할 때 활성화된다. 생리학적 반응도 마찬가지이다. 그런 트라우마 기억들이 바로 내담자들을 PTSD로 괴롭히는 것들이다.

Levine은 수십 년간, 동물들이 일상적으로 일어나는 생존의 위협에 어떻게 대처하는지 관찰했다. 동물들의 경우 야생에서는 PTSD가 발생하지 않는다. 우리도 동물들의 것과 동일한 생존 체계를 뇌간에 가지고 있기때문에, Levine은 동물들이 무엇을 하는지, 그리고 우리의 스트레스 대처능력을 향상하기 위해서 동물들로부터 무엇을 배울 수 있는지 조사하기 시작했다.

정향반응

야생의 캥거루나 사슴은 갑작스러운 소리에 놀라면 위험한지 아닌지 상황을 파악하기 위해 즉각적으로 머리를 들고 주변을 살핀다. 동물들이 보이는 이와 같은 반응은 편도체가 담당한다. 반면 사람들은 이 역할을 브로카 영역이 담당한다. 만일 그 소리가 무해한 것으로 밝혀지면, 사슴들은 편도체의 작동을 멈추고 다시 풀을 뜯고, 사람들은 하려던 일로 돌아간다. 하지만, 맹수가 다가오고 있다면, 동물이나 사람들 모두 도망을 칠 것이다. 이 반응은 해마에서 활성화된 교감 신경계가 동물적 생존 본능을 가지고 대응하는 투쟁-도피 반응이다.

Levine과 Rothschild는 동물들에서 관찰된 이 정향반응을 PTSD로 고통받는 내담자들에게 하향식 치료 개입으로 사용했다. 이 경우, 내담자들은 그들이 있는 자리에서 감각을 사용하여 주변을 살펴보라는 지시를 받는다. 만일 치료실에 있다면, 문이 어디 있는지, 어디에 화분이 놓여 있는지, 어떤 미술 작품이 벽에 걸려 있는지, 창에서 보이는 풍경이 어떤지를 적극적으로 확인할 것이다. 비록 내담자들의 신체 기억 체계는 공포 안에 갇혀있지만, 그들은 현재 환경이 안전하다는 것을 확인할 수 있도록 정향활동을 격려받는 것이다. Rothschild는 그녀의 접근법을 "이중 인식dual awareness"이라고 불렀다.[12] 예를 들어, 플래시백에 사로잡히면 내담자들은 두 가지 현실을 경험한다. 하나는 현재의 안전한 현실이다. 또 다른 하나는 곧 들이닥칠 것만 같은 위협적인 기억 속의 현실인데, 이것은 신체에 일련의 공포 반응을 일으키고 이에 대해 내담자는 아무런 통제력을 갖지 못한다. 정향반응을 사용하는 것은 내담자들이 경험하는 두려움은 기억일 뿐, 실제로는 위협상황에 있지 않다는 것을 깨닫도록 도와준다.

투쟁-도피

다시 위의 사슴과 캥거루 이야기로 돌아가서, 위협이 현실이라고 판단되면, 그들의 편도체는 해마를 통해 아드레날린과 다른 호르몬을 분비하는 등 신체에서 연속반응을 일으켜 심박수가 상승하고, 근육이 긴장되며, 집중력이 높아지고, 에너지가 급상승하는 등 교감신경이 각성되어 엄청난 에너지가 솟아오르게 할 것이다. 이 엄청난 생존 에너지의 각성은 우리가 안전해질 때까지 싸우거나 도망치게 할 수 있다. 이렇게 엄청나게 에너지가 고조된 상태에서, 손주를 구하기 위해 자동차를 들어 올린 할머니 이야기도 있다. 내 친구의 딸은 자동차에 치일 뻔한 상황에서 약 180cm가 넘는 담장을 한 번에 뛰어 올라갔다. 평소라면 그녀는 그런 높이의 담장을 뛰어넘는 것은 상상도 못했을 것이다.

Levine은 사슴이 고조된 경계 상태로부터 어떻게 일상의 편안한 상태로 전환하는지 세심하게 관찰했다. 사슴들은 몸을 흔들고, 씰룩거리고, 가볍게 떨기 시작한다. 귀 주변 목에서 시작한 이러한 떨림은 어깨로 이동하고, 마지막으로 복부, 골반 그리고 뒷다리까지 내려간다. 이런 식으로 동물들은 이제는 불필요해진 과도한 활성상태를 해소하고 그들의 자율신경계를 재조정한다. 사슴은 하루 동안에도 이같은 활성화와 안정화의 주기를 수백 번 겪을 수도 있다. 동물들은 과경계상태와 이완 상태를 쉽게 오간다.[13]

한 편, 사람들은 위험한 상황을 성공적으로 해결한 후 전율과 함께 찾아오는 이완 상태를 "다리가 풀린"듯한 느낌으로 경험하기도 한다. 심지어 어떤 사람들은 번지점프 같은 스릴 넘치는 활동을 통해 아드레날린을 솟구치게 하는 과각성 상태를 즐기기도 한다.

동결반응

그렇지만, 개인들이 너무 작고 연약해서 맞서 싸우거나 달아나기가 불가능하다면, 그들은 내부적으로 무너져 버린다. 동물들은 이 단계가 되면 움직임을 멈춰 포식자가 흥미를 잃거나 포식자의 눈에 띄지 않기를 희망하며 죽은 척한다. 이것이 자발적이고 의식적인 결정이 아니라 자율신경계에 의한 결정임을 이해하는 것이 중요하다. 많은 여성들이 성폭행을 당할 때 자신들을 스스로 방어하지 못한 것에 대해 자책하거나 비난을 받는다. 자율신경계는 압도적인 경험을 하게 되면 대응반응으로 해리와 동결을 결정한다. 당사자들은 그야말로 아무것도 할 수가 없게 된다. 이런 상태의 여성들은 말을 하거나, 움직이거나, 방어를 할 수가 없고, 그 대신 육체 이탈과 같은 상태를 경험한다. 이것은 견딜 수 없는 고통과 괴로움을 다루는 자연의 방법이다. 만일 포식자에게 잡아 먹히는 상황이라면 동물은 고통을 덜 느낄 것이다.

하지만, 만일 포식자가 흥미를 잃고 가 버린다면, 예를 들어, 토끼나 생쥐 같은 동물들은 살아남게 되고 어느 정도 시간을 보내며 자신들이 안전한지를 확인한 후, 몸을 떨기 시작할 것이다. Levine은 죽은 척하다가 회복하는 과정에서 몸을 흔들어 터는 수많은 동물들을 촬영하였다. 심지어 딱정벌레들도 그렇게 한다. 비디오를 슬로우모션으로 보다가 발견하게 된 것이 있는데, 모든 동물은 몸을 흔들어 터는 동안, 그들이 위협상황에서 할 수 없었던 행동, 즉 좌절되었던 투쟁-도피 반응을 완결한다는 것이다. 동물들은 해마가 동결 상태에서 투쟁-도피 상태로 전환된 후, 안전한 환경이 되면 공격을 받는 동안 할 수 없었던 것들을 할 수 있었다. 이 투쟁-도피 반응의 완결이 편도체의 경계상태를 멈추고 평정을 되찾아 오는 것이다.

이 발견은 PTSD 치료에 있어서 Levine의 트라우마 치료의 중요한 기반이 되었다. 그렇지만, 인간이라는 동물은 단순히 몸을 털어내는 것만으로 트라우마에서 회복되지는 않는다. 털어내기 과정은 또 다른 통제 불능의 경험이기 때문에 개인을 두렵게 만들 수 있고, 해결되지 않는 또 다른 트라우마가 있다면, 이로써 조절되지 않는 신경계의 부담을 더욱 가중시킬 수 있다.

좌절된 반응의 완결만이 진정으로 트라우마에서 회복하는 유일한 방법이라고 여겨진다.

> 많은 참전 용사들과 성폭행 피해자들은 이것을 너무나 잘 알고 있다. 그들은 자신들의 경험을 이야기하고, 재경험하며, 분노, 공포, 슬픔을 표현하는 데 수개월, 심지어 수년을 보내지만, 원시적인 "부동 반응(immobility responses)" 겪어내고 남아 있는 에너지를 방출하지 않고는, 트라우마의 미로에 갇혀 계속해서 고통을 경험하게 될 것이다.[14]

이야기를 하는 것만으로는 안 된다. 전두엽 기능과 관련된 치료법들은 원시 뇌간에 있는 경보 시스템을 재설정할 수가 없다. 이것이 우리에게 뇌간과 자율신경계를 이어줄 수 있는 상향식 치료법들이 필요한 이유이다. 리듬감 있는 반복, 감각적인 인식, 비판단적인 신체 집중을 통해서 뇌간과 연결이 가능하고, 그런 상황에서 개인들은 너무나 압도되어서 하고 싶었지만 할 수 없었던 움직임들을 찾아간다. 이런 식으로, 부동증immobility과 압도적인 무력감을 극복하는 것이 가능해진다. 여기서 희망적인 것은 치유가 가능하다는 사실이다. 트라우마는 사형선고가 아니다. 인간이라는 동물로서, 우리는 트라우마를 극복하여 종족의 생존을 보장하는데 필요한 장비를 잘 갖추고 있다. 하지만 그 해결 방법을 정교하게 진화한 전두엽 피질 안에서는 찾을 수 없고, 해결 방법이 존재하는 본능적 기원으로 거슬러 올라가는 길을 찾아야만 한다.

Levine은 EMTs(전문 응급 의료인들)에게 부드러운 터치를 이용한 털어내기 방법을 교육하여, 교통사고 피해자들을 돕기도 했다. 환자들에게 현재의 안전함을 상기시키고, 활성화된 채 남아 있는 에너지를 방출하는 털어내기 과정을 통해 자연스럽게 그들의 신경계가 안정된다는 것을 알려 주었다. 하지만 생명을 구하기 위한 의료적 처치가 우선시 될 때는 제대로 개입할 수 없었다. 사고를 당하고 곧바로 마취되어 수술을 받은 환자들은 나중에 더 심각한 트라우마 증상으로 고통을 겪게 되었는데, 환자들은 트라우마를 해소해 낼 모든 기회를 잃고, 마취로 인해 더욱 압도되어 무력해졌기 때문이다.

Levine은, 트라우마 사건에 적극적으로 대응했던 사람들에게도 그 사건은 불행하고 충격적인 경험이지만 PTSD로 발전하지는 않는다는 것을 강조하였다. 사건이 벌어지는 동안 해리와 동결을 경험한 사람들은 당시 실행할 수 없었던 적극적인 대응을 찾을 때까지 외상 후 스트레스의 고통을 겪을 것이다. 이 과정을 완결해야만 편도체가 안정을 되찾고 스트레스 호르몬의 분비가 멈출 것이다. Rothschild는 PTSD를 건강한 생존 반응이 조정 불능 상태가 되어 버린 것이라고 말한다.

> 편도체는 더 이상 스트레스 호르몬의 영향을 받지 않고 심지어 계속해서 경계태세를 유지하려 할 수도 있다. 이것이 PTSD의 핵심인데, 실제 위험이 사라진 후에도 편도체의 경보가 계속되는 것이다. 아무 제약 없이, 편도체는 실제 위협상황에서처럼 호르몬이 분비되도록 하여 투쟁-도피, 혹은 동결대응을 준비하는, 실제와 동일한 반응을 이끌어낸다.[15]

하향식

동결반응에 갇혀 버린 내담자들을 돕는데 하향식 접근법이 중요하다. 무엇보다 안전함이 먼저 고려되어야 하는데, 안전이 보장되기 전에는 어떤 형태의 트라우마 처리과정에 참여할 개인은 없다. 예를 들어, 자신을 학대하는 사람과 함께 사는 여성은, 치료가 시작되기 전에 안전함이 먼저 확보되어야 한다. 다음 질문들을 통해 내담자의 안전을 확인해 볼 수 있다.

- 치료사와 함께 있을 때 안전함을 느끼는가?

- 미술치료실에서 안전함을 느끼는가?
- 집에서 안전함을 느끼는가?

추가 질문으로

- 어떻게 신뢰를 쌓을 수 있는가?
- 어떻게 내담자들이 치료적 자원을 찾을 수 있는가?
- 내담자는 현재 자신과 자신의 주변 환경을 어떻게 인식하고 있는가?

다음으로 고려할 것은 치료적 자원인데, 이에 관련하여 Fenner는 내담자들이 미술치료실에서 발견하는 치료적 자원들에 대한 논문을 썼다.[16] 나는 그 연구에 일원으로 참여했는데, 연구 진행 중에 내담자가 내 치료실 창밖에 있는 나무를 보는 걸 좋아한다는 사실을 알고 나서 매우 놀랐었고, 그전까지 나는 나무가 그곳에 있는지도 잘 몰랐다.

하향식 접근의 단계에서, 나는 치료적 자원을 만들어 내는 데 도움이 될 수 있는 다양한 미술치료 작업들을 즐겨 한다. 대부분 여러 재료를 사용하는 활동으로, 콜라주 재료들, 잡지 사진들, 물감, 털뭉치, 알루미늄 포일, 단추, 점토 찰흙, 유성 점토, 두꺼운 종이, 헝겊, 접착제, 반짝이 등과 같은 재료들을 제공한다. 나는 내담자가 자신을 위한 안전한 장소를 생각해 내지 못할 경우에는 작은 동물 장난감을 사용하여 안전한 장소를 만들도록 한다. "희망의 책hope book"을 만들기도 하는데, 각 페이지에는 신뢰, 사랑, 친구 또는 용서같이 내담자가 자신의 생활 속에서 소원하는 것을 표현한다. 마법 지팡이magic wand 만들기도 효과적인 작업인데 만드는 방법은, 단순한 막대나 작은 나뭇가지를 긍정적인 확신들과 과거에 이룬 성취들로 장식하는 것이다. 지팡이들을 생긴 모양 그대로 꾸밀 수도 있고 나뭇가지를 털뭉치, 리본, 헝겊으로 감싸서 다른 것처럼 보이게 할 수도 있다. 이런 활동들은 당연히 내담자가 눈을 뜬 상태로 진행되며, 그동안 내담자들은 치료사와 교류를 한다. 긍정적인 마음을 갖는 것에 중점을 두고, 내담자의 신경계가 "지금 나는 안전하다"라는 사실을 내적으로 깊숙하게 느끼도록 알려 주는 것이 작업의 목적이다. 일반적으로 이런 활동들은 재미있고 내담자들의 내면에 남아 있는 압도적인 경험들이 활성화되지 못하도록 하는 데 사용하기 좋다.

[그림 6.2] 내담자가 자신의 안전함을 상상하는 데 어려움을 겪을 때, 작은 장난감 동물들을 이용해서 영감을 줄 수 있다. 위에서는 백조와 부엉이 둥지를 만들었다. 안전한 장소 만들기 작업과정 중 창작된 것들로, 우리는 난민 수용소 현지 치료사들을 지도하여 이 작품들을 모두 연결하여 하나의 풍경으로 만들었는데, 콜라주 재료를 가지고 진행했던 이 작업은 어린이들에게 큰 기쁨과 안도감을 주었다.

Rothschild는 "브레이크 적용하기apply the brake" 개념을 가르치는데, 이때 치료사는 내담자가 스스로 할 수 있을 때까지 신경계를 조절하는 데 초점을 맞춘다. 그녀는 친구에게 자동차 운전을 가르치면서 브레이크 적용이라는 개념을 떠올리게 되었는데, 조수석에 앉아 있다가, 안전한 교습을 위해서는 무엇보다 먼저 친구에게 멈추는 법을 가르칠 필요가 있다는 것을 깨달았다.

> 트라우마 치료에서 브레이크 사용법을 익히는 것은 치료를 더 안전하고 통제하기 쉽게 만들 뿐만 아니라 내담자들이 트라우마라는 압도적인 기억에 다가갈 때 그들에게 더 많은 용기를 준다. 일단 내담자들이 언제든지 고통의 흐름을 멈출 수 있다는 것을 알게 되면, 그들은 좀 더 깊이 들어갈 엄두를 낼 수 있다. 브레이크를 사용하게 되면 내담자는 트라우마 기억에 의해 통제받지 않고 이제 오히려 그들이 트라우마 기억을 통제할 수 있다는 것을 처음으로 경험하게 된다.[17]

[그림 6.3] 또 다른 종류의 작업으로 조력자 만들기가 있다. 찰흙과 깃털로 만든 천사가 초월적 보호자 역할을 한다.

[그림 6.4] 능력의 나무. 내담자는 나무를 만들어 보라는 지시를 받는데, 나무의 뿌리는 내담자의 인생에서 도움을 주었던 사람들을 나타내고, 각 가지는 "내가 잘하는 것"을 나타낸다. 이 작업은 실패보다 성취에 초점을 맞추도록 하여, 내담자가 가족 및 친구들과 함께했던 긍정적인 일들을 이야기하도록 돕는다.

Rothschild의 [그림 6.5] 그래프는 왼편에 활성화의 정도를 0부터 100으로 나타내고, 아래편에 회기의 길이를 분 단위로 보여준다. 만일 회기 동안 신경계를 조절할 수 없는 상태에 내담자를 머물게 놔두면, 트라우마 경험을 이야기해 나갈수록 점점 흥분하게 될 것이다. 그렇게 되면, 회기가 끝날 무렵, 굉장히 흥분한 상태가 된 내담자를 복잡한 도심 한가운데로 내놓아야 하는 말도 안 되는 상황과 직면해야 한다. 그러므로 목표는 활성화를 부추기는 세부내용을 포함한 이야기 전체를 자세하게 진술하도록 하는 것이 아니다. 왜냐하면 그 세부내용에 활성화의 요소가 들어있기 때문이다. 내담자는 비교적 담담하게 "성폭행을 당했어요"라고 말할 수 있다. 하지만 세부적인 내용들이 떠오르는 순간, 감정이 고조되고 너무 흥분한 나머지 결국 재트라우마를 겪게 된다. 그러므로, 내담자가 진정할 수 있도록 일정한 간격을 두고 개입하는 것이 바로 치료사가 할 일이다([그림 6.6] 참고). 회기가 시작될 때, 나는 종종 Rothschild의 모델을 심리교육의 하나로 사용하고, 필요한 경우 내담자의 이야기 중간에 끼어들어 진행을 멈출 수도 있다는 사실과 그 이유에 대해서 정확하게 설명하고 동의를 구하기도 한다.

하향식 단계에서, 치료사는 트라우마 사건을 재진술하는 것이 얼마나 감정을 고조시키는지, 얼마나 숨쉬기 어렵게 만드는지, 그리고 트라우마 이야기를 할수록 말하는 속도가 빨라지고, 현재의 실재 환경으로부터 얼마나 멀어져 가는지를 내담자가 알아차릴 수 있도록, 그들에게 일어나는 변화를 말해 줄 필요가 있다. 각각의 경우 치료사는 내담자가 진정될 때까지 마법 지팡이를 잡고 있거나 내담자 자신이 만든 안전한 장소 작품을 바라보라고 제안할 수 있다. 치료실에서 자신과 자신의 주변 환경을 확인하는 것은 내담자의 사회적 참여 체계를 다시 작동시키는 중요한 개입이다. 트라우마는 기억이다. 안전함이 있는 지금 현재 상황을 감각하는 것이 중요하다.

이런 방식으로 치료적 자원이 확보되면, 고통스러운 기억을 조심스럽게 직면하는 것이 가능해진다. 이제 한편에는 동결반응, 긴장성 부동증, 공포가 있고, 또 다른 한편에는 안전한 장소와 내담자가 창조해 낸 치료적 자원들이 있다. 내담자가 트라우마 기억과 안전한 현재 사이를 오가는 동안에 트라우마의 과도한 활성화를 제지하는 능력이 향상된다. 트라우마 활성화가 과도해지기 시작하면 곧바로 주의를 돌려 창작해 놓은 치료적 자원으로 돌아간다. 신경계 조절은 이런 식으로 조심스럽게 도입된다. 내담

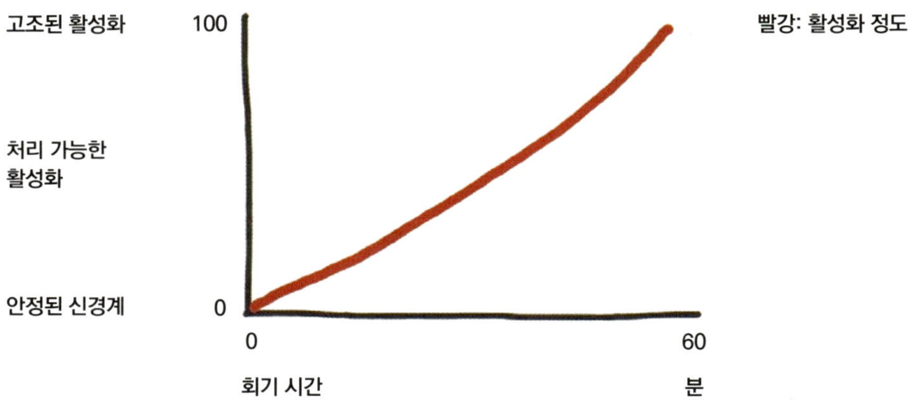

[그림 6.5] Rothschild의 모델: 회기 중 개입 조절이 없는 트라우마 활성화는 통제 불능을 악화시키고 내담자를 재트라우마에 빠뜨린다.

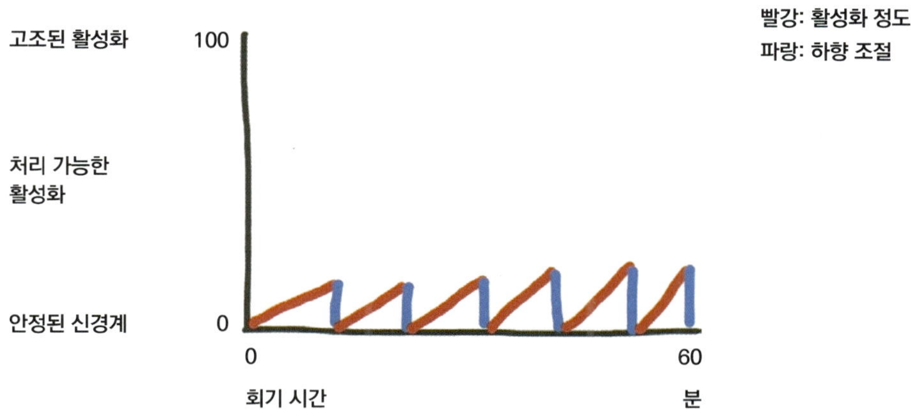

[그림 6.6] Rothschild의 도표: 브레이크 사용 개입을 통해 각성 상태를 하향 조절한다.[18]

자들은 자신들이 더이상 무력감에 갇혀있을 필요가 없고, 오히려 무언가를 할 수 있다는 것을 알게 된다. 하향식 접근법은 두려움에 대한 의식적 통제력을 길러주고 신경계 조절을 향한 첫걸음을 가르쳐 준다. 일부 내담자들은 어쩌면 이 단계에서 더 이상 나아가지 못할 수도 있다. 만일 더 이상의 진행이 어렵다 해도, 하향식 단계에서 창조된 자원들은 내담자들의 삶의 질을 한 층 더 향상 시킬 수 있을 것이다.

상향식

다음 단계로 더 나아갈 수 있는 내담자들은 이제 가이드 드로잉 단계로 이동한다. 내담자들은 자신의 신체와 위협감에 대한 자기자신의 생리학적 반응들을 확인하고, 이제 반응들을 종이에 움직임으로 표현할 수 있다. 여기서부터 상향식 접근법이 시작된다. 이것은 뻣뻣한 목, 얼어붙은 어깨, 메스꺼움을 느끼게 하는 횡경막의 당김, 심장이나 뱃속의 마비감 같은 동결상태의 신체와 이에 대한 적극적인 대응 사이를 왕복하는 과정이다. 다시 [그림 6.1]의 하향식과 상향식 도표로 돌아가서, 동결 상태에서 벗어나 해마 내부로 들어가는 것은 좌절되었던 투쟁-도피 반응의 완결을 통해 트라우마에 대해 능동적으로 대응하기 위한 이동이다.

두려움에 휩싸이면 우리는 움츠러들거나 기겁한다. 어느 경우든, 꼼짝 못 하게 된다. 그림을 그리는 동안, 필요할 때마다, 내담자에게 치료적 자원들을 상기시켜 주는 것이 중요하다. 너무나 과도한 고통, 감정, 두려움 등은 트라우마 기억의 활성화를 고조시켜 재트라우마를 일어나게 할 수 있기 때문이다. 카타르시스 경험을 강조하던 70년대 접근법이나 현대의 노출치료 기법이 사용하는, 내면의 기억을 모두 떠올리게 하는 치료적 접근은, 더 이상 바람직하게 여겨지지 않는다.

진자운동

가이드 드로잉을 시작할 때, "완전한 문제 제거"를 목표로 내담자들을 격려하는 것보다는 고통에서 해결로, 긴장하기로부터 마사지를 통한 해소로, 두려움에서 방어적인 움직임으로 이동하기를 권장한다. Levine은 트라우마를 다루는 과정을 안전하게 만들기 위해서 시계추의 움직임과 같은 진자운동 과정을 도입하였다. 진자운동은 집중할 수 있는 대안을 제공한다는 점에서 Rothschild의 브레이크 개념과 유사하다. 진자운동이 지닌 주요한 차이점은, 반드시 감각느낌에 의해 하향 조절이 이루어지는, 신체에 기반한 과정이라는 것이다. Levine의 치유 소용돌이와 트라우마 소용돌이 개념은 나중에 자세히 설명하겠다. Levine은 관찰연구를 통해, 모든 생명체는 수축과 확장의 리듬 속에서 움직인다는 것을 발견했고 이는 진자운동 개념의 기반이 되었다. 예를 들면, 심장과 폐는 물론이고 우리 몸의 모든 세포들도 수축과 확장의 리듬 속에서 움직인다. 해파리가 앞으로 나아갈 때와 똑같이 우리의 몸도 여닫기를 반복한다. 즉, 내담자들이 긴장성 부동 안에 갇히게 되면, 이 움직임은 멈춘다. 생리학적 맥락에서 우리 뇌간의 원시적 욕구를 고려할 때, 과거의 트라우마 경험을 이야기로 나열하는 것은 회복에 그다지 도움이 되지 않는다. 하지만 신체를 움직임으로써 교착상태에서 벗어나는 것은 중요하다. 우리는 오직 움직임으로만 삶을 되찾을 수 있고, 이 수축과 확장의 리듬을 찾을 수 있는 유일한 장소는 바로 우리의 신체다.

교통사고 이후 어깨를 움직일 수 없는 내담자의 경우, 내담자는 자신의 어깨에서 경험되는 긴장과 수축의 느낌을 먼저 그릴 것이다. 그다음 새 종이에 "그의 어깨에 필요한 마사지 동작"을 그리는 데 집중하면서, 어깨에서 일어나는 감각들을 아주 천천히 인식하는 과정을 경험할 것이고 내담자는 매우 비판단적으로 굳은 어깨 안에 있는 충동들을 인식하게 될 것이다. 이제 내담자는 이 운동 충동들을 그림으로 그릴 것이다. 그러고 나면 잠시 멈춰서 어깨가 지금 어떤 느낌인지 살펴보고, 그 느낌을 다시 그림으로 그린다. 그다음에는 긴장감의 분출을 그린다. 이와 같은 방법으로, 좌절되었던 투쟁-도피 충동은 세밀하게 적정화되며 방출되기 때문에, 이것은 더 이상 압도적이지 않다.

Levine은 적정화titration를 이루기 위해서 경험들을 나열하는 속도를 감속하고, 사건 경험의 크기를 축소하는 것이 중요하다고 강조한다. 여전히 압도적인 기억을 다룰 때는, 대응할 치료적 자원들을 만들 때까지, 트라우마의 내용 중 처리할 수 있는 부분만 바라보도록 한다. 트라우마는 너무 과도하고, 너무 거대하고 너무 빠르게 일어난 경험이라고 특징지을 수 있다. 한 예로, 자동차들은 우리 신체와 비교하면 너무나도 빠르게 움직인다. 인간의 몸은 걷거나 뛰는 속도에 알맞게 설계되었지, 시속 160km의 속도로 달릴 수 있게 만들어지지 않았다. 교통사고를 다루는 경우, 연속성을 지닌 한 편의 트라우마 경험을, 내담자가 매 장면마다 대응할 수 있을 정도로 경험의 나열 속도를 늦추면서 “시간을 좀 더 갖는” 것이 도움이 될 수 있다. 당시 하고자 했던 것이 무엇이었는지 알아내기 위해서, 내담자는 매 장면마다 충분한 시간을 들이며 내면의 운동 충동들을 감각적으로 인식하게 될 것이다. 3초의 사고로 압축된 채, 내담자의 얼어붙은 어깨에 갇혀있는 이 모든 충동들은 1시간 분량으로 확장될 수 있다. 시간이 확장되면 내재 되어있는 활성화 된 운동 반응들이 적정화를 이뤄낸 상태에서 투쟁-도피 충동을 완결할 수 있게 되고, 이제 뇌간은 위협상황의 종료를 확인하며 편도체를 진정시키고 경계경보를 멈출 것이다.

동일한 원리가 신체에 머물러 있는 모든 트라우마 기억들, 즉, 근육 속의 긴장, 창자가 꼬인듯하고, 목구멍에 덩어리가 걸린듯한 느낌에도 적용된다. 이 모든 동결반응들은 트라우마를 경험하는 동안 실행되지 못했던 방어 동작들이 그대로 얼어붙어 정지된 행위들이다. 방출의 움직임을 그리면서 마사지를 한다고 생각하는 것은 치료에 매우 도움이 되는 비유이다. 이 마사지 과정만으로 내담자의 트라우마 경험이 해결되고, 치료를 완결한다기보다는, 마사지라는 반복적인 움직임으로 긴장이 완화되고, 균형의 재조정이 일어나기에 적절한 상황을 만들어 냄으로써, 확실히 더 나아졌다는 느낌이 들도록 하는 것이다. 즉, 마사지는 내담자가 주도적으로 이끌어 가도록 사기를 북돋는 활동이다. 이제 운동 충동과 감각 인식 사이를 오가는 리듬감 있는 움직임이 어떻게 이어지는지 알아보도록 하자.

7장 감각 인식과 운동 충동

정신건강에 문제가 있는 대부분의 내담자들은 그들의 삶에 부정적인 영향을 미치는 신체증상들로 고통받고 있다. 자가면역질환, 불안장애, ADHD, PTSD, 기분조절장애 및 기타 여러 증상들은 모두 두드러진 신체 감각을 특징으로 한다. 대부분 이러한 감각은 괴롭고, 고통스럽고, 이질적인 것으로 경험되며, 자신의 신체는 통제 불가능하고 압도적이고 제어할 수 없는 감각들로 가득 찬 적enemy이 된다. 이 과정에서 개인은 강력한 내부 감각으로 인해 시각, 후각, 청각, 촉각, 미각 등 오감을 통해 받아들인 외부 자극을 객관적으로 판단하는 *외부감각수용기*exteroceptors의 기능을 상실하게 된다. 촉각과 미각은 몸에서 가까운 접촉을 수용하도록 설계된 근위부[5] 감각인 반면, 시각, 후각 및 청각의 감각은 더 멀리 있는 자극들을 처리한다. 외부감각수용기는 우리가 세상을 안전하게 느끼고 안정감을 형성해 가는 데 중요한 역할을 하며, 살아있음을 느끼게 하고 우리의 삶을 풍요롭게 해준다. 예술이 우리의 삶의 질을 높이는데 어떤 역할을 하는지 생각해 보면 알 것이다. 반면 두려움은 뇌간에 있는 자율신경계의 본능적인 생존 반응을 일으켜 우리를 투쟁-도피 또는 마비 상태에 빠지게 한다. 고대의 파충류부

5) 몸의 중심부에서 가까운 부위(역자 주).

터 비롯된 이 원시적이고 본능적인 반응이 일어나면 두뇌의 모든 상위 기능은 생명을 유지하기 위해 차단된다. 우리는 더 이상 논리적으로 생각할 수 없고, 감정을 말로 표현할 수 없으며, 외부 감각 지각은 오직 '살아남기 위한 필사적인 도망'에만 한정되도록 변환되고, *내부감각수용기*interoceptors가 그 역할을 대신하게 된다. 내담자들은 이런 반응을 심박수의 증가, 식은땀, 메스꺼움 또는 실신 등으로 경험한다. Rothschild와 Van der Kolk는 트라우마 사건과 PTSD의 상태에서는 내부감각수용기가 외부감각수용기의 기능을 강탈하는 특징을 보인다고 말한다.[1] 내부감각수용기는 크게 두 가지 유형으로 나뉜다.

- *자기수용감각*proprioception은 신체 각 부분의 위치와 움직임을 파악할 수 있는 운동 감각과 심박수, 호흡, 체온, 근육긴장도, 내부 장기의 불편함 같은 신체 내부 상태를 알려주는 내적 감각을 말한다.
- *전정감각*vestibular은 중력과 관련되어 있으며, 평형을 유지하여 우리를 바로 서 있을 수 있게 해준다. 중이middle ear에 있고 현기증, 멀미, 균형감 상실을 유발할 수 있다.[2]

우리는 감각적 회상을 자주 경험한다. 장미 향기는 낭만적인 만남을 떠올리게 하고, 라디오에서 흘러나오는 특정한 노래는 어린 시절을 기억나게 하기도 한다.

마찬가지로 부정적인 기억이 촉발되기도 한다. 하지만 트라우마 사건이 일어나는 동안 외부감각수용기가 차단되었기 때문에 사건에 대한 회상은 불완전하거나 왜곡되거나 완전히 누락될 수 있다. 그럼에도 내부감각수용기는 기억이 재생되는 동안 당시와 동일한 수준의 고통으로 반응한다. Lauren을 공격한 사람은 검은색 티셔츠를 입고 있었다. 그녀는 이런 세부적인 사항을 의식적으로는 기억하지 못한다. 하지만 검은색 티셔츠를 입은 특정 체격의 남자를 볼 때마다 그녀는 공황발작을 일으켰다. 그녀는 치료 회기가 상당히 진행된 후에야 그가 검은색 티셔츠를 입고 있었다는 것을 기억해냈다. 그때까지 그녀는 이 사실로부터 분리되어 있었고, 공황발작은 무작위로 발생하는 것 같아 보였으며, 그녀는 언제 또 그런 일이 발생해 무너져 내릴지 몰랐기 때문에 고통스러워했다.

Rothschild는 내담자가 자신의 신체 감각을 이해할 수 있도록 돕기 위해서는 트라우마 전문 치료사가 필요하다고 강조한다. 내담자들이 이러한 감각을 신체 수준에서 느끼고 식별할 수 있는지, 그 감각들을 명명하고 설명할 단어를 찾을 수 있는지, 현재의 삶에서 이러한 감각들이 그들에게 어떤 의미를 지니는지 이야기할 수 있다면, 항상 그런 건 아니지만, 이러한 방법으로 과거 트라우마와 감각들 사이의 관계를 밝히는 것이 가능해질 수 있다.[3]

나는 신체 감각을 사용하여 양손으로 낙서하듯 그리는 가이드 드로잉이 그러한 이해를 도울 수 있다고 믿는다. 플래시백flashback[6)]은 외부감각수용기와 내부감각수용기 모두를 통해 촉발될 수 있다. 예를 들어, 빈번하지는 않지만, 실제로 산불 희생자와 런던 지하 폭탄 테러에 노출되었던 사람들이 연기 냄새에 쉽게 정신을 잃는 일이 발생했다. 이들의 몸은 이것이 실제 위험인지 아니면 기억인지 판단할 수 없을 만큼 압도적인 공포로 반응했다. 트라우마 치료사는 이들에게 주머니에 넣고 다닐 수 있는 에센셜 오일이 든 작은 병을 주었고, 후각 플래시백이 있을 때마다 이 작은 병을 꺼내 오일의 냄새를 맡을 수 있게 하였다. 이는 지금-현재로 돌아올 수 있도록 외부감각수용기를 다시 일깨우기에 충분했고, 그제야 그들은 안전을 위해 도망쳐야 하는지, 아니면 단지 과거 기억을 처리하고 있는 것인지를 감각정보에 근거해 판단할 수 있었다. Rothschild는 내담자가 산불의 기억으로 인한 공포와 안전한 현재라는 두 가지 현실을 동시에 경험하는 이러한 마음 상태를 가리켜 이중 인식dual awearness이라고 하였다.[4]

Rothschild의 도표([그림 7.1] 참고)는 감각 인식, 운동 충동, 자율신경계 간의 관계를 더 잘 이해하는 데 도움이 된다. 신경계는 뇌와 척수로 이루어진 중추신경계와, 이를 제외한 바깥 부분의 모든 신경과 신경절들인 말초신경계로 구성된다. 말초신경계는 손발과 내장기관의 신경조직을 뇌와 척수(중추신경계)에 연결하는 중요한 역할을 하며, 이는 두 가지로 나뉜다.

6) 자신의 의도와 상관없이 트라우마 사건과 관련한 강력한 기억이나 장면이 떠오르는 현상으로, 다시 그 상황이나 장면을 재경험하는 것(역자 주).

- *구심성 감각신경계*afferent sensory division: 외부 환경과 내부 기관들로부터 자극을 감지하고, 감지된 정보를 중추신경계로 전달한다. 이때 뇌는 적절한 반응행동을 준비하기 위해 정보를 통합하고 구성한다. 감각신경계는 두 가지 하위영역으로 나뉜다.

  1) *외부감각수용기*: 촉각, 미각, 후각, 시각, 청각의 다섯 가지 감각으로 모두 외부 세계를 향한다.
  2) *내부감각수용기*: 자기수용감각과 전정감각으로 이루어져 있으며, 내부 기관에서 중추신경계로 정보를 전달하도록 설계되어 있다. 내부감각수용기는 비자발적이고 의식적 통제를 벗어나는 자율신경계로부터 정보를 받는다.

- *원심성 운동신경계*efferent motor division: 중추신경계의 운동 정보를 신체의 여러 부위로 보내 행동을 준비하도록 한다. 이 운동신경계는 두 개의 하위 영역으로 나뉜다.

  1) 체성신경계sometic nerve system: 의식적으로 통제가 가능하여 자발적인 운동 기능을 담당한다. 이 시스템은 근육을 움직이기 위해 자극 신호를 중추신경계에서 골격근과 피부로 전달한다.
  2) 자율신경계autonomic nerve system: 비자발적인 운동 기능으로 의식적으로 통제할 수 없다. 대부분 심박수나 호흡과 같은 무의식적인 신체 기능을 감독하고, 미주신경계를 통해 사회적 참여, 신뢰, 친밀감과 같은 능력을 중재한다. 또한 중추신경계로부터 평활근[7], 심장근육, 내분비선으로 신호를 전달한다. 교감신경, 부교감신경으로 이루어진 자율신경계는 중추신경계로부터 받은 신호에 매우 빠르게 반응한다.[5]

이전 장에서 설명한것과 같이, 편도체에서 보내는 경고 신호에 의해 촉발된 자율신경

7) 위, 소화관, 혈관, 방광과 같이 관을 이루는 내부 기관을 둘러싸고 있는 부드러운 근육(역자 주).

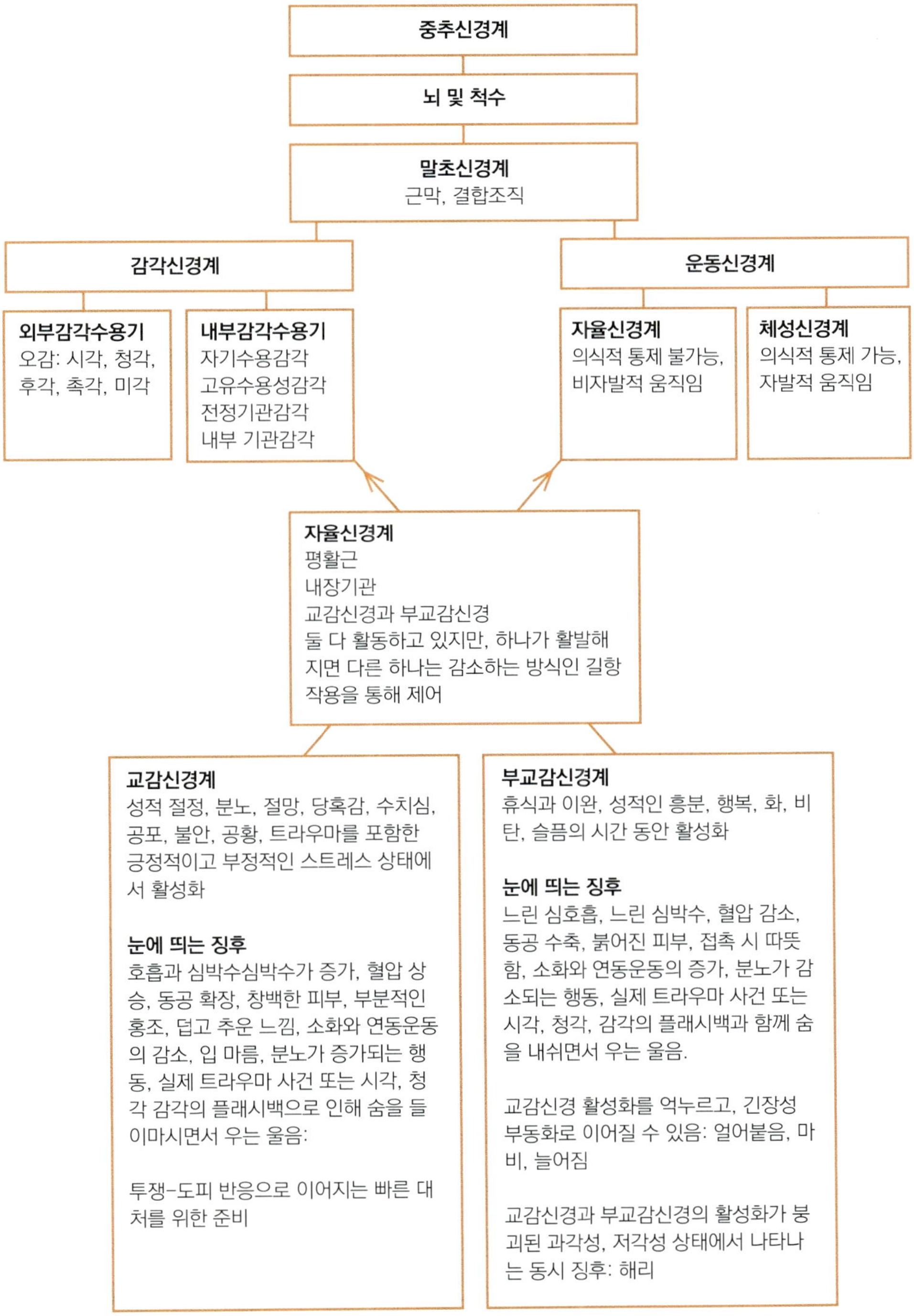

[그림 7.1] 중추신경계 지도: 감각 및 운동신경계와 자율신경계와의 관계[6]

계는 위험에 대한 우리의 반응을 조율한다. 내부감각수용기와 자율신경계인 교감, 부교감신경의 비자발적인 반응이 트라우마를 경험한 개인의 현실을 지배한다. 움직임으로 그려 가는 그림을 통해, 내담자들은 외부감각수용기와 다시 연결되고, 골격근의 움직임을 의도적으로 조절해 감으로써 안도감을 얻을 수 있다. 이렇게 하는 것은 이들에게 상당한 힘을 부여하며, 신체 내부에서 제어할 수 없는 힘에 의해 압도되는 느낌을 줄일 수 있다. Malchiodi는 다음과 같이 설명하고 있다.

> 트라우마 반응을 다루는 작업에서, 나는 양손을 사용하는 표현 작업이 쉽게 과각성(투쟁-도피)되거나 혹은 동결(얼어붙음) 방식으로 반응하는 사람 모두에게 유용하다는 것을 알게 되었다. 이러한 경우, 종종 옴짝달싹 못 하고 철회되고 해리된 느낌을 줄이기 위해서는 움직임을 동반하는 경험이 필요하다. 양손을 동시에 사용하여 종이 위에 움직임을 표현하여 흔적을 남기는 일은 신체의 고통스러운 감각으로부터 벗어나, 이와는 다른 행동-중심적이고 자기-강화를 위한 방법에 중점을 둠으로써 주의를 다른 곳으로 이동시킨다.[7]

예를 들면, 해리되었거나 플래시백으로 힘들어하는 내담자는 현재에 온전하게 존재할 수 없다. 그들은 부교감신경이 마비되어 기력이 없고 어지러워 쓰러질 것 같이 느끼기도 하며, 다른 한편으로는 교감신경이 과각성되어 심박수가 증가하고, 흥분되고, 이유 없는 분노나 다른 생리적, 정서적 반응들로 인해 내부적으로 압도당한다. 이때 감각신경계에서 누락된 것은 외부감각수용기이다. 지금 현재 외부로부터 무엇을 듣고, 보고, 냄새를 맡고, 만지고, 맛볼 수 있는가? 핑거 페인트의 촉감과 냄새, 크레용의 움직임과 그것들이 만들어 내는 흔적들, 정원에서 들리는 새소리, 이전 회기에서 자신이 만든 안전한 장소에 관한 미술 작품을 보는 것 등, 가능한 한 초점을 다양한 외부로부터의 감각 경험으로 돌리는 것은 도움이 될 수 있으며, 심지어 물 한잔을 마시는 것도 도움이 된다. 그것이 무엇이든 내담자가 압도되어있는 내적 경험으로부터 벗어나도록 도울 수 있다. 가이드 드로잉에서는 리듬감 있는 반복을 통해 먼저 비자발적인 운동 충동과 접촉하고, 그런 다음 그 안에 내재된 자발적인 반응을 감지하고 인식하게 됨으로써 전환이 일어난다.

자율신경계 또한 교감신경과 부교감신경 두 부분으로 구성된다.

- *교감신경 활성화*sympathetic activation: 정상적인 활동 주기뿐 아니라 성적 절정이나 번지점프, 축구 경기를 열광적으로 관람할 때 고양되는 경험과 같은 긍정적인 스트레스 상태가 상승하는 것을 말한다. 부정적 스트레스 상태는 두려움, 분노, 수치심과 함께 심장 박동, 혈압 상승, 발한, 안면 홍조, 동공 확장, 냉습피부, 더웠다 추웠다 하는 느낌, 입이 마르는 증상이 동반된다. 신체의 모든 시스템이 싸우거나 도망칠 준비를 하면서 소화력도 떨어진다. 나는 교감신경이 각성되면서 분노를 증폭시키는 행동과 숨을 들이마시며 울음을 터뜨리는 두 가지 핵심 요소가 특징적으로 나타나는 것을 관찰할 수 있었다.
- *부교감신경의 활성화*parasympathetic activation: 긍정적인 측면에서 만족스러운 행복으로 표현되는, 이완과 진정 상태를 말한다. 심장 박동이 느려지고, 호흡이 깊어지며, 피부는 따뜻한 장밋빛을 띠고, 소화력이 증가하면서 장에서는 꼬르륵 소리가 나기 시작한다. 내담자는 눈에 띄게 진정된다. 나는 숨을 내쉬며 우는 것이, 화가난 아이가 아직도 상처로 아프긴 하지만 진정이 되고 있는 것과 비슷하다는 것을 관찰하면서 내담자의 상태를 파악하는 데 도움이 되었다.

혼란스럽게도, 플래시백과 같은 해리성 에피소드나 실제 트라우마 사건 동안에 일어나는 신진대사 차단은 교감신경이 과각성되는 것을 알아채지 못하게 한다. 얼어붙은 상태에 있는 사람은 움직임이 없어 평온해 보일 수 있지만 이는 내적으로 무감각한 것이며, 이러한 개인은 고도로 각성된 공포 상태에 있는 것이다. 이렇듯 내적으로 무너진 상태를 이완과 혼동하지 않는 것이 중요하다.

교감신경이 과각성된 상태에서 내담자는 지나치게 빨리 말하고, 움직임도 빠르기 때문에, 그림도 매우 빠르게 그리는 경향이 있다. 이런 내담자들은 가이드 드로잉을 할 때 외부의 감각수용이 차단될 경우 맹목적인 행동분출을 보일 수 있다. 그들의 감각신경계는 작동하지 않고, 확실한 것은, 그들의 운동 충동이 아드레날린 분비에 의해 촉발된 투쟁도피 반응으로 순식간에 휩싸여 버린다는 것이다. 이렇게 비롯된 행동분출은 카타르시스적인 안도감을 줄 수 있지만 일시적일 뿐이고, 마치 분노에 휩쓸려 아내를 때렸다가 나중에 자신이 한 일에 대해 죄책감을 *느끼고* 무너져 내리는 남자가 보이는 모습과 비슷하다. 행동의 분출 당시 감각 인식과 운동 충동은 연결되어 있지 않았던 것이다. 반면, 저각성 상태의 내담자는 내부감각수용기에 의해 압도되는 경향이 있는데, 그들은 지나칠 정도로 많은 것을 느끼지만 움직일 수가 없다. 맥박소리가 귓전에 울리고, 기절할 만큼 심장이 쿵쾅거려 팔을 들어 올려 크레용을 잡는 것도 힘들며, 설사 그림을 그리기 시작한다 해도 곧 초조해져서 종이에 흔적을 남기는 것조차 어려워한다. 이 두 가지 상황의 내담자 모두 외부 세계를 인식할 수 있는 능력은 거의 없으며, 둘 다 내부에서 일어나는 감각들에 인질로 잡혀 있는 것과 같다. 이러한 내담자들은 적어도 처음에는 눈을 뜨고 그림을 그리는 것이 도움이 된다. 운동 충동이 지배적인 경우라면 감각 인식을 증가시키고, 감각이 과잉상태라면 그들이 안전하다고 느낄 수 있는 방식으로 운동 영역을 활성화하는 리듬을 찾고 움직이도록 격려함으로써 기능이 상실된 신경계에 집중할 수 있도록 도와줘야 한다.

따라서 치료사는 내담자에게 적절한 지원을 할 수 있도록 그들의 생리적 징후를 알아차릴 수 있어야 한다. 과거에 벌어졌던 사건이 아니라, 지금 현재의 신경계를 조

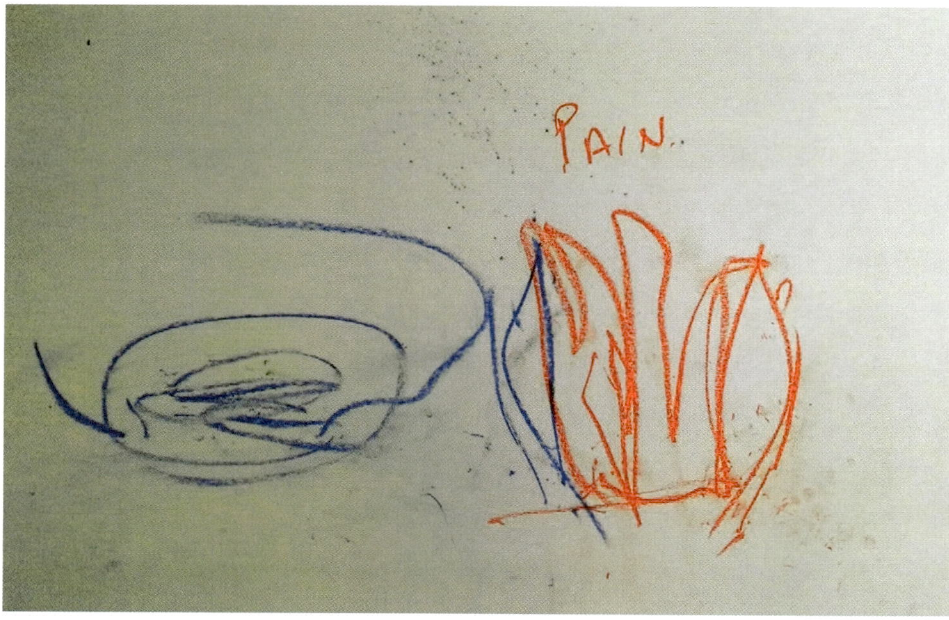

[그림 7.2] Steve는 매우 빠르게 말을 하면서 회기를 시작했고, 치료사는 따라가지 못할 정도였기 때문에 천천히 하자고 여러 차례 상기시켜야 했다. 치료사는 회기 내내 이 점을 강조해야 했고, 그가 과각성되었을 때는 호흡과 그라운딩 방법을 알려 주었으며, 이는 효과가 있었다. 이제 그는 좀 더 차분해지고 진정된 상태를 느낄 수 있으며, 고통스럽고 다리를 절게 만들었던 오른쪽 엉덩이를 그리기 시작한다.

절하는 것에 집중해야 한다. 내담자들은 심하게 균형이 깨져 있는 상태이기 때문에 트라우마에 관한 이야기를 하는 과정에서 극도로 불안정해질 수 있다. 트라우마 사건에 대한 이야기가 중요하지 않다는 것이 아니라, 그것이 지금 현재와 살아있음을 다시 느끼기 위해, 자발적인 운동신경계의 자율성과 감각신경계의 외부감각수용기인 오감과의 연결로 돌아가는 방법을 찾는 데 있어 반드시 필요한 요소는 아니라는 것이다.

나의 동료들 중에는 이중진단을 받은 내담자들에게 가이드 드로잉을 적용하기도 한다. 다음 사례는 매우 까다롭고 복합적인 개입이 필요한 내담자가 간단한 양손 드로잉을 통해 어떻게 안정감을 찾을 수 있었는지 잘 설명해준다. Steve는 두 명의 십 대 자녀를 홀로 기르고 있다. 그의 어머니는 그를 임신했을 때 메스암페타민(필로폰)에 중독

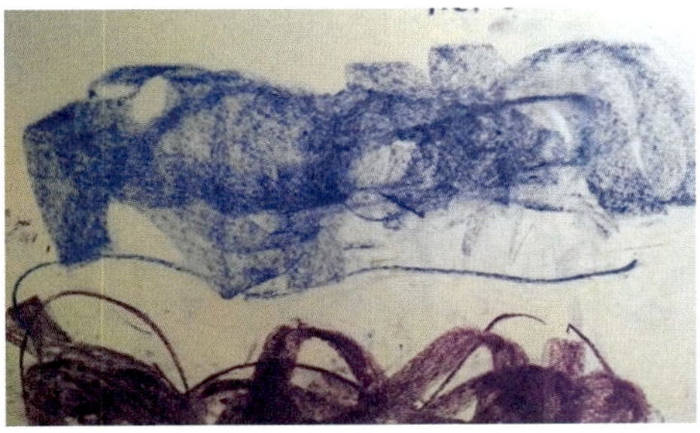

[그림 7.3] 두 번째 그림에서 Steve는 물의 이미지를 사용해 엉덩이의 고통을 완화시키고, '안도감'을 얻는다. 그가 자신의 몸에 집중할 수 있었던 것은 이번이 처음이다.

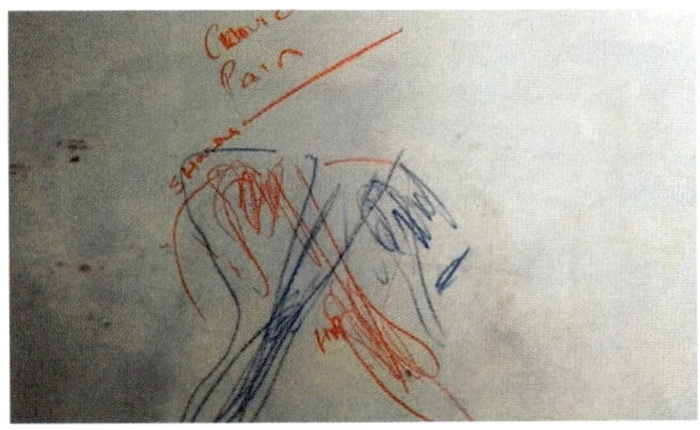

[그림 7.4] 그런 다음 Steve는 다시 엉덩이에서 느껴지는 심한 통증으로 주의를 옮겨갔고, 이제 반대쪽 어깨를 추가해 그린다. 둘 다 그에게 고통스러운 신체 부위이며, 그는 이 둘을 교차하는 선으로 연결한다.

[그림 7.5] 고통이 극심해지면서 Steve는 잠시 쉼이 필요했다. 이러한 순환되는 원 모양 그림의 움직임은 쉽게 통제 불능 상태가 될 수 있다. 치료사는 그가 안정을 찾을 수 있도록 천천히 숨을 쉴 수 있게 돕거나, 그에게 잘 통할 수 있는 유머를 사용하기도 한다.

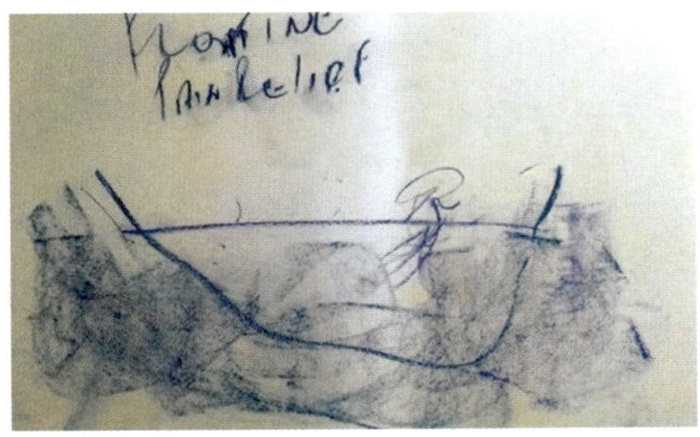

[그림 7.6] 치료사는 두 번째 그림에서 물 이미지를 사용한 것이 치료적으로 효과가 있었음을 상기시킨다. Steve는 이를 한 번 더 시도해 보도록 격려받고 이러한 방식으로 자원을 확보해 간다. 그는 물 위에 떠 있는 듯한 느낌으로 회기를 마무리하며 '통증 완화'를 경험했다.

되어 있었다. 그는 중독 상태로 태어났고 ADHD 진단을 받았다. 그의 아버지는 폭력적이었다. 그는 류마티스 관절염으로 인한 폐섬유화증(폐질환)을 앓고 있었고, 3년 전 발생한 사고로 오른팔 척수신경이 손상되는 등 셀 수 없이 많은 건강상의 문제를 안고 있었다. 그는 우울증 진단을 받았고, 자살시도로 병원에 입원했었으며, 정신과 약을 복용하고 있다. 그는 정기적으로 메스암페타민을 사용하고 하루에 1~2병의 버번을 마신다. 이러한 상황들이 자녀들에게 영향을 미치면서 그는 아이들을 위해 중독 패턴으로부터 벗어나 변화하기를 원했다. Steve는 현재 PTSD 진단을 받은 참전 용사와 함께 살고 있으며, 그 또한 술을 많이 마신다. 이 둘 모두 노숙자가 될 위기에 처해 있다.

이 단일 회기에서 우리는 감당하기 힘든 복잡한 건강 문제를 가진 내담자가 어떻게 스스로 무언가를 할 수 있는 권한을 갖게 되는지 관찰할 수 있다. 치료사의 도움으로 그가 어떻게 각성 상태를 조절하는지, 그림을 통해 고통스러운 상태를 어떻게 완화하는지를 볼 수 있다. 이 첫 회기를 마치고 얻은 즉각적인 결과로 Steve는 알코올 섭취량을 3~4일에 버번 한 병으로 줄일 수 있었고, 그 이후로 메스암페타민을 끊을 수 있었다. 그의 치료는 현재 계속되고 있다.

삼위일체의 뇌

신경과학자인 Paul D. MacLean은 우리의 뇌를 이해하기 위해 뇌의 진화에 관한 역사적 관점에서 그 유명한 삼위일체의 뇌 이론triune brain theory 을 발표하였다. 이 이론에 따르면, 진화 과정에서 세 개의 서로 다른 뇌가 연속적으로 나타났고, 현재 인간의 두개골에 공존하며 세 개의 층을 이루고 있다. 뇌의 이 세 층은 독립적으로 작동하지 않으며, 서로 영향을 미치는 수많은 신경회로를 만들어 왔다. 기억과 감정, 생각과 행동 간의 상호작용은 한 개인의 특성을 이루는 기초가 된다.[8] 삼위일체의 뇌 이론을 통해 투쟁-도피 반응과 같은 위험한 상황에 대처하는 생존 본능이 이성적 뇌 영역인 신피질을 능가하는 능력을 더욱 잘 이해할 수 있게 되었다.

- *파충류의 뇌*reptilian brain: 가장 먼저 발달한 뇌로, 본능적인 앎과 관련되어 있다.

생존과 관련한 본능적인 행동을 만들어 내는 이 시스템은 물고기나 악어에게서도 찾을 수 있다. 뇌의 가장 중심부에 있는 이 뇌는 파충류들의 뇌에서 발견되는 주요한 구조인 뇌간과 소뇌를 포함한다. MacLean은 이 뇌는 신뢰할 수 있으나 다소 경직되고 강박적이라고 설명한다.

- *변연계*limbic system: 정서적 앎과 관련이 있으며, 모든 포유류에서 발견된다. 이곳에서 우리는 슬픔, 분노, 기쁨, 혐오, 두려움과 같은 보편적인 감정을 경험한다. 이 뇌는 최초 원시 포유류가 유쾌하거나 불쾌한 경험을 낳는 행동들에 대한 기억을 저장하기 위해서 생겨났으며 우리 인간의 주관적인 느낌과 감정적인 반응을 담당한다. 변연계는 해마, 편도체, 시상하부로 이루어져 있다. 변연계는 우리의 행동에 막대한 영향을 미치는 가치판단이, 종종 무의식적으로, 만들어지는 곳이다.
- *신피질*neocortex: 사고와 통찰력을 통해 세상에서 일어나는 사건을 의식적으로 처리함으로써 의미를 만들어 낸다. 신피질은 영장류에서 처음으로 그 중요성을 지니게 되었고, 뇌의 지배적인 역할을 하는 두 개의 큰 대뇌 반구로 이루어진 인간의 뇌에 이르러 정점에 달한, 가장 나중에 발달한 뇌이다. 좌뇌와 우뇌의 대뇌반구들은 인간의 언어, 추상적 사고, 상상력 및 의식의 발달을 담당해 왔다. 신피질은 유연하며 무한한 학습 능력을 가지고 있다.

우리는 사고, 감정, 지각, 감각, 행동으로 구별되는 다섯 가지의 요소들을 통해 상호작용하는 삼위일체의 뇌를 경험한다. Rothschild, Levine과 Ogden은 이 요소들을 서로 다르게 명명하지만, 한 개인의 실제 경험이 이 다섯 가지 요소로 이루어진다는 것에는 모두가 동의한다.[9]

- *사고*thoughts: 인지 기능과 의미생성에 중점을 두며, 신피질과 연관되어 있다.
- *정서*affect: 우리의 감정은 포유류의 뇌인 변연계에서 생겨난다.
- *지각*perception: 외부감각수용기인 시각, 후각, 청각, 촉각, 미각의 다섯 가지 외부감각을 모두 포함한다.
- *감각*sensations: 심박수, 호흡, 신체 내부의 움직임과 같은, 예를 들어 속쓰림이나 따끔거림, 떨림, 덥거나 추운 느낌 등 내부감각수용기를 통해 전달되는 느낌을 포함한다.

- *행동*behavior: 순차적으로 학습된 행동 패턴을 포함하여, 자발적인 것에서 비자발적인 것까지, 우리가 어떻게 움직이는지 설명한다. 이는 운동신경계와 관련이 있으며, 유일하게 외부에서 관찰할 수 있는 것이다.

지각, 감각, 행동은 모두 파충류의 뇌라고 불리는 뇌의 가장 오래된 부분인 뇌간이 하는 일이다. 정서는 변연계에서 발생하고 인지적 처리는 신피질에서 일어난다. 치료적 목표는 가능한 한 이 다섯 가지 요소들이 최대한 조화를 이루도록 하는 것이다.

트라우마 사건을 경험하는 내담자는 이에 대처하기 위해 가장 고통스러운 요소를 해리시킬 것이다. 이것이 바로 이들이 몇 주, 몇 달, 심지어 몇 년이 지난 후에도 여전히 파편화된 느낌을 받고, 신체 일부를 느낄 수 없으며, 에너지가 없거나, 쉽게 자극되어 분노에 휩싸이는 이유이다. 해리되었던 부분은 일시적인 플래시백으로 나타날 수 있지만, 내담자의 의식적인 경험과 연결되지는 않는다. 예를 들어, 공황발작을 하는 경우 감정과 감각은 연관되어 있지만 내담자는 불안을 유발한 것이 무엇이었는지 듣거나 볼 수 없고(지각), 불안을 감소시키기 위해 무엇을 해야 하는지 모르고(행동), 두려움이 실제로 어디에서 비롯되는지 알 수 없다(의미).[10] 시각적 플래시백에서는 지각과 감정은 연관되지만, 나머지 경험에는 접근할 수 없다.

치료에서는 어떤 요소가 누락되었는지 알아차리고 해리된 요소에 주의를 기울이는 것이 중요하다. 내담자가 고통스럽고 긴장되고 마비된 감각에 대응하기 위해 그림을 마사지하듯 그리는 것이 도움이 될 수 있다는 생각이 여기서 시작되었다. 치료사는 내담자가 자신들의 필요에 알맞은 능동적 반응을 하는 데 도움이 되는 움직임들을 자신 내부에서 발견하도록 도와준다. 그렇지 않으면 내담자들은 조절되지 않는 신체 감각, 압도적인 감정, 침습적인 감각 신호에 반복적으로 휘둘리게 되고, 부정적인 신념 체계에 집착하기 쉽다. 치료사는 내담자들이 이러한 자극들을 쫓아 트라우마 소용돌이 속으로 점점 더 깊이 빠져들지 않도록, 마사지나 무술을 하듯이 대응의 움직임을 통해 새로운 경험을 해나가도록 격려해야 한다. 예를 들면, 치료사는 "어깨에 이러한 긴장감이 느껴진다면, 의자와 닿아 있는 좌골로 잠시 주의를 옮겨보면 어떨까요?"와 같은 말로 이를 격려할 수 있다. 내담자는 다섯 가지 요소들을 모두 연결 상태로 전환함으로써, 조각난 부분들을 점진적으로 모두 다시 결합해 가도록 지원받을 수 있다.

8장 신체중심 트라우마 치료

대부분의 심리치료는 *외현 기억*explicit memory을 다루며, 이는 인지적이고 뇌의 서술적인 영역 또는 무의식에 닿아 있는 우리의 자서전적과 같은 일화 기억을 다룬다. 그러나 이러한 외현 기억은 빙산의 일각에 불과하다. 반면, *암묵 기억*Implicit memory은 변연계와 뇌간에 숨겨져 있는 거대한 영역을 포함한다. 변연계는 우리의 핵심 감정에 영향을 미친다. 뇌간은 본능적이며, 자율신경계에 의해 작동되지만, 학습된 모든 행동양식들과 응급상황 시 대처하는 반응 전반에 영향을 미친다.

우리가 어린 시절의 부정적인 사건이나 트라우마를 다룰 때, 대부분의 인지적 접근 방식은 이러한 경험들이 각인되어 남아 있는 암묵 기억의 깊이까지는 도달하지 못한다. 물론 사건을 균형감 있게 보고 서술할 수 있다면 만족스러울 수 있겠지만, 종종 그렇지 못한 경우가 많다. 복합 트라우마를 다루다 보면, 어린 시절의 기억이 아예 없거나, 또는 남아 있다 해도 왜곡되고 단편적인 것들밖에 없다. 영유아 시기의 아이들을 보면 몸은 신체 감각을 기억하지만, 실제 무슨 일이 일어났는지는 기억하지 못하며 앞뒤 상황도 파악하지 못한다. 폭행을 당할 때나 수술이 진행되는 동안 약물에 취해 있던 내담자들도 마찬가지이다. 하지만 이 모든 경우에도 '몸은 기억한다'. 때로는 무슨 일이 일어났는지 혹은 누군가가 왜 그렇게 느끼는지에 대해 추측하는 것은 무의미

외현 기억		암묵 기억	
서술 기억	일화 기억	정서 기억	절차 기억
• 객관적인 • 냉철한 • 정보 • 자발적인 • 개념적인 • 질서정연한, 사실에 입각한 • 감정 회피	• 자서전적 • 따뜻한 느낌의 추억 • 합리성과 비합리성 사이의 결합부 • 일관된, 개인적인, 감정적인, 즉흥적인	• 포유류-보편적인 • 격렬하고 강력한: 두려움, 분노, 혐오, 놀람, 기쁨, 슬픔 • 의식의 경계 밖에서 나타나고 사라지는 기억	• 행동 패턴 • 학습된 운동 충동; 비상 대응; 끌림 또는 거부감 • 본능적인: 투쟁, 도피, 동결 • 모든 살아있는 유기체 행동의 근원적 동기가 되는 계획
대부분 의식적인		대부분 무의식적인	

[그림 8.1] Levine의 기본 기억 체계[1]

할 수 있다.

Levine의 책 『트라우마와 기억Trauma and Memory』에 나와 있는 도표([그림 8.1] 참고)를 보면, 외현 기억 중에 서술기억은 우리의 경험을 설명하는 적절한 단어를 찾는 능력을 가지고 있고, 일화 기억은 사건들이 일어난 순서에 따라 타임라인을 형성할 수 있게 한다. 두 가지 모두 전전두엽 피질prefrontal cortex에서 담당한다. 일화 기억에는 우리의 꿈, 자전적 이야기, 의미를 찾고자 하는 우리의 욕구가 포함된다. 이는 의식적인 상태와 무의식적인 상태 사이를 오간다. Levine은 암묵 기억을 정서적 부분과 절차적인 부분으로 구분한다.[2] 암묵 기억은 뇌간에 저장된 기억이며, 여기서 말하는 정서들은 "포유류-보편적인mammal-universal"이며 변연계에 자리하고 있는, 놀라움, 두려움, 분노, 혐오, 슬픔, 기쁨 같이 우리가 동물에게서도 관찰할 수 있는 감정들이다. 절차적 암묵 기억은 수영이나 자전거 타기 같은 신체가 자동적으로 하게 되는 것으로 설명할 수 있다. 이는 우리가 기어 다니기 시작해서 걷게 되는 것처럼, 어린 시절에 행동 패턴으로 배운 운동 충동들이다. 또한 강력한 본능적 끌림이나 거부감, 그리고 앞서 논의했던 뇌간에서 일어나는 생존 충동에 반응하는 것들을 포함한다. 암묵 기억은 주로 비언어적인 것으로, 우리의 몸에 새겨진 정체성이다. 발달단계에서 암묵적 기억은 우리가 유아일 때 우세하게 일어나며, 성인이 되면서 더 정교하고 복잡하고 의식적인 외현 기억으로 이동한다.

이러한 맥락에서, 트라우마의 두 가지 유형을 구별하는 것이 중요하다.

- *단일 트라우마*single event trauma: 사건 전에 내담자의 신경계가 조절된 상태에 있었고, 가족과 친구들의 지지가 있다면, 평균 8회기 정도만으로도 성공적인 치료가 가능하다고 Van der Kolk는 말한다.
- *복합 트라우마*complex trauma: 위와는 반대로, 매우 까다롭고 복잡하다. Courtois와 Ford는 이를 "심각한 스트레스 요인에 노출된 결과"라고 정의한다. 즉, (1) 반복적이거나 오래 지속적으로, (2) 보호자 또는 기타 양육책임이 있는 성인에 의한 피해 및 유기가 수반되어, (3) 유아기 또는 청소년기와 같이 피해자의 삶에서 발달적으로 취약한 시기(뇌 발달이 빠르게 일어나거나 강화되는 중요한 시기)에 심각한 스트레스에 노출됨으로 인해 발생한 트라우마를 말한다.[3]

아이들은 감각적인 인상들을 처리하는 과정을 통해 학습하면서, 그들의 뇌가 유용한 지각, 감정, 생각뿐 아니라 유용한 신체 반응을 생성할 수 있게 된다. 유아기와 초기 아동기 동안, 그들은 이후의 모든 학업 능력, 행동, 정서적 성장의 기초가 되는 감각운동의 '구성요소들'을 발달시킨다.[4] "신경계의 80% 이상이 감각 입력을 처리하거나 구성하는 데 관여한다".[5] 입력된 감각들이 아이에게 압도적인 두려움이나 혼란을 일으킨 채, 회복되지 않은 상태가 지속적으로 남아 있으면 아이의 신경계는 그 기능을 발휘하지 못하고 심각한 문제를 발생시킨다. 그들은 문자 그대로 세상을 이해하는 능력을 상실한다. 감각운동 기능장애는 인식, 지각, 인지적 이해, 신체 자세, 행동, 행동의 계획 및 조정, 감정, 생각, 기억 및 학습에 영향을 미칠 수 있다.[6]

어린이와 성인의 경우 모두, 이러한 복합 트라우마의 유발 요인은 암묵 기억 시스템 내에 저장되어 있다. 그것들은 생의 초기 단계 동안에 경험된 것이다. 태내에 있는 동안과 유아기에는 주변 세상과 환경에 대해 우리가 감각적으로 수용하는 것에 대해 의문을 갖지 않는다. 그럼에도 이러한 신체 감각들은 나중에 "정체성" 이라 불리는 요소들을 형성하게 된다.[7] 암묵 기억은 전적으로 신체에 기반하며 인지적이지 않기 때문에 그것에 대해서는 언어로 표현하기가 거의 불가능하다.

> 트라우마를 경험할 때 사람들은 *부정적인* 느낌을 갖는다. 특히 아이들은 기분이 나쁠 때 자신이 나쁘다고 생각한다. 만성적인 상향식 조절 장애와 고통은 우리 자신에 대한 부정적인 인식, 믿음, 판단으로 이어진다. 이러한 부정적인 인식, 믿음, 판단은 차례로 더 많은 신경계 조절 장애를 유발하고, 고통을 발생시킨다.[8]

아이들이 트라우마와 그로 인한 조절장애를 경험할 때, 이러한 감각느낌을 암묵적인 신체 기억에 정체성으로 기록함으로써 문제가 더욱 심각해진다. 아이들은 "엄마가 힘든 하루를 보내고 있다"라고 합리적으로 생각하지 않는다. 엄마가 괴로워하면 그들 자신이 괴로워지고, 기분이 나빠지고, 이 감각느낌을 중심으로 자신이 나쁘다는 정체성을 형성하게 된다. 이렇게 내면화된 신체 기억이 검증 없이 정체성으로 옮아가게 되고 성인기 복합 트라우마의 기초가 된다.

신체기반 심리치료somatic experiencing는 "high global"이라고 불리기도 하는 Global High Intensity Activation[8)], 줄여서 GHIA라는 신조어를 만들어 냈다.[9] High global은 태내에서 또는 영유아기에 극심한 스트레스 상태를 경험한 개인에게 적용되는 용어이다. 자궁 안에 있는 태아는 트라우마 상황에서 빠져나올 수 없다. 임신을 원하지 않았거나 가정폭력에 노출된 엄마의 태아들은 3년간 전쟁을 치른 군인과 같은 수준의 스트레스를 경험한 채 태어난다.[10] 이러한 임신은 아이의 입장에서 보면 피할 수 없는 위협 중 하나가 된다. 유해한 가정환경에 노출된 아이들도 마찬가지인데, 그들은 탈출할 수 없으며 이때 경험한 대인관계가 성장 발달에 지속적인 영향을 미친다.

> 엄마의 성격, 출생 시 유아의 신경학적 이상, 지능 그리고 아이의 활동 수준 및 스트레스에 대한 반응 정도를 포함한 기질 등, 그 어느 것도 아이가 청소년기에 심각한 문제 행동들을 발달시킬지 아닐지 예측하는 데 도움이 되지 않았다. 오히려 중요한 것은 부모-자녀 간 관계의 본질로, 부모가 자녀에 대해 어떻게 느끼고 상호작용하는지에 대한 것이었다. Suomi의 원숭이[9)]와 마찬가지로, 상처 입기 쉬운 연약한 유아와 융통성 없는 경직된 보호자의 조합은 유아들을 매달리게 하고 초조하게 만든다. 6개월 된 유아의 부모가 아이와의 관계에서 무감각하고 강압적이며 침습적으로 행동한다면, 아이는

8) 출산 전후의 트라우마(역자 주).

9) Harlow & Suomi의 정서적 애착에 대한 실험으로, 모성을 박탈하여 대리모가 새끼원숭이를 양육(역자 주).

학령기 및 그 이후에도 과잉 행동과 주의력 문제를 보일 수 있음을 예측할 수 있다.[11]

Gerhardt는 유아 스스로 안와전두피질orbitofrontal cortex[10)]을 발달시킬 수 없다고 말한다. 유아를 인간 사회로 초대하기 위해서는 관계를 통한 보상을 주어야 한다.[12] 엄마는 생물학적으로 아기의 스트레스 신호에 비언어적 방식으로 반응하고 이를 자신의 것처럼 느끼도록 설계되어 있으며, 아기의 신경계를 조절하고 증상을 완화시키기 위해 모든 조치를 취할 것이다. 그래서 엄마는 아기가 울면 안아 주고 흔들어 주거나 젖을 주고 기저귀를 갈아 준다. 엄마는 아기의 고통을 조절하게 되는데, 이는 결과적으로 아기의 신경계가 스트레스를 조절해 가도록 그 방법을 가르치는 것이 된다. 생후 36개월부터 유아에게는 자기조절 능력이 생긴다. 그리고 Gerhardt에 따르면 (일하는 엄마들은 받아들이기 어렵겠지만), 이러한 상호조절은 주 양육자인 엄마가 제공해야 한다. 만일 엄마가 직접 경험한 적이 전혀 없거나 어떠한 보살핌도 없이 자라서, 엄마의 거울 뉴런mirror neurons[11)]이 작동하지 않는다면, 아기는 고통을 겪을 뿐만 아니라 나중에 인생에서 자기 스스로를 조절하는 법을 배우지 못할 것이다. Gerhardt는 이러한 조절의 실패를 기분장애와 섭식 장애, 신경계를 조절하려는 시도로 사용되는 약물 및 알코올 남용의 원인으로 간주한다.

시간이 흐를수록, 신체는 만성 트라우마에 맞춰 적응하면서, 견디기 힘든 요소들로부터 단절하게 된다. 부교감신경을 단절하여 고통을 회피하게 된다. 하지만, 중요한 것은 감각의 상실에서 비롯된 무신경하고 무관심한 모습만으로는 학교 선생님과 친구들은 무슨 문제가 있는지 거의 알아차리지 못한다는 것이다. Van der Kolk는 성적 학대를 당한 소녀들의 예를 들었는데, 이들은 아무도 믿지 않고 폐쇄적이어서 '이상한 사람'으로 여겨지기 때문에 정보를 제공하고 안전하게 지켜줄 동성인 여자 친구가 거의 없는 경우가 많았다고 하였다. 이 소녀들은 일단 사춘기에 접어들면, 이성 친구들과 혼란스럽고 충격적인 접촉을 하는 경향이 있는데, 이는 자신이 원하고 필요로 하는 것과 자신을 방어하는 방법을 명확하게 표현하는 것을 배우지 못했기 때문이다.[13] 고

10) 의사 결정 및 기타 인지 과정에 관여하는 대뇌피질 부위. 전두엽의 아래 눈 뒤에 위치한 부위(역자 주).

11) 감정적 공명을 일으켜 감정 이입이 가능하게 해 줌(역자 주).

립과 재트라우마라는 위험한 소용돌이에 빠져 통제 불능의 악순환에 휘말리게 된다.

복합 트라우마로 고통받는 많은 내담자들은 신체의 여러 부분을 감각하지 못한다. 눈을 감으면 손에 들고 있는 자동차 열쇠를 식별하지 못할 정도로 무감각해지기도 한다. 감각 지각은 완전히 차단되고 이런 상태에서 종종 일종의 스트레스를 분출하듯이, 어떤 것이든 느끼기 위해서 자해를 시도하기도 한다. 마찬가지 이유로, 과잉행동이나 위험을 감수하는 행동 등이 감각의 마비로 인해 쉽게 발생할 수 있다.

만성적이고 반복적인 스트레스 요인에 노출된 유아에게는 부교감 신경계의 차단을 통해 모든 감각으로부터 해리될 수밖에 없는 단 한 가지 선택권만 남겨진다. 이 경우, "태아는 신경계가 완전히 형성되기 전에 대부분의 부교감신경계가 동결 상태로 들어가기 때문에, 심리적 회복탄력성이 손상되어 적절하게 발달하지 못한다".[14] 오늘날에는 자동차 사고, 자연재해, 폭행과 같은 단일 트라우마 사건은 개인이 가족으로부터 지원을 받을 수 있고, 사건 이전의 신경계가 정상적으로 기능하고 있었다면, 성공적으로 치료될 수 있다는 사실이 널리 인정되고 있다. 하지만, 어린 시절 양육자 학대로 인한 관계적 트라우마의 악영향은 훨씬 더 심각하다. 대부분의 아이들은 어른이 되어서도 자신에게 무슨 일이 일어났는지 기억하지 못한다. 그들은 사회적으로 소통하지 못한다. 그들의 뇌는 영구적으로 스트레스에 연결되어 있어서, 그 외의 다른 어떤 상태에 대해서도 알지 못하고, 함께 나눌만한 이야기도 없다. 그들은 경험해 본 적이 없기 때문에 존재로서 편안함이나 신뢰가 어떤 것인지 알지 못한다. 그들은 조마조마한 느낌으로, 어떠한 일에도, 심지어 직장에서도 집중하기 어려울 수 있고, 아침에 침대에서 일어날 수 없을 정도로 정신이 멍하고 활력이 없기도 하다. 전투 중인 군인들의 상황이 이들보다 더 나을 수 있는데, 군인들은 두뇌의 조절능력과 기능이 제대로 발달한 이후에 전장에 참여했기 때문이다. 발달기 트라우마가 있는 내담자들은 장기적인 치료를 필요로 하지만, 재정적 지원도 치료자원도 매우 열악한 계층이다. 그들 대부분은 사회 복지사에 의해 관리되고, 감옥에 보내지거나, 약물을 사용하여 순화시키기도 하는데, 결국, 살면서 많은 건강상 문제를 갖게 된다.

Bessel van der Kolk는 그의 저서 『몸은 기억한다The Body Keeps the Score』에서 복합 트라우마로 고통받으며 신경제 조절에서 비롯된 문제를 안고 평생을 힘겹게 살아가고 있는 인구 집단이 많다는 것을 강조하여 이야기 하고 있다. 내가 만난 대부분의 내담자들은 발달 및 복합 트라우마로 고통받고 있다. 그들은 겉으로는 정상적으로 기능을 하고 있다고 보여지만, 내부적으로는 언제나 생존 모드로 있기 때문에 쉽게 화를 내고, 쉽게 흥분하고, 쉽게 차단해 버린다. 고도의 스트레스가 만성적으로 지속되면, 시간이 지날수록 더욱 해로워지게 된다.

신체의 건강상 상당히 많은 문제가 복합 트라우마나 GHIA와 관련이 있다. 심지어 우리가 사용하는 언어에서도 강렬한 감정과 신체의 상태를 연결 지어 표현하는 경우가 있다. 예를 들면, "너 때문에 역겨워You make me sick", "똥이 쏙 들어갈 만큼 너무 무서웠어I was scared shitless", "살갗 위로 뭐가 기어가는 것 같아This makes my skin crawl", "가슴이 철렁 내려앉아My heart sinks", "숨이 막힐 정도였어It took my breath away", "몸이 굳어버릴 정도로 두려웠어I was scared stiff"와 같은 말들이 있다. 강렬한 감각 상태가 신체에 미치는 영향은 시간이 지남에 따라 정신질환이나 기분장애로 발전하기도 하고, 견딜 수 없는 상태에서 해방되기 위한 자가처방으로 약물과 알코올이 상용되기도 한다. 섭식 장애, 당뇨병, 심장 질환과 섬유근육통, 만성 피로, 류머티즘, 관절염, 심지어 편두통, PMS와 같은 자가면역질환의 증후는 만성 스트레스와 관련이 있다.[15] 진정하는 방법을 모르는 만성적으로 과활성화된 신경계는 아드레날린과 코르티솔을 과다분비시켜 유해한 체내 환경을 만드는데, 이는 싸우거나 도망치기 위해 특정 상황에만 활성화되는 호르몬이다. 우리의 몸은 이러한 스트레스 호르몬에 매일같이 대처하도록 설계되어 있지 않다.

특히, 사실은 외부의 위험에 둘러싸여 있지 않은데도, GHIA 개인은 항상 위협이 닥칠 것을 예상한다. 시간이 지남에 따라 그들의 만성적인 두려움은 내부의 적에게 집중되기 시작하고, 그들의 생리적 시스템은 스스로를 공격하기 시작한다. 이것이 대부분 만성 질환의 기반이 된다. 그러나 의사들은 만성 질환을 어린 시절의 트라우마와 관련시키는 경우가 거의 없는데, 왜냐하면 만성 질환으로 발전하는 데는 수십 년의 내재화된 스트레스가 필요하기 때문이다. 지식인 계층일지라도 트라우마가 그들의 암묵 기억 체계에 기록되어 의심할 여지 없이 정체성으로 형성되었기 때문에 만성적인 과잉 경계는 '정상'으로 느껴져 연관성을 인식하지 못하는 경향이 있다. 이러한 트라우마는 언어발달과 트라우마의 의식적 처리가 가능한 시기 이전에 한 개인을 형성했기 때문에 대화 중심 상담치료에는 호의적인 반응을 보이기가 어렵다. 그들의 이야기는 언어로 표현될 수가 없고, 그들 자신이 바로 이야기 자체인 것이다. 아이는 자신에게 일어난 일을 의식적으로 생각해 내지 못하겠지만, 아기의 몸은 그 이야기를 기억할 것이다. "GHIA는 피부 및 결합 조직, 두뇌의 화학물질, 내장 기관, 신경 및 내분비계, 면역계 등 모든 기관체계와 세포에 영향을 미친다."[16]

이런 맥락이 바로 예술치료가 중요한 이유다. 예술치료로는 내면의 스트레스 상태를 비언어적으로 표현하는 것이 가능하다. 더불어, 예술치료를 통해 더욱 체계적인 존재의 방식들도 배울 수 있다. Van der Kolk는 심각한 트라우마가 있는 불우한 십 대들을 대상으로 진행했던 성공적인 사교 댄스 프로그램에 대해 소개하였다. 그들이 즐겁게 참여하면서 배운 것은, 체계적으로 잘 구성된 이 사교 행사를 통해, 함께 무엇인가를 하고, 파트너와 어울리며 거울 뉴런의 상호작용으로, 또 다른 개인과 더불어 리듬과 안전한 조율을 찾아가는 과정이었다. 비슷하게, 요가 수련을 함께 하는 내담자 집단이나, 드럼 서클drumming circles도 트라우마를 위한 성공적인 개입 방법으로 사용되어왔다. 이들은 암묵 기억체계에 영향력을 행사하는 리듬감 있는 양손 사용 치료법으로, 신체에 초점을 맞추고, 리듬감이 있으며, 대인 상호 간의 조율을 가르친다. 이러한 것들은 복합 트라우마 내담자가 필요로 하는 것들이며 이와 관련한 치료적 개입이다. 이야기를 하도록 요구하지 않으면서, 스트레스를 줄이고 신경계를 조절하는 데 도움을 줄 수 있다. 그리고 무엇보다도, 점진적으로, 손상된 두뇌의 경로들을 복구하고 삶에 새로운 선택을 만들 수 있다.

가이드 드로잉은 비자발적 및 자발적인 운동 충동, 신체 기관의 리듬 및 양측성, 그리고 감각 인식에 초점을 맞추면서, 암묵 기억에 강력한 영향을 미친다. 가이드 드로잉은 복합 트라우마 내담자들에게서 종종 손상된 운동 충동과 감각느낌 사이의 반응회로를 촉진시킨다. 필요한 경우, 거의 전적으로 비언어적인 치료가 될 수도 있고, 가이드 드로잉을 통해 암묵 기억을 시각화할 수 있다. 그림을 그리는 과정은 신체의 근육들과 내부 장기들의 긴장과 기능상실뿐만 아니라 종족의 유산인 변연계에 연결된 강력한 감정들을 반영한다. 그림은 위협과 생존에 대한 암묵 기억의 이야기를 전달할 수 있으며, 충분한 지원과 안전함과 더불어, 감각느낌에 각별한 주의를 기울임으로써 내담자는 진정한 자신을 되찾기 시작한다.

9장 트라우마 치유

트라우마 치유 접근법으로서 신체기반 심리치료somatic experiencing는 트라우마가 삶에서 일어나는 자연스러운 현상이며, 우리가 이로부터 회복할 수 있다는 믿음에 기반한다. 신체기반 심리치료는 자기권한과 자기주도성에 그 초점을 둔다. 노출 기법이나 감정적 카타르시스를 조장하지도 않으며, "저항"을 강요하지도 않는다. 기억을 더듬어 찾는 대신, 내담자의 이야기를 이용하여 신체 안에서 트라우마의 활성화를 추적해 간다. 심상과 운동 양식은, 인지적이고 정서적인 처리과정이 아니라, 체험한 실제 감각들과 연관되어 고려할 때 더욱 주목을 받게 된다.

이렇게 주의를 기울이면서, 몸 안에 갇혀있던 얼어붙은 기억, 구속적인 수치심, 강박적인 행동화, 플래시백, 위험을 감수하는 행동들, 중독과 집착 등 우리를 인질로 잡고있는 것이 무엇이든, 그것들은 점진적으로 하향 조절될 수 있다. 그러면 우리는 숨을 고르고 내쉴 수 있는 것이다. 우리는 사건들을 순차적으로 배열하기 시작하면서 일관된 이야기를 서술할 수 있게 된다.

신체기반 심리치료의 핵심적인 가르침 중 하나는 PTSD가 사건의 외현 기억을 떠올려 이야기를 함으로써 해결되는 것이 아니며, 또한 사건의 심각성에 따라 정의되는 것도 아니라는 것이다. 어떤 아이는 백신접종을 심각한 경계 침범으로 경험할 수 있는 반면, 다른 아이는 그 과정이 전혀 불쾌하다고 생각하지 않기도 한다. 어떤 사건이 트라우마로 남을 것인지, 아닌지 대한 객관적인 기준은 없다. 개인은 서로 다른 신경계, 지지 기반, 그리고 개인사를 가진 채로 그 상황에 놓이게 된다. 신체에 내재된 트라우마 증상들은, 견딜 수 없을 정도로 무력함으로 압도되었던 사건에 대한 반응으로, 해결되지 못하고 미완의 상태로 남아있다. 이런 사건은 너무 거대하고, 너무 과하거나, 너무 빠르게 일어난다. 따라서 기억을 다룰 수 있는 단위로 나누어 적정titrate 하는 것이 중요하다. 또한, 일어난 사건에 대해 이야기함으로써 쉽게 촉발되는 트라우마 소용돌이에 말려드는 것을 피하는 것도 중요하다. 트라우마 사건의 내용을 너무 구체적으로 다루는 일은 감정을 압도하는 위험한 상태가 되기 쉽다. 가이드 드로잉은 내담자가 "마사지를 받는다"라는 개념을 도입하여, 긴장과 이완, 고통과 위로, 흥분과 안정 사이를 쉽게 이동할 수 있게 해 준다. 한 번에 하나씩 주의를 기울여 그 단계를 해결하고 그다음으로 나아간다. 따라서 내담자가 계속해서 나아가는 동안, 자율신경계는 그들이 머무르는 모든 단계를 거치면서 조절하는 법을 배운다. Van der Kolk는 Levine에 대해 다음과 같이 설명하였다.

> 이 작업은 트라우마의 폭발적인 신체 공격이 완결되고 해결되도록 도와줌으로써 얼어붙은 채 남아 있던 수치심, 슬픔, 분노, 상실감을 영원히 잠재운다. Peter의 작업은 그가 "파괴적인 설명 강박"이라고 부르던 것을 승화시켜서 이전에는 통제할 수 없었던 감각과 반응에 대한 내적 소유감과 통제감을 만들어 낼 수 있도록 한다. 그러기 위해서는 무기력한 굴복이나 통제할 수 없는 분노가 아니라 구체화된 행위의 경험으로 만들어야 한다.[1]

다음 네 개의 이미지는 트라우마 사건이 신경계에 미치는 영향과 내담자들이 갇혀있었던 과각성 또는 저각성 상태에서 빠져나올 수 있는 방법으로, Levine이 발견한 진자운동pendulation을 보여 준다. 그것은 스트레스가 많은 사건을 겪은 후에 자율신경계를 하향 조절하기 위해서 트라우마 소용돌이가 있는 곳에서 어떻게 역소용돌이countervortex가 나타나는지를 보여준다. 진자운동pendulation은 우리 몸의 각 세포, 각 기관, 모든 근육의 신경계에 존재하는 고유한 리듬으로 만들어진다. 해파리처럼 이 모든 시스템은 팽창과 수축 사이를 오간다. Levine은 이 리듬을 모든 생명체의 핵심적인 것으로 간주한다. 우리의 심장과 호흡은 이 자율적 리듬을 명확하게 보여주는 예이다. 우리는 특정 근육군이 확장되고 다른 근육군이 수축해야만 움직일 수 있다. 교착상태에 빠져 움직이지 못하고, 겁에 질려 몸이 굳거나, 두려워서 몸이 얼어붙을 때, 우리는 삶의 리듬으로 돌아가는 길을 찾아야 한다.

진자운동은 Rothschild가 말한 공포로부터 벗어나기 위해 의식적으로 결정을 내리는 "브레이크 적용"과는 차이점이 있다. 브레이크는 치유 과정의 초기에, 비자발적 신경계 안에 고유하게 내장되어있는 능력을 신속하게 활용하기 위해서 적용할 수 있다. 마찬가지로 안전한 장소나 자원을 구축하는 미술작업은 처음으로 트라우마로부터 벗어나 다른 곳으로 눈을 돌릴 수 있도록 촉진하거나 인생에서 새로운 선택을 할 수 있도록 해준다. 반면에, 진자운동은 감각느낌에 기반을 둔 과정으로, 몸속 깊은 곳으로부터 발생하는, 위협에 대한 생리적 반응이어야 한다. 그것은 트라우마를 입은 내담자가 경험할 수 있는 강렬한 수축감이나 파편화와 반대되는 미묘한 운동 충동으로 나타날 것이다. 진자운동은 가슴에서 부드럽게 퍼지는 온기의 파동으로 나타나거나, 떨리는 것 처럼 미묘하게 긴장감과 불안이 나타날 수 있다. 일부 내담자의 경우 이러한 감각이 질감, 이미지 및 색상으로 나타나기도 하며, 다른 내담자들에게는 움직임이나 감정의 동요가 주를 이루며 경험되기도 한다. 효과적인 진자운동은 자율신경계에서 발생해야 하기 때문에, 의도적으로 만들거나 조작하거나 제어할 수 없다. 그것은 그냥 *드러나*야 한다. 내담자는 이를 위해 마음을 열고 받아들여야 한다.

신체 감각느낌의 미세한 변화를 알아차리기 위해서는, 감지하기 어려울 수도 있는 미묘한 인식과 때로는 명상에 가까운 고요함이 필요하다. 트라우마에 대응하는 진정한 반응이 자율신경계에서 발생해야 효과가 유지될 것이다. 내담자들이 조작하고, 만들고, 실행하는 것이 아니라 그러한 충동이 일어나도록 허용할 수 있어야만, 그 반응이 자율신경계와 비자발적 운동신경계가 연결되어 있다는 것을 알게 된다. 예를 들어, 활성화된 반응들을 철회하기 위한 털어내기는 의도적으로 만들 수가 없다. 만일 그렇다고 한다면, 내담자들은 그 떨림이 자연스럽게 일어나도록 기다리기보다는 자신이 직접 내면의 감각을 떨쳐버리려고 시도했을 것이다. 양손을 통한 자극은 내담자들이 이성에서 벗어나 스스로를 내려놓고, 신체와 신경계에 대한 더 깊은 이해가 일어날 수 있는 구조를 찾을 수 있도록 도와준다.

내담자들의 관심은 주로 트라우마 소용돌이를 향해 있다. 그들은 그들의 트라우마 이야기를 하기 위해 회기에 온다. 치료사는 이들의 관심이 치유의 소용돌이를 향해 부드럽게 옮겨 갈 수 있도록 해야 한다. 트라우마 소용돌이는 불안정한 상태인 반면에 치유의 소용돌이에는 가끔, 놀라운 자원들이 포함되어 있다. 일단 내담자들이 충분히 지지받고, 충분히 안전하다고 느끼고, 치료과정을 신뢰하기 시작하면, 그들의 몸은 무엇을 해야 하는지 알게 될 것이다. Levine은 신체기반 심리치료 교육에서 생명의 강 모델stream of life model을 통해 이 과정을 설명한다.[2]

©2009 Foundation for Human Enrichment d.b.a. Somatic Experiencing Trauma Institute

[그림 9.1] 생명의 강은 교감신경의 각성과 부교감신경의 안정이라는 건강한 리듬 안에서 흐른다. 개인들은 흥분과 휴식의 상태를 경험한다. 충전과 방전의 절차도 쉽게 진행된다. 이 상태에서의 개인은 편안하면서도 기민하며 유연하고 탄력적으로 반응한다. 그들은 정서적으로 안정되고 건강한 관계를 맺을 수 있는 능력을 갖게 될 것이다.

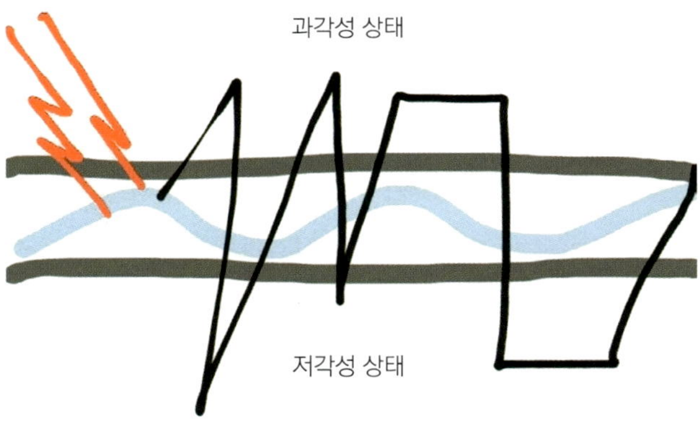

©2009 Foundation for Human Enrichment d.b.a. Somatic Experiencing ® Trauma InstituteTrauma Institute

[그림 9.2] 빨간색 번개 모양으로 표시된 경계 침범의 상황에서, 생명의 흐름은 과각성 또는 저각성의 혼란스럽고 통제 불능 상태로 악화된다. 신경계가 *켜짐 상태*에 갇히게 되면, 내담자는 공황, 분노, 과도한 경계, 의기양양함 및 조증 상태를 경험한다. 반대로 *꺼짐 상태*에 갇히게 되면 우울증으로 고통받고, 에너지가 없으며, 지치고 "죽음"을 느끼게 된다. 두 상태에서 중요한 것은 모두 갇혀있다는 것이다. 생명의 리듬이 얼어붙고 멈춰 있다.

[그림 9.3] 경계 침범이 발생하면 생명의 강 안에 수용될 수 없는 압도적인 각성이 몰려온다. 생명 에너지의 일부는 트라우마 경험으로 인해 통제 불가능한 모든 에너지를 포함하는 트라우마 소용돌이로 분리된다. 우리는 살아남았지만, 계속 나아가다 보면 자아의 일부가 사라지고 분리되게 된다. Levine은 그의 연구를 통해 자연은 언제나 신경계에 내재된 능력의 증거로 역소용돌이를 만든다는 것을 밝혀냈다. 이 역소용돌이는 처음에는 작기 때문에 보강이 필요해 보이지만, 나중에는 트라우마 소용돌이를 비활성화하는 데 사용할 수 있게 된다.

[그림 9.4] 이제 역소용돌이인 치유 소용돌이가 시작될 수 있다. 안전하고, 지지 받고, 과정을 신뢰할 수 있는 상태가 되면, 내담자는 내면의 반응을 감지할 수 있게 된다. 생명의 리듬은 두 소용돌이 사이를 오가며 다시 활기를 되찾을 수 있다. 이제 트라우마 경험이 재조정될 수 있는 시간과 공간이 제공되고, 치유의 소용돌이 안에서 충분한 자원을 찾을 수 있고 과거에 일어났던 일에 대해 능동적으로 대응할 수 있다. 이 두 소용돌이 사이의 부드러운 진자운동은 생명의 흐름을 회복시킬 것이다.

진자운동은 트라우마 소용돌이를 점차 경계로 끌어들여서 다시 생명의 흐름으로 통합한다. 가이드 드로잉에서, 내면의 마사지 치료사는 완화를 위해 무엇이 필요한지 알고, 진자운동을 적용하는 치유 매개자로 볼 수 있다. 이는 내담자들에게 온전히 힘을 실어 주고, 그들을 PTSD의 핵심 감정인 "나는 아무것도 할 수 없다"라는 고통스러운 무력감에서 벗어나도록 도울 수 있다. 내담자는 두 개의 소용돌이 사이, 고통과 참아내기의 사이, 활성화와 안정화 사이를 이동하며, 적절하게 자신의 치유 전략을 적용할 수 있다.

아래의 표는 이를 설명하는 또 다른 방법이다. 이것은 Stephen Porges의 다미주신경이론polyvagal theory을 기반으로 한다.[3] 나는 내담자들이 치유 과정에 적극적으로 참여할 수 있도록 하기 위해 때때로 다음 차트를 사용한다.

미주신경은 자율신경계와 다음의 세 가지 상태를 조절한다.[12)]

- 사회 참여 체계: 배쪽 미주신경복합체(ventral vagal complex, VVC) 활성화
- 투쟁-도피 반응: 교감신경계 각성 상태 또는 부교감신경계 휴식 상태
- 동결 상태: 등쪽 미주신경복합체(dorsal vagal complex, DVC) 활성화

Porges의 다미주신경이론은 감정, 애착, 의사소통 및 자기조절에 관한 신경생리학의 기초가 된다. Levine과 유사하게, 그는 물고기와 파충류에서부터 포유류와 인간에 이르기까지 뇌의 진화에 관한 이론을 기반으로 한다. 예를 들어 등쪽 미주신경 복합체[DVC]는 뇌의 가장 오래된 부분인 파충류의 뇌에 속하며, 위협을 받으면 에너지 보존을 위해 신진대사를 차단할 수 있다.

Porges의 이론에 따르면, 자율신경계는 세 가지 기본적인 생리학적 상태를 조절한다. 자율신경계의 활성화는 우리가 인식하는 안전 또는 위협의 수준에 따라 달라진다. 불안하거나 문제가 있다고 느낄 때면, 본능적으로 우리는 언제나 사회 참여 체계에 의지하게 된다. 우리는 주변 사람들에게 도움과 지지, 위로를 구한다. 그러나 아무

---

12) 자율신경계의 균형은 교감신경계와 부교감신경계의 길항작용으로 조절되는데, 다미주신경이론은 더 나아가 부교감신경계를 두 가지 미주신경으로 나누어 설명함(역자 주).

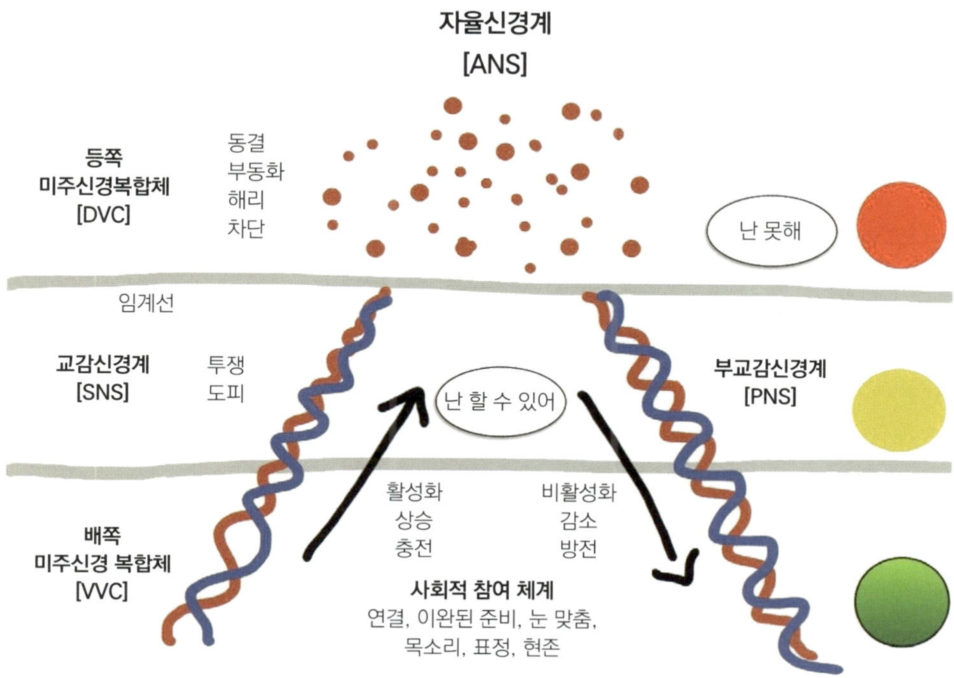

[그림 9.5] Porges의 신경계 조절 모델

도 우리를 도와주지 않거나 위험이 임박하면 우리의 유기체는 생존을 위해 보다 원시적인 방식인 투쟁-도피라는 교감계 각성으로 되돌아가게 된다. 우리는 공격자와 싸우거나 안전한 장소를 찾기 위해 도망친다. 하지만 우리가 너무 작거나 너무 약해서, 억압되거나 갇혀서 도망칠 수 없게 되면, 자율신경계는 가능한 한 에너지 소비를 줄이고 차단함으로써 생명을 지키려 한다. 이때 우리는 등쪽 미주신경복합체 활성화 단계에 들어가게 되고, 동결 또는 붕괴 상태를 경험한다.[4]

Porges는 자율신경계의 세 층을 초록색은 이동(가도 좋음)로, 노란색은 경고(준비)로, 빨간색은 정지(멈춤)로, 신호등에 비유했고, 나는 마침내 그의 이론을 이해하였다. 나는 이 의료 모델이론을 이해하고 적용하기 위해 수년간 고민해왔다. 따라서, 이 모델은 유용하게 사용될 수 있기에 나는 단순하게 설명을 하려고 한다.

[그림 9.5]의 빨간색 물결선은 트라우마 소용돌이이고, 파란색 물결선은 치유 소용돌이이다. 이 모델에서 중요한 것은 각각이 항상 역소용돌이를 동반한다는 점이다.

예를 들어, 가이드 드로잉에서는 내담자가 신체에서 경험하는 긴장이나 고통을 그리게 한 다음, 이어지는 그림에서 이 긴장이나 고통을 완화하는 데 필요한 마사지 동작을 그리게 하는 것에 해당된다. 그런 다음 내담자들은 다시 그 긴장이 지금은 어떻게 느껴지는지 그리고 이어서 또 다른 마사지 동작들을 적용해 그려본다.

[그림 9.5]의 하단 3분의 1에는 초록색 신호등 버튼이 있는, 배쪽 미주신경 복합체[VVC]가 있다. 이 '이동(가도 좋음)'에 해당하는 것은 삶의 흐름 내에서 편안하게 깨어있는 최적의 각성 상태이다. 우리는 목소리와 표정을 조절하여 눈을 마주치며 의사소통할 수 있고, 결과적으로 사회와 연결되며 사회적 참여가 가능해진다. 중요한 부분은 얼굴이다.

중간 부분은 노란색 신호등 버튼이 있는 교감신경계[SNS]에 대한 것이다. 이것은 위험을 알리는 '경고(준비)'에 해당한다. 그것은 척수와 연결된 투쟁-도피 반응을 통해 우리의 방어 전략을 동원하며, 심장 박동이 빨라지고 숨을 들이마시는 것이 증가함에 따라 가슴 부위에서 가장 심하게 느껴진다. 여기서 사회적 참여는 감소하게 되는데, 우리의 생존 맥락에서 보면 그것은 중요하지 않다. 대신 개인은 에너지의 급증으로 교감신경 각성([그림 9.5]의 왼쪽)을 경험하고, 두려움이나 흥분을 느끼게 되면서 아드레날린이 분출된다. 핵심 감각은 "나는 이것을 할 수 있다"이다. *나는 나 자신을 방어할 수 있다. 내가 처리할 수 있다. 이 인간의 얼굴에 주먹을 날리고 싶다. 정말 화가 난다. 까불지 마! 경고하는데, 날 좀 내버려 둬.*

밤에 어두운 골목길에서 내 뒤를 따라오는 발소리가 들리면, 심박수가 증가하고, 호흡은 가빠지기 시작하고, 다리는 금방이라도 힘차게 뛰어나갈 준비가 되는 느낌을 갖게되는 것을 누구나 다 알고 있을 것이다. 그런 후, 골목의 반대편에서 불빛과 사람들이 보이면 우리는 안전하다는 것을 알게 된다. 숨을 내쉬는 순간, 우리의 심장은 느려지고 부교감신경의 하향 조절이 시작된다([그림 9.5]의 오른쪽). 필요에 따라, 다리가 약간 후들거리거나, 지금은 더 이상 필요하지 않은 스트레스 호르몬이 배출되면서 약간 비틀거리는 느낌을 받을 수 있다. 사회 참여 시스템이 다시 가동되면, 기쁘게 친구를 향해 돌아서고, 미소를 지으며 방금 일어난 일에 대해 이야기하게 된다.

그러나 사건이 그다지 순조롭지 못하고 너무 과도하고 압도적이라면, 그래서 어두운 골목 끝에 빛이 없다면, 교감신경계는 우리가 더 이상 감당할 수 없을 정도로 과도하게 활성화되어, 임계점을 넘어 붕괴된다. 우리는 이제 문자 그대로 "겁에 질려 굳어" 버린다. 다리는 기능하지 못하고 우리는 더 이상 움직일 수 없다. 이것은 등쪽 미주신경복합체[DVC]와 관련한 빨간색 신호등 버튼 영역에 해당한다. 더 이상 파란색의 치유 소용돌이는 존재하지 않으며, 빨간색의 활성화 소용돌이는 해리와 차단으로 파편화되어 있다. 이것은 압도적인 스트레스의 경험이며, 신체는 긴장성 부동으로 반응한다. 그것은 또한 "나는 할 수 없다"는 느낌으로 특징지어진다. 개인은 이제 움직일 수 없고 아무것도 할 수 없다고 느낀다. 그들은 공포로 인해 얼어붙어 꼼짝하지 못하고, 그들 내부에 있는 무언가는 무기력해져 단념 상태에 이른다. 그들은 섬뜩할 정도로 차분해 보일 수 있지만, 분명한 것은 이완된 상태는 아니라는 것이다. 긴장성 부동에는 공포로 인한 극심한 스트레스가 감춰져 있다. 등쪽 미주신경복합체[DVC]의 핵심 신체 감각은 내부 장기에 있다. 우리가 사용하는 말을 살펴보면 이러한 신진대사가 중단되는 것을 꽤 생생하게 묘사하는데, 겁에 질려 오줌을 싸거나, 애간장이 타거나, 속이 뒤틀리고 속이 답답한 경험을 하는 것 등이다.

치료사에게는 해리와 이완을 혼동하지 않는 것이 중요하다. 예를 들어, 편안한 내담자는 홍조를 띄고 따뜻해 보이며 쉽게 접촉할 수 있는 반면, 긴장성 부동의 내담자는 뼛속까지 차갑게 느껴지고, 종종 창백하거나 얼룩진 피부, 눈을 마주치지 않으면서 다른 곳을 응시하고 있는 눈으로 특징지어진다. 여기서 내담자는 자신이 아무것도 할 수 없거나 마비된 느낌이 든다고 말한다. *저는 어깨를 움직일 수도, 숨을 쉴 수도, 제 몸을 느낄 수도, 이런 것들을 그릴 수도 없어요*. 그들은 수치심으로 얼어붙거나 공포로 마비되었다고 느낀다. 그들은 견딜 수 없는 것으로부터 회피하려고 움츠러들고 종종 위축되어 내면으로는 비현실적인 공간으로 숨어 버린다. 나는 어린 시절 학대를 피하기 위한 유일한 방법으로 투명인간인척하며 살아남은 많은 내담자들의 이야기를 들었다.

이전 장의 내용을 기억한다면, 여기서는 내담자가 긴장성 부동 상태에서(비자발적임을 잊지 말아야 한다) 부교감신경계 휴식 상태인 노란색 영역으로 이동할 수 있을 만큼 충분히 안전하다고 느낄 수 있도록 하는 작업과 함께 하향식 전략이 필요하다. 그러나 이 작업은 해리된 내담자들과는 쉽지 않은데, 임계점을 넘는 순간 이전에 해리되었던 모든 콤플렉스가 다시 가동된다. 내담자는 아무 반응도 보이지 않는 "죽은듯한" 상태에서 분노 상태로 순식간에 전환될 수 있다. 재트라우마화를 피하고, 많은 내담자들이 다시 통제 불능 상태에 직면하는 것을 방지하기 위해서는 압도되는 두려움, 슬픔, 수치심 또는 분노보다는, 치유 소용돌이에 초점을 맞추는 데 도움이 될 수 있는 여러 가지 선택지를 갖는 것이 중요하다. 그들은 안전하고 통제할 수 있다고 느낄 때만 이전에 "그들을 압도했던" 것에 대한 적극적인 반응을 찾을 수 있을 것이다.

따라서, 안전하고 신속한 처리방식으로 활성화 반응을 적정화하는 것이 중요하다. 어떤 사건이 과거에는 너무 빠른 속도로 일어났다면, 이제는 그 사건의 속도를 늦출 수 있다. 어떤 것이 너무 컸다면, 특정 지점에서 시작해 전체 그림으로 확장될 수 있을 때까지, 한 번에 하나의 작은 측면만 살펴보고, 이 작은 측면에만 반응할 수 있다. 맹목적인 분노가 압도적이라면, 통제된 방식으로 분노를 발산하는 드로잉 연습을 통해 내담자는 자신에게 일어난 일을 파악하고 처리할 수 있다는 느낌을 받을 수 있다. 내담자는 자신의 경험을 담아내고 복구할 수 있는 적합한 방식으로 지원이 필요하다.

등쪽 미주신경 차단의 완화에 최적의 기관은 인간의 두뇌 영역인 사회 참여 체계이다. 내담자가 혼자가 아니라는 것을 깨닫도록 눈 맞춤을 권유하는 것이 도움이 된다. 많은 사람들은 끔찍한 사건을 겪을 때 처절할 정도로 혼자였다. 지지를 위해 내담자의 옆에 앉는 것만으로도 그들은 눈에 띄는 안도감과 안정감을 느낄 수 있다. 심리학적 측면에서 신진대사 차단 또는 해리를 해제하려면 기본적으로 지금 현재 안전하다는 본능적 이해가 필요하다. 글자 그대로, 뱃속 깊은 곳에서부터 이러한 안전을 직감적으로 느낄 수 있어야 한다. 그래야만 자율신경계는 중단된 투쟁-도피 충동 완결을 시도할 것이고, 이것이 뇌간의 암묵 기억을 재설정하여, 개인을 생존 수준에서 벗어나서 살아가도록 한다.

내담자가 충분한 자원을 확보하면 과거 사건에 대해 능동적인 반응을 찾기 시작할 수 있다. 위에서 설명한 일련의 과정이 한 차례씩 완료될 때마다 그들은 스스로가 더 에너지 넘치고, 더 생기 넘치고, 더 편안하고 평화롭다고 느낄 것이다. 이제 존재의 주기를 넓혀 가면서 부교감신경은 안정되어 간다. 호흡이 깊어지고 심박수가 진정된다. 내담자는 치료실에서 자신의 위치를 다시 확인하고, 그들의 사회적 참여 체계는 다시 작동하며, 그들은 지금-여기에 도달하게 된다.

가이드 드로잉은 이러한 방식으로 단계별로 진행된다. 빨간색 트라우마 소용돌이에 내재되었던 매우 불편하고 질병과도 같은 감각들이 신체화된 측면들 가운데 한 부분씩 초점을 맞추고, 풀어내고 담아내는 마사지를 통해 파란색 치유 소용돌이를 활성화시킴으로써 생리학적으로 해결해 간다. 점차 안전과 웰빙well-being에 대한 새로운 신체 감각이 나타나게 되고, 시간이 지남에 따라 내담자들은 자신의 이야기를 다룰 수 있는 용기와 자원을 얻게 된다. 근육통에 담긴 이야기, 통제하려 했던 얼어붙은 감정, 수십 년 동안 소화하지 못한 메스꺼움이 드러난다. 그러나 이제 이들은 무력하고 두려움으로 가득한 기억에 맞서는 것이 아닌, 일어난 일들에 능동적으로 대처할 수 있는 도구를 갖추고 있다.

치유 소용돌이를 지원하고 강화하기 위한 개입

아래의 개입들은 치유 소용돌이를 지원하고 강화하기 위해 고안되었다. 그것들은 자율신경계가 다시 움직이도록 일깨움으로써 행동으로 옮길 수 있다. 치유 소용돌이 그 자체는 내적으로 깊이 느껴지는 감각으로, 생리적인 현상이다. 그러나 외부 도구를 사용하여 이를 강화하고 내담자가 인식하도록 이끌 수 있다. 이러한 개입이 적절한지를 확인하고 통합하는 쉬운 방법으로는 내담자가 스스로 결정을 내리거나, 혼자가 아니라는 것을 알아차릴 때의 느낌을 묻는 것이다.

- *미술치료 작업들*: 6장에서 언급했던, 내담자의 안전한 장소, 마법 지팡이, 약 주머니, 초능력을 가진 천사 같은 조력자 형상 등의 작품들이다.
- *영적 자원들*: 크리스털을 쥐고 있거나 기도하는 것과 같이 내담자에게 평온함을 주는 것들이다.
- *정향감각*: 치료사의 작업 공간과 탈출 경로를 확인한다. 또는 단순하게 개수대의 위치와 미술 재료들 등 물건들의 위치를 확인한다. 심각한 트라우마를 겪고 있는 개인들은 자신들의 내면세계에 너무 갇혀 있기 때문에, 가장 먼저 그들의 외부감각수용기를 활성화시킬 필요가 있다. 창문을 통해 보는 바깥 풍경이나 치료실에 걸려 있는 그림과 같이 내담자에게 기쁨을 줄 수 있는 작은 관심사들도 좋다. 이

런 관심사들은 과도한 활성화로 인해 압도될 것 같은 위협을 느낄 때 사용 가능한 자원이 될 수 있다. 내담자들은 그것들이 자신에게 자원으로 효과가 있는지 없는지를 놀라울 정도로 명확히 안다. 나는 치료실 창밖의 풍경 중에서, 바람에 흔들리는 풀들을 보면 참을 수 없을 정도로 트라우마 기억이 활성화되지만, 커다란 나무가 지닌 견고함을 보면 안정감을 얻는다고 단호하게 이야기했던 한 여성을 기억한다.

- *물리적 자원*: 몸을 앞에서 받쳐주는 쿠션, 보호감을 느끼거나 품에 안을 수 있는 부드러운 것들을 등 뒤나 옆쪽에 둘 수도 있다. 내담자가 용인할 수 있다면, 치료사는 그라운딩을 단단하게 하고, 위협적이지 않은 접촉을 위해 신발을 신지 않은 발을 내담자의 발 위에 올려놓을 수 있다. 또한, 큰 스카프를 가슴 주위로 두르고 묶어 팔 위쪽 부분에 가벼운 압박감을 줄 수 있다. 이것은 아기를 포대기로 감싸는 것처럼, 누군가 무너질 것 같을 때 함께하는 느낌을 줄 수 있다.
- *인적 지원과 사회적 참여*: 이는 매우 중요하다. 트라우마는 고립과도 같다. 내담자들을 사람들로부터 물러나 있고 종종 전염병에 걸린 것처럼 느끼기도 한다. 함께 수다를 떨거나 게임을 하는 것만으로도 치료가 될 수 있고 신뢰를 구축하는데 도움이 될 수 있다. 어떤 때는 내담자가 스스로 자신의 안전을 위해 치료사가 앉을 위치를 정하도록 하는 것도 도움이 된다. 그 자리가 내담자 바로 옆이 될 수도 있다. 많은 내담자들은 학대받았던 어린 시절에 온전히 혼자였다. "그들의 편"이 되어 주는 온화한 부모의 상을 갖게 되는 일은 큰 차이를 만들어 낼 수 있다. 이것은 실제 내담자 옆에 앉아 있는 치료사일 수도 있고, 내담자가 치료사에게 직접 기대거나 쿠션을 사이에 두고 기대어 지지를 얻는 것일 수도 있다. 그리고 그것은 접촉을 둘러싼 문화와 내담자가 편안하게 느끼는 정도에 따라 달라진다. 치료사는 이러한 개입을 편안하게 수행해야 한다. 내담자는 치료사가 스트레스를 받거나 그들을 지지, 지원하면서 긴장하는 경우, 거울 뉴런을 통해 비언어적으로 이를 포착하고 무언의 정보를 "알아요, 나는 항상 너무 과하죠"와 같이 해석할 것이다.
- *전통적인 문화자원*들: 수천 년 동안 효과가 입증되어왔다. 내가 아는 모든 토착 문화에는 트라우마를 다루기 위해 고안된 의식이 있다. 이러한 의식으로는 제사

장, 샤먼, 주술사 또는 장로가 진행하는 드럼 서클, 춤, 찬송 의식이 있다. 대부분이 리듬감 있는 행동 패턴에 참여함으로써 무아지경 상태에 이르게 된다. 무아지경 상태에서 영혼을 다시 불러들이고, 선을 회복하기 위해 백마술의 도움을 받아 악과 싸운다. Van der Kolk는 다음과 같이 말한다.

> 서양의 주류 정신의학 및 심리치료에서는 자기 관리에 거의 관심을 기울이지 않는다. 약물 및 언어 치료에 의존하는 서구와 달리, 전 세계의 다른 전통 사회에서는 마음챙김, 움직임, 리듬 및 행동에 의지하고 있다. 인도의 요가, 중국의 태극권과 기공, 아프리카 전역의 리듬감 있는 드럼 연주는 단지 몇 가지 예에 불과하다. 일본과 한반도의 문화는 움직임에 목적이 있고, 현재에 집중하며, 트라우마로 손상된 능력을 키우는 무술을 탄생시켰다. 합기도, 유도, 태권도, 검도, 주짓수, 브라질의 카포에이라 등이 대표적이다. 이러한 기술에는 모두 신체 움직임, 호흡 및 명상이 포함된다. 요가 외에, 이러한 인기 있는 비서구적 전통 치유 방법 중 PTSD 치료를 위해 체계적으로 연구된 것은 거의 없다.[5]

치유 소용돌이 생성을 지원하기 위한 그림 개입

가이드 드로잉에서는 미술치료사가 비언어적이고 신체중심적인 방식으로 치유 소용돌이를 생성해 갈 수 있도록 특정한 모양을 제안한다. 이러한 개입은 내담자에게 다음의 사항들을 지원한다.

- 안전한 방식으로 능동적인 대응을 촉진할 수 있는 구조화된 해소방법 찾기
- 마음을 진정시키는 방법 찾기
- 자신감, 능력과 관련한 내적 자원 인식하기
- 신체 인식 촉진하기
- 놓아주고 벗어나기 위한 적절한 리듬 찾기

다음의 이미지는 이러한 개입이 어떤 것인지 보여주는 몇 가지 예이다.

[그림 9.6] 양손으로 그려진 큰 그릇의 형태이지만, 양손이 거울처럼 대칭되지 않고 같이 연결되어 그려졌다. 양손은 흔들거리는 동작과 함께 좌우로 왔다 갔다 움직이기 시작했다. 이 흔들림은 진정 효과가 있고 안착시키는 데 도움이 된다. 엄마가 아이를 안아 주고 흔들어 줌으로써 아이의 발달적 욕구를 이해하는 위안을 주듯, 이 흔들림은 슬픔에 잠긴 내담자들을 지지해 줄 수 있다.

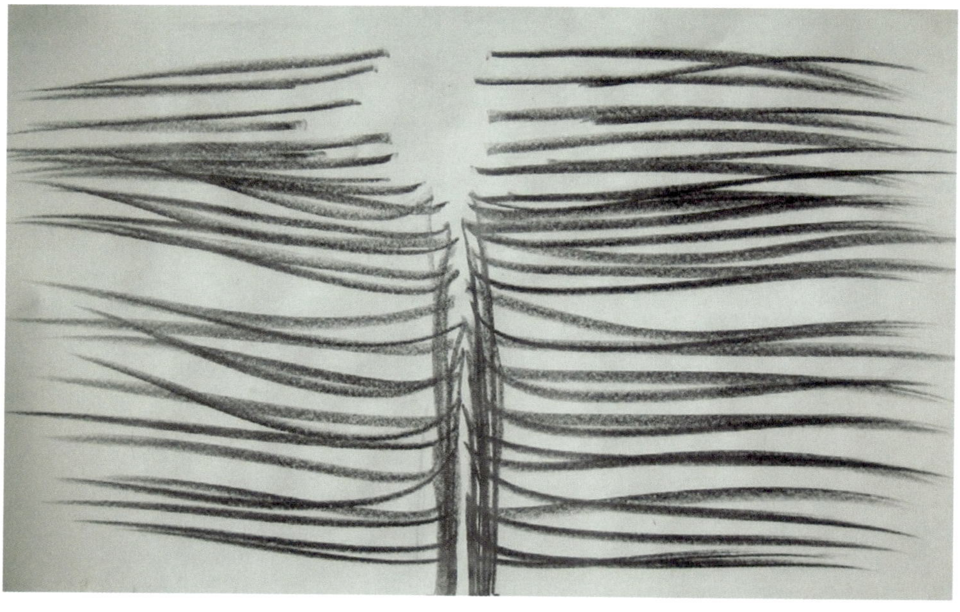

[그림 9.7] 여기에서 양손은 척추 위쪽을 향해 움직인 다음 저항, 막힘, 통증 또는 두려움에 부딪힐 때마다 모서리를 만들어 양옆으로 움직여 갔다. 긴장은 양쪽 측면으로 방출된다. "패턴을 깨기" 위해서 내담자는 뚜렷하게 모서리를 그린 후, 억눌린 긴장을 측면으로 풀어주는 연습을 하는 것이 중요하다. 이 움직임은 교감신경 각성을 방출하는 데 도움이 된다. 동시에 그것은 구체화된 구조를 구축한다.

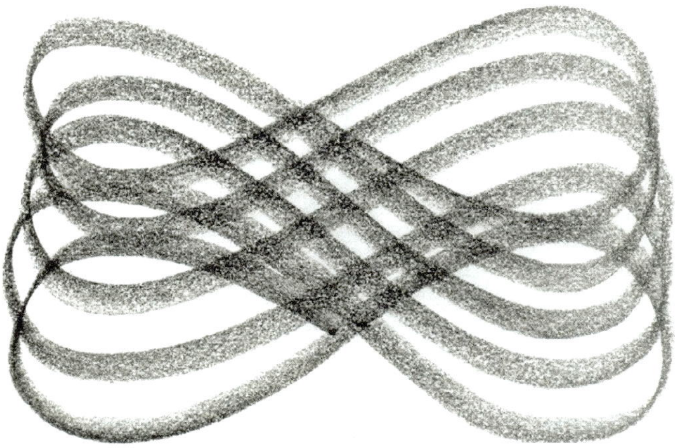

[그림 9.8] 가이드 드로잉에서 렘니스케이트[13] 또는 가로 8자 모양은 EMDR[6]에 해당하는 그림을 나타낸다. 양손이 함께 움직이고 두뇌 반구를 포함하여 반대쪽을 연결하는 리듬감 있는 흐름을 만든다. 오르락내리락하는 리듬이 조화를 이루며 깊은 위안을 준다. 때때로 트라우마 내담자들은 처음에는 이 모양을 그릴 수 없지만, 대부분의 내담자들은 이 흐르는 듯한 리듬감 있는 움직임 연습을 정말 좋아한다.

[그림 9.9] 만다라 그림은 귀중한 자원이다. 만다라는 문양을 색칠하는 것부터 시도할 수 있는데, 내담자 중 일부는 일상에서(또는 규칙적 일상을 만들기 위해서)의 힘든 시간을 극복하기 위해 회기와 회기 사이의 시간 동안 만다라 채색작업을 선택한다.[7] 다른 이들은 자신만의 미술 작품으로, 크기에 상관없이 단순하게 중심으로부터 디자인해 간다. 영감을 주는 모든 미술 재료를 사용할 수 있다. 만다라 다이어리는 영감의 원천이 될 수 있다. 이 만다라는 9살 소녀가 어머니의 죽음을 받아들이면서 창작한 것이다.

---

13) ∞자 무한대의 곡선(역자 주).

좌절된 투쟁-도피 반응 완결을 지원하기 위한 개입

트라우마 소용돌이는 무력감, 분노, 부당함, 혼란, 심각한 의욕 상실 등으로 특징지어진다. 붕괴된 상태에서 내담자는 종종 자신의 몸을 전혀 느끼지 못하거나, 자신이 무엇을 원하는지, 무엇이 필요한지 모르며, 이를 바꿀 에너지 또한 없다. 그러나 이러한 죽음과도 같은 상태의 이면에는 억압된 분노와 공포, 통제할 수 없고 폭발적인 것이 숨겨져 있다. 이러한 마음에서 내담자는 다음과 같이 말할 수 있다. "만약 내가 울기 시작한다면, 절대 멈추지 않을 거예요." "화를 내기 시작하면, 어떠한 것도 장담할 수 없을 거예요." 통제력을 잃을지 모른다는 두려움은 명백하며, 분노나 슬픔의 크기도 이루 말할 수 없이 크다. 얼어붙은 생명력 아래에 있는 것은 무엇이든 예전에 그랬던 것처럼 끔찍하고 통제할 수 없다는 것이 확실하다. 이 분노를 풀어 주는 것이 중요하며, 진자운동을 통한 적정한 방식으로 접근할 수 있다. 그렇지 않으면 일어난 일로부터 회복하도록 자신을 도울 수 있는 사람이 없는 것처럼 보일 수 있기 때문에 개인은 더욱 절망적이고 압도된 느낌을 받을 위험이 있다. 따라서 가장 먼저 치유의 소용돌이를 만들고, 고통스러운 상황 중에 활용할 수 있을 정도에 이르게 하는 것이 매우 중요하다.

Levine의 트라우마 모델 그래프([그림 9.2] 참고)를 기억한다면, 내담자들은 과각성 상태에 교착된 뒤 트라우마 소용돌이 속으로 치명적으로 빨려 들어가거나, 저각성 상태에 교착되어 어떤 대가를 치르더라도 회피하려고 애쓰게 된다. 두 가지 태도 모두 장기적으로 도움이 되지 않는다. 자신의 경계 침범과 손상을 다시 이야기하고 재경험하려는 내담자들은 점점 상태가 악화되는 경향이 있다. 자원이 부족한 상태에서 노출된 내담자들은 말 그대로 '통제 불능 상태'가 될 정도로 교감신경의 각성을 증가시켜 악순환을 유발할 수 있으며, 그렇지 않으면 압도된 상태를 견딜 수 없기에 해리를 선택할 수밖에 없게 된다.

이전에 확립한 치유 소용돌이 사이에서 진자운동을 통해 내담자들은 자신의 경험을 조절하여 스스로 견딜 수 있는 범위 내에서 유지할 수 있도록 도와준다. 내담자가 지나치게 활성화되어 분노를 표현하고 있다면, 이에 개입하는 것은 괜찮다. 내담자의 신경계가 자기조절을 배울 때까지 치료사는 내담자가 트라우마 사건을 회상하는 속도를 조절할 수 있도록 도와야 한다.

감각 운동 미술치료는 좌절된 투쟁-도피 충동을 완결하는 데 매우 적합하다. 리듬감 있는 드로잉 과정은 말초 신경계 및 그것의 두 하위 영역인, 감각과 운동 신경계와 밀접하게 연결되어 있다. 내부감각수용기는 자율신경계에서 발생하는 신체 감각을 통해 직접 정보를 받는다. 여기에서 생존 충동이 나타나고, 내담자가 환경에서 충분히 안전하다고 느끼게 되면, 이제 능동적인 운동 충동으로 반응할 수 있게 된다. 무력감과 압도감을 느끼는 대신, 내담자는 이제 자신의 분노를 발견할 수 있으며, 이와 함께 공격자를 밀어낼 수 있는 팔의 힘을 발견하기 시작한다. 이러한 충동은 한때 일어났던 사건에 대한 능동적 반응으로 작용한다. 내담자는 “안돼!”라고 말할 수 있는 능력을 발견하고, 자기권한을 가지고 경계 침범을 복구하기 위한 조치를 취하게 된다. 경계를 그려 가면서 “꺼져”, “들어오지 마”, “날 내버려둬”, “저리 가”와 같은 말을 하거나, 소리를 지르거나, 글을 쓸 수도 있다.

각각의 활동 후에 치료사는 내담자가 신체 감각을 인식하도록 격려해야 한다. “방금 그린 움직임이 몸에서는 어떻게 느껴지고 공명되었는지 궁금합니다.” 그런 다음이 변화된 감각느낌을 그려보거나 치료사가 다음과 같이 질문할 수 있다. “이제 팔이 원하는 움직임을 따라가 보세요.” 그런 다음 이 충동을 종이에 담을 수 있다. 운동 충동과 감각 인식 사이의 적절한 균형을 찾는 것은 중요하다. ADHD 진단을 받은 아이들과 함께 일하는 많은 사람들은 너무 잘 알고 있겠지만, 맹목적으로 하는 행동은 어떠한 것도 바꿀 수 없다. 그려진 운동 충동이 몸에서 어떻게 공명하는지 인식하게 되면 해답을 찾을 수 있다.

처음에는 단순히 그려진 리듬이 너무 빠른지, 너무 느린지, 적절한지를 알아차리는 과정이 될 수도 있다. 그런 다음 긴장이 좀 풀리거나, 통증이 좀 줄어들거나, “좀 더 나은” 느낌과 같이 미묘한 변화들이 감지된다. 운동 충동을 그림으로 그리며 효과를 경험해 가다 보면, 결국 비자발적 운동 영역에서 치유 반응을 촉발할 것이며, 내담자는 따끔거림, 떨림, 내부로 퍼지는 따뜻한 파동, 몸에 쏟아지는 빛 또는 기타 감각으로 이를 인지할 수 있다. 내담자가 자율신경계에서 이러한 치유 반응을 인식하거나, 혹은 가능한 많은 감각 인식을 가지고 이를 천천히 그릴 수 있도록, 충분한 시간을 제공하는 것은 필수적이다.

이 단계에서는 종종 경이로움을 느끼기도 한다. 치유, 평화, 속도가 느려지고 다시 회복되는 느낌이 분명히 존재한다. 이 비자발적 단계는 조작될 수 없다. 그것이 일어나게 만들 수도 없다(그것은 정말 무의식적인 일이다). 그러나 우리가 할 수 있는 것은 그런 과정이 펼쳐지고 있는 것을 인정하고, 시간을 두고 천천히, 모든 감각을 통해 이 치유의 과정을 인식해 가는 것이다. 이러한 평온한 신체 감각들로 인해 심상이 동반되거나, 소리를 내거나, 말을 하기도 한다. 그렇지만, 비자발적 운동 시스템 안에서 운동 충동 완결이 바로 편도체를 안정시켜 PTSD 증상들을 종식시키는 것은 바로 비자발적 운동계 안에서 좌절당했던 운동 충동을 완결하는 것이다.

활성화 주기 동안, 나는 다음의 가이드 드로잉 개입이 내담자의 경험을 구조화하는 데 도움이 된다는 것을 알게 되었다. 그려진 형태를 볼 때, 모든 그림이 신체 이미지를 거울에 비춰 본다고 생각할 수 있도록 큰 종이에 그려졌다는 점을 기억해야 한다. 치료사는 개입을 통해 형태들을 제시하는데, 이는 구조화된 해소 방법을 알려주기 위한 것이다. 이어서 소개하는 모든 작업들은 마치 무술훈련을 하듯이 연습할 수 있다. 이는 선을 그릴 때 끝부분에서 어떻게 힘을 조절할 것인지, 크레용을 쥐고 얼마나 힘을 주어 그릴 것인지를 미세하게 조정하는 것일 수도 있으며, 테니스 선수가 공을 칠 때 힘을 주어 소리를 내는 것과 유사하게 선을 그리며 소리를 낼 수도 있다. 때때로

[그림 9.10] 척추와 관련해 직립성이라는 맥락에서 **수직선은** 자아를 나타낸다. 거의 모든 압도적 상태와 트라우마 상태는 개인의 자아 감각과 당당하고 자신감 있게 서 있는 능력에 영향을 미친다. 따라서, 내담자의 좌절된 활성화 주기의 완결을 돕기 위해 개입하는 대부분의 형태들은 수직선이나 분출을 포함한 변형들이다. 수직선을 그리려면 자신의 에너지를 선택한 목표로 향하게 하는 의식적인 노력이 필요하다. "활을 놓듯이" 획의 끝에서 손을 떼는 것이 중요하다. 이 동작에는 자신의 능력에 대한 자신감과 신뢰가 필요하다. 버티는 것은 두려움과 자신감 부족과 관련이 있으므로, 크레용을 아래 방향으로 끌어내리면서 결과를 통제하거나 수직선의 끝 부분을 방출하지 않고 다시 아래로 이동시키는 움직임이 필요하다.

치료사가 흐름을 유지하기 위해, “잘하고 있어요”, “계속해보세요”, “예”, “맞아요”, “그렇군요…”와 같은 소리로 지원하는 것은 확실히 도움이 된다. 이러한 운동 충동의 표현이 한 차례씩 끝날 때마다, 이것이 신체에서 어떻게 공명하는지 확인하는 것이 중요하다. 운동 충동이 내부에 연결되어 감각 인식으로 이어지는 경우에만 변화가 일어난다.

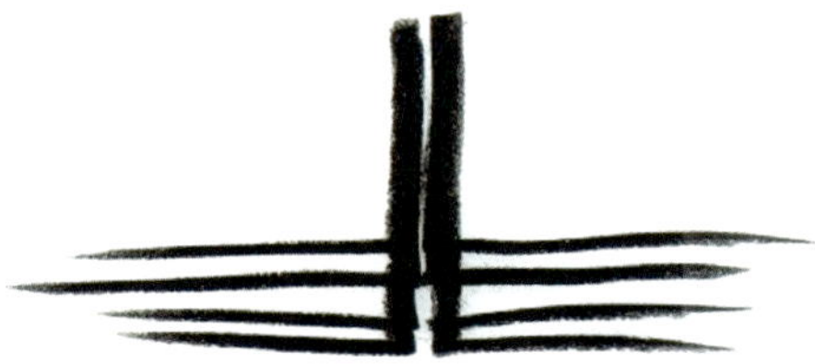

[그림 9.11] 수직선 그리기는 척추를 강화하고 스스로 일어설 수 있는 능력을 강화한다. 내담자가 분노에 쉽게 “흥분”하거나 “휩쓸리는” 경우에는 기저선을 추가하는 것이 도움이 된다. 기저선은 그라운딩이 충분히 되었다고 느껴질 때까지 왔다 갔다 하면서 그릴 수 있으며, 그런 다음 모서리를 만들며 수직의 위쪽 방향으로 해소할 수 있다. 아니면, 위 그림과 같이 양 측면으로 해소할 수도 있는데, 이 방법이 더 편하게 느껴지기도 한다. 두 번째 방법은 자기-공격성 해소에 도움이 되는데, 자해를 하는 내담자와 함께 악순환에서 벗어나 앞으로 나아갈 수 있는 충분한 자신감을 얻을 때까지 연습할 수 있다.

[그림 9.12] 긴장을 해소하기 위해 수평선을 사용하는 것은 공간을 비우는 것과 같다. 이는 사실 불필요한 것들을 치워내며 척추로부터 멀어지게 하는 것이다. 실제로 척추에 있는 이물질을 제거한다. 옆으로 밀어내는 것은 수직을 그리는 것보다 덜 어렵다. 이러한 운동 충동은 일반적으로 꽉 차고, 좁은 공간을 밀어내면서 해방감을 준다.

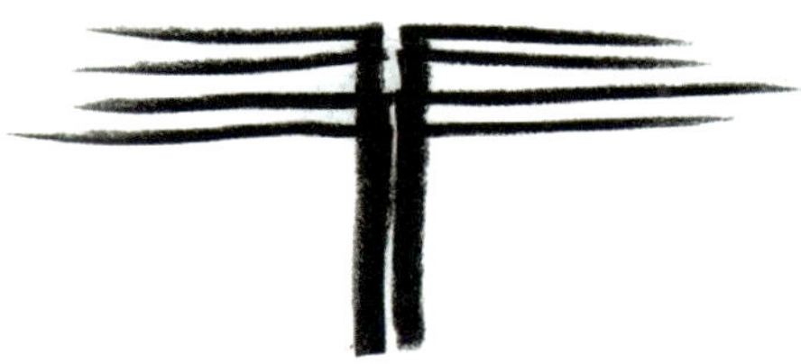

[그림 9.13] 수직의 선을 그리고 나서 긴장을 양쪽 옆으로 풀기 위해 모서리를 만들며 그리는 것은 내면의 갈등을 안정적으로 처리하는 방법이다. 내담자가 과도하게 활성화될 수 있는 긴장이나 분노를 터뜨리는 대신 실제로 날카로운 모서리를 그리는지 모니터링하는 것이 중요하다. 이러한 방법으로 척추 전체의 통증과 긴장을 완화시킬 수 있다.

[그림 9.14] 번개 모양은 안전한 방식으로 긴장을 풀어 주는 데 적합하다. 직선보다는 꺾인 모서리 부분에서 의사 결정이 이루어진다. 방향을 바꾸려면 의식적으로 노력해야 한다. 이것은 내담자가 자신의 분노에 과도하게 동일시되어 결국 분노에 휩쓸리지 않고, 자신의 분노를 보다 잘 통제할 수 있도록 도와준다. 이 모양은 분노 관리를 위한 첫 시도로 제공될 수 있다.

[그림 9.15] 직사각형은 자신의 경계를 적극적으로 복구하는데 가장 적합하다. 큰 직사각형은 각 모서리를 만드는 것에 초점을 두고 그려진다. 방향이 바뀔 때마다 "나의 공간!"을 보호하기 위한 결정이 내려진다. 내담자들이 이전에 침범당한 경계를 복구하기 위해 모든 모서리에서 "안 돼! 나가!"라고 말하도록 격려할 수 있다. 이 연습은 결단력과 사기 진작에 있어서, 원 그리기보다 훨씬 효과적이다.

다음의 두 가지 개입은 매우 활성화된 방법이지만, 동시에 자원이 풍부한 내담자가 좌절된 투쟁-도피 반응을 완결할 준비가 되었을 때 가장 유용한 방법이다. 크레용을 양손에 주먹을 쥐듯이 잡는다. 미취학 아동용 굵은 크레용이나 오일 파스텔을 한 뭉치 쥐어도 좋다. 파스텔은 세게 누르면 너무 쉽게 부서진다. 주먹을 쥐듯 크레용을 잡으면 손가락으로 크레용을 잡는 것보다 더 강한 힘을 느끼게 해준다. 두 가지 개입 방법 모두 Saint Andrew의 십자가라고 불리는 대각선 십자가에서 비롯된다. 양손은 번갈아서 종이를 가로질러 대각선 방향으로 도망치듯이 반복적으로 아래를 향하여 움직이거나, 주먹질하듯이 반복적으로 위쪽을 향해 번갈아 가며 움직인다. 여기서 중요한 것은 내담자가 편안하게 수직성을 유지한 채, 팔을 뻗어 가며 선들을 놓아주는 것이다. 가라테 선수나 테니스 선수처럼 소리를 내며 그 효과를 높이거나, 내담자의 필요에 따라 적절하게 "안 돼!" 또는 "꺼져"와 같이 분명하게 말하는 것이 도움이 될 수 있다.

내담자가 매 획의 끝부분에서 선들을 해소하듯이 놓아주지 못한다면, 자신이 권한을 소유할 능력이 있는지에 대한 확신과 믿음이 결핍된 것을 나타낸다. 그렇다면 그것은 종이를 가로지르는 움직임에 따라 누군가가 끌려가는 것처럼 보일 것이고, 그 과정에서 내담자는 척추의 수직성을 무너뜨리게 된다. 이러한 붕괴는 재트라우마가 될 수 있으며 권장되어서는 안 된다. 선들을 해소하듯이 그리지 못하는 것은 종종 감정들 그리고 무력감의 급격한 고조를 동반한다. 그러므로 이 형태에 동반되는 압도적인 관련 감정과 감각들을 비활성화하기 위해, 작고 짧은 선을 연습하는 것이 때로는 도움이 되는데, 나는 이것을 "자라나는 풀growing grass" 그리기라고 부른다. 선을 힘차게 그릴 필요는 없다. 중요한 것은, 다시는 압도당하지 않도록, 자신의 입장을 확고하게 유지하면서, 주도적인 방식으로 집중적으로 내면의 억눌린 긴장을 해소할 수 있어야 한다는 것이다. 억눌린 에너지를 방출하면서 수직성을 유지하는 것은 힘을 북돋아 준다.

위 또는 아래로 대각선 방향으로 번갈아 그리는 동안, 수직성을 유지하는 한, 내담자는 자연스럽게 척추를 중심으로 몸을 회전하게 된다. 내가 이제까지 알게 된 여러 바디워크 학계에서는, 척추는 정체성과 관련되어 있다고 본다. 아기가 기어 다니다가 걷게 될 때, 독립된 자아감각이 발달하고, 똑바로 서서 움직이는 것에 대한 자신감이 증가한다. 척추를 축으로 장난스럽게 회전하는 것은 걸음마를 하는 유아들에게 발달상의 이정표가 되는데, 그들은 춤을 추거나 회전하거나 의자에 앉아 왼쪽에서 오른쪽으로 몸을 흔들면서 척추를 느끼는 것을 좋아한다. 특히 정체성이 공격받고 있는 내담자에게는 척추의 감각느낌을 활성화하고 강화하는 것이 중요하다.

또한 트라우마를 다룰 때, 내부 장기와 뇌를 연결하는 미주신경에 주의를 기울이는 것이 중요하다. 미주신경은 척수 안에서 작동한다. 이 장의 앞부분에서 나는 그 기능에 대해 설명했다. 척추의 에너지 흐름을 조절하는 것은 미주신경을 조절하는 것과 같다. 미주신경은 비통함과 극한의 감정들을 전달하는데, 이로 인해 나타나는 증상들로는 숨가쁨, 심박수 증가, 목소리의 긴장 등이 있고, 우리가 안전해지면 안도하는 숨을 내쉬고 진정이 되며 다시 눈을 마주칠 수 있게 된다.

다음 드로잉 연습이 효과를 거두기 위해서는, 척추를 축으로 살짝 회전함으로써 척추의 움직임을 활성화하는 것과 척추의 수직성에 주의를 기울여야 한다. 이 회전은 양쪽으로 번갈아 가며 주먹질하는 동작이나 도망가기 위해 몸을 앞으로 내미는 동작을 통해 촉진된다. 개인은 싸우거나 도망쳐야 할 것이다. 따라서, 다음 연습은 내담자의 필요에 맞게 조정되어야 한다. 잘 모르겠다면, 양방향으로 모두 시도할 수 있는데, 거의 모든 내담자는 한 쪽 방향에만 공명을 일으킬 것이다.

투쟁과 주먹싸움

싸우려는 충동은 대개 성인의 반응이다. 이는 우리가 우리 힘에 대한 깊은 믿음을 가지고 있음을 의미한다. 이 개입에서는 두 주먹에 크레용을 가득 쥐고, 번갈아 주먹질을 한다. 이러한 운동 충동은 척추의 회전을 자극하기 위해 종이를 가로질러 대각선 방향으로 향한다. 이 행동이 내담자의 신변안전에 아무런 영향을 미치지 않는다는 것을 확신시키는 것이 중요하다. 많은 내담자들은 과거에 신체적 공격이나 정서적 위협에 노출되었으며, 폭력적인 남성의 자녀 또는 아내였던 이들은 어떤 종류의 저항이나 항의, 맞서는 행위가 치명적인 결과를 초래할 수 있다는 것을 알고 있었다. 그들은 안전하지 못했던 과거와는 다르게 지금은 안전하다는 차이를 진정으로 이해해야 한다. 이것이 명확하지 않다면, 내담자는 기꺼이 회기에서 공격성을 표현한 다음, 집에 돌아가서는 그들이 과거에 그랬듯, 자신의 행동이 야기한 끔찍한 결과가 올까 봐 밤새도록 초조하게 기다릴지도 모른다. 이제 자기주장을 했다는 이유로 그들이 벌 받을 일은 더 이상 없을 것이다.

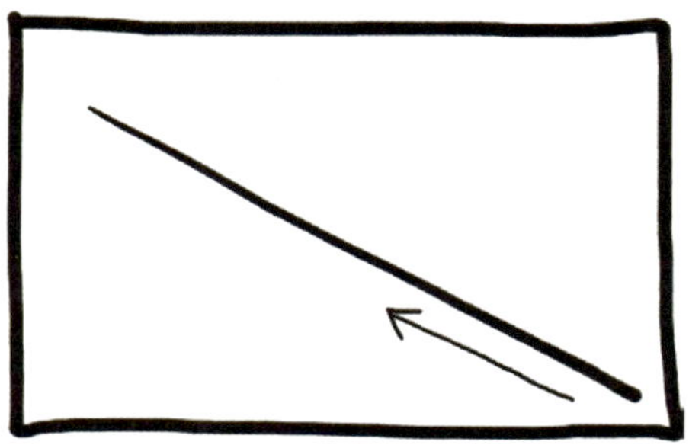

[그림 9.16] 오른손 그림

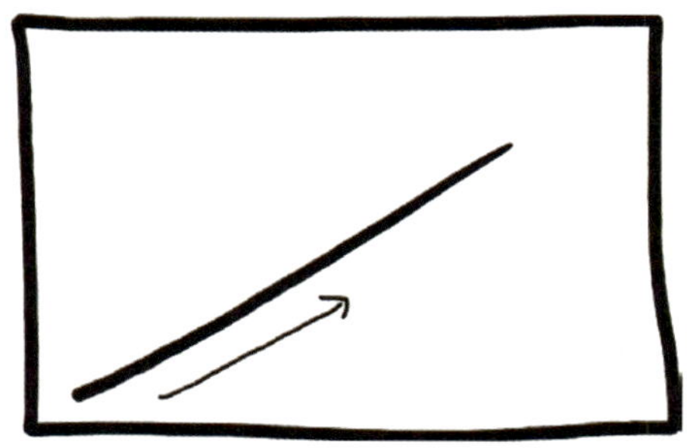

[그림 9.17] 왼손 그림

안전한 장소로 도망치기

이것은 도피 충동을 완결하는 데 굉장히 도움이 되는 역동적이고 활성화된 개입이다. 치워 없애고 싶은 것들을 뒤로 던져 버리듯이, 이제 선들을 아래 방향 바깥쪽으로 분출하듯 긋는다. 앞으로 나아가기 위해 폴대로 밀어내는 스키타는 이미지를 떠올릴 수도 있다. 그러나 내담자가 어디를 향해 도망치는지 알고 있는 것이 중요하다. 안전한 장소는 어디인가? 달리는 것만으로는 충분하지 않다. 마라톤 선수들이 수십 년간 계속해서 달리기만 하고 도착하지 않는 것과 같다. 내담자가 무언가로부터 *멀어지려고* 도망치는 한, 그들은 여전히 과거의 기억 속에 살게 된다. 이런 경우에는 편도체의 작동이 멈추지 않지만, 내담자가 정해진 피난처를 향해 도망치고 일단 그곳에 도착하면 (적극적인 상상력으로도 실행될 수 있다), 실제로 긴장을 풀고 숨을 내쉴 수 있다. 바로 이때 자율신경계는 위험이 끝났고, "나는 이제 안전하다"라고 인식하게 된다.

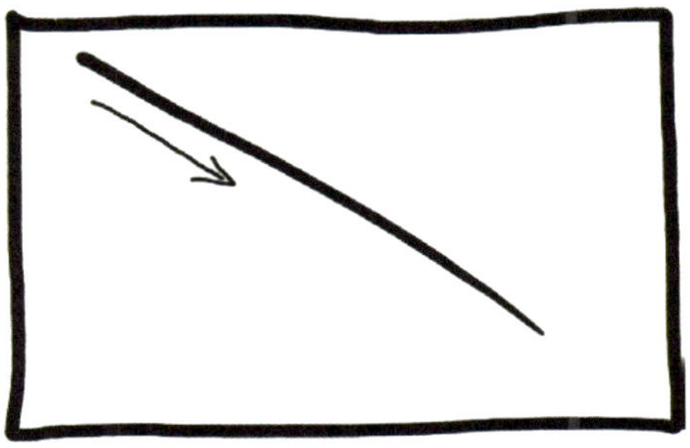

[그림 9.18] 오른손 그림

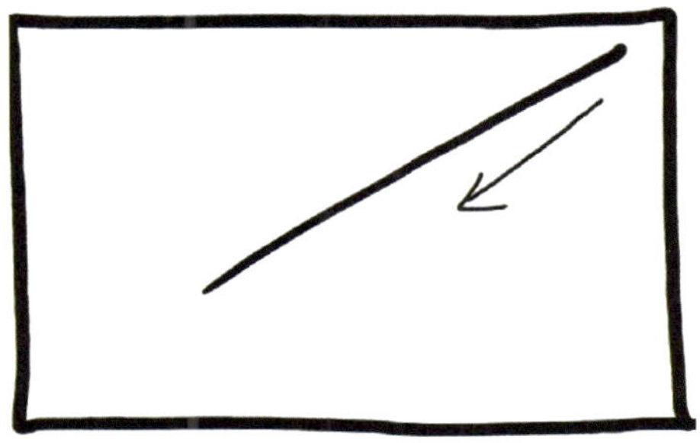

[그림 9.19] 왼손 그림

Van der Kolk는 비전통적이고 완전히 상이하다고 여겨지는 많은 기법들이 트라우마를 겪은 내담자들에게 어떻게 도움이 되었는지를 Porges의 다미주신경이론으로 설명하였다. 요가, 명상, 무술, 사교 댄스, 브라질 카포에이라가 모두 어떻게 비약리학적 치료 모델로 기능할 수 있었는지를 설명한다. 요가는 많은 여성들이 평온을 되찾는 것을 도왔고, 무술은 성폭행 피해자들에게 성공적인 자기방어 프로그램을 제공했으며, 사교 댄스 수업은 애착 트라우마를 가진 십 대들에게 서로의 거울 뉴런에 리듬을 맞추면서 파트너와 함께 무언가를 함으로써 사회적 참여 시스템의 규칙들을 가르쳤다. 게다가, 이러한 모든 신체중심 예술활동들은 에너지를 척추의 위쪽으로 흘려보내기 위해서 코어 근력과 수직성을 필요로 하고 그것들은 예술활동들을 통해 발전된다. 이 모든 것이 본질적으로 치유의 예술이다.

> (뇌와 많은 내부 장기를 연결하는) 미주신경섬유의 약 80%는 몸에서 뇌로 이동하는 구심성 신경섬유이다. 이것이 의미하는 것은, 호흡, 암송(chant), 움직임 등의 방식으로 우리가 각성 기관을 직접 훈련할 수 있다는 것으로, 이는 태곳적부터 중국과 인도와 같은 곳에서, 그리고 내가 아는 모든 종교 행사에서 사용되어왔지만, 주류 문화에

서는 “대안적인” 것으로 의심스럽게 받아들여지고 있다.[8]

가이드 드로잉에서 수직선을 그리거나, 수평으로 분출하는 모서리와 결합된 수직선, 종이에 주먹질이나 도망치기 동작들을 교차하여 번갈아 가며 그리는 방식은 각성 상태를 효과적으로 배출하는 데 도움이 된다. 또한 둥글고 부드럽게 흐르는 듯한 리듬감 있는 패턴들은 안전함과 자제력, 안정감을 제공한다. 감각 인식은 이 모든 운동 충동들이 지닌 치료적 유효함의 핵심이다. 이는 트라우마 회복에 있어 중요한 측면이다. 우리 몸에 필요한 것이 무엇인지 알지 못한다면, 우리는 그것을 돌볼 수도 없다. 내면의 감각 세계에서 순간순간 일어나는 변화에 주의를 기울이는 것이 중요하다. 핵심적인 유기체의 반응이 이 변화를 통해 전달된다. 감정의 상태들은, 몸속 화학물질, 내장기관, 그리고 얼굴, 목구멍, 몸통과 팔다리 근육 수축에 각인되어 있다.

내면의 마사지 치료사의 능력을 일깨워서 불편함과 고통에 변화를 가져오는 것도 도움이 될 수 있다. 이를 통해 내담자들은 분노, 두려움 또는 불안에 대한 내성을 적정화할 수 있다. 그들은 스트레스를 주는 감각들에 가까이 다가가야 할 수도 있지만, 스트레스 요인을 방출하고 변화를 가져올 수 있는 도구도 가지게 된다.

감각 인식을 통해 우리는 신체와 친구가 되는 법을 배운다. 우리는 내면의 감각들과 경험들을 용인하는 법을 배울 수 있다. 우리는 두려움이나 긴장감을 가지고 조용히 앉아 그것의 움직임을 관찰할 수 있다. 이러한 인식에서 새로운 행동 패턴이 생겨난다. 일단 우리가 두려움보다는 호기심으로 우리 몸에 접근하기 시작하면, 모든 것이 바뀔 수 있다.

10장 상향식 언어

하향식top down 접근 방식은 주로 이미지와 언어 기반에서 작동하기 때문에 미술치료사들은 우리에게 잘 알려진 상담 전략들을 능숙하게 사용할 수 있다. 여기에는 인간중심 기법, 내담자의 삶에 접근하기 위한 질문, 상징을 다루는 융학파의 심층심리학이 포함되어 있다. 치료사는 미술작품을 보면서 적극적으로 상상을 하도록 한다. 게슈탈트 치료는 각각의 이미지들을 보면서 이미지와 자신을 동일시하는 "나는 … 이다" 기법을 활용하여 탐색하도록 하는 는 유용한 패러다임을 제공한다. 예를 들어 자연경관을 보며 "나는 하늘이다. 나는 파랗고 광활하며 우주와 연결되어 있다" 또는 "나는 울타리다. 나는 경계를 만든다. 나는 철조망으로 만들어졌다. 나는 가시로 뒤덮여 있다. 나는 누군가를 안에 가두고 다른 사람들을 막을 수 있다"와 같이 말하는 것이다.

위와 같은 상담 기법은 상향식bottom-up 접근 방식에서는 그다지 효과적이지 않다. 상향식 접근 방식에서는 내담자가 자신의 신체를 신뢰하고 가능한 한 머릿속 생각에서 벗어나도록 돕는 것이 중요하다. 특히 우리가 몸에 집중하기 시작하면 마음은 판단하고 설명하려는 경향이 있다. 명상을 해 본 사람이라면 가만히 있으려고 노력하는 순간부터 "몽키 마인드monkey mind"[14]가 어떻게 혼란을 일으키려 하는지 알 것이다. 마음은 이리저리 뛰어다니고, 끊임없이 말을 걸어오며, 모든 것을 통제하려 들 것이다. 자기 가치와 자존감이 낮은 내담자에게 마음이 걸어오는 수다의 내용은 친절한 경우가 거의 없다. 그들은 자신에게 능력이나 재능이 부족하고 무능력하여 특정한 일을 해내지 못할 것이라고 말하며 스스로를 판단한다. 이는 신체 내부에 이라는 감정이 갇혀있는 경우 더욱 심해지기 때문에, 내담자들에게 신체는 탐색하기에 안전한 장소가 될 수 없다.

수년에 걸쳐 우리는 감각운동 처리과정을 돕는 언어적 개입방법을 개발했고, 그것은 실제로 효과가 있었다. 아래의 표는 내가 "몰입flow, 어떻게how, 무엇을what"이라고 가볍게 이름 붙여 본, 세 가지 핵심단계를 설명한다.

단계	치료사의 언어적 개입	생리학적 반응	자동차에 비유
몰입	운동 충동: "네", "좋아요", "계속하세요", "음", "네!" 지지적인 음성적 반응	• 복부 • 전반적인 신체 • 핵심 정서	• 가속 페달 • 속도 조절과 움직임 지원
어떻게	감각 인식: "어떻게 느껴지나요?", "당신의 몸에서 어떻게 공명하는지 궁금하네요"	• 심장 • 흉부 • 감각느낌 • 감정/정서	• 기어 • 인식과 강조점의 전환 • 튜닝(미세한 조정)
무엇을	지적 통합: "떠오르는 이미지가 있나요?", "무엇을 하고 있나요? 당신에게 어떤 의미인가요?"	• 머리 • 반영 • 인지 • 의미	• 브레이크 • 움직임과 맹목적인 행동화 중지

나는 언어적 개입의 전반적인 과정을 자동차 운전에 비유하곤 한다. 차를 작동시키기 위해서는 가속 페달을 밟아야 한다. 그리고 이 상태에서 기어를 바꿔 속도를 조절할 수 있다. 앞에 위험한 상황이 있거나 속도가 너무 빨라 운행을 멈춰야 할 때는 발을 브레이크 페달로 옮겨 이 과정을 멈추게 할 수도 있다.

---

14) 원숭이처럼 날뛰는 불안의 상태를 나타내는 말로, 불교의 '심원의마'에서 비롯되었음(역자 주).

몰입

몽키 마인드로부터 벗어나려면 운동 충동과 리듬감 있는 반복적인 움직임을 경험하는 것이 필요하다. 치료사는 리듬과 반복을 지지하는 언어적 개입을 통해 이 과정을 도와야 한다. 많은 내담자가 미술치료는 무언가를 그리고 만드는 것이라고 생각하기에 눈을 감고 양손을 사용하여 그림을 그리도록 요청하는 것부터가 이미 난관이다. 내담자는 이러한 개입 자체를 이미 불편하게 느끼기 때문에 이전 회기들을 통해 신뢰가 형성되었다 해도 같은 행동을 두세 번 이상 반복하라는 개입에 응하려 하지않을 것이며, 이내 감았던 눈을 곧 떠 버릴 것이다. 이때 치료사가 질문을 하거나 이유를 묻는다면 내담자의 머릿속에 맴돌게 되면서 이 과정이 멈추게 될 것이므로 대신, "네", "훌륭해요", "계속하세요"와 같은 말로 응원을 하면서 같은 형태를 반복해서 그릴 수 있도록 격려할 수 있다. 때로는 "음… 네네"와 같이 간단한 추임새만으로도 충분하다. 이러한 추임새는 내담자에게 자신의 모습이 우스꽝스럽지 않으며 요청사항을 제대로 해내고 있다는 확신을 준다. "잘하네요Good"와 같이 평가하는 언어는 피하는 것이 좋다. 평가적 언어를 사용할 경우 내담자가 자신이 '못하는 것'도 있다고 생각할 수 있기 때문이다.

또는 심리 교육적인 차원에서, 리듬감 있게 반복적으로 움직이는 것은 몸 안의 더 깊은 층layer들을 느끼기 위한 것이며, 잠시라도 머리에서 벗어나는 것이 얼마나 중요한지에 대해 내담자에게 설명할 수 있다.

충격과 트라우마는 자율신경계에 저장되는데, 우리가 뇌간의 이 부분에 접근할 수 있는 유일한 방법은 비자발적 운동신경계involuntary motor division를 통해서이다. Perry는 각성 상태, 충동성, 혼란으로 인해 뇌간이 제 기능을 하지 못하는 조직에 대한 통제를 높이기 위하여 드럼 연주, 움직임, (호흡 패턴을 조절하기 위한) 요가, (안전하고 리듬감 있는 손길을 경험하기 위한) 마사지와 같은 정형화되고 반복적인 신체 감각적 활동들을 권장한다.[1] 우리는 리듬감 있는 운동 패턴에 자신을 맡겨야만 초기 몇 개월에 걸쳐 발달된 삶에 대한 원초적 신뢰와 연결될 수 있으며, 이러한 신뢰는 항상 비언어적이며 신체에 기반한다. 인지적 처리과정을 통해 상황을 이해할 수는 있지만 신체의 생리적 반응을 없앨 수는 없다. 운동 충동과 접촉하여 자신에 대한 신뢰를 얻을 수 있도록 내담자를 지원하면 이후에 내담자는 스스로를 믿고 치유 반응을 찾아갈 수 있다.

이는 아이들과 가이드 드로잉 작업을 어떻게 하는지를 알면 쉽게 이해할 수 있다. 아이들은 형형색색의 리본을 묶은 막대기를 양손에 하나씩 들고, 자신의 마음에 드는 동작을 찾을 때까지 휘젓거나 움직이거나 춤을 춘다. 그러고 나서 아이들은 양손에 크레용을 쥐고 자신이 찾은 마음에 드는 동작을 그린다. 어른들은 리듬감 있는 반복적인 움직임을 종이 위에 그려가면서 이러한 움직임을 찾아야 하는데, 움직임을 더욱 분명하게 구별할 수 있는 감각들이 생겨날 때까지는 그 움직임은 무의식적일 수 있다. 내가 작은 소리로 "훌륭해요", "그래요, 계속하세요"와 같은 추임새를 넣는 동안, 나는 내담자가 적절한 리듬으로 그리고 있는지 확인하기 위하여 나의 거울 뉴런 시스템을 살펴볼 것이다. 만약 내담자가 너무 빠르게 그릴 경우, 나는 혼란스러움을 느낄 것이며, 만약 너무 느리게 그린다면 지루함을 느껴 졸리고 그 순간에 집중하기 어려울 것이다. "적절한" 리듬은 내담자가 집중하고 있다는 것을 뜻하며 동시에 나 또한 집중하고 있다는 것을 의미한다. 리듬을 미세하게 조절하기 위한 개입은 도움이 된다. 내담자가 세세한 모든 움직임을 과하게 통제하고 있다고 느껴지면 나는 내담자에게 "자신이 빠르다고 생각하는 것보다 더 빠르게" 그려보라고 개입하고 빨라진 움직임을 약간의 추임새를 통해 지원할 수 있다. "(그리는) 속도가 어떻게 느껴지나요?"와 같은 "어떻게" 질문은 내담자가 강렬한 행위 경향성으로 인해 너무 압도되고 감각을 억제하지 않고 실제로 무언가를 느낄 수 있을 때까지 속도를 늦추도록 해준다.

만약 내담자가 감각운동의 미로에서 길을 잃거나, 압도되거나, 맹목적으로 행동하기 시작한다면 치료사는 브레이크를 사용하여 내담자를 현재로 불러올 수 있다. 이러한 경우에 "무엇을" 질문이 사용된다. 치료사는 심지어 내담자의 이름을 부르며, "피터Peter, 지금 무엇을 하고 있나요?"와 같이 말할 수 있다. 이는 내담자가 동작을 멈추고 눈을 떠 성찰을 할 수 있도록 유도하기 위해서이다. 이처럼 "무엇을"이라는 질문은 몰입flow을 멈추고 인지 작용을 불러온다.

이는 마치 섬세하게 추는 춤과도 같다. 내가 어설프게 만들긴 했지만 "어떻게"라는 질문도 섬세하게 사용하지 못하면 몰입을 방해할 수 있는데, 생각에 사로잡혀 있거나 통제가 심한 일부 내담자들은 감각운동 충동에 굴복당하지 않기 위해 이런 기회들을 노린다. 과경계상태의 내담자나 내부감각수용기를 두려워하는 무감각한shut down 상태의 내담자들도 마찬가지이다. 치료사는 내담자가 자신의 신체를 신뢰할 수 있도록 돕기 위해 그들을 과도하게 자극하지 않으며 몰입flow 단계로 편안하게 들어갈 수 있게 신중하게 진행하는 동시에 자신의 내부 감각에 안착할 수 있도록 도와야 한다. "어떻게"라는 질문이 너무 빠르게 사용되면 너무 많은 신체 감각들을 불러일으킬 수 있다. 부드럽고 리듬감 있는 운동 패턴을 통해 신뢰를 구축하는 동시에 내담자가 훌륭하게 해내고 있으며 "더 많은 것을 하거나 달성할 필요가 없다는 것"을 확인시켜 주는데 대부분의 시간을 몰입 단계에 사용하게 되는 것은 자연스러운 일이다.

내담자가 양손으로 운동 충동을 그리고 있는 동안 치료사는 이를 가만히 지켜보거나 이따금 "네, 음, 훌륭해요"와 같은 추임새만을 넣는 비언어적인 개입으로, 내담자의 흐름을 방해하지 않는 것이 좋다. 나는 여러 번 내담자를 따라 몸이 움직이는 것을 느꼈다. 내담자는 눈을 감고 있더라도 거울 뉴런시스템을 통해 이러한 나의 움직임을 지지적인 것으로 받아들인다. 마찬가지로 치료사는 심호흡을 통해 내담자의 활성화를 하향 조절할 수 있다. 이내 곧 내담자도 치료사를 따라 심호흡을 할 것이다.

트라우마를 겪은 내담자들이 몰입 단계 동안 고통과 긴장을 마사지하여 자신의 생리적 경험을 적정화함으로써 능동적인 상태를 유지할 수 있다. 또한 그들은 각성 상태를 조절할 수 있는 방법을 배운다. 기본적으로 몰입 단계의 목표는 리듬감 있는 반복적인 움직임을 통해 자율신경계의 교감신경과 부교감신경이 활성화되는 것을 견뎌내는 능력을 키우는 것이다. 예를 들어, 리듬과 특정 형태를 그리는 것 모두를 사용하여 과각성과 저각성 상태를 인내의 창window of tolerance으로 되돌릴 수 있다. 몰입 단계에서는 신체에 대한 신뢰를 재구축한다.

> 신체 감각과 움직임에만 집중함으로써, 감정과 생각으로부터 구별되는 경험을 한다. 내담자는 혼란스러운 신체 인식과 감각을 다루는 효과적인 도구를 얻게 된다. 즉, 트라우마와 관련된 감정과 인지 왜곡으로부터 감각과 움직임을 분리하는 법을 배우는 것이다.[2]

이런 식으로 양손을 사용하여 그릇 모양처럼 양쪽으로 왔다 갔다 하는 움직임이나 화살을 쏘는 듯한 움직임을 통해 그리면서 내담자들은 자기 속에 있는 "좋은" 면들을 찾을 수 있다. 그들은 신뢰라는 섬을 만들고 그곳에서 성장할 수 있다.

어떻게

"어떻게" 단계는 다음의 두 가지 핵심 기능을 가지고 있다.

- 감각 인식sensory awareness 향상
- 신체 지각 촉진

감각 *인식은*Sensory awareness 수동적 수용인 반면, 감각 *지각*Sensory perception은 신체 내에서 일어나는 일들을 구별하고, 방향성을 찾아 이를 기반으로 판단을 내리는데, 예컨대 변화를 일으키기 위해 의도적으로 자발적인 운동 충동을 사용한다.

감각 인식은 감각느낌felt sense이다. 이는 처음에는 명확하게 드러나지 않을 수 있으며, 종이에 여러 겹으로 표현되거나 심지어, 무질서한 움직임으로 만들어진 패턴으로 나타날 것이다. 예를 들어 "어떻게 느껴지는지 궁금하네요?"라는 질문에 내담자는 그냥 "좋아요"라고 답하기도 하고, 몰입 상태에 깊이 빠져 있을 때는 종종 말로 표현하지 못하는 경우도 있다. 내담자가 '좋은' 느낌을 받고 있다면, 운동 충동을 계속 이어갈 수 있도록 지원하는 것이 현명할 수 있다. 또한, 작업이 끝나 종이를 새로운 것으로 교체하면서 치료사는 "이러한 움직임은 몸에서 어떻게 느껴지나요?"와 같은 질문을 통해 내담자의 상태를 재확인할 수 있다. 비언어적인 몰입 단계에서 이제 내담자는 어린아이처럼 배나 가슴을 문지르며 아무 말도 하지 않을 수 있는데, 이는 자신과 깊은 접촉을 했다는 긍정적인 지표이다. 위와 같은 질문을 받는 것만으로도 신경계의 감각 인식은 활성화될 것이며, 내담자가 대답하지 않더라도 치료사는 그들에게 언어적 반응을 요구해서는 안 된다. 내담자가 패닉 상태에 빠져 더 이상 아무것도 듣지 못하게 되면 치료사는 분명한 지시를 내리고, 눈을 뜨게 하고, 브레이크를 사용하도록 도와야 하며, 치료실에서의 정향감각과 사회적 참여와 같은 여러 자원을 통해 활성화를 하향 조절해야 한다. '어떻게'라는 질문은 활성화를 감소시키는 데는 필요할 수 있지만, 내적 연결을 위한 몰입에 방해가 될 수 있으므로 내담자가 움직임을 그리는 동안에는 질문을 피해야 한다.

회기가 진행되면서 점점 더 움직임을 그리는데 몰입하게 되고, 치료사는 내담자가 충동이 끝났다고 느껴질 때마다 종이를 바꿔주면서 감각 인식을 증가시킬 수 있도록 이끌어준다. 내담자는 초기에 그냥 좋다고 했던 감각으로부터 점점 나아가 팔의 '따끔거림' 또는 명치solar plexus 부위의 '긴장'과 같은 더 차별화된 감각으로 발전해간다. 이는 감각적 특성이 나타나는 것이다. 내담자는 그림으로 그려지는 특정한 움직임이 몸을 이완시키고 긴장을 풀어주어 이전과 다른 느낌을 갖게 한다는 것과 스스로를 진정시키기 위해 흔드는 동작을 사용할 수 있다는 것을 인식하게 된다. 그리고 치료사는 "지금은 어떻게 느껴지나요?"와 같은 질문과 '반복되는 특정 형태가 마음에 든다면 계속해서 그리도록' 하는 개입을 통해 내담자가 인식할 수 있도록 지지할 수 있다.

신체 지각은 수동적인 감각 인식보다 더 능동적인 반응을 불러일으킨다. 가이드 드로잉의 원형적 형태를 적용함으로써 신체 지각을 적극적으로 향상시킬 수 있다. 치료사는 몸을 반듯하게 세운 상태를 유지한 채 선을 그리되 선의 끝부분까지 같은 힘을 주면서 그리지 않고 선의 끝으로 갈수록 편안하게 놓아주듯이 그릴 수 있다는 것을 내담자에게 시연해줄 수 있다. 무질서한 움직임들은 가이드 드로잉의 형태들을 통해서 구조화되고 명확하게 의도를 가지고 진행될 수 있도록 해준다. 이제 내담자는 내부에서 감각적 정향능력sensory orientation을 얻는다. 예를 들어, 자신의 척추를 식별하고 그 견고함을 분명히 느낄 수 있지만, 지각이 향상될수록 막힌 느낌을 받을 수 있다. 내담자는 이 감각 지각을 기반으로, 그들의 감각 인식이 "더 나은" 느낌을 받고 있음을 알아차릴 때까지 제시된 가이드 드로잉의 형태를 변형시켜가며, 방출하거나 담아내는 움직임으로 그릴 수 있다.

특정 형태를 그리도록 제안하는 개입은 종종 흩어진 감각느낌을 선명하게 한다. 감각 인식이 "이 부분이 아프다"라고 알리면 감각 지각은 통증을 유발하는 수축이나 긴장의 동작을 구별해 낼 수 있다. 이러한 지각을 바탕으로 내담자는 통증을 완화하기 위해 의도적으로 동작을 그릴 수 있다. 또한, 지각은 이와 동반된 감정을 같은 방식으로 다룰 수 있는데, 그 흐름을 유도하여 감정을 발산, 수용, 진정시킬 수 있다. "몰입" 단계와 "어떻게" 단계 사이의 춤은 회기 동안 계속된다. 치료사는 "네, 네"와 같은 소리로 내담자의 근육운동을 지원하고, 그런 다음 그것이 어떻게 느껴지는지 질문하며 그 느낌을 확인한다. 내담자가 더 신뢰를 가지고, 편안해지고, 능숙해지면, 치료사는 언어로 몰입을 지지하는 것에서 물러나도 좋다. 이는 초보자에게는 필요하지만, 경험이 있는 내담자에게는 성가시게 느껴질 수 있다.

일단 능동적인 반응이 그려지면 "화를 표출하고 나니 지금은 뱃속이 어떻게 느껴지나요?"와 같은 질문을 통해 인식을 다시 미세하게 조절하는 것이 중요하다. 신경계가 안정되고 진정되기 시작하면 지각을 통해 훨씬 더 명확해진 감각 인식으로 다시 전환하는 것이 필요하다. 치유 반응은 자율신경계와 연결된 비자발적 운동 영역에서 발생한다는 것을 이해해야 한다. 이러한 반응은 몰입 단계가 안정화되고, 리듬감이 생기고, 현재에 존재하며 더 이상 과거에서 비롯되는 두려움에 의해 방해받지 않을 때만 발생할 수 있다. 많은 내담자는 이 시점에서 자신의 신체가 진동, 떨림, 따끔거림, 따뜻함이나 빛이 퍼져나가는 것과 같이 미묘하게 비자발적으로 반응한다는 것을 느낀다. 이러한 비자발적 충동은 가이드 드로잉으로 그려진 형태들을 통해 만들어진 경로를 주로 사용하지만, 동일한 것은 아니다. 이는 조작될 수 있는 의도적 반응이 아니며, 그 속에서 일어나는 진정한 비자발적인 충동들은 감각적인 경이로움으로 지각되기 때문에, 많은 내담자들은 영적인 체험을 했다고 이야기한다.

무엇을

인지적 통합은 회기가 끝날 무렵 일어나지만, 때로 그림을 그리는 중간에도 가능하다. 몰입, 어떻게, 무엇을 세 단계 모두 회기 동안 유기적으로 이루어지지만, 인지적 처리 과정은 회기가 마무리되어 가면서 강조될 수 있다. 경험이 있는 내담자는 치료사와 언어적인 대화를 나눈 후, 자신의 그림에 단어들을 적고 다시 몰입 단계로 쉽게 돌아갈 수 있지만 대다수는 그렇지 못하며, 몰입 상태로 돌아가는데 회기 대부분의 시간을 사용한다. 그럼에도 회기가 끝날 무렵에 감각운동 경험을 통합하기 위한 시간을 충분히 가져야 한다. 그렇게 하지 않는다면, 마치 주의를 기울이지 않으면 잊혀지는 꿈처럼 금방 사라질 수 있다. 새로운 감각느낌은 때로 기존의 느낌과 근본부터가 달라 의식적으로 적응하는 데 시간이 필요하다. 내담자는 새로운 느낌을 낯설고 이상한 것으로 받아들일 수 있으며, 일부 내담자들은 이해할 수 없는 방식으로 그들의 내부로부터 재구성된 정체성으로 인해 처음에는 예전의 익숙한 감각느낌으로 돌아가고 싶어 한다. 우선, 그들에게는 이 새로운 자기new self와 관련된 패러다임이 없다. 예를 들어, 수십 년을 희생자로 살아온 이에게 이 새로운 감각느낌은 정체성의 완전한 변화를 요구한다. 그들의 암묵 기억은 자신도 모르는 내면 누군가의 존재를 보여 준다. 학대 경험이 있는 한 여성 내담자는 그리기 과정이 끝난 후 자신이 "강해지고 유능해진" 것 같은 느낌을 받았다. 이는 실제로 그녀가 알지 못하는 자기였고, 이 새로운 자기의식에 익숙해지는 데 시간이 걸렸다. 트라우마를 경험한 많은 내담자들은 이제는 쓸모없어진, 여러 겹의 방어층과 행동 패턴에 갇혀있어, 이러한 "강력하고 유능한" 자아의 측면에 적응하려면 때로는 몇 년의 시간이 걸리기도 한다. 이는 내담자의 인간관계, 행동 패턴, 관심사, 일에 영향을 줄 것이고, 그들의 삶의 모든 측면에 변화가 일어날 것이다. 내담자들은 압박감을 느끼며 과거의 패러다임으로 돌아가려는 경향을 보이겠지만 점차 새로운 정체성을 구축할 수 있을 것이다.

> 트라우마 이후 더 현실적이거나 긍정적인 의미를 구성할 수 있는 개인은 왜곡되고 부정적인 해석을 유지하는 사람들보다 트라우마의 영향으로부터 더 성공적으로 벗어날 수 있다.[3]

이 단계에서 내담자의 생애에 경험했던 사건과 감각운동 드로잉을 연관 지어 볼 필요가 있다. 그림은 일어난 일을 기록한다. 고통과 상처를 보여 주고 회복되는 것도 보여 준다. 내담자는 이러한 비언어적 이야기에서 나타난 구체화 된 타임라인을 인식할 수 있다. 그들은 그림 아랫부분에 간단한 문장이나 단어를 적기도 하는데, 대부분 긍정적인 내용들이다. 이러한 상향식 접근 방식으로 인해 내담자는 종종 악몽과 같은 정체불명의 혼란스러운 감각운동의 지하세계를 탐험하고 나서야 갈 수 있게 되거나 인지적 이해에 "도착"하게 된다. 이는 보통 과거에 자신을 무력화시키고 압도한 사건에 대한 적극적인 대응을 발견하는 것과 관련이 있다. 인지 기능이라는 지상으로 다시 돌아오면 변화가 생겼다는 것을 인정하는 것이 중요하다. 내담자는 이전과는 다른 느낌을 받을 것이다. 때때로 이 새로운 자기는 깊은 상징적 의미를 지닌 심상 이미지로 나타나기도 하지만, 대부분은 뚜렷한 "새로운 느낌"으로 나타날 것이다. 변화를 의식적으로 인정하기 위해서는 시간과 더불어 치료사의 적극적인 지원이 필요할 수 있다.

가이드 드로잉에서는 회기의 전반부에 어떤 일이 일어났는지에 대해 집중하지 않고 내담자의 정신 구조에 체화된 트라우마를 조명하지 않는다. 회기의 끝으로 갈수록 치유와 부여된 권한에 대해서 이야기하는 것에 시간을 더욱 할애할 것이다. 치료사와 내담자는 그린 그림을 다시 살펴보고 상처나 아픔이 어디에 표현되었는지, 적극적인 대응이 어떻게 가시적인 변화를 일으켰는지 그리고 이것이 과거 사건을 어떻게 변화시켰는지 이야기해 볼 수 있다. 내담자들은 그들의 마지막 그림에 간단한 문구를 적는데, 이는 깊은 내면의 지혜에서 나온 치유를 위한 긍정의 말처럼 들린다.

Van der Kolk는 치료사의 역할은 트라우마의 해석이 아닌 자기인식과 자기조절을 돕는 데 있다고 주장한다.[4] 감각운동 미술치료는 잠재된 감각과 행위 경향성을 감지하도록 해준다. 여기에 집중할 때, 비로소 내담자는 세상을 향해 나아가는 새로운 방법을 발견할 수 있다.

11장 표현치료연속체[ETC]와 가이드 드로잉

Vija Lusebrink가 개발하고 Lisa Hinz가 발전시킨 표현치료연속체expressive therapies continuum를 통하여 가이드 드로잉의 상향식 접근 방식을 더 깊이 있게 부연해서 설명할 수 있다. 미술치료 선구자 중의 한 명인 Lusebrink는 특정 미술치료 활동들이 뇌의 서로 다른 영역을 어떻게 자극하는지 탐구하였으며, 신경학적 경로를 깨우고 구조화를 목표로 하는 창조적 활동을 통해 내담자를 돕는 방법을 연구하였다.[1] Lusebrink는 시각적 표현, 정보처리과정, 통합에 관여하는 필수적인 단계를 세 가지 수준으로 구분하였다. 이는 가이드 드로잉의 상향식 접근 방식을 이해하는 데 도움이 될 것이다.

동적-감각적 수준kinesthetic-sensory level은 크레용으로 그리는 난화 뿐만 아니라 점토 두드리기, 음악에 맞춰 그림 그리기, 물감 섞기, 나무나 부드러운 돌 조각하기 등과 같은 단순한 운동 표현을 말한다. 여기에 드럼 연주나 춤을 포함시키기도 한다. 핑거페인팅, 면도 크림으로 그림 그리기, 젖은 점토 주무르기, 눈을 감고 물체를 탐색하기 같은 활동은 감각적 경험을 하도록 해준다. 음악을 틀거나 아로마와 에센셜 오일을 추가하여 복합적인 감각과 개인적인 기억을 자극할 수 있다. 이러한 미술 활동은 Piaget의 유아기 발달단계 이론의 인지발달 단계에서의 감각 운동기와 연관되어 있으며 반복적인 동작과 감각적 자극을 통해 학습을 돕는다.[2] 동시 감각 피드백concurrent sensory feedback을 동반한 이러한 역동성 있는 동적 표현은 주로 뇌의 운동 및 감각 피질에 영향을 미친다.

Lusebrink는 동적 활동kinesthetic activity이 강조될 경우 표현을 할 때 감각적 구성요소에 대한 인식이 감소할 것이라 주장한다. 반대로 감각적 구성요소에 대한 강조는 동적 행동kinesthetic action을 감소시키고 느려지게 한다. 감각 인식이나 운동 충동 중 하나에 초점을 두는 것은 가능하지만, 동시에 초점을 둘 수는 없다.[3]

가이드 드로잉에서 치료사는 "몰입" 및 "어떻게" 단계에 기반한 개입을 통해 이 감각운동 수준을 언어적으로 지원할 수 있다. 몰입을 돕기 위한 개입은, 리듬감 있는 움직임을 지원하는 것이며, 동적 운동 표현kinesthetic motor expression을 활성화시킨다. "어떻게" 질문은 감각 경험에 집중하여 인식을 높이고 운동 충동을 완화시킨다.

동적-감각적 수준의 활동들은 뇌간을 이루는 여러 복합적 신경망에 접근하도록 돕는다. Perry는 자신의 신경순차 치료모델neuro-sequential model of therapeutics[15)]에서 이러한 신경전달물질 시스템, 즉 신경망과 그 기능이 손상되면 모든 상위 뇌 시스템에서 단계적인 기능 장애가 발생하여 두뇌의 발달을 방해할 것이라고 설명한다.[4] 복합 트라우마로 인한 스트레스나 발달상의 문제에 대한 반응이 더 잘 조절될 때까지는 감각운동을 기반으로 치료가 이루어져야 하며, 그래야만 순차적으로 상위 뇌로 이동하는 치료 개입을 할 수 있다.

지각적-정서적 수준perceptual-affective level은 형태와 형태의 식별, 그리고 정서 표현에 중점을 둔다. Lusebrink와 Hinz는 이 수준을 사회적 참여 체계인 VVC와 관련이 있다고 했으며, Perry의 주장에 의하면, 이것이 관계 형성과 관련이 있는 변연계를 다룰 것이다.[5] Perry가 학대와 트라우마를 경험한 아동을 치료할 때, 신뢰할 수 있는 또래, 교사, 보호자와의 양육을 위한 상호작용 수립에 중점을 두는 것처럼, 가이드 드로잉에서는 관계 특성을 우리 신체 내부에서 발견하는 것에 중점을 둔다. 사회정서적인 집단 양식으로 우리의 정체성이 형성되었다는 것을 안다면, 우리의 안전감, 사랑, 소속감뿐만 아니라, 폭력, 고통, 슬픔, 고립을 어떻게 배웠는지도 이해될 것이다. 우리는 내재된 자아감과 깊게 연관된 내적 구조와 감정의 패턴을 감지할 수 있다.

---

15) 뇌의 각 층의 순차적 발달 정도에 따라 행동을 조절할 수 있는 능력에 차이가 있다(역자 주).

이 수준에서는 형태를 그리고, 식별하는 것이 가능해진다. 이러한 형태에는 특정 영역을 표시하는 경계와 색이 있다. 형태들끼리 서로 관련이 있으며 공간 안이나 배경 속에서 지각이 된다. 이 수준의 활동으로는 말없이 그림으로 소통하기, 현실 세계에 있는 외부 대상 그리기, 자화상과 가족 그리기 등이 있다. 색과 음영은 형태의 정서적 변화를 표현하기 위해 사용된다. 이 작업은 특정 기분이나 마음 상태를 반영하는 음악을 들으며 그리기, 정서를 표현한 얼굴 콜라주 작업, 특히 분노, 슬픔, 두려움, 행복과 같은 느낌에 관한 신체지도 작업 등을 통해서 증진된다. 정신병리학적 징후는, 통합되지 않은 형태, 불완전한 형태, 또는 세부 사항을 과도하게 강조하거나 부족하게 표현된 형태로 나타날 수 있다. 이 경우 정서적 측면은 종종 색의 무분별한 혼합, 충동적이고 부적절한 색의 사용, 형상과 배경의 구분이 안 되는 것으로 나타나기도 한다.

가이드 드로잉에서 지각적-정서적 수준은 골격 구조와 근육이나 장기의 뚜렷한 움직임, 호흡과 같은 신체 내부 구조를 인식하고 구별하는 능력으로 나타난다. 이러한 감각느낌에 대한 명확한 인식을 통해 내담자는 움직임을 일으키는 감정을 식별할 수 있으며 이를 명확하게 표현할 수 있게 된다. 앞에 소개한 동적-감각적 수준의 그림은 주로 혼란스럽고 다층적으로 보이는 반면, 지각적-정서적 수준의 그림에서는 형태와 색이 구분되어 나타난다. 신체 지각은 색과 리듬감 있게 반복되는 형태를 통해 확인되고 표현될 수 있다. 특정 색은 특정 감정 상태와 일치한다. 분노의 색과 치유의 색이 있으며, 이러한 색들에는 각각 뚜렷한 움직임과 형태가 있다. 내담자는 자기 동기부여와 욕구에 대한 예리한 감각을 가지고 "마사지massage" 움직임을 그려낼 수 있다. 치료사는 여전히 몰입flow을 돕기 위한 약간의 개입을 하지만 주로 "어떻게" 방식의 개입을 통해 내담자를 지원한다. 내적 지각으로서의 감각에 대한 중요성이 증가하고, 이제 이 감각들은 단순한 감각 인식을 넘어 명확하게 지각되고 표현될 수 있는 내부 감각이 살아난 감각신체felt body를 형성하기 시작한다. 예를 들어, 내담자는 골반과 척추를 신체 구조로써 느낄 수 있으며, 그들에게 영향을 미친 세부적인 삶의 사건들과 그들이 느껴왔던 감정들을 내포한 신체 구조를 그려낼 수 있다. 이러한 감각신체는 과거와 현재의 사건들에 대한 정체성과 감정적 반응을 지니고 있기 때문에 내담자는 신체에서 감정의 움직임을 알아차릴 수 있으며, 이를 표현하는 경로를 찾을 수 있게 된다. 감정의 특성은 색과 형태, 리듬감 있는 반복적 표현을 통해 나타날 수 있는데 내담자는 이러한 색과 형태를 사용하여 감정을 표현하고, 담아내거나 그려진 형태나 색으로 위로를 하면서 욕구를 충족해 갈 수 있다.

인지적-상징적 수준cognitive-symbolic level에서는 형태와 선의 인지적 통합을 강조한다. 이는 개념 형성과 범주화, 또한 문제 해결, 공간 분화와 통합으로 발전할 수도 있다. 이 수준에서는 미술 작품에 제목을 붙이거나 의미를 찾을 수 있다.

상징적 구성요소는 직관에 의한 것으로, 개념의 형성, 자서전적 기억 처리autobiographic processing 및 상징적 표현은 물론, 감각, 사고, 정서와 관련한 정보를 전달받아 광범위하게 처리하는 우측 대뇌반구와 관련이 있다. 상징적 색 사용, 추상물의 상징적 표현, 정동으로 가득찬 이미지들과 직관적이고 통합적인 개념들은 서로 상징적 관계를 가지고 연결되어 있으며, 개인적인 의미를 도출한다.[6]

기존 미술 치료 기법들 중에서 아마도 이 수준에서 가장 선호되는 작업 매체는 멀티미디어 접근법에서 자주 사용되는 방식의 주제-지시적 콜라주일 것이다. 인생 곡선, 가족 콜라주, 소울 카드 또는 강점에 관한 책 만들기와 같은 주제로 콜라주 작업을 할 수 있고, 이는 복잡한 문제 해결 및 개념을 순서적으로 정리하는 것을 돕는 활동들이다. 상징적 수준에서 이러한 활동들은 원형적 특성의 발견, 내적 지혜의 실현, 그리고 자신만의 여정을 촉진할 것이다. Lusebrink는 이 수준을 전전두엽 피질과 연관시킨다. 이제 치료적 개입은 보다 더 언어중심적이고 통찰 지향적으로 바뀔 수 있다.

나는 신규 내담자를 만날 때 거의 매번 인지적-상징적 수준의 미술치료 활동으로 시작하며 원가족이나 현재 갈등을 주제로 콜라주 작업을 하거나, 또는 작은 동물 피규어를 활용하기도 한다. 이러한 활동을 통해 내담자가 지닌 문제의 정도와 문제에 대한 내담자의 인지적 처리 능력에 관한 통찰을 얻을 수 있다. 이를 기반으로 상향식 접근 방식의 적용이 안전한지 아니면, 먼저 자원을 구축해야 할지를 결정한다. 이러한 활동은 심층적인 문제를 다루기에 앞서 신뢰와 관계를 수립하는 데에도 필요하다.

가이드 드로잉의 상향식 접근 방식에서 내담자는, 마치 깊은 바다로 들어갔던 잠수부가 배로 복귀하는 것처럼, 한 회기가 끝날 무렵 인지적-상징적 수준에 도달한다. 잠수부가 물속에 있는 동안 경험한 것을 처리할 시간이 필요하듯, 내담자 또한 새로운 모습의 자아와 자신에게 일어난 변화를 이해할 필요가 있다. 많은 것들이 변화된 의식 상태로부터 생겨나며, 그 의미를 자신이 경험했던 감각운동으로부터 찾을 필요가 있다. 자신이 만든 미술작품들은 지나온 과정을 보여 주는 증거가 되기 때문에 과정 기록 시 그림을 가까이 놓고 보면서 하는 것이 도움이 된다. 새로운 관점의 신체 감각, 감정, 통찰력이 생길 것이다. "현실 세계"에서 시험해 볼 수도 있다. 내담자는 치료실에서 정향감을 찾고, 눈을 마주치고, 지금 현재의 느낌을 말하고 글로 써보는 것이다. 과거의 패러다임은 막을 내렸지만, 새로운 패러다임은 어떤 느낌일까?

회기 초반에 치료사는 의식적 수준에서의 질문보다는, 주로 생리적 통증이나 불편함에 기반한 운동 충동에 관한 질문을 할 것이다. 회기가 끝날 때에 내담자의 대답 역시 의식적 수준이 아니라 주로 감각에 관한 것으로, 우리는 이것을 새로워진 감각느낌으로 지각한다. 그리기 과정에서 개입의 목적은 지각을 높이는 것이다. 지각은 정향능

가이드 드로잉과 뇌

표현치료연속체[ETC]	외적인 그리기 동작	내적인 신체 인식	삼위일체의 뇌	접근법
인지적-상징적 수준	· 암묵 기억의 언어 이해 · 의식적인 전기적 사건과 연관시키기(가능할 경우)	· 색, 형태, 의도된 방향성에 대한 상징적 표현 이해 · 신체의 감각느낌에 의미 부여 능력에서 느껴지는 내적 감각에 의미를 부여하는 능력	**신피질** · 일화, 자서전적 기억 · 일관된 개인적인 즉흥적 성찰하는 · 합리적 또는 비합리적	하향식 ↓
지각적-정서적 수준	· 의도를 가지고 운동 충동을 수행 · 정향과 감정 변화를 위해 특정 원형적 형태 적용 · 내적 정향감 갖기	· 특정 방향과 형태의 구조가 신체에서 일으키는 공명 감각하기 · 암호화된 감정 경험 · 색상, 형태, 움직임을 통해 감정 표현	**변연계** · 두려움, 분노, 혐오감, 놀람, 기쁨, 슬픔과 같은 포유류의 보편적인 감정 · 의식적 깨달음의 경계 밖에서 일어나는 동요	
동적-감각적 수준	· 느껴지는 생리적 긴장과 통증에 따라 운동 충동 그리기	· 신체에서 공명을 느끼며 운동 충동에서 비롯되는 마사지 움직임으로 이어감	**뇌간** · 절차적 행동 패턴 · 응급 상황에 대한 반응: 투쟁, 도피, 동결 · 끌림 또는 거부감	상향식 ↑
	· 감각 인식에 대한 반응 회로 →	· 운동 충동에 대한 반응 회로 ←		

력을 향상시킨다. 일반적으로 이는 외부를 향한 정향능력을 말하지만, 가이드 드로잉에서는 내적 정향능력에 중점을 둔다. 형태와 그러한 형태를 만들어 내기 위한 움직임은 방향감을 제공한다. 이것이 운동 충동에서 비롯되는 정향능력이다. 일단 우리가 이러한 움직임을 "느끼기" 시작하고, 신체에서 이 움직임의 감각적 공명을 인식하기 시작하면, 감정이 일어나고 정서적으로 반응하게 된다. 이러한 반응은 분노, 슬픔 또는 기쁨, 안도일 수 있다. 상향식 접근법을 완성하기 위해서는 인지적 통합이 중요하다. 이제 개입을 통해 암묵 기억이 전하는 치유의 이야기에서 의미를 발견하기 위해 운동 충동, 감각 인식, 형태와 방향에 대한 지각, 이에 동반하는 감정으로 만들어진 여 러층의 콜라주에 대한 이해를 향상시켜 가야 한다. 의미를 발견하고, 의식적으로 알아차리는 것은 진정 만족스러울 것이고, 자율신경계 내 문제를 지속적으로 해결해 갈 방법들을 만들어 낼 것이다.

12장 선의 질

선의 질line quality은 미술치료 평가에서 필수적인 진단 요소이다.[1] 특히 이것은 감정 상태와 의식 수준에서의 인식에 관한 중요한 통찰력을 제공할 수 있다. 내담자들이 압박감, 막힌 것 같은 느낌, 좌절감, 아픈 마음, 자신 없음 또는 편안함이나 불안정한 느낌을 갖는가에 따라 그들이 그리는 선과 색을 사용하는 방식에서 드러난다. 가이드 드로잉에서 나타난 형태와 그 의미와는 별개로, 각각의 선들을 살펴보는 것이 중요하다. 필압의 정도는 어떤가? 불안정하고 머뭇거림이 보이는 선들인가? 선의 질은 특정 이슈에 관련된 내담자들의 인식 수준에 대해 많은 것을 보여 주는데, 즉 그것은 갈등이나 해결의 상태를 나타낸다. 치료사로서 외부에서 내담자의 행동을 관찰할 수 있듯이, 우리는 종이 위에 나타난 선의 질을 통해서 그들의 생리학적 징후를 볼 수 있다. 진단의 관점에서 볼 때, 선의 질은 선택된 형태만큼 중요하다. 가이드 드로잉에서는 선의 질을 네 가지 범주로 살펴볼 수 있다.

- 연결이 끊어진 선
- 짙은 선
- 섬세한 선

• 속이 비치는 선

연결이 끊어진 선([그림 12.1] 참고)은 운동 충동이 감각 지각에서 분리될 때 나타난다. 내담자들은 갑자기 또는 아무 생각 없이 반복적으로 그림을 그리고 낙서를 한다. 전체적인 구성을 보면 형태들이 여기저기 조금씩 흩어져 있다. 그들은 그림을 그리는 동안 그림의 내용과는 관련 없는 문제에 대해 이야기하거나 생각하기도 하고, 그들 내면의 현실에 조용히 집중하는 것에 저항하거나 그렇게 하기를 두려워한다. 이 그림들은 생명이 없는 무생물처럼 보이고 파편화되어 있다.

선을 긋고 합리성을 반영하는데 선호되는 도구들은 연필과 펠트 팁 형광펜이다. 색은 감정을 불러일으키기 때문에 제외되거나 오로지 장식적으로 꾸미기 위한 목적으로만 사용된다. 대부분의 경우 나는 정신과 환자, 임상적으로 우울증을 앓고 있거나 약물치료를 받고 있는 환자, 거식증이나 폭식증 환자, 그리고 심각한 신경계의 각성 저하가 있는 환자에게서 이러한 연결이 끊어진 선의 질을 볼 수 있었다. 이들의 내면은 죽은 상태인 것 같고, 그들의 표정도 똑같이 생기가 없다. 이러한 내담자들은 자신들의 전전두엽 피질에만 접근할 수 있으며 그들의 변연계와 뇌간으로 가는 길은 차단되어 있다. 그들은 감정이나 내부 신체 리듬과 접촉하지 못한다.

때때로 이것은 초심자 증후군beginner's syndrome으로 볼 수도 있지만, 어느 정도의

[그림 12.1] 연결이 끊어진 선

지원을 받으면 내담자는 연결된 선을 그리기 시작하여, 리듬감 있게 반복해서 형태를 그리는 것을 덜 어색하게 느낀다. 또 다른 사람들은 자신들의 자원을 찾고 단단해진 다음에야 안심하고 감각운동 접근법을 사용할 수 있다. 이러한 현상은 몰입 과정 중 발생할 때 더욱 중요해지는데, 이 경우 그것은 해리解離, dissociation의 지표가 된다.

Brigit은 그녀가 치료를 받는 동안 7살 때 성폭행을 당했던 사실을 기억했다. 갑자기 밝고 풍부했던 그녀의 그림은 생명력이 없는 형태로 사라져버렸다. 결국 그녀는 그 기억과는 마주할 수 있었지만, 그 기억에 동반된 감정과는 마주할 수 없다는 것을 알게 되었다. 우리는 7세 아동의 그림 도구를 사용하여 그녀의 내면 아이의 관점에서 그 이야기를 할 수 있는 방법을 찾았다. 그녀는 색연필과 작은 종이 수첩을 가지고 시작했다. 그림은 놀라울 정도로 아동의 그림처럼 보였다. 그녀는 그들이 살고 있는 집을 그렸는데, 테이블, 의자, 그리고 가족들이 모두 종이의 아래쪽에 줄지어 서 있는 장면을 그 시기의 아이처럼 그렸다. 그녀는 자신의 발달 일부가 억제되었던, 7세 아동의 관점에서 폭행에 대한 이야기를 했다. 일단 그녀가 타임라인을 정하고 전체 이야기를 볼 수 있게 되자, 그녀는 감정을 받아들일 용기를 낼 수 있었다. 이러한 감정들이 통합되는 순간부터 그녀는 자신의 구체화된 자아를 풍부하고 다채로운 방식으로 계속 그렸다.

짙은 선의 질([그림 12.2] 참고)은 두껍고 무거워 보인다. 리듬감 있게 반복하면서 단일 선들은 점점 커지며 덩어리로 되어서, 커다란 2차원 블록처럼 보이는 형태가 된다. 운동 충동은 단조롭고, 무겁고, 느리며, “지루”하거나 질주하는 것 같기도 하고,

[그림 12.2] 짙은 선

공격적이다. 여기에서 우리는 내담자가 무분별한 행동을 하거나, 맹목적인 분노를 발하고 또는 짓누르는 듯한 압박감을 느껴서 다른 대안을 찾을 수 없다는 것을 관찰하게 된다.

물감은 두꺼운 페이스트 형태로 칠해져 '더러워 보일' 정도로 섞여있다. 공간은 빽빽하게 채워져서 평평하게 보이기도 한다. 물리적, 감정적, 세속적이며 무거움이 느껴지는 분위기가 연출된다. 표현치료연속체expressive therapies continuum의 맥락에서 보면, 이것은 감각 인식이 거의 없는 운동감각 수준이다.

그러나 내담자들이 그들의 운동 충동과 감각 인식을 이 수준으로 함께 가져올 수 있을 때, 특히 그들이 평소에 지나치게 머리만 쓰고 공격적이거나 또는 더러워지거나 감각과 성을 즐기는 것이 금지되었을 경우라면 그들은 이 차원에서 탐닉함으로써 큰 즐거움을 얻는다. 그들은 "돼지처럼 잔치"를 하고 테이블과 그들의 팔과 얼굴에 즐겁게 물감을 칠하는 것을 좋아할 수 있고 또 그렇게 해야 한다. 이러한 방식으로 그들은 그들의 활력과 연결되고 어린 시절의 발달적 요구를 충족시킬 수 있다. 많은 양의 물감, 엉망진창인 상태, 많은 양의 소유에 대한 진정한 굶주림이 있을 수 있으며, 그들은 아기처럼 그저 "물건을 갖고" 싶어 하며, 많이 갖고 싶어 한다. 특히 내담자가 항상 부당한 대우를 받았다고 느꼈거나, 조용히 해야하거나, 바른 행동을 해야 했거나, 하루 종일 컴퓨터를 사용해야 한다면, 지저분하고 관능적이며 리듬감 있는 즐거움에 빠져드는 것은 깊은 치유와 성취감을 줄 수 있다.

그러나 또 다른 사람들은 공격성으로 자제력을 잃어get carried away 종이를 찢고 크레용을 부수고 던진다. 이러한 내담자들은 특정한 감정들에 동질감을 느끼고 변화에 대해 융통성이 없는 경향이 있다. 그들은 특정 문제에 "고착"되어 있으며 자신의 행동이나 관점의 변화를 반영할 수 있는 능력이 거의 없다. 그저 분노만이 있을 뿐이다. 또는 그들은 세계적으로 성명을 공표하듯이 "나는 결코 울음을 그치지 않을 것이다"라고 외친다. 이전에 차단되었던 생명 유지에 필수적인 에너지를 방출하는 것은 중요하고 크게 치유경험을 가져올 수 있지만, 그 과정 중에 일부 감정의 강도를 조절하기 위해 치료사의 개입이 필요할 수도 있다.

일반적으로 인식이 부족한 내담자들은 자신들의 행동을 구별하는 법을 배워야 할 수도 있고 더 자각해야 한다. 맹목적으로 분노를 표출하거나 자기 연민의 소용돌이 속으로 사라지는 것으로는 아무런 이득을 볼 수 없다. 그러한 사람들은 제지를 당하고 그들이 하는 행동에 대해 질문을 받아야 할 수도 있다. 그들이 그림으로 그린 행동들을 삶의 경험들과 연관시키고, 그 행동들을 자신들의 몸에서 추적하고, 감각 인식과 인지 통찰력을 높이기 위해 그것들에 이름을 붙이려면 격려가 필요하다.

다른 한편으로는 미세하게 흐르는 운동 충동에 둘러싸여 있으면서 신체에 남아있는 트라우마는 종종 짙은 선의 질로 나타난다. 굳은 어깨나 협착된 내장은 강렬한 정서를 숨긴 채 얼어붙은 반응으로 사로잡힌듯한 움직임으로 만들어진 빽빽하고 밀도 높은 다발 뭉치로 나타난다.

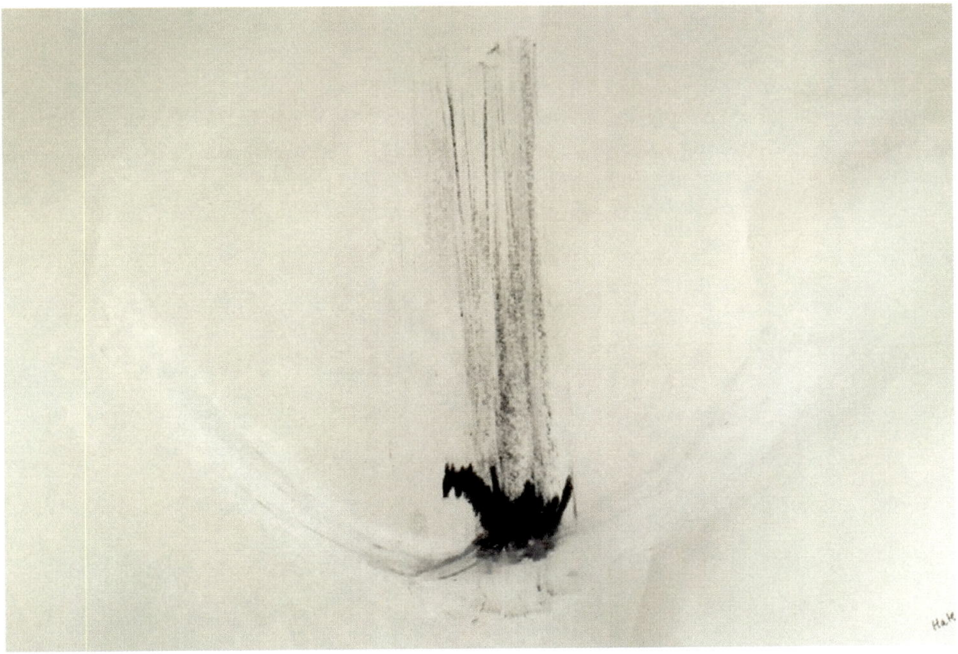

[그림 12.3] 이것은 Cath의 첫 번째 그림으로, 그녀는 내장 깊숙이 있는 고통과 분노에 자신을 연결한다. 선의 질의 변화는 분명하다. 수직선은 처음에는 가볍고 거의 투명하게 그려지지만, 종이가 찢어질 때까지 거칠게 위아래로 움직이면서 짙고 빽빽하게 단단히 얼어붙은 매듭 속에 갇힌 그녀의 어릴 적 성적 학대로부터 연결되어 있다. 그녀는 그것과 연결되는 것을 두려워하고 있다.

[그림 12.4] 네 번째 회기에서, Mary는 그녀로 하여금 운전을 두려워하게 만든 두 차례의 자동차 사고에 대한 기억을 회복한다. 두려움의 감각은 그녀의 명치(solar plexus)에 갇혀 있다. 두 개의 뚜렷하게 다른 선의 질이 명확하게 보인다. 주변 신체 공간은 조직화 결여 상태와 내부의 혼란을 보여 주는 꼬불꼬불한 운동 충동으로 가득 차 있는 반면, 자동차 사고는 짙은 선의 질로 반복적으로 강한 압력을 받은 교차 선으로 그려진다.

[그림 12.5] Sian은 아동보호소에서 일했다. 어떤 사건으로 인해서 은 그녀가 유아기 시절 당했던 성적 학대가 상기되었기 때문에, 때때로 그 일이 그녀를 괴롭히곤 했다. 이로 인해 그녀는 분노하곤 했으며 그녀 자신이 더 이상 전문가로서 활동하지 못할 것이라는 두려움을 느꼈다. 결국 그녀는 문을 닫고 깊은 우울증에 빠졌다. 그녀가 회기에 왔을 때, 그녀의 분노를 표출할 안전한 방법이 필요했다. 그녀는 핑거 페인트와 만다라 구조를 선택해서 안전하게 폭발적인 방출을 할 수 있었다.

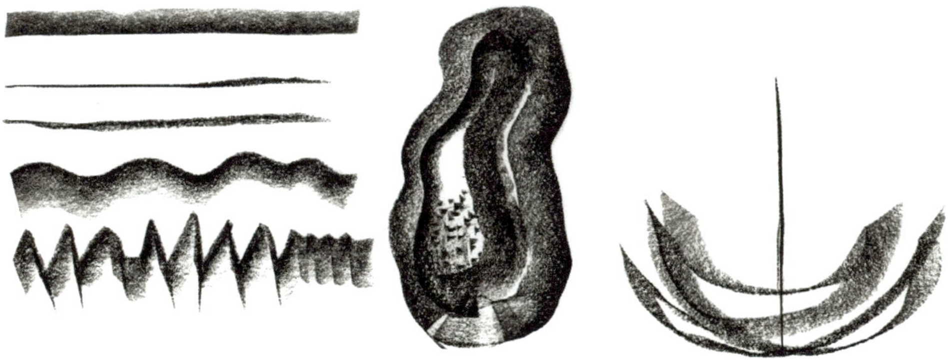

[그림 12.6] 섬세한 선

섬세한 선의 질([그림 12.7] 참고)은 가볍고, 세련되며 분화되어 보인다. 이 선들은 날카로움, 부드러움, 취약성, 떨림, 견고함, 선명함과 같은 다양한 성질을 표현하며, 때로는 한 선이 여러 가지 다른 상태들을 동시에 반영하기도 한다. 심지어 광범위한 반복은 각 단일 선을 볼 수 있게 하여 여러 겹의 깊이가 만들어지기 때문에 꼭 애니메이션 같다. 3차원의 입체 같은 형태 표현도 가능하다. 공간은 리듬을 기반으로 한 패턴이나 형태들로 가득 채워진다. 크레용은 평평한 면이나 옆으로 쥐고 그리는 독특한 방식으로 사용된다.

무슨 일이 일어나고 있는지 모르는 것 같은데도 깨어 있고 의식 수준에서 그린 그림 같은 분위기다. 움직임과 리듬은 자주 바뀌고, 내부 경험과 부합되고 적절하게 일치하는 것처럼 보인다.

색은 비교적 혼합되지 않거나 선명하고 다양하게 사용된다. 그것들은 다양한 표현력을 보여 주며, 수채 물감이나 파스텔은 투명성을 가지고 있다. 음영들은 각각 선명도를 잃지 않고 혼합되어 표현될 수 있다.

여기에서 내담자들은 그들이 그 문제에 고착된 정도까지 그 문제와 동일화되지 않는다. 변화, 논쟁 그리고 변형을 수용하기에 충분한 감각적 인식이 있다. 이는 여전히 운동감각 수준이지만, 운동 충동은 이제 감각 인식과 균형을 이룬다. 내담자는 구조화된 신체 지각에 접근할 수 있는데, 그들은 내면으로 향할 수 있고 그들의 느낌과 관련된 감정들을 명확하게 표현할 수 있다. 예를 들어, 그들은 특정 색상들을 특정 감정들과 연관시킬 수 있으며, 그들의 의도와 내면의 방향, 선택한 형태 및 특정 움직임을 모두 아우르며 스스로 마사지를 할 수 있다. 이러한 마음가짐을 가진 내담자들은 해결과 변화를 찾고 있으며, 그들은 유연하고 변화를 환영한다.

속이 비치는 선의 질([그림 12.8] 참고)은 가볍고 선명하며, 통제된 숙련감이 보이는 것이 특징이다. 개별성과 보편성을 동시에 가지고 있다. 일반적으로 깊은 내면에서 해결된 상태의 표시로 가이드 드로잉 과정이 끝날 무렵 또는 예기치 않게 나타난다. 이 선

[그림 12.7] 이 선의 질은, 비록 갈등과 강한 감정이 표현되었을지라도 각기 다른 감각 상태의 생생한 표현과 다양한 필압, 질감의 변화를 보여 준다.

의 질은 실체 없는 존재들의 상태를 빛나게 한다. 보이지 않는 존재가 보이게 된다.

색조는 생기 있고 영감을 받은 것처럼 보인다. 일본의 수묵화sumi-e처럼, 3차원 또는 심지어 4차원의 특성을 보여 주는데, 선은 풍경의 깊이뿐만 아니라 보편적 의식에 대한 자연의 투명함까지 드러낸다.

크레용은 가볍고, 선명하며, 단순한 방식으로 사용된다. 불필요한 추가적인 요소들이 모두 제거된 패턴과 형태들로 나타난다. 선호되는 재료는 수채 물감과 파스텔이다. 모든 걸 드러낸 채로 단순하게 표현된다. 휘몰아치는 격변은 모두 지나갔다. 분위기는 맑고, 가볍고, 균형이 잡혀 있으며, 내담자들은 평화와 감사 그리고 기쁨의 감정을 공유한다. 이 선은 표현치료연속체[ETC]의 지각-정서 수준의 표현이지만, 그것은 인지적-상징적 수준과 운동 감각-감각 수준의 고도로 세련된 버전을 통합한 것이다. 그림들은 내담자에게 심오한 상징적 또는 영적 의미를 가질 수 있으며 놀랍도록 아름답다.

선의 질을 범주화해서 보았을 때, 밀가루 반죽같이 두툼하고 속이 비치는 선으로 그려진 원은 투명하고 가벼운 선으로 그려진 것과는 다른 의식 상태를 반영한다는 것이 분명하다. 그러나 내담자들과 치료사 모두가 비판단적인 자세로 다양한 선의 질들을 관찰하는 것이 중요하다. 한 내담자는 자신의 머리에서 벗어나기 위해 정말로 "단단한" 그라운딩을 확보해야 할 수 있으며, 또 다른 내담자는 얽매이지 않고, 오래된 고정관념을 뒤에 놔두고 거기로부터 떠나기 위해 다양성과 차별화에 대해 배워야 한

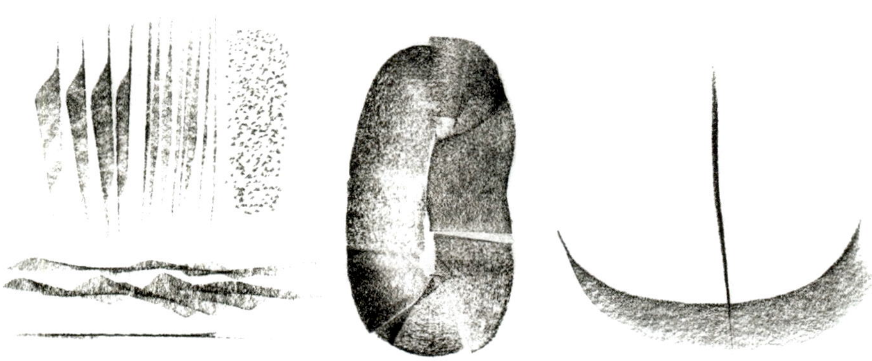

[그림 12.8] 속이 비치는 선의 질

[그림 12.9] 이 만다라에서 속이 비치는 선의 질이 표현된 것을 볼 수 있다. 이 그림은 단순히 검정 파스텔로 연출되었는데도 다차원의 역동성을 나타내 보인다. 비물성(非物性) 차원(nonphysical dimension)의 뚜렷한 감각이 빛나고 있다. 이 그림은 명상 경험 중에 그려진 것이며, 이 예술가에게 감사와 기쁨으로 충만하게 해주는 느낌을 주었다.

다. 모든 형태들과 선의 질은 개별적인 의식 상태의 일시적인 반영들이다. 고정된 것은 없다. 우리 대부분은 우리의 인격의 고도로 정제된 측면과 더불어 두려움과 상처에 얼어붙은 방치된 영역을 가지고 있으며, 이 모든 것들은 판단을 받지 않고 존재의 빛으로 나오기를 바란다.

13장 개입

다음 장에 소개되는 기본 형태들의 가치를 이해하기 위해, 나는 이러한 형태들이 왜 중요한지 명확히 하고자 한다. 스스로 자기 조절이 가능한 내담자에게는 비非지시적으로 접근하는 방식이 가장 바람직하다. 그러나 대부분의 내담자들은 교착상태에 빠졌다는 느낌, 통제 불가능한 과過각성hyperarousal 상태, 폐쇄shut down 상태 또는 둘 다로 고통받고 있으며, "도움"이 절실하여 치료를 받으러 오기 때문에 만약 이들을 자기 주도적 과정에 맡겨 두게 되면 지원을 받지 못한다고 느낄 것이다. 그러한 내담자들을 위해 미술치료사는 의료 종사자나 바디워커bodyworker와 유사한 방법으로 안도감을 줄 수 있는 대안을 제시해야 한다. 선의 질은 치료사들에게 내담자들이 어디서 자원을 제공 받고 이완과 흐름을 느끼는지, 어디서 꽉 막히고 좌절스럽게 느껴지는지 그리고 트라우마가 신체의 어느 부분에 갇혀있는지에 대한 정보를 제공할 수 있다. 가이드 드로잉에서는 특정 형태를 제시하여 새로운 방향으로 가게 해준다. 소위 이러한 기본적인 형태들은 여성의 음陰 또는 남성의 양陽의 의미를 내포하며, 비언어적 개입 도구의 역할을 한다. 기본 형태들은 신체에 초점을 둔 개입 도구이며, 감각 운동 과정이 매우 가치 있는 이유를 다음과 같이 제시한다.

- 겹겹이 그려진 난잡한 낙서 위에 선명도 부여
- 내부 긴장과 막힘의 해소에 도움
- 신경계를 조절하기 위해 진자운동 지지
- 수용 및 경계의 복구 제공

또한 치료사는 다음과 같이 도울 수 있다.

- 내부 상태와 일치하는 적절한 리듬감 있는 반복적 움직임 찾기
- 특정 감정 및 생리적 상태에 적합한 미술 재료 선택하기
- 트라우마 현상 및 치료 선택이 미치는 영향의 이해를 돕기 위한 심리 교육 제공하기

이 장에서는 특정 형태의 그리기를 제안함으로써 이러한 개입을 어떻게 적용할 수 있는지에 대해 설명할 것이다. 움직임이 달라지면 느끼는 것도 달라지게 된다. 이 치료법은 생리적 기능 장해를 동반하는 트라우마에 대해 이야기하기보다 복구에 확실하게 초점을 맞춘다. 해리와 동결반응에서 벗어나는 방법은 움직임을 통해서이며, 독성을 가진 자기인식으로부터 벗어나기 위해서는 다른 방식으로 움직여야 한다.

반복적으로 상처를 유발하는 행동양식의 치유는 한 번도 상처받은 적이 없고 본연 그대로 남아있는 내담자의 본능적인 핵심 자아와의 연결을 강화함으로써 일어난다. 자연은 우리로 하여금 병들도록 설계하지 않았으며 개인이 살아가면서 겪었던 사건들이 우리를 병들게 했다. Levine은 외상 후 스트레스 장애[PTSD]를 뇌간과 전전두엽 피질 사이의 충돌로 간주한다. 자연은 우리에게 불리한 삶의 사건들에 대처할 수 있는 오래된 생존 도구들, 심지어 악어 및 물고기와도 공유하고 있는 생존을 위한 도구들을 제공해 주어 우리가 삶의 고난들을 잘 극복할 수 있도록 해주었다. 즉. 우리의 뇌간은 본능적으로 회복하는 방법을 알고 있다. 그러나 현대인의 전전두엽 피질은 자율신경계의 비자발적 반응에 무조건적으로 따르기에는 너무 정교하다. 특히 이미 통제 불능이 되었을 때조차도 그렇다.

Jung도 모든 존재에는 온전하고 손상되지 않은 자기The Self, 즉, 신성한 불멸의 핵

심이 있다는 관점을 피력하며 동일한 원리를 발견했다. 그러나 그는 개인이 의식적으로 통제할 수 있는 수준을 넘어서는 지점에서는 어둠과 아픔 그리고 고통에 굴복해야 하며, 그래야만 전환이 일어날 수 있다고 했다. Hippius는 이것을 "양자도약quantum leap"이라고 불렀으며, 이 원리를 이성적으로 설명할 수 없지만 핵심 자아가 가장 깊고 어두운 순간에 활성화되는 핵물리학에 비유했다. 신경과학의 관점에서 보면 이 과정을 자율신경계의 본능적 핵심에 굴복하는 것과 동일하게 본다. Levine은 우리가 소위 말하는 "직관"과 "내장 본능gut instinct"을 연관지어 설명했다.

> 나는 직관이 생각들, 내면의 이미지들 그리고 지각들과의 본능적인 신체 반응들 사이에서 일어나는 매끄럽게 이어지는 결합에서 나온다고 믿는다. 이 전체론적 "사고"(holistic "thinking")가 작동하는 방식은 (많은 추측이 있긴 하지만) 다소 미스터리로 남아 있다.[1]

Levine은 이러한 직관은 상향식 접근 방식의 원동력이라고 했다. "나는 감각하고, 행동하고, 느끼고, 지각하고, 숙고하고, 생각하고 추론하므로, 나는 내가 존재한다는 것을 안다."[2] 전 세계적으로 영적 수행의 기초는 내부 신체 인식에 초점을 두는 것이다. 여기에는 티베트 쿰 니예Tibetan Kum Nye, 이슬람교 금욕 집단의 회전 무용the twirling of the dervishes, 토속 무용 및 드럼 서클drum circle, 요가, 힌두교의 탄트라, 선, 태극권 그리고 기타 여러 가지가 있다. 모두 개인들로 하여금 깊은 부교감신경 상태로 안전하게 이완할 수 있도록 하는 구조화된 규율을 사용한다. 전전두엽 피질을 통제하는 힘인 자아ego는 계획된 죽음을 경험함으로써 고귀한 감각과 만나게 되는데 이는 살아 있고 연결된 존재를 느끼는 감각이다. 한 번은 한 티베트 교사가 나에게 명상을 "자아의 통제된 자살"이라고 설명한 적이 있다. 진정으로 살아 있으려면, 우리는 놓아주는 법을 배워야 한다. Levine은 치유의 소용돌이의 발생이 자연스러운 현상임을 입증했다.

> 트라우마가 얼어붙거나 갇히는 것이라면, 진자운동(pendulation)은 수축과 팽창의 움직임으로 내재되어 있는 타고난 유기적 리듬에 관한 것이다. 다시 말해서, 그것은 아마도 사람이 끔찍한 감정을 느끼더라도 그 감정은 변할 수 있고 변할 것이라는 사실을 알게 됨으로써(내부에서 감지) 속박에서 벗어나는 움직임일 것이다. … 끔찍하고

> 불쾌한 감각에 대처하기 위해, 효과적인 치료(및 일반적으로 회복 탄성)는 두려움, 분노, 무력감 및 마비에 맞서는 방법을 제공해야 한다.[3]

그러한 효과적인 치료는 내담자들이 두려움과 고통에 정반대되는 경험을 맛볼 수 있도록 치료사들이 적절히 개입하여 그들을 격려하는 것이다. 이 반대 소용돌이counter vortex 또는 치유 소용돌이는 신체 감각, 이미지, 느낌, 특정 자세 또는 작은 움직임으로 나타날 수 있다. 이는 음악이나 기도 또는 사람들과의 접촉을 통해 일어날 수 있다. 그런 경험들을 그림으로써 내담자들은 "안전한 섬"에 다다를 수 있고 내담자들을 격려하여 압도적인 "불행"만 있는 것은 아니라는 것과 결국에는 신체는 나의 적이 아니라는 것을 발견하도록 할 수 있다.

홀로코스트의 생존자들에게도, 그들이 가장 어두운 시간 중에 있을 때에도, 접근 가능한 치유 소용돌이가 있었다. 신체중심 심리치료somatic experiencing 훈련을 하는 동안, Levine이 우리에게 감동적인 비디오를 보여 주었다. 그것은 트레블링카Treblinka 죽음의 수용소에서 살아남은 80세 노인에 관한 것이었는데 그는 화장터에서 노역을 하는 동안 울타리 너머에서 아이들이 날리는 연을 하염없이 바라보았던 기억을 회상했다. 비록 그 당시에는 그는 마음속에서만 이 희망을 만질 수 있었지만, 그 연들은 어딘가 다른 세상이 있다는 믿음을 주는 그의 희망이었다. 이것은 그의 치유 소용돌이였으며 그에게 생존할 수 있는 충분한 힘을 주었다.

마사지를 그린다는 개념에는 치유의 메시지와 증상의 완화를 가져온다는 이점이 있다. 통증을 증가시키기 위해 마사지를 받으려는 사람은 아무도 없다. 우리는 마사지 치료를 통하여 통증 감소와 웰빙well-being을 기대한다.

가이드 드로잉에서 남성적인 직선과 각진 모서리의 성질이 여성적 형태가 지닌 자연스러운 흐름의 성질과 얼마나 다른지 확연히 볼 수 있다. 도道에서 음陰은 수동적 원리로, 양陽은 능동적 원리로 기술된다. 여성적 특성이 강조된 형태들은 원형이든 나선형이든 또는 8자 형태에서 나타나듯이 방해받지 않는 흐름과 회전에 역점을 둔다. 반면, 남성적 형태는 방향성이 명확하고 수직, 수평, 들쭉날쭉한 봉우리, 십자형, 삼각형 또는 직사각형에서 보이는 바와 같이 모서리를 각지게 꺾으면서 명확한 방향을 잡는 특징이 있다. 각각의 남성적 형태의 양陽의 선線은 특정 방향에 집중하기 위해 의식적인 결단을 요구하며, 그 방향으로 향하기 위해서는 노력이 필요하다. 전환하여 다른 경로를 따라가는 것은 반사하는 것이므로 빛이 프리즘을 통과할 때처럼 꺾임이 나타날 수 있다. 대신, 여성적 특징의 음陰의 선線은 저항하려는 것을 감싸고 물처럼 장애물 주위를 흐른다. 그것은 우리를 유기적인 삶의 흐름과 다양한 리듬으로 연결한다. 남성의 양은 최선의 길, 혹은 가장 적절한 길을 결정하고 나면, 자신이 의도한 대로 따라갈 것이다.

진단적 관점에서 균형감을 잃지 않는 것이 중요하다. 내담자는 현실성을 잃은 상태에서만 반복적인 회전 운동의 둥근 형태를 그릴 수 있는 것인가? 여기에 모든 양의 성질은 전혀 없는가? 아니면 종이에 공격성과 거친 선만 그려져 있고 둥근 형태가 없다면 여성의 음의 성질이 결여되어 있는 것인가? 교착상태의 내담자는 선택의 여지가 별로 없다. 음과 양 사이에서 진자운동을 하면서 리듬감 있는 순환 운동 충동과 주도적이고 의도적인 행동 패턴들은 균형 잡힌 접근이 가능하도록 해준다. 그것은 음과 양 둘 중 어떤 면도 두려워하거나 회피하지 않는다. Siegel은 뒤따르는 과정을 "혼돈과 경직 사이의 바다에서 항로를 잡는 것"이라고 부른다.[4] 음이 너무 많으면 혼돈이 오고, 양이 너무 많으면 우리의 삶과 몸을 얼어붙게 만든다.

과도한 음의 성질=혼돈

문제가 무의식에 지배당하고 있다면 주기 초반에는 목적 없는 움직임으로 둥근 원 모양을 그리는 경향이 있다. 가족과 친구들이라는 울타리에 둘러싸여 행복하게 살고 있는 개인들은 그러한 무의식적 흐름이 전혀 문제가 되지 않는다. 그러나 회기에 참여하는 대부분의 내담자들은 둥근 원 모양을 그리면서 악순환 속에 빠진 것처럼 고통스러워한다.

그들은 중독이나 우울증의 악순환에 갇혀있다고 느낀다. 그들은 반복적 회전으로부터 멈출 수 없는 감정의 고조를 경험하거나 벗어나지 못하게 하고 개인의 주체성을 무너뜨리는 억압적인 가족이나 직장 내 환경을 떠올리게 된다. 음陰이 너무 많으면 양陽이 없어져 버린다. 구조가 없으면 끝없는 회전은 지치고 힘들 뿐만 아니라 혼란스럽고 억압적인 것이 된다. 도교에서 음은 수동적 요소다. 과도한 음의 상태에서 내담자들은 심지어 졸린다는 느낌을 드러내거나 에너지를 전혀 보이지 않음으로써 자신을 나타내지 않으려는 것처럼 보인다. 과도하게 목적 없는 몰입을 하게 되면 교감신경계의 각성이 떨어지고 행동을 취하는 것이 어려워진다. 회기에서는 무언가를 '하는 것'에 초점을 맞추는 것이 필요하다. 그냥 흘러가는 대로 진행되도록 내담자들을 내버려 둘 것이 아니라, 자신들이 원하는 것이 무엇인지, 이에 따라 자신들이 어떻게 행동할 수 있는지 알아내야 한다. 직선과 각진 형태들을 통해 내면의 수직성을 발굴하고 강화하는 개입은 반대 소용돌이로서의 양陽 운동 충동을 도입할 수 있다. 척추의 막힌 부분을 제거하는 데 도움이 되는 수직선 형태를 그리면 교감신경 반응이 촉진된다. 소극적으로 견디기만 했던 것에 대응하기 위한 능동적인 반응을 찾는 것은 자존감과 자기 가치를 높여준다.

직선과 각진 형태 그리기는 활성화를 일으키는 작업이다. 내담자들은 회기가 그저 진행되는 대로 내버려 두는 것과는 반대로 무언가를 '하고' 있는데, 이는 순환을 하고 있다는 것이다. Hippius는 원의 둥근 형태들과 순환 움직임을 집단 무의식에 비유하고, 직선의 형태들과 각진 형태들을 의식에 비유한다. 자아가 강화되어야 하는 내담자 집단에서는 양의 형태들을 강조하는 것이 도움이 될 것이다. 이 경우, 처음에는 양육하는 엄마와 같은 원 그리기로 시작해서 점점 억제하다가 엄마의 양육과 보살핌을 끊으려고 노력하는 주도적인 형태와 직선을 그리게 될 것이다. 임상 장면에서 거의 모든 환자 집단원들은 통제할 수 없고 무의식적인 문제에 압도되는 나약한 자아로 인하여 고통받는다. 내담자들은 "스스로 일어서기" 위해 척추의 수직적 움직임을 하도록 지지를 받는다면 홀로서는 것과 결정을 내리는데 자신감을 갖는 것이 크게 향상될 것이다.

수많은 동화와 치료 회기는 유아적 자아의 두려움과 공포 이야기를 다룬다. 그 내용 중에는 참을 수 없는 부당함, 잔혹한 부모, 가족의 비밀 등이 있고 해를 당하지 않기 위해 숨어지내거나 숨겨져야 하는 상황도 있고 갇히고 납치되고 홀로 세상에 내던져지는 것에 관한 것도 있다. 내담자들은 끔찍한 상처를 입는다. 그들은 학대적인 관계, 우울증, 중독 및 기타 장애들 속에 갇히게 되는데, 그들을 돕기 위한 치료는 그들을 강화하고 해방시키며 지원하는 것에 중점을 두어야 한다. 많은 사람들이 감정적 태풍에 압도당하며, 우울증, 갇히고 억눌리는 느낌, 무엇을 해야 할지 모르는 상태에 빠진다. 이 모든 딜레마들은 종이에 원형circular 충동으로 나타난다. 내담자들은 추진력, 실행력, 벗어나서 앞으로 나아가는 힘, 자존감도 결여되어 있다. 자존감이 있었다면 직선의 각진 드로잉 문양으로 나타났을 것이다.

이 50대 여성([그림 13.1] 참고)은 감정 조절을 위한 집중 치료, 마음챙김, 미술치료를 받고 있었다. 10개월 후, 그녀는 이제 극도로 괴로워하거나(구토할 것 같은 느낌) 공황 발작을 일으키지 않고 회기 동안 앉아 이야기할 수 있게 되었고, 이제 어느 정도 자기조절이 가능하게 되었다. 그녀는 지난 며칠 동안 하루에 몇 병씩 비웠던 알코올 섭취량을 와인 4분의 1병으로 줄이기 시작했으며, 더 이상 매일 바륨valium(신경안정제)을 복용하지 않는다. 그녀는 이제 더 많은 자원과 능력을 갖추게 되었기 때문에 진전에 후퇴가 있더라도 그 주기는 지금보다는 짧아질 것이다.

상처의 토네이도에서 벗어나는 방법은 의사 결정을 촉진하기 위해 직선 운동 충동과 각진 모서리 그림 작업을 통하여 자존감과 결단력을 강화하는 것이다. 수직선들과 모서리들은 순환을 깨뜨린다. 남성의 양의 형태들은 또한 좌절된 투쟁-도피 반응과 그에 관련된 여러 문제들에 대응하여 복합체 속에서 능동적으로 그 반응을 완결하기 위하여 가장 적합한 형태들이다.

나는 위탁 가정에 살고 있던 11세 소녀가 기억에 남는다. 그녀의 아버지는 마약상이었고, 어머니는 마약 중독자였다. 부모는 이혼했고, 어머니를 학대하는 남자친구는 감옥을 들락날락했다. Jenny는 그녀의 인생에서 따뜻한 식사와 취침 시간과 같은 가장 기본적인 구조 속에서 산 경험이 없다. 그녀는 마약과 술, 섹스에 노출되었으며, 갱단의 일원으로서 당국에 체포되기도 했다. Jenny는 구부정한 자세로 도착했고, 얼굴 전체가 머리카락으로 덮인 채 내 앞에 놓인 의자에 푹 쓰러졌다. 그녀는 어떤 질문에도 어깨를 으쓱하거나 약간 움직임으로 반응할 뿐이었다.

그녀는 목소리도 자신감도 없었고, 몸짓은 불신과 절망의 표정을 짓고 있는 것 같았다. 나는 그녀의 앞에 양모, 반짝이, 크레용, 종이, 풀 그리고 콜라주 재료들을 천천히 놓는 것으로 시작했다. 그녀는 내가 그녀에게 아무것도 원하지 않고 대신에 그녀에게 무엇인가를 제공하는 것에 놀란 반응을 보였다. 약 10분 후에 그녀는 머리를 빗었고, 여전히 말을 하지 않았지만, 매우 열정적으로 콜라주를 만들기 시작했다. 작은 장

[그림 13.1] 심각한 어린 시절 트라우마, 여러 신체적 질병, 정신 건강 문제 그리고 약물 사용으로 인한 "상처의 토네이도"

난감 동물, 셀프-박스 및 물감을 사용하여 자원을 구축하는 데 몇 번의 회기가 필요했다. 그녀는 말하기 시작했다. 세 번째 회기에서, 그녀는 속상하고 화가 난 채 도착했고, 나는 그녀에게 수직선을 "화살"을 쏘는 것처럼 선을 방출하듯이 그려보도록 제안했다. 그녀는 이 "발사shooting"하는 운동에 열성적으로 참여했는데, 이는 꽤 오랫동안 회기 안에서 의식ritual으로 남아있었다. 그녀는 종이에 표현된 수직선들과 함께 그녀의 억제되었던 분노를 표현할 수 있었으며, 그녀의 필요를 표현하는 데 더 많이 접촉할 수 있었고, 점차 목소리를 찾았다. 그녀가 이 회기의 나머지 시간에 그림을 그리거나 콜라주를 하는 동안, 학교의 다른 소녀들과 어떻게 친해질 수 있는가에 대한 질문에 초점을 맞추기 시작했다. 그녀는 항상 체육관 뒤에서 나쁜 소년들과 담배를 피우며 점심시간을 보내 왔다. 그녀는 "다른" 소녀들과 잘 어울려 지내는 방법을 몰랐다. Jenny의 사회적 상호작용이 향상됨에 따라 학습 장애도 개선되었다. 이 사례에서 어떻게 단순한 수직선 드로잉이 다른 미술치료 작업들과 함께 Jenny의 자존감과 자신감을 향상시켰는지를 잘 볼 수 있다.

직선과 각진 형태들은 투쟁-도피 반응 같은 교감신경계 반응을 위해 매우 적합한 구조적 특징을 가지고 있다. 그 형태들은 내담자에게 남아있는 과거에 좌절되었던 운동 충동을 완결하도록 도울 수 있다. 신화적 맥락에서 보면, 고난과 투쟁은 위대한 어머니The Great Mother의 위력에서 해방되는 과정이고 이것은 종종 심각한 트라우마로 묘사되어 공동체를 위협하는 괴물로 표현되곤 하는데, 주인공의 영웅스러운 활약으로 처단되어야 할 대상이기도 하다. 이 영웅은 긴 창을 가지고 다닌다. 이 창은 수직적 선형의 운동 충동과 잘 통제된 공격성을 매우 훌륭하고 능숙하게 다룬다는 의미를 가지고 있다. 많은 미국 영화들이 이러한 영웅 활약의 표본을 훌륭하게 보여준다. 영웅적인 주인공은 범죄 조직, 정치적 음모 또는 자연의 무시무시하고 거친 힘과 같은 압도적인 악의 세력에 맞서 싸운다. 주인공은 언제나 이기고 불가능할 것 같은 상황에도 불구하고 예상을 뒤엎고 홀로 승리를 이루어내며 관객들에게 큰 안도감을 주게 될 것이다.

과도한 양기=얼어붙음

스펙트럼의 다른 반대쪽 끝에 서 있는 내담자들의 몸은 꽁꽁 얼어붙어 있다. 그들은 너무 수축되어 거의 움직일 수 없으며 종종 감각느낌이 무감각한 상태이다. 그들은 흐름이나 연결 없이, 조각 난 낙서를 하며 파편화된 방식으로 그리는 경향이 있다. 어떤 사람들은 긴장이나 두려움을 나타내기 위해 위아래의 지그재그로 격렬한 움직임을 '문지르기'로 표현하는데, 나는 이것을 "네, 그러고 싶지만…(yes, but…화법)" 운동 충동이라고 부른다. 이는 "네, 그러고 싶지만 그럴 수 없어요"이다. 이러한 내담자 집단은 따뜻한 감각과 생명을 주는 리듬감 있는 운동 충동으로부터 큰 도움을 받을 것이다. 둥글고 반복적인 단순한 흔들기rocking 움직임은 부드러운 용기container와 경계를 만들어 주어서 그토록 고통스럽게 사라져버린 안전함에 대한 감각을 기를 수 있다. 이런 리듬감 있는 움직임들은 의도적으로 하도록 할 필요는 없지만 자연스럽게 되도록 도와야 한다. 이러한 얼어붙은 내담자들이 긴장을 풀 수 있도록 지원하고 부교감 상태의 웰빙 상태가 활성화될 수 있도록 할 수 있다면 어떤 것이라도 유익할 것이다.

많은 복합 트라우마 내담자들은 물리적 세계를 친근하고 안전한 장소로 경험해 본 적이 없다. 어렸을 때 가족이나 더 넓게는 지역 사회에서 소속된 일원으로 자신들을 경험한 적이 거의 없는 이들 중에는 민감하고 창의적인 성격을 지닌 이들이 종종 있다. 그들은 대개 깊은 고립감을 느끼고 오해를 받으며 산다. 그들 중 일부는 기이하거나 비밀스러운 면을 가진 존재들로 여겨지며 그들의 잠재력이 묻힌 채 지나간다. 그들 중 많은 사람들이 "괴짜"로 여겨진다.

미운 오리 새끼Ugly Duckling처럼 이 마지막 유형의 사람들은 하나같이 따돌림을 받으며 자신들의 아름다움과 재능이 오랫동안 주목받지도, 잠재력을 펼치지도 못한다. 그들은 어릴 때부터 자립적인 사람이 되는 것이 최선이었다. 이처럼 지지 기반이 결핍되면 개인들은 우리가 이를 악물고, 무슨 일이 있더라도 정신을 바짝 차리고 방어력을 높이고 "삶을 살아가야" 하는 엄청난 내적 긴장을 유발할 수 있다. 이것은 과도하게 수축되어 있는 생존자의 자세다. 운이 좋다면, 이러한 내담자들은 생존을 위한 강한 자아를 발달시켰으나 성취감과 만족감을 느끼지는 못한다.

가족 유대로부터의 이러한 소외를 다룬 신화들인 이아손Jason, 오이디푸스Oedipus, 성경의 요셉Joseph, 모세Moses, 백설공주Snow White에는 이같이 버려진 아이들의 수많은 이야기가 있다. 여러 가지 이기적인 이유로 부모들은 아이를 거부한다. 이런 개인들은 종종 외부적으로 드러나지는 않지만, 내적으로 그라운딩에 손상을 입게 된다. 그 결과 성적 능력이나 생명력과의 연결성이 결여되거나 혹은 이 에너지가 변질되어 변태적 욕망으로 주 증상이 나타나기도 한다.

이것은 거식증, 자해, 만성 피로 및 자가면역질환과 같은 증상으로 나타날 수 있으며 심리학적으로 해리, 얼어붙은 감정, 억눌린 슬픔 그리고 희생을 감수하고라도 유지하는 정신 통제 등의 영역으로 나타난다. 무의미함, 무감각 그리고 우울증이 주요 주제들이다. 이곳의 내면의 풍경은 감정들로 가득 찬 어머니 자궁[너무 많은 음(陰)이 불러일으키는] 속의 숨 막히고 뜨거운 불지옥같은 인페르노inferno(불지옥)가 아니면 산꼭대기와 같이 고립되고 추운 곳이거나 모든 자양분이 결핍된 사막과 같다. 위험, 외부로부터의 노출, 포기, 단절 그리고 정서적 굶주림의 감정들이 있을 뿐이다. 백설공주처럼, 살아남지만, 완전히 유리관에 갇힌 삶을 산다. 또 다른 사람들은 상아탑에 갇힌 채 무력하고 비현실적인 몽상가들이거나 자신들의 꿈을 실현할 활력이 부족한, 하늘 높이나는 이상주의자들로 치부된다.

여기서는 삶의 주기life cycle를 복원해야 한다. 흔들고, 달래고, 위로하고, 붙들어 주는 둥지와 팔을 만드는 데 필요한 원형의 리듬감 있는 움직임 패턴은 필수적이다. 둥근 음陰의 형태들은 부교감신경 안정을 촉진하여 내담자들이 긴장을 풀고 안전함을 느낄 수 있도록 도와준다. 둥근 형태들은 서로 연결된다. 둥근 형태들은 신경계뿐만 아니라 삶에서도 끊어진 연결을 회복하는 데 도움을 줄 수 있다. 간단한 흔들기 동작은 내담자들을 그들의 머리에서 벗어나도록 하고 긍정적인 신체 감각을 북돋울 수 있다. 이들 중 일부는 아동기 발달상 필요했던 안아 주고 흔들어 주기 같은 것들을 연상시키기도 한다.

[그림 13.2] Sue는 30년 동안 대마초를 피워 왔다. 그녀는 진단을 받은 적은 없지만 불안을 장기적인 문제로 인식하고 있다. 그녀의 어머니는 과거에도 지금도 그녀에게 감정적으로 학대를 가해 왔고 그녀의 마지막 파트너도 그랬다. 성인인 두 아들은 모두 필로폰에 중독되어 있으며 그녀를 학대하고 있다. 이 그림은 그녀가 어머니를 미워하고 그 미움과 관련된 자신의 감정 또한 증오하는것을 나타내고 있다. 그림의 선들은 연결이 끊어져 단절된 선의 질을 보여주는 예시이며, 흐름도 없고 따뜻함도 없고 모든 관계 형태가 눈에 띄게 파편화되어 있다.

[그림 13.3] Ciara는 심신을 악화시키는 척추 질환을 앓고 있다. 때때로 찾아오는 경련과 통증은 참을 수 없으며 단지 약물로 자신을 "폭파"하는 것만을 통해 경감시킬 수 있을 뿐이다. 그럼에도 불구하고, 가능하다면 그녀는 집에서 가이드 드로잉을 사용하여 스스로의 상태를 완화시킨다. 그녀는 첫 번째 그림에 대해 다음과 같이 설명한다. "생명력도 없고 에너지도 없다. 저항할 만한 힘도 없다." 같은 회기에서, 6장의 그림을 그리고 난 후 리듬감 있는 연결성을 회복하는 그림을 그리고나서 그녀는 다음과 같이 글을 썼다. "이제 나는 내려놓겠다. 낡은 것들을 놓아주고 나만의 용기, 신뢰, 희망, 빛을 위한 자양분이 되도록 하겠다."

긴장성의 부동 상태a tonic immobility에서 나온다는 것은 일반적으로 해리를 유발시킨 참을 수 없는 것과의 대결을 의미한다. 얼어붙게 만든 트라우마가 무엇이든 해결하려면, 아픔과 고통, 분노 그리고 잔인함에 맞서야 한다.

Jung의 원형 언어에서는 이 과정을 밤바다의 여행이라고 한다. 신화에서, 이것은 남주인공이 지하세계로 내려가는 것으로 묘사되는데, 이는 의식儀式상의 죽음a ritual death으로 표시된다. 경계를 지키는 신화적인 수호자들은 우리의 두려움을 대변한다. 그들의 목적은 견딜 수 없는 상황에 직면할만한 충분한 자원이 없는 사람을 겁주어 내쫓는 것이다. 왜냐하면 일단 우리가 그 경계를 넘어가면 우리는 완전한 무의식의 전체로 들어가기 때문이다. 그곳에서 우리는 단지 일부만 느끼거나 막연하게 기억하는 것이 아니다. 그것은 진실을 더 이상 피할 수 없는 모든 것을 사로잡는 불가피한 경험이다. 여기서 우리는 수치심과 죄책감, 폭력적 감정의 압도적인 무게로 고통받는다. 그것은 거의 항상 우리 몸에 일어난 일과 관련된 것으로, 이 전에 참았던 학대를 기억을 다시 떠올리는 것이다. 그것은, 그들의 완전한 초능력으로 한때 우리 어린 시절의 신들처럼 확대되었던, 부모나 그들의 대리인, 무정한 어머니, 아주 무서운 아버지의 어두운 측면들을 마주하고 있는 것이다.

내담자들의 자원이 부족한 채로 이 상태에 들어가지 않도록 하는 것이 절대적으로 중요하다. 진자운동pendulation만이 이 과정을 충분히 안전하게 만들 수 있으며, 그렇지 않으면 이 과정은 다시 재트라우마를 초래하게 될 것이다. 신화 속 영웅들과 여주인공들, 지하세계에서 가까스로 돌아온 이들은 그들을 통과시킬 수 있는 고도의 기술을 가지고 영혼의 이 어두운 밤에 들어간다. 그들은 야수들을 달래기 위해 꿀 비스킷을 먹여야 할 때와 침묵하고 말을 하지 않아야 하거나 먹지 말아야 할 때를 알고 있다. 동화 속 소녀들 중, 그들이 시련에 직면했을 때 목소리도, 도움의 손도, 피난처도 없는 이들이 얼마나 많은가? 그러나 그들은 그것들을 꿰뚫어 볼 수 있는 조용한 내적 자원을 가지고 있다. 남자 주인공들은 영웅적인 행동으로 신화적 전투를 해결하는 경향이 있는 반면, 여자 주인공들은 숲속으로 들어가 고독과 슬픔을 마주하는 것 같다. Clarissa Pinkola Estés는 여성의 치유 시간은 고독에 있다고 언급하였다.[5] 만약 우리가 이것을 문자 그대로가 아니라 전형적인 해석으로 받아들인다면, 일어서서 싸우는 것이 중요할 때가 있고, 후퇴하여 치유하는 것이 중요할 때가 있는 것이다. 싸우는 측면은 가이드 드로잉의 남성-양陽 형태로 지원되며, 치유의 시간은 대부분 둥글고 흐르는 음陰의 형태로 울려퍼진다.

지하세계의 무의식 아래 모성원형으로 내려가는 과정은 완전한 상실과 완전한 회복이라는 두 가지 주요 단계로 특징지어 질 수 있다. 그것이 무엇이든 이전의 정체성을 흔들어 불안정하게 만든다. 신화에서는 잘려서 산산조각이 나는 것으로, 오늘날은 무너져 내리는 것으로 표현한다. 회복된 기억들은 눈사태 속으로 묻히고, 조각나고, 잃어버리고, 잊혀진다. 신분과 사회적 지위는 더 이상 중요하지 않고, 압도적인 경험 속에서 자아ego는 붕괴된다.

내담자들이 통제력과 책임감을 놓아 버리고, "정신을 잃고", "머리를 물어뜯기고", 여신의 삶과 죽음의 순환 속으로 삼켜지는 것은 매우 어려울 수 있다. 종종 그 경험은 삶의 상황과 운명에 의해, 그리고 매우 빈번하게 질병이나 정신적 붕괴를 통해 그들에게 강요되었다. 그런 다음 그들은 무력하고, 통제 불가능하며, 뚜렷한 방향 감각이 없는 상황을 직면해야 한다.

이 단계를 안전하게 항해하려면, 더 압도당하는 것을 피하기 위해 트라우마 소용돌이와 치유 소용돌이 사이의 리듬을 유지하는 것이 핵심적으로 중요하다. 내담자들은 직면하는 것이 너무 과도해 지면 철회할 수 있다. 우리는 내부 리모컨의 "멈춤" 버튼을 누르는 방법을 배울 수 있다. 비록 이것이 잠시 눈을 뜨고 지금-여기에 초점을 두는 것일지라도 우리는 브레이크 사용하기 방법으로 축적된 자원을 사용할 수 있다. 무슨 일이 일어났는지가 아니라, 샤먼의 언어로 한다면 달아나 버린 정신을 다시 불러들이는 것, 즉 해리되었던 기억의 조각들을 통합하는 재결합re-membering에 초점을 두어야 한다.

이 중요한 단계에서 내가 선호하는 개입 중 하나는 만다라를 그리는 것이다. 만다라는 내담자들의 직관적인 자아의 핵심을 강화시킨다. 만다라의 패턴은 그리스어로 "성스러운 공간"을 뜻하는 테메노스temenos의 창조라고 볼 수 있으며 내담자의 자원이 될 수 있다. 만다라 문양 채색하기에서 만다라 문양 디자인하기, 만다라 일기 쓰기에 이르기까지 다양할 수 있다. 산스크리트어로 만다라는 "원"으로 번역되는데, 이 만다라들은 위기에 처한 개인을 위한 영적 수행으로 사용될 수 있다.

내담자들은 신진대사가 막힌 상태metabolic shutdown에서 벗어날 수 있다. 안전감을 확보하는 것이 핵심이다. 동물들도 역시 그들이 안전하다고 느낄 때만 회복되기 시작한다. 이 안전은 교감신경 각성 상태의 균형을 맞추고 부교감신경 안정을 촉진할 수 있는, 둥글고 부드럽게 흐르는 그림 형태들의 드로잉을 통해 촉진된다. 그런 다음, 편도체를 평형 상태로 재설정하여 좌절된 투쟁-도피 충동을 완결하기 위해 선 및 각진 형태들이 사용된다.

파편화된 것을 하나로 통합하는 것이 이제는 가능하지만 전에는 상상도 할 수 없었다. 마치 "있었던 그대로의 나"가 되어 고향에 온 것 같은 느낌이 든다. 드로잉에서도 마찬가지로 해결 방법은 항상 당황스러울 만큼 간단하다. 이것은 쓸데없이 애쓰지 않는 존재의 상태다. 숨길 것도, 억제할 것도, 통제할 것도 없다. 깊은 결심의 명상 상태다. 생존을 위한 것으로부터 살아 있는 것으로 이동하는 새로운 차원의 존재에 진입했다. 감각은 깨어 있고, 몸은 편안하다. 거기에는 두려움도, 싸움도 없고, 단지 평화와 사랑의 자각과 그리고 호흡의 리듬만이 있을 뿐이다.

2부

신체의 형태

신체는 형태를 통해 말한다

14장 여성적 기본 형태들

이 장의 목적은 가이드 드로잉의 기본적인 요소들을 소개하는 것이다. 가이드 드로잉에서 다양한 형태들을 살펴보는 것은 마치 글자를 배울 때 알파벳부터 알아야 하는 것과 같다. 이 형태들을 사용하여 내담자들은 자신의 이야기를 할 수 있다. 두려움에 빠진 내담자들에게는 치료사가 한두 가지 정도의 기본 형태를 그려보도록 제안하는 것으로 구조화시킬 수 있다. 내담자들이 스스로 그리기를 시작할 수 있을 정도로 자신감이 생길 때까지 이런 방법을 반복하여도 좋다. 점점 다양한 형태들이 표현되어 감에 따라 그들의 이야기가 전개될 것이다. 보다 덜 지시적인 도입 방법은 내담자들을 자신의 신체 인식에 집중하도록 하면서 양손이 원하는 움직임의 흐름을 따라가도록 하는 것이다.

Hippius는 부드러운 곡선의 움직임을 "여성적female"이라고 하고, 각이 지고 직선적인 움직임을 "남성적male"이라고 이름 지었다. 이 장에서는 먼저 여성적 특성을 내포하는 기본적인 형태들을 소개하고, 이후에 남성적 특성을 내포하는 형태들을 다루도록 하겠다. 여성적, 음陰의 형태들은 다음과 같다.

- 그릇 형태

- 아치 형태
- 원 형태
- 나선 형태
- 8자 형태
- 물결 형태

남성적, 양陽 의 형태들은 다음과 같다.

- 수직 형태
- 수평 형태
- 십자 형태
- 삼각 형태
- 사각 형태
- 펀치를 날리는 듯한 변형된 십자 형태
- 점 형태

나는 특히 트라우마와 관련하여 신체 감각과 부합되거나 감정과 느낌에 연관시켜볼 수 있는 형태들에 대해 설명할 것이다. 독일어로 원형적 형태를 뜻하는 *Urformen*과 신화와의 관계를 언급하여 설명할 것인데, 이는 형태들에 대한 이해를 더욱 풍부하게 할 것이다. 그러나 어떤 것도 고정된 해석은 없다. 모든 사례에서, 내담자의 개인적 경험은 그 의미를 이해하는 데 중요한 열쇠가 된다.

형태들을 이용하여 가이드 드로잉의 맥락에서 치료적으로 접근하는 기법은 80여 년 넘게 이어져 왔다. 내가 앞으로 설명해갈 내용을 증명할 수 있는 학술적 연구가 진행된 적은 없지만, 우리의 상식과 수천 명의 내담자들이 할애한 시간들이 이 경험적 지식을 뒷받침하고 있다. 그렇지만 단순히 나의 설명을 "믿기"보단, 여러분들이 두 눈을 감고, 리듬감 있는 반복 동작으로 커다란 종이 위에 특정 형태들을 두 손을 사용하여 그리면서 어떻게 느껴지는지, 특정한 형태를 통해 어떻게 감각느낌felt sense의 인식이 가능해지는지 시도해 보라고 권유하는 것이 내가 할 수 있는 전부이다.

전작 『변화 여정The Transformation Journey』(2014)에서는 이 기본 형태들이 보여 줄 수 있는 모든 변형과 그 형태들이 원형archetypes으로서 지닌 중요성에 초점을 두었다면, 이번에 나는 형태들이 가지고 있는 신체와의 연관성과 그 형태들이 트라우마 전문 치료적 개입의 도구로서 어떻게 적용되는지에 중점을 둘 것이다. 상징의 중요성에 대해 보다 깊은 탐색을 원하는 분들은 『변화 여정The Transformation Journey』(2014)을 참고하시길 바란다.

그릇 형태

생리학

우리의 골격 구조에서 가장 큰 그릇 모양은 골반이고, 횡경막이나 뒤통수처럼 그릇 형태로 그릴만 한 다른 신체 부위들이 있기는 하지만, 가장 일반적으로 이 형태와 연관된 부분은 골반저pelvic floor이다. 이는 골반의 오목한 그릇 바로 우리가 들어가서 안정을 취하는 공간이고, 우리가 "흥분" 할 때 단절되는 부분이다. 이곳이 바로 우리의 척추가 자리 잡는 곳이다. 가장 낮은 위치의 차크라chakra는 발이 아니라 척추의 끝단에 위치하기 때문에 골반은 내적 토양이고 그 안에서 우리는 제자리에 있다고 느낀다. 그것은 우리의 무게 중심이자 핵심 생명력의 정점인 하라hara점의 요람이다.[1]

우리는 배아로서 골반의 보호를 받으며 자궁 안에 담겨 있었다. 모성적 본능, 보호

[그림 14.1] 그릇 형태

받는 안전함 또는 그 결핍을 경험하는 곳이 바로 이곳이다. 주양육자와 형성하는 애착 관계는 우리 내면 기억이 모두 종합되어 복잡한 세계를 만드는데, 이것은 여과나 검증 없이 우리 몸에 남아 정체성이 된다. 초기 애착관계에 따라 개인과 신체 사이의 관계, 그리고 개인과 사회의 관계가 형성된다. 이후에 이 신뢰의 영역은 우리의 성정체성으로 확장된다. 그릇 형태는 우리가 자신의 직감을 얼마나 신뢰하는지도 드러내는데, 이 내적 나침반이 결핍되면 일상 생활에서 여러 어려움을 겪게 된다.

주요 내부 기관들을 담고 있다는 측면에서 골반을 생각한다면, 그릇 형태 그림에는 등쪽 미주신경계dorsal vagal system와 관련된 모든 문제들이 나타난다. 여기서 우리는 부교감 신경이 안정된 상태라면 깊은 이완을 경험할 수 있지만, 고통스럽고 불안한 상태에서는 해리와 분열을 경험할 수 있다. 한편, 흔들 그릇rocking bowl 형태의 리듬감있는 반복은 내담자들이 안정감, 편안함, 자신과 하나가 되는 느낌을 주며, 심지어 명상적인 상태나 깊은 웰빙well-being 상태에 도달할 수 있도록 해준다. 그러나, 등쪽 미주신경계가 일으킨 쇼크로 신진대사가 폐쇄되면 구토나 설사를 할 수도 있는데, 이는 독소나 독성을 체외로 배출하기 위한 것이다.

특히 출산이나 어린 시절과 관련된 복합 트라우마를 경험한 내담자들은 자신의 복부로부터 분리되려는 경향이 있는데, 이는 경향은 종종 성적 트라우마의 결과로 나타나기도 하며, 내담자들은 자신의 신체에 대한 느낌이 없고 안전을 지키는 데 도움이 되는 본능적 직관력과도 단절되어 있다. 유아는 싸우거나 도망칠 선택권을 가질 수 없다. 몸을 움츠리며 벗어나려고 시도할 수도 있겠지만, 스트레스가 견딜 수 없을 정도라면 모든 신체기능을 폐쇄할 것이다. 특히 양육자가 트라우마의 주요 원인이고 유아가 지속적으로 스트레스 상황에 반복 노출될 경우, 유아들의 신경계는 결코 안정화되지 못한다. 이런 유아들은, 주체할 수 없을 정도로 심하게 흥분하고 만성적인 신경계 장애를 갖게 된다.[2] 이런 내담자들이 진정하는 법을 찾기 위해 그릇 모양을 그려야 하는 사람들이다. 하지만 이들은 이 움직임으로 인해 쉽게 트라우마가 유발되기도 한다.

원형

Jung 심리학에서는 위에 설명한 태아기 및 영유아기 트라우마 유형을 상징적으로 *원초물질*prima materia: primary matter이라고 묘사하는데, 이는 미분화 단계에 있고, 검고, 무의식적이며, 구원받지 못한 것으로, 연금술사가 황금으로, 현자의 돌로, 의식과 부활로 변신시키려고 하는 물질이다. Jung은 심리학과 연금술에 관한 자신의 가장 중요한 저서에 이 주제를 할애하였다.

요가에서 척추의 끝단은 상상의 뱀 쿤달리니의 자리인데, 이 뱀은 차크라를 통해 위로 솟아오르는 복잡한 에너지 체계를 상징한다. 이런 맥락에서, 골반저는 차크라의 기반으로서 해방을 기다리는 숨겨진 정신적 힘의 근원이다. 힌두교에서 크라운 차크라는 연꽃에 비유하여 이미지화하는 반면, 아래쪽 차크라는 물속에 잠긴 채, Jung의 원초물질과 유사한 칠흑 같은 어둠 속에 깊이 잠들어 있는 의식에 비유된다.

Hippius는 골반저를 정신적 "고통의 근원지ground of suffering"[3]라고 표현했다. 내담자가 과거에 복합 트라우마를 겪었다면, 대장과 등쪽 미주신경의 조절장애가 있을 가능성이 높다.

그릇 형태와 관련해서 자주 등장하는 이미지는 요람, 뭔가를 받치고 있는 손이나 팔, 둥지, 배boat, 컵, 가마솥이나 물건을 담는 기타 용기 등이다. 긍정적 의미의 원형으로 그릇은 내담자들에 의해 양육, 보호, 요람, 포옹 등으로 묘사되는데, 이는 위대한 어머니Great Mother의 긍정적인 특징들을 상징하는 형태이다. 성모 마리아, 성녀 소피아, 타라보살, 관음보살 등의 여신들이 상징하는 순수하고 포용적인, 무조건적인 사랑의 표현인 것이다.

개입

오목한 그릇 형태를 그리는 리듬감 있는 움직임은 아이를 흔들어 주고 안아 주는 느낌을 일으키며, 그 느낌은 특히 양손이 평행으로 움직일 때 더 커진다. 동시성을 지닌 운동 충동은 주로 웰빙well being 및 안전의 경험을 느끼게 해준다. 양쪽 손의 **평행 동작** parallel motion은([그림 14.1]과 [그림 14.2] 참고) 지지와 보살핌의 근원과 끊김이 없이 연결되어 있다는 것을 나타낸다. 이런 특징 때문에 개입 과정에서, 고통에 전하는 위로의 의미로 이 형태를 의도적으로 도입할 수 있다.

감정이 고조된 내담자는 좌우로 흔드는 동작으로 이 형태를 표현하며 위로를 받을 수 있다. 이것은 유아의 성장에 필요한, 마음을 달래주는 애착관계와 긴밀하게 관련되어 있다. 이런 맥락에서, 그릇 형태는 내담자들이 하향 조절을 하고 안정된 부교감 신

[그림 14.2] 평행 동작으로 그려진 그릇 형태

경계에 연결되는 것을 돕는 가장 중요한 개입 중 하나이다. 트라우마를 입은 내담자들은 자신의 신체와 갈등관계에 있는 경우가 많기 때문에, 상승과 하강 동작([그림 14.2] 참고)을 추가하는 것이 자기 신체와 신뢰를 쌓는 데 도움이 될 수 있다.

이 경우, 내담자들이 편안하게 자신의 신체에 접근할 수 있는 한도 내에서만 "조심스럽게" 내려갈 것이고, 지나치게 활성화되면, 즉시 다시 휘두르며 올라올 수 있다. 자기 신체와의 신뢰도가 증가함에 따라, 이 조율된 접근 방법을 활용하여 더욱 아래로 내려갈 수 있다.

따라서, 이것은 신뢰를 쌓는 데 유용한 개입으로, 긴장감이나 막힘을 완화 시켜준다. 특히 골반저에 갇혀있는 성적인 트라우마는 그릇 형태를 통해 쉽게 활성화될 수 있다. [그림 14.2]는 서서히 저항력을 기르고 두려움에 대항하는 방법을 제안하고, 또한 골반에 대한 인식을 트라우마로부터 분리하라는 제안도 한다. 왜냐하면 골반은 그 자체로 자원이 될 수 있고, 트라우마와 동일시될 대상이 아니기 때문이다.

양손을 평행으로 리듬감 있게 움직이며 흔들 그릇 형태를 그리는 것과([그림 14.1]과 [그림 14.2] 참고) 양손을 여닫으며 거울에 반사되는 듯한 방식으로 그리는 것([그림 14.3] 참고) 사이에는 놀라운 차이가 있다. 이것은 바닥이 없는 형태를 만들거나, 바닥이 있다고 해도, 잘 막혀있지 않고 열린 부분이 있는 형태를 만든다. 이로 인해 그릇의 바깥쪽이나 아래에 꼭 무언가 있을 것 같은 느낌이 생겨서, 위축되거나 안전하지 않다는 감정을 일으킬 수 있지만, 그런 느낌을 안 받는 개인들이 있을 수도 있다. 그리고 골반저를 개방하는 것은 성과 관련된 정체성의 전반을 건드리는 것으로, 특히 여성에게는 더욱 그렇다.

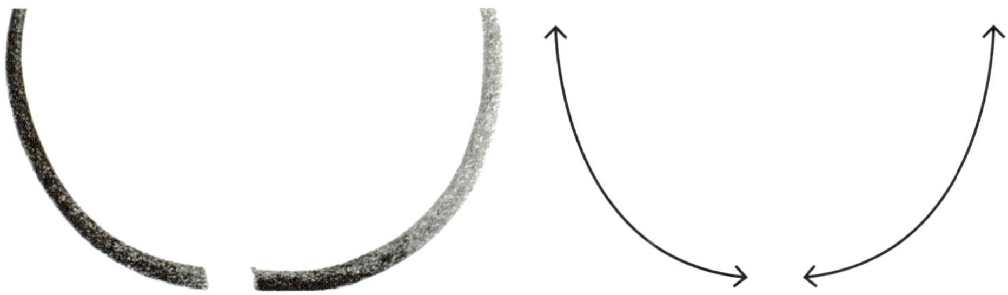

[그림 14.3] 거울반사 동작으로 그린 그릇 형태

거울반사 동작mirrored motion이 더욱 잘 반영하는 감정들은 위협감과 불확실성이다, 이 동작에서는 두 손이 가까워졌다가 멀어지는데, 이 움직임에서 두 손이 경험하는 것은, 흔들 동작 그릇 형태에서 느꼈던 요람 안에 들어있는 아기의 느낌이라기보다는, 양손 사이의 동등한 관계성이다. 거울반사 그릇 형태를 그리는 동작에서는, 왼손과 오른손, 몸의 왼쪽과 오른쪽 그리고 양쪽 뇌 반구가 함께 만났다가 멀어지는 경험을 하게 된다. 두 부분은 그림의 최저점에서 서로 편안하게 만날 수도 있고, 연결되는 것을 회피할 수도 있고, 서로 충돌할 수도 있다. 그러한 만남은 서로 모순되는지 아니면 조화로운지 살펴보아야 한다. 거울반사 그릇 형태는 더 많은 문제점이 있는 유형이지만 동시에 더욱 성숙한 "성인판" 변형이기도 하다.

[그림 14.4] 분리된 그릇 형태

만일 둘로 **분리된 그릇 형태**separate bowls([그림 14.4] 참고)가 등장한다면, 신체의 양 측은 연결을 피하고 있는 것인데, 어쩌면 동시에 두 손을 움직이는 것이 어려워서 그럴 수도 있다. 간혹, 그림이라는 대화를 통해 양손이 상반된 주장을 하는 것이 분명히 드러날 때가 있다. 그런 경우, 양손은 번갈아서 그림을 그리는데, 이럴 때는 더 이상 그릇 형태를 이루지 못하고, 어떤 방향이 되었든, 마치 각자 움직이라고 강요라도 받은 듯이, 양손은 서로 모순된 감각느낌을 표현한다.

여기에서 다음의 질문들을 생각해 볼 수 있다. 내담자는 현재 또는 과거에 이와 비슷한 구조의 대인관계를 경험했는가? 그 관계의 역동은 어떻게 묘사될 수 있는가? 사람들은 그리는 것을 통해서가 아니라, 그들 사이에서 일어나는 힘의 관계, 권위있는 인물의 협박이나 고함과 같이 그들 사이에서 벌어지는 힘의 역학이 사람들을 그리지 않고도 어떻게 표현되는가? 내면 아이는 반대편에 있는 내면화된 부모에게 맞서고 있는가? 경계boundary는 유지되고 있는가 아니면 전혀 없는가? 종이 위에 그려진 격렬한 두 손 사이의 대화에, 주요 단어들과 문장들을 추가로 기록할 수 있다.

몸과 마음이 완벽하게 대칭을 이루며 균형을 이루는 사람은 없으며, 약간의 불규칙함은 자연스럽고 평범한 것이다. 이런 점은 그림에서 잘 드러난다. 한쪽이 다른 쪽보다 둥글거나, 넓거나 더 주변으로 퍼질 수 있다. 선의 필압이 다를 수도 있어서, 왼쪽에는 고르고 편안한 선이 있는가 하면 반대로 오른쪽에선 긴장감이 표현될 수 있다. 대부분의 사람들이 생각하는 것과 달리, 이런 현상은 왼손잡이나 오른손잡이의 여부와는 거의 관련이 없다. 내면세계에 관한한, 가끔은, 자주 쓰지 않는 쪽이 평소에 자주 사용하는 쪽보다 오히려 더 강하고 내면을 더 잘 인식하고 있기도 하다.

[그림 14.5] 납작한 그릇 형태

납작한 그릇 형태flat bowl가 나타난 경우([그림 14.5] 참고), 개인들은 보통 보호받지 못한 채 노출된 기분을 느낀다. 그들은 수용되고 품어지는 방법을 모를 수도 있다. 지나치게 개방된 형태는 방어나 식별능력의 결핍에 의해서 외부 영향력의 침범 상태를 가리킬 수 있다. 이런 형태는 내담자가 약이나 술을 남용할 때 자주 나타난다.

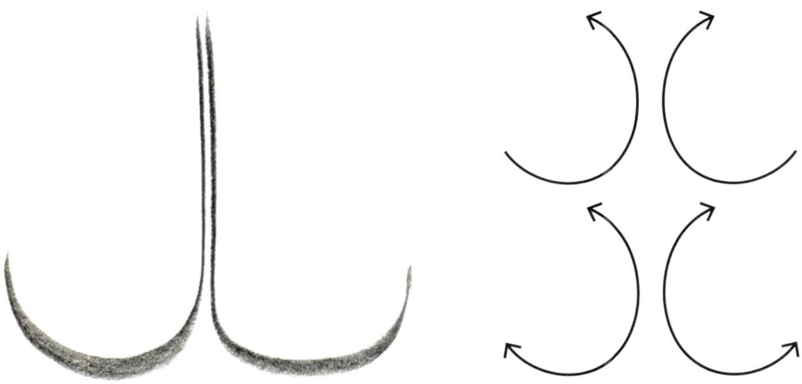

[그림 14.6] 중심에 수직선이 있는 그릇 형태

중심에 수직선이 있는 그릇 형태bowl with a vertical in its center([그림 14.6] 참고)는 척추의 하단부를 골반 구조의 일부로 포함하려는 자연적인 충동과 관련된 것으로 보인다. 추진력과 즐거움을 동반할 때 쉽게 나타난다. 이 형태는 상승과 하강 움직임으로 구성된다. 확고한 지지기반 위에서 과장이나 열등감 같은 부담에서 벗어나, 내담자는 자신이 얼마나 위로 올라갈 수 있고, 혹은 바깥쪽으로 확장할 수 있는지 즐겁게 실험해 볼 수도 있다. 반대로, 아래 방향으로 움직임을 집중하여 그라운딩과 부교감계의 진정에 초점을 둘 수도 있는데, 진정하는 것을 더 강조하기 위해서, 의식적으로 숨을 내쉴 수도 있다. 내면을 향하는 이러한 움직임은 소화과정을 상징적으로 혹은 실제적으로 모방하는 것 이기도 있다.

모든 그림은 종이에 투사된 신체를 나타낸다. 진단의 측면에서, 종이에 그려진 **그릇 형태의 위치**는 매우 중요하다. 종이를 책상 모서리에 딱 맞추면 종이의 기준선은 의자가 되고, 그릇은 앉아있는 사람의 골반에 해당된다. 종이의 바닥 부분에 그릇 형태가 그려졌다면 안정화를 깊게 경험한 것이라고 할 수 있다. 종이에 그려진 그릇 형태의 아랫 공간에 아무것도 그려지지 않았다면 해리된것, 무의식적이며 원치 않는 것, 두려운 것과 연관되어 있는 것으로 간주할 수 있다. 이런 경우 그릇은 기저에 닿지 않게 둥둥 떠 있거나 상승하는 모습으로 표현된다. 내담자에 따라서는 신뢰가 쌓이면 그리기가 안정될 수도 있고, 반대의 경우라면 심각한 감정의 고조를 나타내는 지표가 될 수도 있다.

다음은 개인의 욕구에 따라 표현된 그릇 형태에 관한 다양한 해석의 예시들이다.

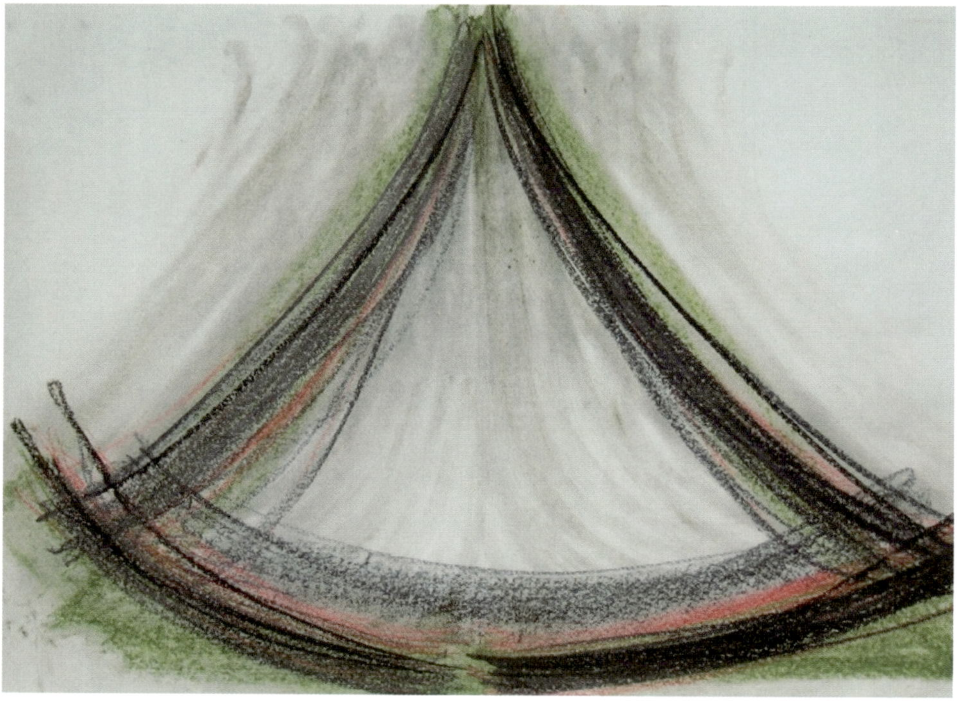

[그림 14.7] 안정감이 잘 드러난, 조화롭게 좌우로 흔들리는 움직임. 양측 삼각형태의 운동 충동은 아래쪽으로 그려졌으며 내쉬는 호흡과 함께 강조되었다. 처음에는 양손을 평행으로 두고 그릇 형태를 그렸지만, 자신감이 상승하고 나서는 더욱 성숙한, 거울반사 유형으로 변했다.

[그림 14.8] 고조된 감정과 분열된 골반을 표현한 예시로, 내담자인 Mary는 복합 트라우마를 겪고 있다. 흔들기 동작은 초점이 맞지 않은 채 중심이 지속적으로 이동한다. 그림은 종이 기저선 한참 위에 떠 있는데, 이것은 감각느낌이 횡경막 아래쪽에는 미치지 않는다는 것을 나타내는 것일 수 있다. 내담자는 이 그림을 "잠과 휴식"이라 불렀지만, 형태를 그리며 그녀가 안정감을 느꼈을 수는 있어도, 그녀의 신경계가 완전히 진정되었다는 지표는 찾을 수 없다.

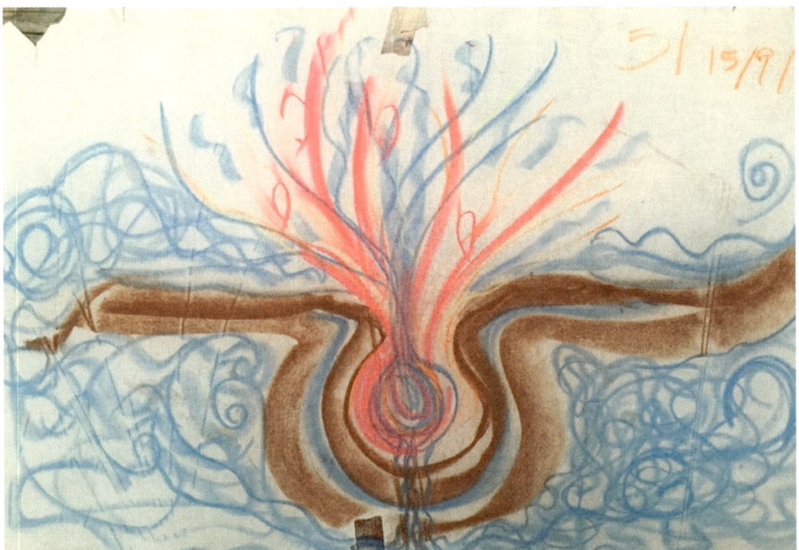

[그림 14.9] Mary는 세 번의 회기 이후, 치료 과정의 막바지에 자신의 내적 기반과 연결되었는데, 여기에는 활력, 에너지, 조화가 있다. 이전의 초점 없이 여러 겹으로 나타났던 그릇 형태들은 러시아 인형처럼 서로의 안에 안착했다. 그녀의 영혼은 회복되었으며 그녀의 몸은 생기를 찾았다.

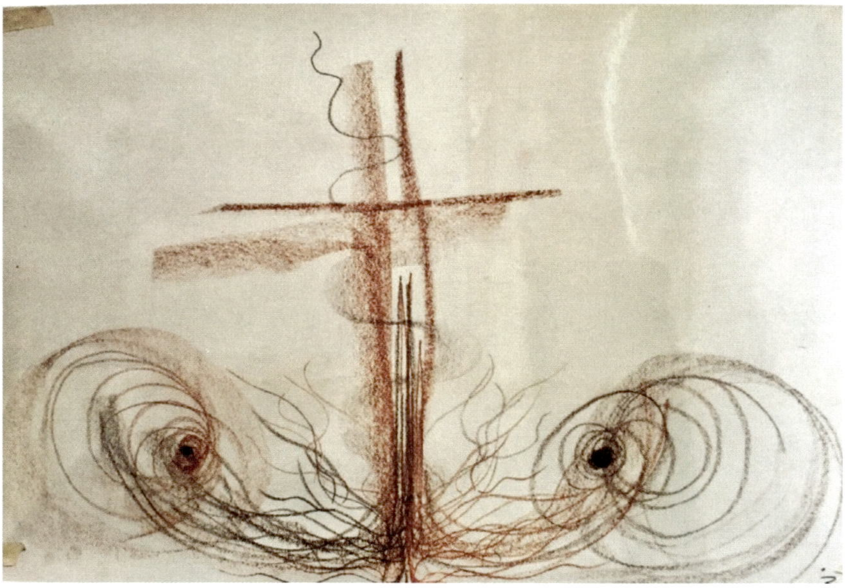

[그림 14.10] Clair는 엄격한 로마 가톨릭 환경에서 자랐으며 어릴 적 성적 학대를 받았다. 그녀는 치료 중 자신의 영성과 성 관련 문제, 여성으로서의 정체성 때문에 힘들어했다. 그녀의 골반은 생기가 없다.

[그림 14.11] Rita는 그림을 그리기 시작하며 구토감을 느꼈다. 이 핑거페인팅은 그녀 내면의 혐오스러운 "음산함"의 표현이었다. 그녀가 새아빠에게 받았던 신체적, 성적 학대를 떠올리면서 "비 같은 작은 눈물 방울들"이 나타났다.

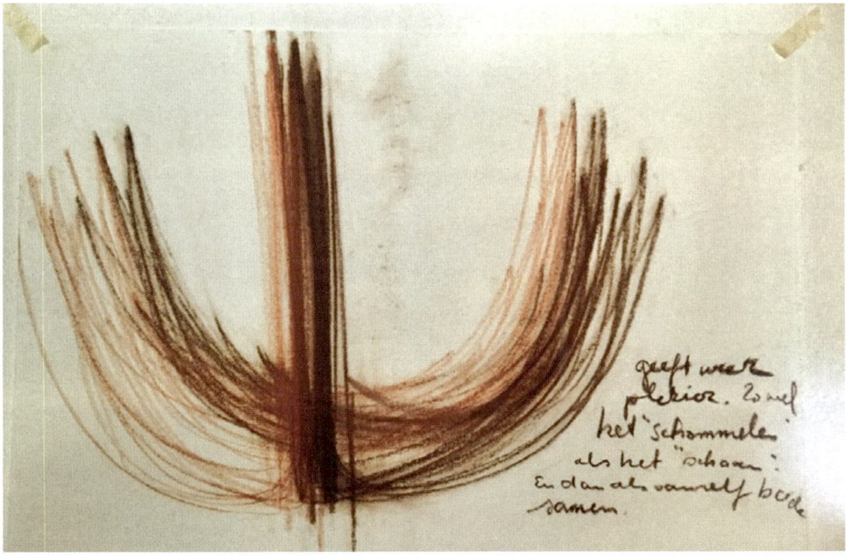

[그림 14.12] 성공한 사업가인 Peter의 그림에는 분명한 구조와 초점이 있지만, 감정의 표현과 성과 관련된 문제로 결혼 생활에 어려움이 있었다. 그릇은 위로 올라가고 있는데, 이는 즉 그가 자신의 골반에 완전히 정착하지 못했으며 내적 기반의 일부가 분리되어 있음을 나타낸다. 그의 글은 성과 관련된 문제에 대한 여러 의문점들에 집중되어 있다.

[그림 14.13] Peter의 다음 그림에서는 눈에 띄는 활성화를 볼 수 있다. 그는 자신의 분노를 위로 향하는 강렬한 획으로 표현했는데, 선마다 상당한 압력을 사용하여 자신의 배에서 느껴지는, 대부분 좌절된 성적 에너지에서 비롯된 긴장감을 발산했다. 그는 과거에는 표현할 수 없었던 무언가를 명확하게 표현하고 있다. 그는 위쪽 그릇 형태로 그리기 시작했으며, 긴장이 분출됨으로 인해서 그를 자신의 골반 더 깊은 층에 안착할 수 있게 해주었다.

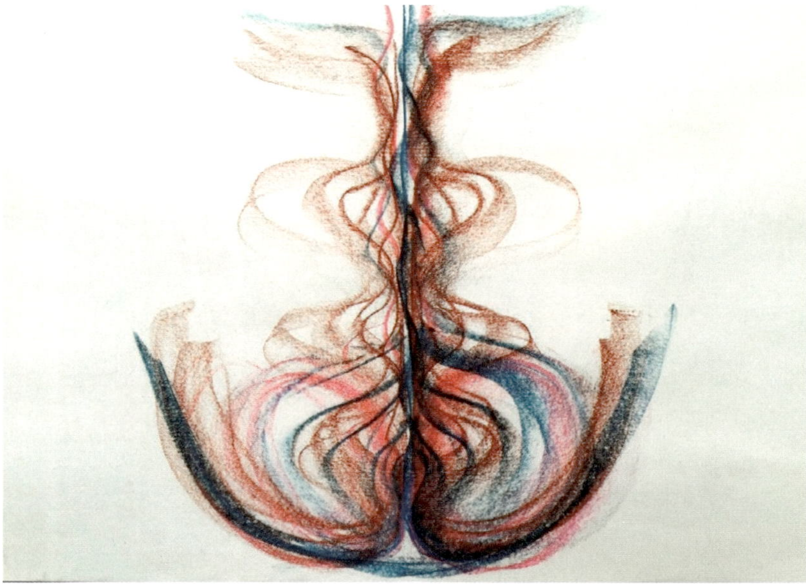

[그림 14.14] 이 그릇 형태 그림은 이완되고 충분한 해소를 경험했다고 느끼는 내담자가 그렸다. 투명한 선은 자유롭게 흐르는 활력을 반영하고 있다.

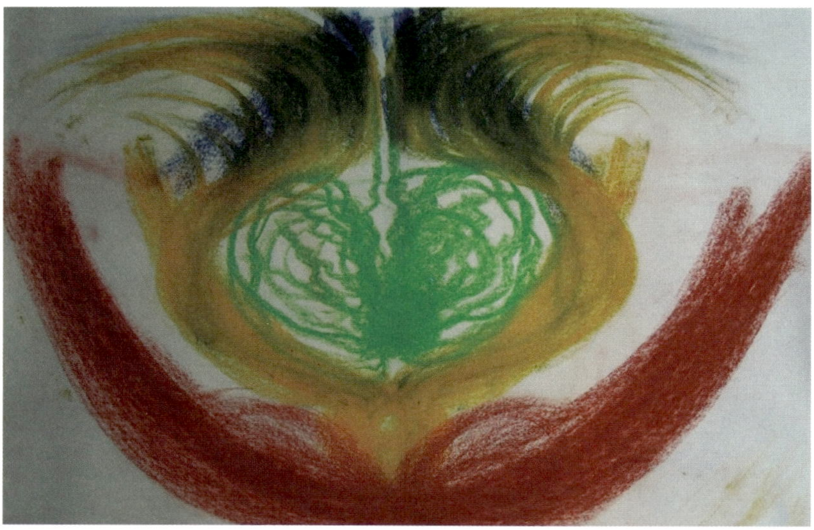

[그림 14.15] 이 젊은 여성은 치료 중, 어린 시절의 성적 학대와 마주했다. 그녀의 이 마지막 그림에서 그녀의 골반이 균형있고 안정되었으며 생명으로 가득찬 모습으로 눈에 띄게 회복되었다는 것을 알 수 있다. 가장 중요한 것은 한가운데에 나타난 초록색 심장으로, 자신이 다시 사랑을 할 수 있게 되었다는 상징이다. 지금까지 그녀의 감정은 매우 혼란스러워서 자신이 무엇을 원하고 필요로 하는지 알 수 없었고, 자신을 적절하게 표현할 수도 없었다. 그로 인해 그녀는 지배적이고 폭력적인 대인관계에 여러 차례 빠지고 말았다.

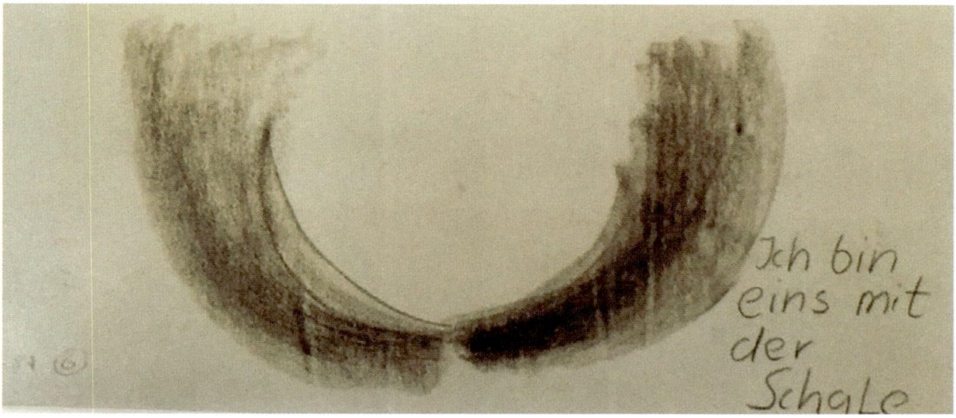

[그림 14.16] 이 그림은 Elizabeth의 치료 과정 마지막에 나타났다. 그녀는 8세에 겪은 집단 성폭행에 대한 오랜 침묵을 깬 로마 가톨릭 수녀다. 이전 회기에서 그녀는 분열과 분노를 그려냈다. 이제 그녀는 경이로운 상태에 있었으며 드디어 누군가 자신의 이야기를 들어 주었다고 느꼈다. 명상의 침묵 속에서 그녀는 강력한 감각느낌을 통해 자신이 그녀의 뒤에서 함께 하며 붙잡고 있는 손길을 느꼈다. 그녀는 "난 그릇과 함께 한다"라고 적었다.

[그림 14.17] 이전 회기의 충분한 방출 이후, 명상을 마친 내담자가 눈을 뜬 채로 자신의 기억에 대해 그린 그림이다. 그녀에게 있어 이 그림은 깊은 영적 경험을 표현한다. 그릇 형태는 수면에 떠 있는 연꽃으로 표현되었다. 그녀의 내면 아이는 초록색 잎으로 둘러싸인 그리스도의 삼위일체와, 우주를 상징하는 노란 아치 형태에 앉아있다.

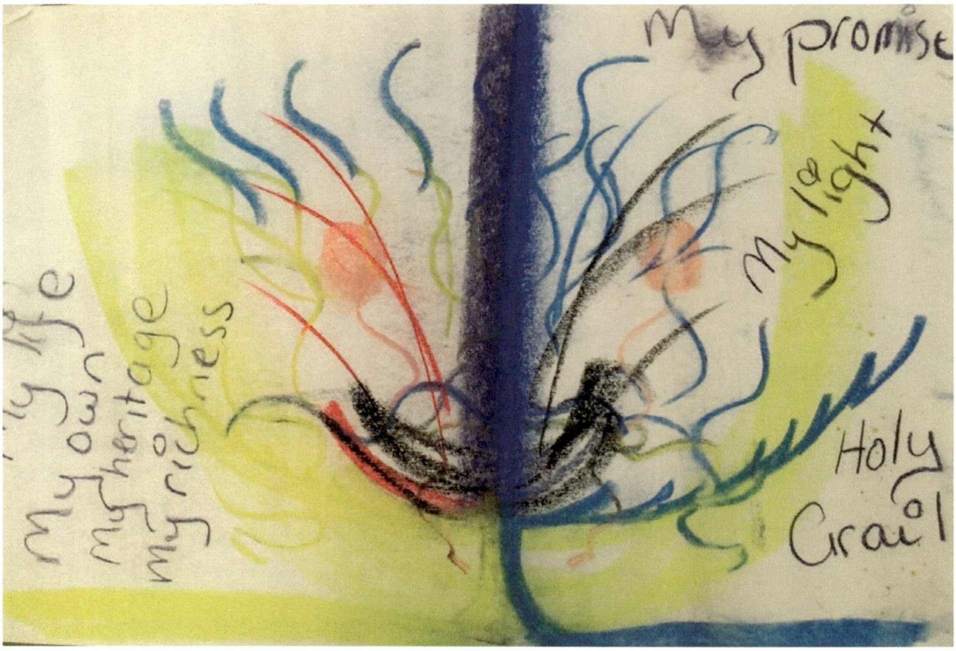

[그림 14.18] Jennifer는 빛으로 가득한 큰 그릇 속 작은 그릇 안에 있는 자신의 경험을 그림에 적었다. 그녀의 척추는 매우 튼튼하게 기저에 연결되어 있으며 올곧게 서 있다: "나의 삶. 나의 것. 나의 유산. 나의 풍족함. 나의 빛. 성배."

오목한 그릇 형태는 여성적 형태들 가운데 가장 중요하다. 이는 내담자에게 편안함, 위로, 수용이 필요할 때 그들의 부교감신경계를 진정시키기 위하여 필요한 귀중한 개입이다. 처음에 내담자가 어떻게 시작해야 할지 모를 때, 나는 그들에게 이 그릇 형태를 그리도록 한다. 이는 쉽게 내담자들을 자신의 감각느낌과 연결시키며 신체중심에 접근하도록 인도한다. 동시에 좌우로 반복적으로 흔드는 동작rocking movemement을 통해 내담자가 자신의 내적 안정감과 맺고 있는 관계를 볼 수 있고, 진단에 관한 통찰을 제공한다.

아치 형태

생리학

아치 형태는 신체적으로는 주로 어깨와 관련이 있다. 팔은 어깨로부터 뻗어 나와 아래 방향으로 굽어 내려온 아치라고 볼 수 있다. 목과 뒤통수로 이어지는 어깨는 머리를 다른 신체로부터 구분한다. 뒤통수와 목, 어깨는 신체로부터 올라오는 감각을 막거나 통과시키는 일종의 관문 역할을 한다. 자기주도권과 관련된 신체적 감각의 상당량이 어깨에 담겨 있다. 여기서 우리는 냉정함을 유지하고 어려움에 맞서기 위한 준비를 한다. 개인이 똑바로 서서 주도성을 갖는 "당당함" 은 우리 자세에 드러나는데, 특히 어깨에 나타난다. 자아 통제는 감정과 예민함을 드러내는 것이 부적절하다고 여겨지는 환경에서 매우 인정받는 자질이고, 이와 관련된 문제는 어깨에 잘 드러난다. 군인들이 등을 곧게 펴고 목 부분이 보이지 않도록 특유의 턱 각도를 유지하는 자세를 통해 감정 표현을 통제한다는 것은 널리 알려져 있다. 전문가로서 자신의 머리를 신체와 분리하는 데 사용되는 넥타이는 직장인들의 상징적인 옷차림이다.

사회적으로 부적절하게 여겨지는 욕구로 인해, 감정이 "목까지 차오를" 때, 어깨와 목이 이것을 억제하는 기능을 가지고 있다. 우리가 지고 있는 책임의 무게와 무엇에 맞서 주장을 펼 때의 두려움들은 어깨와 목에 갇혀있는 긴장이고, 종종 고통스러운 뻐근함으로 나타나곤 한다. 우리는 순종을 나타낼 때, 어깨를 늘어뜨리고, 척추와 아랫배의 힘을 쭉 빼는 것으로 표현한다. 우리가 스스로를 보호하기 위해 눈에 띄지 않게 "사라지려고" 시도할 때 어깨는 더욱 움츠러들고 척추 및 아랫배는 더욱 심하게 처진다. 어깨의 긴장과 이완은 교감신경계의 각성 상태를 조절한다. 우리는 수치심이 느껴지면 검문소 역할을 하는 어깨 근육을 지나고 나서 얼굴이 빨개지거나 감정을 억누르기 위해 힘겹게 삼켜버리는 경우도 있다.

부모님으로 인한 트라우마를 가진 어린이들은 도움을 청하고자 하는 욕구와 그렇게 하려다가 상처받을지 모른다는 두려움 사이에서 엄청난 갈등에 빠지게 된다. 어린

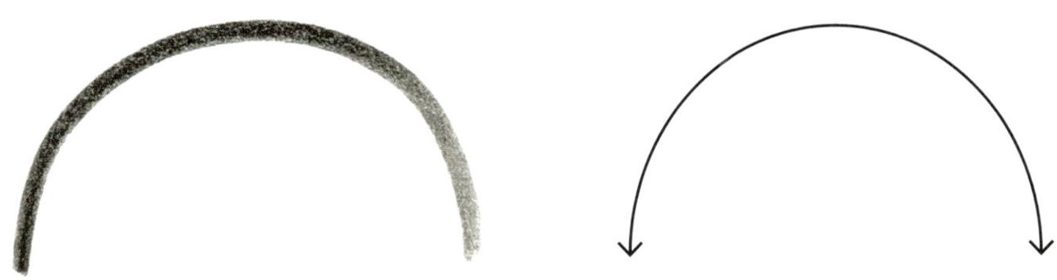

[그림 14.19] 아치 형태

이들은 손을 내밀고 사랑을 갈구하면서도 동시에 두려움으로 움츠러들기도 한다. 이러한 갈등은 어깨와 목의 만성적인 긴장감으로 나타나 편두통을 일으키거나, 어떤 경우, 말더듬이나 언어장애의 원인이 될 수도 있다.

좀 더 협소한 범위에서 보면, 아치 형태는 횡격막과 연관되어 있는데, 가슴과 아랫배 사이를 구분하는 관문 역할을 하고 있다. 그러므로 아랫배 부분은 등쪽 미주신경계가 연결된 "내부 장기" 관련 문제들, 예를 들어, 위장에서 느끼는 구역질 등을 조절한다. 횡격막은 일차적인 공포에 반응한다. 우리가 두려움으로 경직될 때 우리의 자율신경계가 신진대사의 폐쇄를 시작하는 곳이 바로 이곳이다. 긴장된 횡격막은 구토를 유발하고, 정신이 멍해지며, 모든 것이 무감각해지게 만든다. 내담자들은 이러한 경우 뼛속까지 차가워졌다고 보고하기도 한다. 일단 횡격막이 이완되면, 온기와 생기가 다시 돌기 시작하고 부교감신경이 안정이되면 내담자들은 다시 사회적 참여 체계에 연결될 수 있다.

원형

커다란 아치 형태는 무엇인가를 완전히 덮고 있는 것으로 이해될 수도 있는데, 그 예로는 터널이나 다리, 돔dome모양, 무언가를 덮어 놓은 담요나 자궁 등이다. 그러므로 동반되는 감정은, 지하, 산속 혹은 땅속이나 어둠 속에 있는 듯한 느낌이다. 아이가 무지개를 그려 자기 세상을 보호하듯이 내면의 세계를 지키고 보호한다. 그 공간은 "나의 방"이고 그 안에서 나는 안전하게 보호받는다. 그릇 형태가 하늘을 향해 위쪽을 보고 있다면, 아치 형태는 땅, 지하세계에서 비롯된 모든 것을 향해 아래로 개방되어 있다.

긍정적인 차원에서, 이 형태는 보호나 방패로 경험된다. 안전한 장소를 나타내고, 귀중하거나 비밀스러운 것을 지킬 수도 있다. 그것은 온실이거나 임신일 수 있다. 두 경우 모두, 새롭게 자라나는 존재에게, 바깥세상에서 생존하기에 충분한 힘을 기를 수 있는 안전한 성장환경이 필요하다. 문제가 해결된 상태에서, 아치 형태는 잘 알려진 변화의 상징인 무지개처럼 투명해질 수도 있고, 또는 새로워진 자신감에 의해 관통되고 개방되어 자유와 빛이 있는 위쪽을 향할 수도 있다.

하지만 아치 형태는, Jung이 밤의 항해라고 부른 것에 관련된 모든 종류의 주제들을 말하기도 한다. 그 안에서, 우리의 내적 영웅은 무의식이라는 지하세계로 내려와야만 한다. 미해결의 내면 공간은 지옥, 감옥 또는 무덤으로 경험된다. 상징적으로, 아치 형태는 요나를 삼켰던 성경 이야기의 고래이자, 오르페우스가 도달할 수 없는 금단의 세계인 죽은 자들의 땅이기도 하고, 빨간 망토를 먹어 치웠던 늑대이자 헨젤과 그레텔을 가두어 두었던 마녀이기도 하다. 아치의 영역에서 우리의 내적 영웅은 생명을 위협하는 위험과 마주하고 변화를 이루고 주어진 임무를 완수해 내야만 한다, 그렇지 않으면 목숨을 잃게 될 것이다.

> 시련의 땅을 향한 출발은 정복과 영광의 순간을 향한 길고도 지극히 험난한 여정의 시작을 나타낼 뿐이다. 용들의 목을 베고 예상치 못한 난관을 반복해서 헤쳐나가야 한다. 그러는 동안에 몇 번의 작은 승리와 황홀함을 경험 할 것이고 잠시나마 낙원의 아름다움을 목격할 것이다.[4]

트라우마 회복을 이러한 신화의 언어로 표현하자면, 우리는 죽은 자들의 영역인 긴장성 부동화 안에 갇혀있는 생명력을 끄집어내야만 한다. 신화에서 죽은 자들의 지하세계를 가로지르는 모험은, 신체 안에 갇혀있는 트라우마 기억과 연관된 근본적인 두려움을 직면하는 위험에 비유될 수 있다. 그렇지만 이 고대 신화들은 독자들에게 어떻게 이런 고난들을 성공적으로 극복하여, 잃어버렸던 생명의 활력을 되찾는지를 보여준다. 지난 수천 년 동안 이 이야기들은 당시의 사람들에게 죽음의 세상으로부터 생명의 물을 되찾아 오는 방법을 가르쳐 주었다.

개입

그리기 과정 전반에 걸쳐서, 모든 경험이 아치 형태 아래에서 일어나는 일련의 이미지를 종종 발견하곤 한다. 어떤 내담자들은 "의도적으로 확실하게" 아치 형태를 먼저 그리고 나서, 그 아래쪽에 그들이 원하는 것을 표현한다. 아치 형태는 필요한 은밀함과 안전함을 제공하여 수치심 같은 것으로부터 내담자들을 보호하는데, 이것은 마치 덮개 아래에서 어떤 일이 일어나는지 의도적으로 보지도 않고 판단하지도 않으려는 것과 같다. 또 다른 내담자들에게, 아치 형태는 자주 사용하는 어깨를 경험하는 데 꼭 필요한 형태이고, 횡경막의 긴장 경험을 표현할 때도 꼭 필요하다. 잘 인식하지는 못하지만, 후자에 속하는 내담자들은 자기주장을 못하고 선택이 어려운 상황에서, 아치 형태를 그린다. 이런 맥락에서 아치 형태는 사회적 금기들을 나타낸다. 우리는 배척당할까 두려워서 자신의 의견을 억누른다. 우리는 집단 내에 화합하여 적응하기 위해서 어깨와 목 근육의 수축을 사용하여 자체 검열을 하는 것이다.

아치 형태는 개별성과 사회적 규범 사이의 갈등을 표현한다. 아치 형태는 우리를 안전하게 보호하기도 하지만, 집단적 순응을 위해 우리를 구속하기도 한다. 이는 성장 발달의 문제이다. 어린이들의 무지개 그림은 가족의 범주 안에 안정적으로 애착되어 있는 아동을 나타내는 반면, 성인에게 무지개 그림은 더 이상 적절하지 않은 것일 수도 있다. 특히 중년에 이르면 많은 내담자들은 자립적이고 독립적인 존재로서 안전한 순응 상황에서 벗어나 자신의 의견을 주장해야 한다는 부담을 갖게 된다. 이때가 바로 아치 형태가 장애물이 되는 시점이다.

수직 형태를 가로막는 아치 형태는 가이드 드로잉에서 흔히 나타나는 주제이다. 수직선은 신체의 척추와 같은 개인의 당당한 자세나 목소리를 높여 자신의 주장을 펴내는 것을 나타낸다. 반면에 아치 형태는 이와 같은 충동을 억누르는 집단의 규범을 강화하는 역할을 하는데, 왜냐하면 우리는 변화를 두려워하고 차별성에서 비롯된 일련의 결과들을 무서워하며, 집단이 동의한 흐름에서 벗어나고자 하는 나의 욕망 때문에 사랑하는 사람들이 상처받는 것을 원치 않기 때문이다. 그렇다면 내담자들은 어떻게 탈출구를 찾을 수 있을 것인가? 거울에 반사되듯 대칭을 이루는 개방과 폐쇄 동작은 내담자들의 감각느낌을 명확히 할 수 있다. 개방된 느낌은 어떤지, 폐쇄하는 느낌은 어떤지, 어떤 운동 방향을 강조하고 싶은지, 보호가 필요한지, 벗어나야 하는지, 주도적으로 팽창하고 수축할 수 있다는 것이 어떻게 느껴지는지 등이 거울 동작을 하면서 변별될 수 있다.

[그림 14.20] 우선, 아치 형태의 긍정적인 면을 보도록 하자. 이 그림에서 어깨는 "강철처럼" 튼튼하게 표현되어 골반 안쪽에서 뭔가 새롭게 솟아오르는 충동, 즉, 나중에 출산의 경험으로 발전하게 되는 내적 불꽃을 덮어 주고 있다.

[그림 14.21] 이 그림에서 아치 형태는 바다 같고, 보호해주며 차분하게 포용해준다. 수직으로 솟아오른 충동은 없다. 축복으로 표현된 배아 같은 내용물이 반복적으로 나타난다.

[그림 14.22] 이 아치 형태는 "부드러운 눈(eyes)"으로 경험되었다. 안전하고 거의 자궁같은 공간이다. 중년 여성이 내적 자원과 연결되는 것을 가능하게 해주고 있다.

[그림 14.23] 매우 강력한 수직 표현이 어깨를 떠받치듯이 아치 형태의 균형을 잡아 주고 있다. 십자 형태를 만들긴 하지만 수직 표현을 내리누르지는 않으며, 여기서의 아치 형태는 억압적이지 않다.

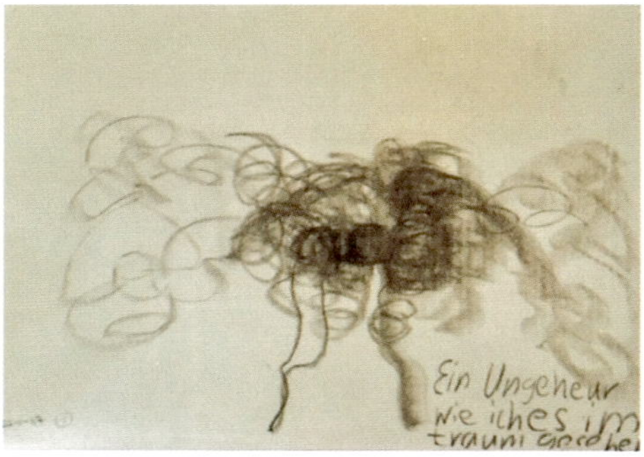

[그림 14.24] 여기서 아치 형태는 내담자 어깨의 감각 느낌을 나타내고 있는데, 너무 솟아 있어서 목과 머리가 거의 사라졌다. 그녀는 "꿈에서 본 괴물"이라고 불렀다. 그녀는 눈을 뜨자 이미지를 자신의 악몽과 곧장 연결시켰는데, 꿈에서 그녀는 가해자에게 쫓기는 어린이였다.

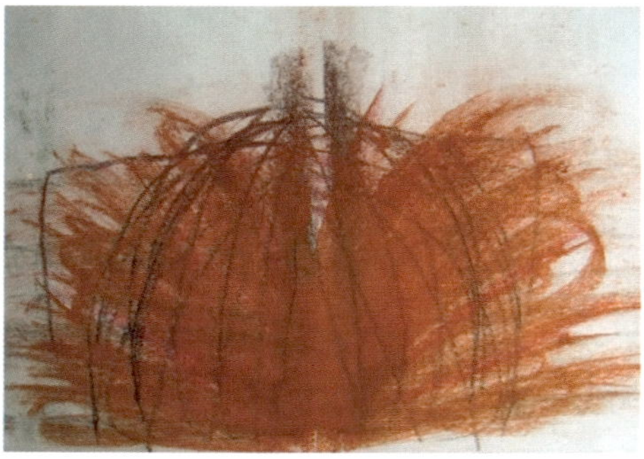

[그림 14.25] 이 내담자의 수직 표현은 무언가로 뒤덮인 것 같이 느껴진다. 억압적인 아치 형태가 그녀를 짓누른다. 그녀는 자신을 말이나 행동으로 내세우지 못한다. 다음 그림에서, 그녀는 대항하고 벗어나는 데 아치 모양의 선을 사용하였다. 결국 그녀는 수직 표현을 눈에 띄게 강화할 수 있었다.

개방과 폐쇄 사이의 갈등은 대칭적인 **거울반사 아치**mirrored arch 형태로 더 많이 표현되는 것 같다. 초점이 위를 향한 폐쇄에 있는지 아래를 향한 개방에 있는지에 따라([그림 14.26] 참고), 내담자가 자신의 의견을 표현하는 데 어려움을 겪는지, 침묵을 강요당하는지, 빠져나올 수 있는지 또는 구속되어있는지가 명확해진다. 부드럽고 반복적으로 거울반사 아치 형태를 표현하며 횡경막의 긴장이 이완되어 폐쇄된 신진대사에서 벗어날 수도 있다.

[그림 14.26] 거울반사 아치 형태

하지만 이 운동 충동의 역동적인 변형이 자주 나타나고, 이는 약간 다른 방향에서 문제에 접근한다. 바로 **아치형 선**arched lines([그림 14.27] 참고)인데, 이것은 분수 형태로 솟아나거나 화산으로 폭발하기도 한다. 대부분의 내담자들이 이 운동 충동을 자유로워짐, 즉 제약과 우울 상태로부터의 해방으로 경험한다. 이 경험은 감정들이 마침내 끓어 넘치는 순간에 일어난다.

이 형태는 짜증, 맹목적 분노, 공격적인 혼란함 그리고 권력과 무력함 사이에서 겪는 어려움을 표현하는 데 사용된다. 이 형태를 그리면서 내담자들은 그들이 입었던 상처와 부당함에 대하여 감정적인 방출을 경험하기도 한다. 내담자들은 자신의 삶의 가치관과 모순되는 환경에서 살고 있을 수도 있고, 그 상황을 어떻게 변화시켜야 할지 몰라 쩔쩔매고 있을지도 모른다. 내담자들은 고통받고, 분노를 느끼지만 왜 그런지 정확한 이유는 알지 못한다.

[그림 14.27] 아치형 선들

따라서, 많은 사람들이 이 "벗어나려는" 운동 충동으로 해방을 향한 정신없는 질주를 이어간다. 내면의 긴장을 이런 식으로 풀어내는 것은 확실히 장점이 있기는 하지만, 그것이 언제나 안전한 방법이라고 할 수는 없다. 예를 들어, 분노 조절의 문제가 있는 내담자들은 "착하게" 지내기로 한 약속과 분노 폭발 사이의 반복주기를 알고 있고, 술을 마시고 정신이 느슨해지면 어깨에 있던 자제력이 사라지고 해로운 결과를 초래하고 만다. 선들은 그저 일시적 폭발이고 충동적으로 분출되었기 때문에, 해방감은 또 다른 아치형 운동 충동에 바로 붙잡혀서 아래로 당겨지게 된다. 만일 이 아치형 선들을 확대한다면, 그것들은 결국 좀 더 커다란 두 개의 아치 형태나 원 형태가 되고 말 것이다. "주는 대로 받는다"라는 말이 있다. 사랑하는 사람들이 상처받는 걸 보게 되면, 폭발적으로 발산했던 감정은 죄책감, 후회 또는 이후 벌어질 일에 대한 두려움이 되어 다시 돌아온다.

아치형 선의 움직임은 곡선 운동 충동과 직선 운동 충동 사이의 갈등이다. 곧게 위를 향하는 충동은 자유로워지기 위한 개인의 성장을 나타내며, 곡선은 가족이나 친구들 모임 안에서 필요한 보호를 나타낸다. 예를 들면, 고용되어 재정적인 안정성을 갖기 위해서는 직장 내 문화에 순종해야 한다는 대가를 치러야 한다. 이러한 타협은 꼿꼿하게 독립적이고자 하는 충동을 꺾는다. 위를 향한 수직 형태는 속박으로부터 나와 자유를 향해 성장한다. 둥근 곡선 형태는 끌어 내리고 멈추는 것이다. "자유"에 대한 욕망이 아무리 강하게 표현되더라도, 만일 방점이 곡선에 있다면, 아치형 선들의 끝은 또 다른, 약간 큰 원에 가로막히게 될 것이다. 이 단계에서 내담자들의 자세가 무너지는 경우가 종종 있는데, 내담자들은 자신들의 발산 형태를 따라 몸이 끌려갈 것이고

[그림 14.28] 씨앗 분류하기

종이 위로 몸을 굽히게 될 것이다. 내담자들은 척추의 수직성을 잃을 것이고, 더불어 자신들의 힘도 잃게 된다. 바로 그때가 내담자들이 자신의 행동이 만들어 낸 결과를 처벌로써 마주하는 시점이고, 그들은 또 다른 죄책감과 두려움의 곡선에 사로잡힌다.

내담자가 의도적으로 직선을 그리도록 도와주며 자신들의 입장에 확신을 갖게 해주는 개입은, 눈에 보이지 않는 아치 아래 갇혀있다고 느끼는 반복적인 좌절 경험으로부터 그들을 구제할 수 있다.

내담자들에게 세로 선을 따라 올라가다 양옆으로 뻗는 모서리를 그리도록 안내하며 긴장을 발산하도록 도와줄 수 있다([그림 14.28] 참고). 꺾인 모서리를 도입함으로써, 이 형태는 공격성을 보다 안전하게 표현할 수 있도록 한다. 그렇게 함으로써 좌절감에 방향성을 제공한다. 이제 운동 충동에는 결정이 필요해진다. 그것은 더 이상 무분별한 분출이 아니다.

내담자는 자신의 의도를 특정 방향으로 이끄는 방법과 자신의 행동에 책임을 지고 자신이 원하는 것과 원하지 않는 것에 대해 목소리를 내는 것을 배우게 된다. 선이 올곧고 방향성을 가지게 되는 순간, 그것은 되돌아오지 않게 된다. 내담자들은 수평적

[그림 14.29] 위에서 표현했듯이, 내담자는 압도적인 감정의 고조와 자살 관련 생각 그리고 우울감과 무력감을 분출하기 위해 "씨앗 분류하기" 형태를 그렸다. 운동 충동은 그녀에게 자기결정권을 느끼게 해주었으며, 그녀에게 자신감을 주었다. "나는 충분히 할 수 있어. 감정적이기보다 이성적이야. 난 영리해. 난 무엇이든 할 수 있어."

선들을 통해 감정을 분출하는 것을 중요하게 여기게 될수록 아치 형태 아래에서의 억압이나 우울에서 벗어나 해방감을 느낄 것이다. 여기서 중요한 것은 자신의 힘을 분류하고, 정리하고, 방향을 정하는 것이다. 분노는 궁극적으로 필요한 생존 본능이다. 분노의 본질은 "싫어!"라고 말하는 것이다.

나는 이 형태의 원형적 의미에 기초하여, 그것을 '씨앗 분류하기sorting the seeds'라고 부른다. 이것은 많은 전설과 동화에서 여성 주인공들이 수행해야 하는 것이다. 그들은 좋은 것과 나쁜 것을 분류해야 하며, 무엇이 자신에게 이롭고, 해로운지, 그리고 거기에 맞춰 어떻게 행동해야 하는지 판단해야 했다. 신데렐라는 완두콩과 렌틸콩들을 분류해서 "좋은 것은 단지에 담고, 상한 것은 내다 버렸다".[5] 「큐피드와 프시케」 이야기의 프시케와 「지혜로운 바실리사」[6] 이야기의 바실리사도 곡물을 분류한다. 여성 주인공들은 힘을 사용하여 칼이나 총 같은 것을 휘두르는 대신, 엄청난 양의 정신적 분류 능력으로로 자신을 증명해내야 한다. 차별화하고, 분리하고, 구분하는 지적 능력을 단련해야 하며, 이것이 그녀들을 자유롭게 해 줄 것이다. 당연하게도, 이 모든 상황에서, 노예살이 같은 고된 역할은 무의식을 상징하는, 부정적인 어머니상에 의해 부과된 과업들이다.

이 형태를 그리면 고조된 교감신경계는 관리 가능하고 적정한 각성 상태로 전환된다. 활성화로 인해 발생한 에너지는 각진 모서리로 인해 무력화되며, 의도적으로 방향이 전환된다. 이 무력화가 목 부위에서 일어난다고 상상해보면, 척추를 따라 올라가던 에너지는 방향을 틀어 이제 팔과 손으로 흘러갈 것이다. 이런 식으로 우리는 이제 심리적으로 압도당하지 않은 채 문제를 다루고 상황의 주도권을 잡을 수 있게 된다.

Anna라는 이름을 가진 여성 내담자는 10살 아들의 양육권과 관련된 진흙탕 싸움에 빠져 있었다. 그녀는 이혼한 상태였지만, 전 남편은 접견권이 주어진 주말마다 아들을 데리러 오거나 데려다주는 시간을 노려, 아들이 보는 앞에서 그녀에게 가장 치욕스러운 방법으로 정서적 학대를 가했다. 이런 부정적인 만남이 있을 때마다 결혼 생활 동안 느끼던 그녀의 낮은 자존감 문제는 계속 악화되었고, 그녀는 마치 이 학대가 결코 끝나지 않을 악몽 같다는 생각과 함께 벗어날 수 없다는 느낌을 받았다. Anna에게 척추를 그리고, 제거하고 싶은 것, 자신을 가로막는 것이 있다면 결단력 있게 양 옆으로 선을 분출하도록 개입했다. 그녀는 이 기법을 집으로 가져가 매일 최선을 다해 그

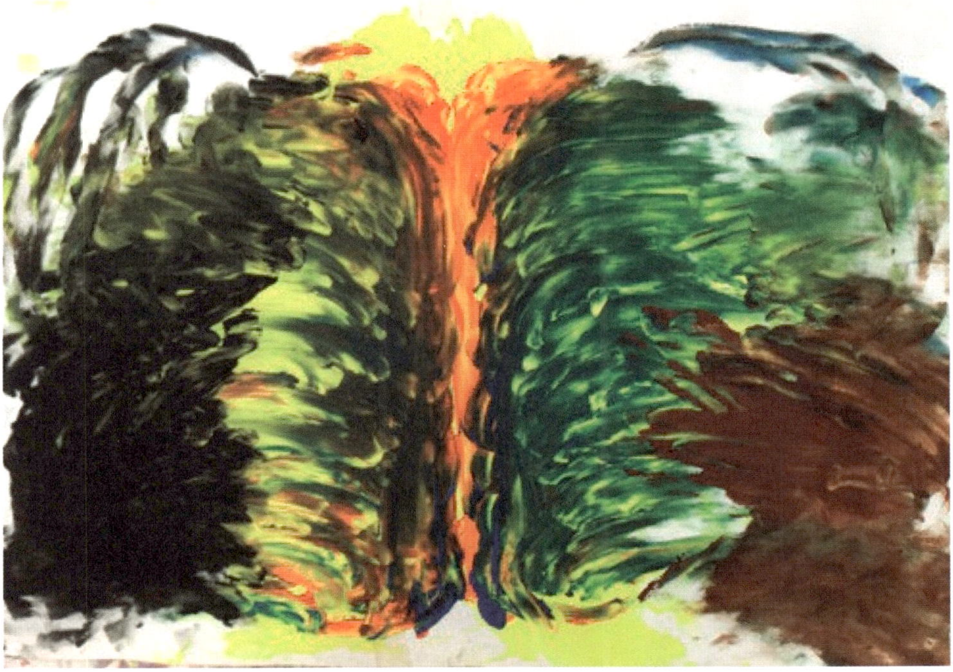

[그림 14.30] 또 다른 내담자가 핑거페인팅으로 그린 이 "씨앗 분류하기"는 어떻게 초록색과 노란색 물감이 억압적인 검은색과 갈색을 옆으로 밀어내는지 잘 보여준다. 수직의 척추는 해방되고, 붉은색으로 표현된 활력이 생겼다.

리기 시작했다. 그녀의 자세는 점점 확고해졌고, 이런 변화가 시작되자 그녀는 아파트를 청소하고, 오래된 옷을 기부하고, 미뤄둔 납세 신고 등을 할 수 있게 되었다. 다시 남편과 접견하는 주말이 찾아왔고 끔찍한 학대 사건이 발생했다. Anna는 다시 자기가 껍질 속으로 움츠러드는 것을 느꼈다. 하지만 그때, 아들이 그녀가 그린 그림을 들고 거실에서 나오는 것을 보았다. 사실 그녀는 아들에게 왜 이 그림들을 그리는지조차 말해준 적이 없었다. 곧바로 그녀는 몇 주간 자신이 만들어 낸 자원들을 기억해냈다. Anna는 전남편에게 확고하게 맞설 수 있었으며, 이후 학대는 멈췄다.

다음 세 그림은 한 시간의 회기 중에 나온 것으로, Val의 세 번째 집단 회기 그림들이다. 그녀의 창작 과정은 완전히 주도적이었다. 이 그림들은, 이 장에서 논의했던 형태들을 적용하면서, 그녀가 폐쇄적이고 갇힌 듯한 느낌으로부터, 분노를 거쳐, 당당함으로 이동해 간 선명한 자취가 생생하게 들어있는 예시들이다. Val은 20대 후반이다.

난 Val이 선을 그리며 분출체험을 하지 않고, 오히려 모든 분출 표현의 시도들을 자신의 내부로 억누르는 것을 눈치챘다. 계속해서 앞뒤로만 선을 그리는 동작에 머물면 좌절을 증폭시킬 수 있다. 여기 실리지 않은 두 그림에서 그녀는 더욱 많은 분노를 표현하다가 이후 핑거페인팅을 통해 파란 치유의 소용돌이를 표현하는 것으로 넘어갔다.

마지막에 실린 그림에 대해 Val은 "진정한 통제력과 집중력을 느꼈습니다"라고 말했다. 이것이 감각느낌이다. 리듬감 있게 반복되는 운동 충동은 내담자들에게 다양한 방향으로 움직이도록 가르쳐 주며, 그리하여 그들은 다른 느낌들을 갖게 된다. 여기서 Val은 그 악순환의 고리를 잘랐다. 처음에 그녀는 정체되고 멈춰 있었다. 이후, 수직성이 느껴지는 자세를 취하기 전까지 그녀는 자신이 산산조각 날 것 같은 강한 위기감을 느꼈다. "씨앗 분류하기" 형태는 그녀가 주도권을 얻고 자신의 힘을 되찾게 해 주었다.

[그림 14.31] 첫 번째 그림에서 Val은 "갇혀있고, 막혀있고, 궁지에 몰려 있다"라고 적었다. 그녀는 이렇게 설명한다. "검은 부분은 제가 골반에서 체감하는 감각입니다. 갇혀있고, 초조하고, 공허하고, 텅 비었고, 위축되어 있어요. 빨강과 노랑은 가슴 위쪽과 머리, 팔에서 느낀 것입니다. 혼란스럽고, 바쁘고, 흩어진 에너지가 온 방향으로 움직이고 있어요. 제가 챙기지 못한 감각이죠. 이 두 영역에서 느껴지는 것 때문에 괴로웠어요. 초록색 안전의 아치 형태를 만들었어요. 마지막으로 연분홍색, 저는 답답하고 위축된 골반의 공간을 열기 위해 제 몸에서 머리와 심장이 연결되어야 한다고 느꼈습니다. 연분홍색은 이런 부분들을 연결하고, 소통하고, 달래가며 서로 연합하는 걸 돕고 있어요. 폭발적이고 좌절스러운 에너지가 되었습니다."

[그림 14.32] Val의 두 번째 그림: “분노하고 화가 치밀어 올랐다. 이보다 더 화가 날 수는 없다.” 그녀는 이렇게 설명한다. “제 골반과 배에서 올라오는 엄청난 분노입니다. 이게 제 온몸을 뒤덮었어요. 끓어오르는 분노를 욕설로 표현했어요. 제 남자친구와 직장 상사가 떠올랐어요. 특히 제 상사에게 매우 화가 나고 짜증이 났어요. 오른쪽 아래 구석에 ‘아무리 화를 내도 또 화가 나’라고 썼는데, 저의 분노를 표현하다가 종이가 찢어질 것 같아서 표현하다가 좀 움츠러지기도 했죠. 저는 (종이가 찢길 거라 생각하며) 계속 종이가 찢어지지 않기를 바랐죠.”

[그림 14.33] Val은 자신이 “분노를 느끼고, 화가 나고, 억압되었고, 움직일 수 없고, 잡혀 있고, 작다”라고 느낀다고 적었다. 그녀는 이렇게 설명한다. “대부분 제 상사와 관련된 것인데, 어느 정도는 남자친구와 관련된 것이기도 해요. 언젠가부터 전 제 오른손이 왼손보다 더 활동적인 것을 깨달았어요. 제가 왼손을 더 사용할수록, 제 아버지에 대한 느낌으로 연결이 되었어요. 이때부터 제 왼손은, 무언가에서 풀려난 듯 맹렬하게 선을 긋기 시작했어요. 종이는 계속 찢어지고, ‘나는 나를 제어할 수 있어’, ‘아무도 나를 망가뜨릴 수 없어’라는 의미에서 종이를 테이프로 붙여야겠다는 의식을 강하게 가졌어요. 그걸 확실히 하기 위해 검은색으로 표현했어요. 그다음 올곧은 세로줄을 그리고, 가운데의 선을 매우 곧고 선명하게 만들기 시작하며 바깥쪽으로 향하는 가로선들을 그려 넣었어요. 이번에 곧은 선을 그리며 이전의 가이드 드로잉들과 다르게 느낀 차이점은, 제가 진정한 자기주도권과 제 감정을 제대로 추슬렀다는 걸 느낀 거예요.”

원 형태

생리학

우리가 최초로 원에서 받은 인상은 자궁 안에서 완전히 수용된 경험이다. 현대 후생유전학은 자궁 내부에서 "포유동물들이 한 세대에서 다음 세대로 정보를 전달"하는 이 기능이 성장 발달에 얼마나 영향을 미치는지에 대한 증거를 발견했다.[7] 임신기와 영아기는 모자 사이의 핵심적인 신뢰와 사랑의 애착관계의 기초가 되는 시기이기도 하지만, 반면에 복합 트라우마의 근본 요인이 발생하는 시기가 될 수도 있다. 태아와 영아는 주어진 환경에서 벗어날 길이 전혀 없고, 매우 미숙한 신경계를 가지고 있는 상태이다. 만일 원하지 않는 임신이거나, 산모가 임신 기간 동안 극심한 학대를 받았다면, 태아는 스트레스로부터 벗어날 수 없는 위협적인 환경에 놓이는데, 이로 인해 영유아가 받는 스트레스는 전쟁터에서 수년을 보낸 군인들의 수준과 일치한다.[8] Van de Kolk, Karr-Morse와 Wiley는 출산을 전후로 한 시기 및 영아기에 입은 트라우마와 성인기의 신체 질병 사이의 연관성을 연구하였다. 안정적이거나 불안정한 상호관계 능력에 필요한 토대는 암묵 기억 안에 그 흔적을 남기고, 대부분 아무 의심 없이 그 기억 안에 감각느낌으로 남아 있는다(그것이 우리 몸에 밴 "정체성"을 써 내려간다).

성장 발달과 관련해서 보면, 이 주제는 원가족으로 확장된다. 가족 구성체는 주로 안전한 피난처인가, 아니면 트라우마의 근원지인가? 생리학적으로, 안정된 애착이나

[그림 14.34] 원 형태

존재가 위협 당할 때 핵심감각은 내부 장기에서 나타난다. 안정된 아이들은 고통을 스스로 조절할 수 있는 약 36개월이 되기 전까지 주 양육자가 아이들의 고통을 대신 조절해 준다. 그 시기가 되어야만 아이들의 자율신경계가 독립적으로 조절을 할 수 있게 된다. 만일 학령기 이전의 아이들이 조절 불가능한 환경과 지속적인 고통에 노출되면, 그들의 신경계는 그 상황에 따라 적응할 것이고, 그 외의 다른 적응 방식은 알지 못한다. 상황이 견딜 수 없을 정도가 되었을 때, 정신적 충격을 받은 아이들은 신진대사를 중단할 수밖에 없게 된다. 등쪽 미주신경 복합체가 이런 식으로 활성화되면 대인관계와 정서 조절에 있어 불안정을 초래한다. 뿐만 아니라 등쪽 미주신경복합체에 문제가 있을 경우 소화기관도 심각한 영향을 받게 되는데, 이는 청소년기 아이들과 어른들에게 식이장애나 면역 기능 저하 등의 질환으로 나타나기도 한다. 이런 내담자들은 다소 분열적이고, 정서적으로 불안정하며, 주변 탐색과 안전 유지를 위해 내재되어 탐색 기능을 가진 본능적인 내부 직감 역시 결핍된다.[9]

신체에서의 원은 종종 그림에서 대장 및 자궁과 밀접한 관계를 가지고 있다. 우리가 가족과 친구들의 모임 안에 포함되고 수용되어 있는 상태가 얼마나 안락한 상태인지도 보여준다. 원을 그리는 움직임을 통해 감정이 조절되고 있는지 혹은 통제 불능 상태인지가 드러난다. 동결반응 상태에서, 내담자들은 거의 움직이지 못하고, 리듬감이 없이 "통제 불가능한 회전"을 반복하다가, 위험할 정도로 가속하는 교감신경계의 각성으로 이어진다.

대인관계에 대한 복합 트라우마 증상을 보이는 내담자들은 종종 자신들의 신경계를 조절하기 위해 술이나 마약을 사용한다.[10] 가이드 드로잉에서 중독, 우울증, 신경증 그리고 다른 정서장애들은 악순환의 형식으로 나타나고, 이 순환은 원형으로 표현된다.

지나친 순종을 요구하며, 집단 내에서 어떤 차별성이나 개인 주장을 용납하지 않는 사이비 종교단체 같은 집단이 주는 부담은 "둥근 형태"로 나타날 수 있다. 누구도 집단을 벗어나는 것이 용납되지 않고 아무도 외부로부터 진입할 수 없다. 이것은 안전함을 제공하지만 동시에 개인의 성장을 저해한다.

원형

원은 아마도 가장 오래된 상징일 것이다. 원의 의미는 그 형태만큼이나 무한하며 이에 대한 저서들도 많이 있다. "위대한 원great round"은 인생의 주기, 우주 그리고 우리 행성의 형태이다. 태초에, 아직 낮과 밤이 구분되지 않았을 때, 육지와 바다는 끊임없이 순환하였다. 그렇게 잠에서 깨지 않은 존재가 알 속에, 자궁 안에, 둥지에 있었다. 자연의 리듬은 태양, 달 그리고 계절의 주기와 같이 둥글다. 이 순환성은 자기 완성을 의미하고 나약해진 시점에는 자양분이 될 수 있다. 이는 어떠한 의도적인 행동도 일어나지 않는 공간으로, 이곳에서는 모든 것들이 리듬감 있는 만족감 속에서 끝없이 순환한다. 모든 것들이 수용되고 만족스럽다.

이것은 유쾌하게 경험될 수도 있고 불쾌하게 경험될 수도 있다. 두 경우 모두, 순환 운동은 다른 어떤 충동보다 앞설 것이다. Jung 심리학에서는 일생의 주기, 즉 모든 의식적인 자각 없이 돌아가는 생애 주기를 집단 무의식으로 간주한다. 시대를 초월한 모든 상상력 안에서 이것은 항상 원 형태로 그려진다. Neumann은 둥근형태에 대해 신성한 자아의 모든 측면을 나타내는 원형archetype이라고 말하며, 원은 시작과 끝이 없고, 어떤 과정도 이보다 우선시되지 않으며, 전후가 없고, 시간이 존재하지 않는 영원한 것으로 묘사했다. 그것은 위아래 구분이 없는 비공간no space인데, 왜냐하면 이것은 시공간의 연속성에서 살고 있는 인간이 지각하는 3차원적 세계에서 비롯된 것이 아니기 때문이다.[11]

개별화 이전의 의식에 있어서, "부모 같은 세상the world parants"이나 "위대한 어머니 the Greate Mother" 같은 개념은 생명, 자연, 안전함, 보호, 양육 그리고 온기를 나타낸다. 원은 좋은 엄마가 지닌 "긍정적이고 기본적인 특성"을 상징한다.[12] 개별화 이전의 자아는 분화되지 않고 자궁 안의 배아가 그러하듯이 원의 내부에 그 일부로 포함되어 있다. 그것은 둥글고, 그것을 둘러싼 세계와 마법같이 동일시된다. 이에 상응하는 긍정적인 신화적 이야기로는, 성경 속 낙원, 「에덴 동산the Garden of Eden」이라 할 수 있는데, 선악과를 만지지 않는 한, 그곳에서 아담과 이브는 모든 자연과 일체를 이루며 조화롭게 살아갔다.

부정적인 면에서 이에 해당하는 신화적 공간은 화염에 휩싸인 지옥의 골짜기라 할 수 있는데, 이곳에서 영혼들은 영원한 고통 안에 구속되어있다. 우리가 일단 개별화를 이룬 유아로서 이중성의 세계world of duality로 들어섰기 때문에, 자아는 압도적으로 끌어당기는 무의식에 맞서서 자신의 개별적이고 개인적인 의식을 유지하기 위해 다양한 수준의 시련을 겪게 된다. 이 이중성의 결핍, 분리의 결핍이 바로 원이 지닌 힘을 위험하게 만드는 것이다. 둥글고 부드러운 형태들, 특히 원이 지닌 음陰의 성질은 의식적인 노력을 요구하지 않는다. 내담자들은 자신의 궤도 안에서 깨어나지 않은 채 꿈을 꾸듯이 둥둥 떠다니고 웅크리고 회전할 수 있다. 중세의 연금술사들은 무의식을 완전한 암흑과 혼돈 상태를 의미하는 라틴어 nigredo 또는 prima materia 혹은 massa confusa라고 묘사하였다.[13] 연금술사들은 이런 근본적인 혼돈으로부터 철학자의 돌을 발굴하고, 암흑물질을 황금으로 변화시켜야 했다. Jung은 연금술사의 이런 상상력과 묘사들을 무의식과 그 세계를, 의식의 빛으로 밝히고자 하는 욕구에 대한 은유라고 생각했고, 이 과정은 복잡하고, 어렵고, 시간이 요구되고, 위험이 가득하다고 생각했다.

Jung은 집단 무의식의 상징으로 자신의 꼬리를 먹어버린 고대 바빌론의 천상의 뱀, 우로보로스ouroboros의 형태를 연관 지었다. 그는 집단 무의식은 모든 것을 수용하는 동시에 모든 것을 먹어치우는 것이라고 묘사하며, 그것이 의식적 자아를 삼켜 버린다고 했다. 따라서 원의 형태로 회전하는 것은 내담자가 자신을 잃는 과정에 있는지 아니면 찾는 과정에 있는지에 따라 천국 또는 지옥으로 경험될 수 있다. 명상 중에 온전히 자신을 내려놓는 매우 축복된 경험일 수도 있고, 아니면 경계boundary가 흐려진 정신증적 악몽의 상태일 수도 있다. 내담자들이 트라우마에 압도되고, 현실감이 흐려지고, 통제력이 결핍되어 힘들어하고 있을 때, 그것은 지옥이다. 두 상태의 경험 모두 자아의 결핍이 특징이다.

결국, 이중성의 세계에서 자아의 여행이 끝날 때, 다수의 개인들이 온전한 완벽함을 가지고 다시 태어날 방법을 찾고자 한다. 이 온전함은 모든 문화권에서 만다라로 나타나는데, 이는 "원"을 의미하는 산스크리트어에서 기원했다. 온전함을 추구하는 사람들은 초월성을 찾아 나서고, 초월적 자기self를 염원한다. 그렇지만 개인이 명상의 궁극상태, 깨우침의 상태인 이 단계에 도달하려면 혹독한 훈련과 수행이 기본이 되어야 한다. 무아의 경지egoless state는 구조적으로 신체화된 초월상태의 맥락에서 이를 수 있지, 약물 환각 상태에서는 가능하지 않을 뿐 아니라, 오히려 암흑과 혼돈으로 빠지기 쉽다. 원의 형태는 자궁으로서 생존을 위해 필요해질 수도 있고, 혹은 죽음으로 여겨져 두려움의 대상이 될 수도 있고, 또는 영적인 하나 됨의 존재로 염원의 대상이 되기도 할 것이다.

개입

다수의 그림은 초기에는 의식적인 방향성이나 중심이 없는 둥근 원형 움직임으로 채워진다. 종이 전체에 커다랗고 둥근 동작이나 졸리거나 충동적 상태에서 수행한 구불구불한 장난같은 동작으로 나타날 수 있다. 그 질감은 생기가 없거나 아니면 쫓기는 듯하다. 원이 지니고 있는 힘은 과소평가돼서는 안된다. 만일 그것이 트라우마의 소용돌이를 나타내고 있다면, 그것은 "심지어 내가 원해도 멈출 수 없을" 만큼의 동력을 가질 수 있다. 그런 원들은 매혹적인 것과 두려운 것을 향해 정신없이 끌어들이는 흡인력을 연료로 사용하는 폭탄과도 같다.

반대편 관점에서 보자면, 원들은 만다라 성격을 지니고 있는 내적 중심성을 표현하는 형태이다. 만다라에서 모든 에너지는 중심에 초점을 맞춰 모여 있고 그곳에서부터 펼쳐지게 된다. 만다라 원들은 선불교의 고승들이 그린 수묵화처럼 단순 명료할 수도 있고 또는 아름다운 문양으로 가득할 수도 있다. 원은 의식 발달의 처음과 마지막을 나타낸다.

순전히 회전의 단계에 있는 중심이 없는 원uncentered circle은 모든 무의식적 행동양식의 상징이다. 어떠한 양陽에너지의 투입도 없이 그저 몰입만 하는 내담자들은 결정을 내리지도 못하고, 의도나 깨달음도 없다. 모든 에너지는 끊임없는 회전에만 투입된다. 운동 충동으로서, 이 몰두의 움직임은 위험한 동력으로 발전하여 내담자를 끌어들일 수 있다. 트라우마 소용돌이trauma vortex는 이와 같은 멈출 수 없는 인력으로 충전된다. 이곳에서 자아는 나약하고 무력하며, 나른하고 지각이 없거나 아니면 휩쓸리고 압도된다. 의식이 아주 어린 상태일 때는 모성적 궤도에 의존한다.

내가 첫 가이드 드로잉 회기를 진행할 때, 난 어렸고 매우 미숙했는데, 나의 내담자는 마약 관련 혐의로 소년원에서 막 풀려난 17세 청소년이었다. 그는 열정적으르 열심히 원을 계속해서 그렸고, 나는 불편함을 느낄 정도였지만 너무 경험이 없어서 감히 그를 멈추지 못했다. 십여 분간의 격렬한 회전 운동을 마치자, 그는 글자 그대로 의자에서 튕겨져 나가 결국 나의 작업실 바닥에 잠깐동안 정신을 잃고 누워 있는 지경에까지 이르고 말았다. 나는 너무 놀랐다. 그는 눈을 떴을 때, "우와, 이거 마약보다 더 굉장한걸"이라고 말했다. 그에게 회전은 "나 자신을 은하계의 어둠 속으로 쏘아 올리는 것"과 같은 것이었다. 그는 완전히 매료되어 그것이 환상적인 경험이었다고 생각했다. 원 그리기의 첫 회기가 이와 같았기 때문에, 동료 치료사들 사이에서는 잘 사용된다는 것을 알고 있었지만, 나는 만다라를 제외하고는 다시는 원 그리기를 개입 도구로 사용하지 않게 되었다. 내가 특히 주의를 기울여 다루는 형태가 바로 이 원이다.

긍정적인 상태의 부교감신경계를 지원하기 위해 개입하는 경우, 나는 오목한 그릇이나 아치 형태의 회전 운동 충동을 선호한다. 이 형태들은 앞뒤로 반복하여 움직이는 동작을 통한 자연스러운 흐름의 끊김을 필요로 하기는 하지만, 여전히 안전한 쉼터를 제공하는 효과가 있다.

이는 **두 개의 반원으로 만든 원**circle formed out of two halves([그림 14.35] 참고)으로 성취할 수도 있다. 원을 이런 식으로 그리는 것은 보이지 않는 수직선을 포함하고 있다. 이 수직의 축이 있기 때문에, 곡선만으로 만들어지는 음陰 성질의 원과는 반대로 공포나 위협으로 경험되는 경우는 거의 없다. 동작은 보다 통합적이고 연합적이고, 형태 안에 수용된 내용들을 더욱 포용하고 규합한다. 그러나 유해한 회전 운동에 갇힌 대부분의 내담자들에게는 이보다는 더욱 강력한 개입이 필요하다.

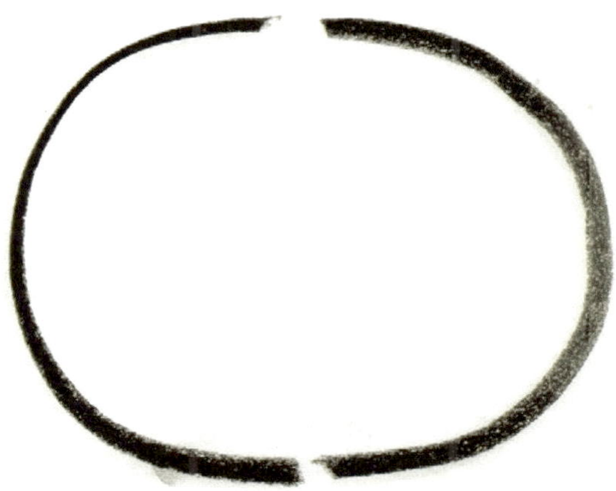

[그림 14.35] 두 반원으로 이루어진 원

[그림 14.36] 의도하지 않은 원형의 운동 충동의 예시이다. 그녀는 꼬불거리는 움직임을 조그맣게 그렸다. 그녀는 눈을 떴을 때, 팔과 다리가 있는 온전한 형상이 "세상"에 둘러싸여 있는 것을 보고 매우 놀랐다. 그녀는 이것을 "나는 탐험을 떠난다"라고 불렀다.

[그림 14.37] 이 그림은 원의 패턴으로 혼돈을 표현했다. 젊은 여성은 이것을 "평화로운 혼란"이라고 불렀다. 수직적 표현도, 명확한 중심도 없다. 이런 그림은 거의 대부분 낮은 자존감과 내담자의 삶에서 질서가 결핍된 상태를 보여준다. 만일 우리가 수직 표현을, 인생에서 마주한 상황들에 맞서는 적극적으로 반응하는 자아의 능력으로 비유한다면, 여기에서는 그런 역할을 담당하는 존재가 전혀 없고 압도당한 상태이다.

두 개의 원two circles이 등장하는 것은 자주 나타나는 운동 충동이다([그림 14.38] 참고). 자주 연상되는 기관은 "폐" 또는 "가슴"이고, 또한 들숨과 날숨에 연관된 것이기도 하다. 이 움직임은 "결핍된" 상태나 혹은 "베풀 수 있는" 상황을 암시하기도 한다. 만일 내담자가 그들의 팔을 평영 수영을 하듯이 움직인다면, 그것은 "베푸는" 것, 즉 외향성을 나타낸다. 반대로 안쪽 방향으로의 움직임은 필요, 먹는것 또는 진공 상태를 채우기 위해 뭔가를 취하는 것과 관련이 있다.

[그림 14.38] 두 개의 원

[그림 14.39] 이 그림은 엄청난 회전 운동의 가속화를 잘 보여주고 있는데, 이런 운동 충동은 정신병적인 에너지 패턴으로. 심한 트라우마를 입은 여성에 의해 몇 초 만에 그려졌다. Jane은 통제력을 잃은 채 빙빙 돌고 있다. 그녀는 매우 폐쇄되어 있어서 어떤 개입도 받아들일 수 없다. 그녀는 곧고 각이 진 선들을 오로지 학대와 연관지었다. 우리는 위기 개입 차원으로 만다라 그리기를 이어갔고, 그 덕에 입원과 약물치료를 피할 수 있을 정도의 성과를 거두었다.

[그림 14.40] Jane에게 만다라를 그려보자는 제안을 했을 때 그녀는 중심을 그리고 거기서부터 시작하라는 것만 받아들였다. 만다라가 정신적인 자원이라는 점이 그녀의 관심을 끌었고, 그 중심을 공격하는 것은 금지되었기에 그녀는 그 주변에서 움직여야만 했다. 이것은 이어지는 회기에 그린 만다라 중 하나이다. 그녀는 중심을 그린 후 그 주변에 칼로 베는 듯 선들을 그었지만, 중심을 해치지 않는다는 약속은 지킬 수 있었다. 점차 외부의 보호막 층이 생겨났다. 이 그림을 그리는 데는 약 3분이 걸렸고, 그녀는 여전히 매우 활성화된 상태였지만, 이전 회기보다는 눈에 띄게 향상되었다.

악순환의 고리에 갇혀 심각하게 압도당한 내담자들을 위해 내가 선호하는 개입은 드래곤-무찌르기 연습dragon-fighting exercise 기법이다([그림 14.41] 참고). Hippius는 이 기법에 이런 이름을 붙일 때, 원은 "용"이고 수직선은 "영웅"이라고 생각했으며, 수직의 긴 창이 용을 무찌를 것이라는 의미를 담았다. 동화 속에서 용은 보물 위에서 잠을 자고 있거나 공주를 지키고 있는 모습으로 그려진다. "영웅"이 승리를 거두게 되면, 괴물의 모습으로부터 변신하는 보상을 받는다. 왜냐하면 그 용은 사실 구원받지 못했던 공주였거나 괴물의 모습을 하고 있었던 보물이었기 때문이다.

내담자들은 마치 무술을 연마하듯 이 기법을 연습하도록 지지받는다. 이 기법의 운동 충동이 지닌 가장 중요한 특징은 원의 둥근 형태를 곧게 뻗은 수직선이 뚫고 나아가 마지막에 모든 긴장을 해소하는 것이다. 연습은 한 손만 사용하여 실시하는데, 다른 손은 일본어로 "지구 중심"을 뜻하는, 배꼽으로부터 약 3.8cm 아래에 있는 하라

hara부분에 둔다. 모든 무술에서 그곳은 생명력의 근원으로 여겨진다.[14] 내담자들은 테니스 선수들이 공을 칠 때와 같이 숨을 내쉬며 소리를 내도록 격려받는다.

곡선 움직임 전체가 수직 운동으로 변환되기 위해서는 깔끔하게 모서리를 만들어 내고 확 꺾어야 한다. 만일 누군가 선명하게 꺾지 못한다면, 그 사람은 여전히 또 다른 원 안으로 던져지게 된다. 이는 용이 영웅을 잡아먹어 버린 것과 같은 것으로, 변화는 일어나지 않을 것이다.

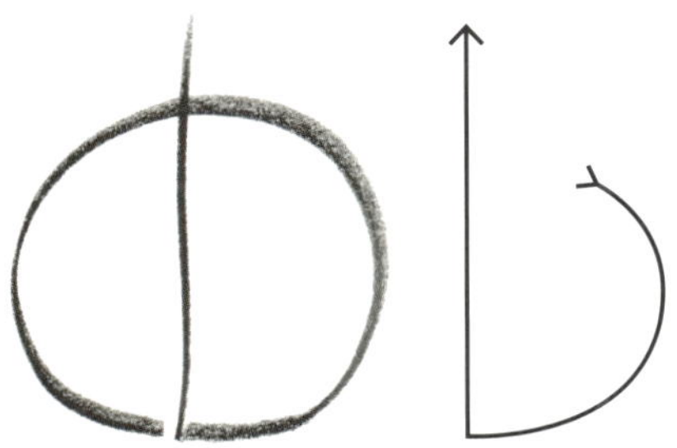

[그림 14.41] 드래곤-무찌르기 연습(Dragon-fighting exercise)

[그림 14.42] 변화 없음: 다른 더 큰 원 안쪽으로 던져짐

[그림 14.43] 젊은 여성이 어린 시절 성적 학대를 다루는 동안 핑거페인팅으로 그린 드래곤-무찌르기 연습을 통해서 굳게 다짐할 수 있었다. 그녀는 "다시는 안 돼. 여기서 멈춰!"라고 선언했다.

이것은 단순한 운동 충동이지만, 변화를 위한 엄청난 잠재력을 지니고 있다. 원과 그것이 당시에 나타내는 것이 어떤 것이든, 궁극에는 변환될 수 있다. 원 형태의 존재는 그 에너지가 급속하게 수직 방향으로 돌아서면서 끝이 나게 된다. 이로써 악순환의 고리를 잘라낼 수 있다. 트라우마 소용돌이가 가지고 있는 엄청난 흡입력은 “이제 여기서 멈춰!”와 같은 적극적인 개입으로 인해 파괴될 수 있다.

Frank는 우울증으로 고생하는 중년의 남성이다. 그는 엄청나게 압력을 가하고 굉장한 힘으로 묵직한 원들을 그렸다. 그에게 드래곤-무찌르기 훈련을 알려주려는 나의 모든 시도는 실패했는데, 왜냐하면 그는 분출의 시점에 들숨이 “필요”했으므로 수직선을 풀어낼 수 없었다. 그는 사이비 종교 집단에서 자라며, 어린 시절 동안 다수의 여성 지도자들에 의해 성적 학대와 정서적 학대를 당했었다. 비록 고통스럽긴 했지만, 주기적인 우울증은 그가 눈에 띄지 않게 만들어 줌으로써 안전하게 해 주는 요술 망토와 같았다. 그에게 있어 드러난다는 것은 항상 굴욕감으로 연결되었다. 그가 숨을 내쉬며 수직선을 그릴 수 있기까지 수차례의 회기가 필요했지만, 결국 선들을 그려 낼 수 있었다. 자신을 드러내고 밖으로 나올 만큼 안전하다고 느꼈을 때, 그는 내가 절대 잊지 못할 강력한 수직선을 그렸다. 그 다음 주에 그의 정신과 주치의는 약물의 처방량을 줄일 수 있었다.

중심이 있는 원centered circle은 완전히 다른 성질을 가지고 있으며, 중심부가 있다. 가운데로 모아지는 중심을 가진 원은 이전의 것들과 근본적으로 다르다. 에너지는 더이상 회전 운동에 사용되지 않고, 중심 초점에 집중된다. 여기서 그림을 그리는 동작은 선회circumambulation인데[15], 중심의 주변을 명상하듯이 빙빙 도는 것이다. Jung은 이 원의 중심을 형태나 이름도 없지만 영혼의 핵심이라고 했다. 왜냐하면 그것은 물리적 세계 너머의 또 다른 차원에서 비롯된 것이라고 생각했기 때문이다. 우리는 명상을 통해 우리의 감각들을 잘 조율한 상태에서 그 주위를 맴도는 행위를 통해서만 이 핵심과 연결될 수 있다. 이제 깨달음을 가지고 그림을 그리게 되는데, 그림은 초점이 맞춰져 있으며 평온함을 발산한다. 원은 이제 보호와 경계를 제공할 수도 있다. 회전 운동도 이제는 어떠한 감정의 고조 없이 일어난다. 이제 원은 시도를 향한 통로이고, 변신과 갱신을 위한 수용체, 바로 만다라 혹은 신성한 공간이 된다.

나와 함께 공부했던 선불교의 고승, Roshi Yuhoseki는 매번 명상 수행의 말미에

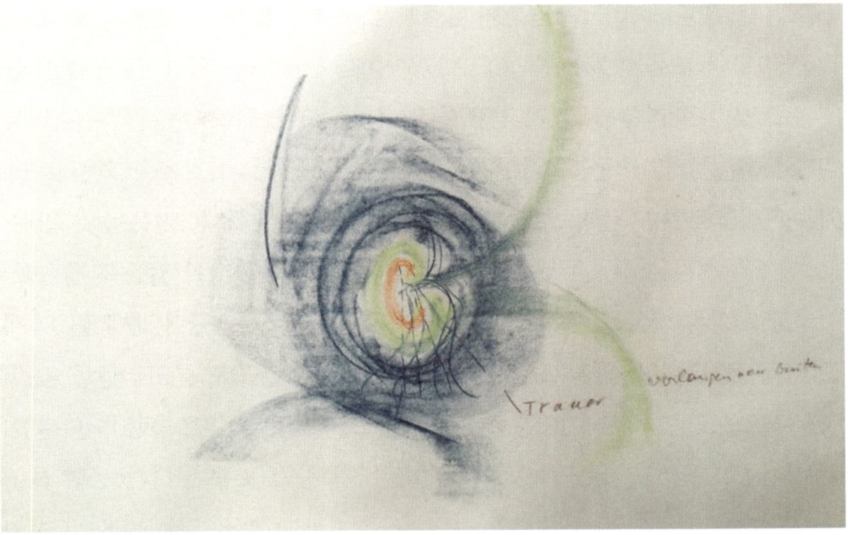

[그림 14.44] 이것은 중심이 있는 원을 보여주는 예시 그림이다. 이것은 여성 내담자가 자신의 내면 아이를 임신 했다고 느끼는 자궁을 나타낸다. 그녀는 아이가 없는 오십 대였다. 푸른색 외부 원은 "슬픔"을 나타내지만, 내부에는 빛이 있고 "밖으로 나오기를 갈망하는" 새로운 인생을 향한 생명의 핵이 있음을 보여준다.

[그림 14.45] 마지막 장에서 우리가 봤던 Val의 그림에는 다음과 같이 글이 적혀있다. "나는 초록색과 파란색 물감을 골랐고, 두 손으로 원을 그리는 동작을 하는 동안 나는 "나는 이곳에 있어도 돼"라는 문장을 마음속에서 되뇌었다. 그녀는 자신의 치유 소용돌이와 연결되었고 부드럽고 모나지 않은 방법으로 세상 위에 자신의 공간을 굳건하게 하였는데, 이는 이전 그녀가 경험했던 투쟁과 상이한 방법이다.

수묵화 그리기 예식을 진행했다. 우선 형식을 갖추어 먹을 갈고, 종이를 펼치고, 그런 다음 그는 커다란 붓을 먹물에 적시고 우렁찬 고함과 함께 강력한 한 획을 그으며 하나의 원을 그렸다. 엄청난 집중력, 굉장한 집념과 존재감을 보여주는 원이다.

만다라mandala는 산스크리트어로 "원"을 의미한다. 오랜 세월을 거치는 동안 다양한 종교들은 원의 이미지를 초월성을 표현하는 데 사용해 왔다. 원은 신을 만나기 위한 종교 의식을 펼치는 신성한 땅인 테메노스temenos를 둘러싸고 있는 경계이다.[16] 나는 만다라를 위기 개입 도구로 자주 사용한다. 이 경우 내담자들은 눈을 뜬 채 그림을 그리는데, 꼭 "아름다워"야 할 필요도 없고, 간단하지만, 구조와 안전함을 제공한다. 나의 경험에 의하면, 자아가 지치고 분열되었다고 느껴지는 시간 동안, 만다라는 온전함을 회복하는 방법이다. 만일 필요하다면, 만다라 일기 또는 만다라 문양 색칠하기 활동 등의 형태로 매일 만다라를 그릴 수 있다. 하지만 대부분의 내담자들은 자신만의 문양을 그릴 것이다.

삶과 죽음의 순환이라는 면에서 원은 시작과 끝을 나타낸다. 여기에는 매우 상이한 세 가지 측면이 있다. 자궁으로서 원은 기본적인 안전과 수용을 상징한다. 위태로운 회전을 하는 원은 무의식을 나타내고 압도적인 태풍 같은 내용을 담을 수 있다. 만다라로서 중심이 있는 원은 초월적인 온전함을 표현한다. 이제 그것은 자아ego의 죽음과 Jung이 영혼의 영원한 핵심이라 정의한 자기self의 부활을 상징한다.

[그림 14.46] 이 내담자의 인생은 잦은 수술로 인해 지배당했다. 신생아일 때, 그녀는 수개월 동안 입원했었다. 이 그림은 건강상의 이유로 또 다른 수술을 받은 후에 창작되었다. 이전의 그림들은 고통과 분열을 보여 주었고, 이 그림에도 여전히 나타나 있다. 그렇지만 그녀는 이제 커다란 그릇 형태 안에 놓여 있고, 이 내적 토대로부터 동심원들의 안쪽에서 치유의 핵심이 자라나고 있다.

[그림 14.47] 어린 시절 심각한 학대로 고통받았던 노년의 여성이 핑거페인팅으로 만다라를 그렸다. 이 만다라는 회기를 마칠 때, 그녀가 자신의 내면 아이가 온전히 회복되었음을 보여 준다.

[그림 14.48] 예술적 재능이 있는 젊은 여성이 디자인한 만다라. 그녀는 힘든 시기를 헤쳐나가기 위해 만다라 일기를 작성했다.

나선형

생리학

나선형에는 언제나 중심점이 있다. 모든 움직임은 이 중심에서 시작하거나 이 중심으로 돌아간다. 이런 관점에서 대부분의 생명이 만들어지는 과정은 나선형 움직임이라고 볼 수 있다. György Doczi와 John Edmark는 솔방울과 해바라기 등에서 우리가

[그림 14.49] 나선형

보게 되는 나선형 소용돌이 양식이 자연에서는 어떤지를 증명하기 위해 로그와 이른바 황금비율을 적용하였다.[17] 성장 형태의 예시로서, 나선형은 싹트는 묘목, 펼쳐지기 전 말려 있는 나비 날개, 달팽이의 껍질, 귀 모양, 지문, 탯줄 그리고 자궁에서 발달하는 태아 등 자연 여기저기서 발견된다. 은하와 이 우주는 사실 영원히 팽창하고 있는 하나의 나선형 운동체이다.

해부학이 등장하기 이전 시대의 문화에서는 인간과 포유류의 뇌와 창자에서 볼 수 있는 태엽이 감긴 듯한 형태들이 내면의 세계를 이해할 수 있게 해주는 성스러운 미로라고 여겨졌다.[18] 요가 수련은 쿤달리니kundalini[16)]가 척추를 따라 차크라chakras[17)]를 거치며 오르내리는 나선형 움직임에 초점을 맞춘다. 수축하는 나선형은 내부로 돌아가는 것, 초조함, 긴장감 또는 아이처럼 웅크리고 있는 등의 괴로운 상태와도 관련이 있다.

원형

나선형은 온전한 통합체가 아니며, 본질적으로 결코 완전할 수 없다. 2차원적인 나선형은 예전부터 오랫동안 사용해온 영원의 상징이기는 하지만, 결코 절대성의 상징이 된 적은 없는 것으로 보인다.[19]

---

16) 척추 하단에 뱀 모양으로 잠들어 있는 여신으로 에너지의 근원이다(역자 주).

17) 영혼의(spiritual) 에너지의 흐름이 모이는 원 모양 신체 부위로 척추를 따라 위치한다(역자 주).

중세 시대 기독교 신비주의의 한 갈래로 파생된 영지주의gnosticism에서 나선형은 독사나 용이었고, 세계수World tree 또는 라틴어로 mundi라고 불리는 세계 중심축을 휘감고 있다. 이러한 표상은 힌두교의 쿤달리니 에너지가 차크라를 통해 척추를 타고 올라가는 형상이나, 밀교의 세계수를 표현한 그림에서도 유사하게 나타난다. 이 맥락에서 나선형이란 모든 것을 움직이는 생명의 에너지이다.

몸과 자궁을 상징하는 신석기 시대의 항아리들은 주로 나선형으로 장식되었다. 나선 모양의 대/소장은 우리 내부로 향하는 길로 여겨졌다. 그러므로 지하 미궁은 지식의 통로가 되었고, 이곳으로 들어가려면, 내적 성소의 출입이 허락될 때까지 입장의례를 행할 필요가 있었다. 지식을 얻기 위해서는 기존의 낡은 인식들이 사라져야만 하며, 그래야만 "자궁의 초기 상태preformal state of the womb"가 가진 놀라움이 밝혀질 수 있다.[20] Neumann은 이 의식을 모계 사회의 농경 의례에 비유하는데, 이 의식에서 씨앗은 나선형의 새싹으로 "부활"하기 위해 대지의 어둠 속으로 내려간다.[21] 사회 전체의 생존을 위해 반드시 꼭 필요한 이 생명의 주기적 반복을 보장하기 위해, 고대 바빌로니아와 이집트에서는 수천 년이 넘는 동안 지하세계로 내려가는 의식과 죽은 자들의 신비한 부활을 찬양하고 기념하였으며, 아즈텍 사람들과 북미 선주민인 호피족들도 마찬가지였다. 크레타 신화에서, 미노타우르스가 이와 같은 지하세계의 미궁에서 살았다. 나선형은 그런 부활에서 탄생하는 존재이다.

의식이 성장해감에 따라 인류는 이러한 의례들을 정체성의 상실과 회복에 적용했다. 이 맥락에서 Jung은 지하 미궁을 무의식으로, 나선형을 부활한 신성한 아이, 즉 피어나는 자기self라고 묘사한다. 이 영원한 자기self를 찾기 위해서는 능수능란한 전문가들이 자궁을 상징하고 내면세계의 대/소장 역할을 의미하는 지하 미궁 안으로 들어가야 했다. 그런 죽음과 재탄생의 의식이 고대 그리스에서 엘레우시스Eleusinian 밀교 시대에 생겨났고, 그것이 기독교 신비주의christian mysticism의 기반이 된것은 잘 알려져 있다.[22] 그런 하강과 부활의 핵심적인 상징이 나선형이다. 나선형은 내면세계로 내려가는 미궁 통로의 내향성과 재탄생한 어린 자기self가 피어나는 외향성, 둘을 모두 대표한다.

개입

가이드 드로잉에서 운동 충동으로서의 나선형의 역동성은 이전 주제에서 논의했던 원형과 비슷하다. 여기서도 나선형은 평화롭게 팽창하는 만다라의 중심부와 같을 수도 있고, 혹은 무서운 흡인력으로 트라우마 소용돌이 안으로 빨아들이는 가속력일 수도 있다.

통제된 상태의 **대형 회전 나선**large rotating spiral([그림 14.51] 참고)은 밖으로 나갔다 안으로 들어오는, 내향성과 외향성의 균일한 흐름으로 나타날 수 있다. 종이 위에서의 움직임은 수축하고 팽창한다. 이 흐름이 평화로운 리듬을 따른다면, 그것은 명상이 될 수도 있다. 하지만 나선형의 역동이 혼란 또는 압도적인 회전 성향을 동반할 경우, 내담자는 통제할 수 없는 원회전에 빠져버릴 수 있다. Levine은 트라우마 소용돌이라고 표현했다. 우리는 과각성의 상태를, "통제를 벗어난 나선운동spiraling out of control"이라는 말로 표현하기도 하며, 또는 우리 머리를 빙빙 돌려서 어지럽게 만드는 무언가에 빗대어 표현하기도 한다.

[그림 14.50] 이 내담자는 우울증과 비탄의 기간 끝에 삶의 즐겁고 역동적인 감각을 되찾은 것을 축하하고 있다. 그녀는 핑거페인팅으로 감정의 강렬함을 표현했다.

과각성 상태 또는 긴장된 수축은 보통 빽빽하게, 안쪽으로 나선운동을 하는 운동 충동으로 그려진다. 우리가 공격을 받으면 몸을 숙이고 웅크리는 것도 자기보호를 위해 내향으로 회전하는 움직임이다. 우리가 폐쇄 상태에서 벗어나고 진정하기 시작할 때, 우리는 그것을 보통 "풀기unwinding" 또는 "아래로 내려 감기winding down"라고 표현한다.

[그림 14.51] 회전하는 대형 나선형. 이러한 나선형은 내담자를 "집어삼킬" 수 있는 트라우마 소용돌이로 위험하게 가속화할 수 있다.

[그림 14.52] 방향성이 없다. 원형 운동 충동은 내적 중심감 없이 방향을 잃은 채 돌고 있다. 초점이 맞지 않고 감각운동의 순환고리에 대한 자각이 부족하다.

[그림 14.53] 나선을 이용한 드래곤-무찌르기 연습. 이전 주제에서 설명했듯이, 변형된 드래곤-무찌르기 연습은 여기에서도 적용된다. 이는 교감신경계 각성으로 인해 재트라우마에 빠지지 않게 하는데 도움이 되는 개입이다. 내담자는 "폭풍의 눈"에 나선형을 끊는 수직선을 그려 넣음으로써 이 모든 원형(circle) 에너지를 수직선으로 변환할 수 있다. 이것은 제일 역동적으로 주기적인 반복을 파괴하는 방법일 것이다. 자존감과 책임감을 강화하는 다른 미술치료 기법도 함께 추천될 수 있다.

[그림 14.52]의 나선형은 내향에서 외향으로 전환하여 되돌아올 때마다 회전 방향이 바뀌어 그려졌다. 여기서 강조할 점은 흐름의 확장이 아니라, 안쪽 방향으로 회전할 것인지, 바깥 방향으로 회전할 것인지를 의식적으로 결정하는 것이다. 이런 나선형은 결코 위험하게 빨아들이지 않는데, 이는 각각의 팽창 충동이나 수축 충동 끝에 방향을 바꾸면서 그려진 모서리들이 결정의 시점을 만들어 능동적인 반응을 통해 자아를 강화하기 때문이다.

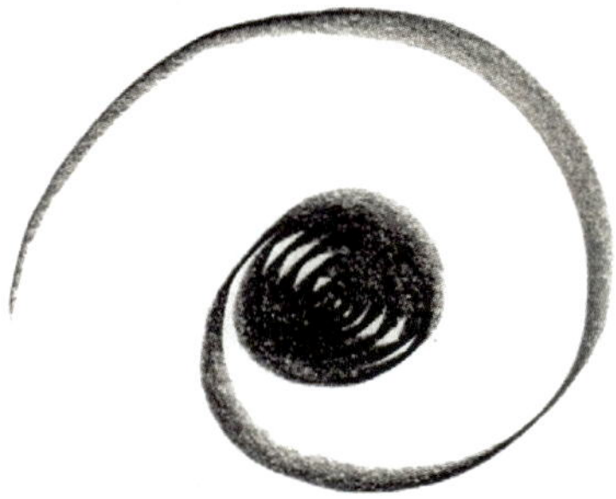

[그림 14.54] 내향성에 중점을 둔 나선형. 이런 형식의 동작은 고통스럽게 수축하다가 폐쇄 상태까지 갈 수도 있다. 그러나 통제된 상태에서는 핵심을 찾는 것에 해당된다.

[그림 14.55] 외향성에 중점을 둔 나선형. 과각성 상태에서는 이 형태가 "통제를 벗어난 회전" 상황을 촉발시킬 수 있다. 트라우마 소용돌이의 과도한 활성화를 방지하기 위한 개입이 필요할 수도 있다.

[그림 14.56] 이 상승하는 검은 나선형을 그릴 때 하복부의 극심한 통증이 나타났다. 이 젊은 여성은 자신의 안에서 물리적, 정서적 고통이 퍼져 나와 뱀처럼 올라가는 것을 느꼈다. 그녀의 트라우마 소용돌이는 매우 활성화 되어 있다. 하지만 주도권을 가진 것은 그녀이기에, 과거의 기억을 풀어내고 이후 그림에서 자신의 골반을 치유하는 그림을 그리면서 소용돌이를 빠져나갈 길을 찾을 수 있었다.

[그림 14.57] 어머니가 암으로 죽어가는 9세 소년의 내향적 소용돌이 그림. 체계 없는 불규칙적인 색깔들로 표현된 그의 혼란과 절망 위에 소용돌이를 덧그리며, 소년은 만족스러운 내적 질서의 원리를 찾았다. 그가 중심점에 도달한 것이 강조되어 있다는 것은 그가 정체성을 되찾았다는 것에 비유될 수도 있다.

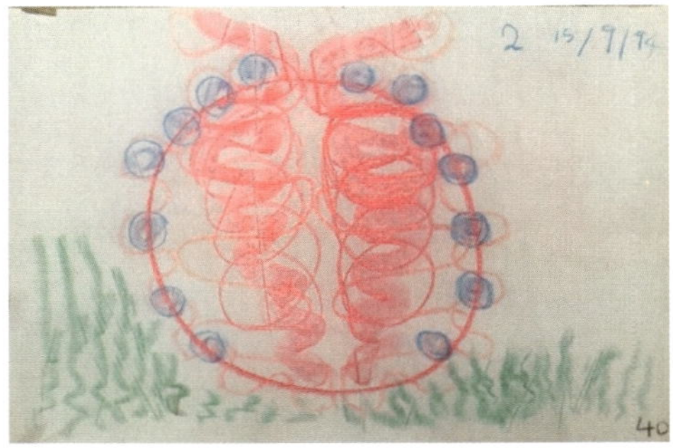

[그림 14.58] 양측에서 상승하는 나선형은 척추에서 상승하는 에너지의 흐름을 표현한다. 이 그림은 Mary의 여섯 번째 회기 막바지에 나왔으며, 그녀를 공포에 얼어붙게 한 두 차례의 충격적인 자동차 사고 이후 해소감을 느낄 수 있었다. 여기서 Mary는 해방과 감각느낌을 느꼈다.

양손으로 그려진 두 개의 나선형two bilaterally drawn spirals([그림 14.59] 참고)은 성장하고픈 충동을 부드럽게 표현하는 방법이다. 주로 나비가 연관된다. 이 유형에도 과각성 상태로 가속화될 가능성이 있다.

[그림 14.59] 양손으로 그려진 두 개의 나선형

[그림 14.60] 거울반사 나선형(mirrored spirals)은 여성 내담자의 골반 내의 충만함, 난소로부터의 성장 충동을 상징한다. 그녀는 아이가 없는 중년이었고, 자기 가족을 가질 기회를 놓친 것에 대해 비통해하고 있었다. 그녀의 다음 그림에 있는 한겨울의 앙상한 나뭇가지처럼 보이는 선들은, 바깥으로 뻗어나가 꽃을 피우는 나무가 된다. 나선형은 그녀의 삶에서의 상실과 재생을 상징한다.

렘니스케이트와 8자 형태

*렘니스케이트*lemniscate는 가로형 8자 형태를 가리키는 용어이다. 이것은 모든 기본적 형태 중 제일 안전한 선택지다. 압도적인 위협 없이 언제나 긍정적이고 리듬감 있는 흐름으로 경험된다.

[그림 14.61] 렘니스케이트(lemniscate)

생리학

한쪽 원으로부터 다음 원으로의 리듬감 있는 흐름과 한편에서 다른 편으로 넘어간다는 것은 조화를 뜻한다. 상승 및 하강 동작은 진정을 주는 동시에 활력을 준다. 운동 충동은 신체의 왼쪽과 오른쪽, 그리고 좌뇌와 우뇌를 동시에 연결한다. 어린 시절 부모님의 이혼이나 지속적인 불화, 죽음 또는 가출로 인해 불균형을 느끼며 성장 발달기간을 보낸 내담자들은 이런 분리감을 자신의 신체에 내적으로 각인된 감각으로 느끼게 된다. 이것은 지나치게 한쪽 손만 사용하는 데 영향을 미치거나 신체 양측 조화의 결핍으로 나타날 수 있다.

마치 언젠가 일어났던 어떤 사건으로부터 고개를 돌리려는 듯이, 신체 한편은 심한 어깨 경직이나 척추의 비틀림 같은 만성적인 긴장 양식을 발전시킨다. 우리는 Clay Field에서 수 많은 회기를 진행하는 동안에 이와 같은 불균형을 관찰했다.[23] 예를 들면, 부모가 이혼한 아이는 중앙 한 가운데를 가르는 울타리나 벽을 사용해 센터를 두 영역으로 나눈다. 그런 다음 그들은 한쪽 영역에서만 무언가를 짓고, 다른 한쪽에서는 완전히 다른 일을 하거나 폐허로 취급하고 무시한다. 그들은 현실에서 균형적인 방식으로 자신의 잠재력을 온전히 활용하지 않는다. 이후 Clay Field에서 어린 내담자들과 성인 내담자들은 그 둘로 나뉜 절반의 영역을 수로 및 다리, 또는 중재자를 가운데에 놓음으로써 연결할 방법을 찾는 활동을 한다. 가이드 드로잉에서는 렘니스케이트의 형태로 연결을 하게 된다.

나의 수련 그룹의 구성원이었던 한 정신과의사가 렘니스케이트 작업을 시도하다가, 똑같은 움직임으로 그릴 수 없다는 것을 깨닫고, 위 내용에 관심을 가졌던 것이 기억난다. 그는 집에 돌아가 연습했다. 그의 묘사에 의하면 부모님의 상반되는 교육방식과 가치관으로 인해 언제나 서로 긴장 관계에 놓여 있어 두 사람 모두를 만족시킬 수 없었다고 설명했다. 어머니가 칭찬해 줄 행동을 하면 아버지에게 벌을 받았고, 그 반대도 마찬가지였다고 했다. 어린 시절의 이러한 긴장은 그가 각 신체 부분들을 조화롭게 사용하는 데 만성적인 문제를 남겼고, 이로 인해 그는 어떤 스포츠도 즐기지 못했다. 그는 몇 주 동안 매일 램니스케이트를 그리며 상당히 편안해졌다.

이 운동 충동은 Shapiro의 EMDR과 연관 지을 수 있다.[24] 이것은 Shapiro가 치료사의 손가락 움직임을 통해 내담자들에게 제안하는 움직임과 동일하다. 가이드 드로잉에서는 내담자들이 이 리듬을 직접 찾아낸다. 이 형태는 내담자들이 교감신경계의 각성 상태를 진정시키거나, 신진대사 차단 상태에서 조심스럽고 안전하게 벗어날 수 있도록 도움을 주기 위한 개입으로 가장 효과적인 형태가 분명하다. 트라우마 소용돌이와 치유 소용돌이 사이를 오가는 진자운동을 시각적으로 보여주는 것이다.

불교에서 렘니스케이트는 명상과 관련이 있다. Swami Vivekananda는 그의 라자raja 요가[18)]에 대한 기록에서, 척추 구조를 누워 있는 8자 형태를 하나씩 쌓아 올린 이미지로 묘사했다. 렘니스케이트는 두 개의 원이 중앙에서 이어지는 모양이다. 하나 위에 또 다른 하나를 쌓아 올리면서 이것들은 척추가 된다. 가운데에서 두 원이 맞닿는 부분은 한가운데를 가로지르는 빈 통로로 그려질 수 있다. 잠들어 있는 쿤달리니의 창조적인 힘(또는 현대 심리학자들이 칭하는 "리비도")이 깨어나지 않는 한, 후자의 통로는 하단에서 닫히고 만다. 휴식기의 쿤달리니는 두 원 형태가 교차되는 지점에서 똬

---

18) 신체 수련을 통해 해탈을 얻고자 하는 고대 4대 요가 중 한 종류(역자 주).

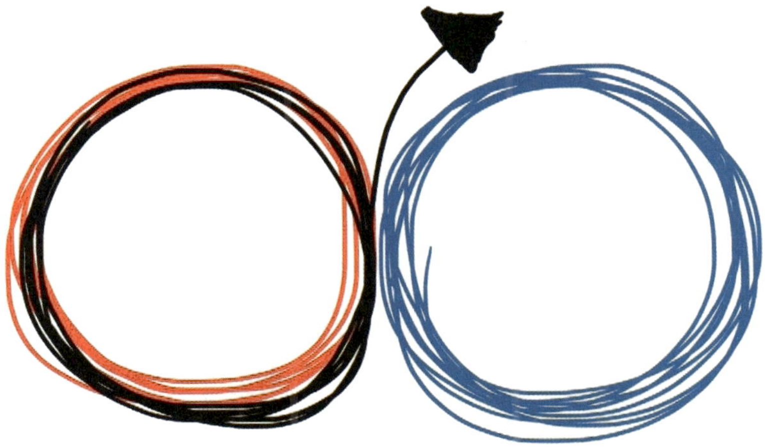

[그림 14.62] Anthony Twig Wheeler는 신체기반 심리치료 학술회에서, 진자운동은 내담자들이 트라우마 소용돌이로부터 치유 소용돌이로 뛰어들 수 있는 지점을 찾는 기술이라고 설명했다.[25] 동시에 이 기술은 내담자들의 트라우마가 치료사에 의해 부정되는 것이 아니라, 신경계를 조절하기 위한 대처가 필요하다는 것을 내담자에게 이해시키는 것도 포함한다.

리를 틀고 통로의 입구를 막는 뱀으로 자주 그려진다. 불교의 가르침에 따르면, 그런 깨어나지 못한 리비도는 의식이 없는 상태로 있거나 신체의 기능으로서만 남아있게 된다. 쿤달리니 요가의 목적은 리비도를 척추를 따라 더 높은 곳으로 중심을 향하게 하는 것이다.

모든 운동을 통해 활성화된 차크라는 의식적 깨달음의 중심이 되고 쿤달리니의 에너지를 방출할 것이다. 이것은 "완벽한 성장과 의식적인 깨달음"을 향한 변화의 길이다.[26] Lama Govinda는 명상 중에는 척추가 "때로는 머리카락만큼 가늘고, 때로는 몸 전체가 커다란 하나의 에너지의 물결이라고 느껴질 만큼 두꺼워지는" 느낌이 든다고 말한다.[27] 그는 그 힘이 모든 한계를 소멸시키고 전 우주를 채울 때까지 팽창하는 최상의 영감의 불꽃이라 서술한다.

원형

중세 유럽에서는 렘니스케이트 또는 8자 모양은 백마법White magic(선의의 마술)을 상징하고, 그 반대로 원형태는 흑마법Black magic(사악한 마술)의 상징이었다. 모든 치유의 행위들과 관련된 백마법은 타인이나 또 다른 객체를 존중한다. 상대를 조종하거나 자신

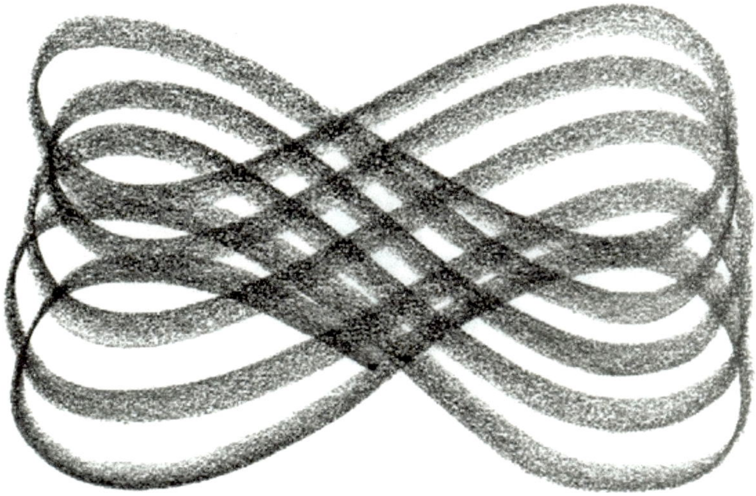

[그림 14.63] 그릇 형태를 가지고 안정을 취하듯이, 내담자들은 자신의 몸 내부에서 위아래로 리듬감 있게 오르내리며 움직일 수 있다. 자신이 느끼는 감각과 어울리고, 즐거운 리듬을 찾는 것이 중요하다. 일부 내담자는 너무 빠르게 그릴 경우 어지러움을 느끼기도 한다. 너무 느리게 그리면 리듬을 잃게 된다. 이것은 원형 회전에 내재된 위험 요소가 전혀 없는, 매우 유기적으로 흐르는 움직임이다.

의 의지를 강요하지 않는다. 두 원 사이에는 소통의 흐름이 있으며, 양측이 각각 고유한 세계로 남을 권리가 있다. 흑마법에서의 개인은 집단에 순응하고 하나의 원, 즉 모계성 권력인 우로보로스 안에만 있어야 하며, 그곳에서 집단 요구의 압력, 화려함 그리고 무의식의 공포에 노출된다. 핵심적으로, 흑마법은 두려움을 다루는 것이다. 렘니스케이트 또는 8자 문양은 동등한 존재들의 관계를 다룬다. 흐름은 사랑으로 움직이고, 나보다 타인을 존중하는 것이 특징이다.

의료 전문가들과 약사들은 그리스의 아스클레피오스의 지팡이에 8자 모양으로 얽힌 뱀의 형상을 회복의 상징으로 사용한다.

개입

그에 따라, 렘니스케이트 형태([그림 14.61] 참고)는 가이드 드로잉에서 제일 중요한 개입 도구 중 하나이다. 이것은 분열적인 내담자들이 자신에게 편안한 리듬을 안전하게 찾을 수 있도록 도움을 줄 수 있다. 내담자가 만들어 내는 상승과 하강 움직임은, 신경계에 동일한 기능을 할 수 있다는 가르침을 준다. 리듬감 있는 반복은 파편화를 치유하고, 동결 상태를 풀어주고, 꽉 막힌 부분에 부드러운 움직임을 가져다준다. 전후좌우로 흔들리는 움직임은 거의 언제나 즐겁고, 가벼우며, 치유 소용돌이를 유발한다. 렘니스케이트는 매우 활성화된 내담자들에게 진정하는 법과, 도움이 되는 리듬을 찾는 법을 가르쳐준다. 이것은 신뢰와 관련된 연습이다. 하강하는 "낙하" 운동 충동을 항상 붙잡아 주고 다시 위로 올려보내 준다. 동작의 오르내림은 달래주기, 위로와 생기를 불어넣는다. 램니스케이트를 그리는 것은 어려움 없이 몰두할 수 있고, 무조건적인 도움을 깊게 이해하였다는 것을 나타낸다.

두 원은 각각 구별된 채 남아서 다른 쪽 객체와 교환의 흐름 안에서 소통할 수 있다. 그림을 그리며 개인은 양극성이나 선들이 중심에서 교차하는 것과 제일 흔하게 나타나는 두 동그라미 사이의 리듬감 있는 흐름을 강조할 수 있다.

[그림 14.64] 이 젊은 여성은 직사각형을 그린 후 자신의 분노를 통제하기 위한 렘니스케이트를 그렸다. 이는 상당히 폭발적인 방법으로 표현된 후 다루기 어려워질 정도가 된 분노에 대해 절반 정도는 그녀 스스로의 주도적이고 성공적인 개입으로 이뤄진 상태의 그림이다. 그녀는 이런 하향 조절이 익숙하지 않고, 통제되고, "순종적인 아내"가 된 것 같이 느껴져 "기분이 이상"했지만, 마지막에는 양손을 포개며 훨씬 침착해진 느낌을 받았다.

[그림 14.65] 이 내담자는 최근 수술과 마취로 인해 악영향을 받았다. 그녀는 자신을 잃은 듯한 느낌이었다. 일상 생활 중 쉽게 혼란스러워지고, 건망증이 잦아지고, 산만함을 느꼈다. 그녀는 손톱으로 물감을 긁으며 "다시 밖으로 빠져나가 마음의 빛을 되찾으려 한다"라고 설명했다. 그녀는 이 소망을 8자 형태의 움직임으로 표현했다. 이 그림은 그녀를 회복시키고, 그녀에게 다시 자신이 완전해진 느낌을 주었다.

[그림 14.66] 8자 형태

[그림 14.67] 왼쪽 그림: 여러 개의 8자 형태. 오른쪽 그림: 서로 얽힌 뱀의 형상으로 상승하는 리비도.

8자 형태([그림 14.66] 참고)는 위와 아래, 머리와 몸, 복부와 가슴을 연결한다. 척추 안에서 차크라를 타고 흐르는 쿤달리니와 같다. 이는 주로 명치 끝의 통증을 이완하는 데 도움이 되는 연습인데, 명치 부분의 통증은, 마음 속 이미지와 연결되지 않는 감정들이 복부를 가로막고 있어서 생기는, 상반신과 하반신 사이의 긴장 때문에 일어난다. 이 8자 움직임은 에너지를 아래에서 위로, 위에서 아래로 옮기며 이 막힘을 해소한다. 서로 정반대되는 것들을 연결하여 함께 흐르도록 인도한다.

여러 개의 8자 형태multiple figure eights([그림 14.67] 참고)는 척추와 관련이 있으면서 흔들리는 상승 운동을 만든다. 많은 요가의 그림들에서 차크라는 이렇게 회전하며 교차하는 움직임으로 연결되고, 매번 교차할 때마다 중심과 중심이 차례로 서로 연결된다. DNA 코드도 정보전달을 위해 이런 배열로 묘사된다.

두 개의 8자 형태two figure eights([그림 14.68] 참고)가 양손으로 대칭되게 그려질 때, 양손이 서로를 방해하지 않으면서 교차할 수 있는 리듬을 찾는 것이 중요하다. 그것은 가능한 일이다! 일단 성공하면 보이지 않는 축을 중심으로 휘감는 모습은 생동감있고 즐겁다. 그들은 함께 리듬감 있는 만다라를 형성한다.

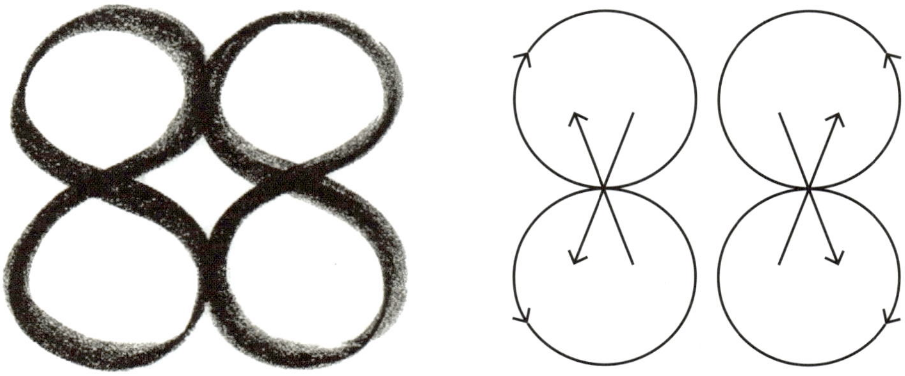

[그림 14.68] 두 개의 8자 형태

이 8자 모양을 통해 신체가 경험하는 것은, 먼저 위쪽 공간으로의 통로를 열고, 중앙으로 흘러 돌아왔다가, 다시 아래로의 통로를 열고, 그런 다음 중앙으로 돌아오는 과정이다. "저는 저 하늘을 향해 열려 있습니다. 저는 그것을 받아들입니다. 저는 제 아래 대지를 향해 열려 있습니다. 저는 땅을 받아들입니다" 등의 표현들이 이 움직임을 지지해 줄 수 있다.

하트 형태와 구근 형태는 모두 리듬감 있게 양손으로 반복하는 8자 형태를 담고 있다. 구근 형태는 성장에 대한 메시지를, 하트는 주고받는 움직임을 담고 있다.

렘니스케이트와 8자 형태 모두와 밀접한 관련이 있는 것은 **물결**the wave **형태**([그림 14.71] 참고)다. 물결 형태는 리듬이자 움직임, 상승과 하강이다. 기본적으로 진동하는 세로선 또는 가로선의 형태이다. 이는 방향을 잃지 않은 채 양극의 사이를 이동하는 에너지이다. 이 양극은 감정의 기복, 또는 삶과 죽음, 낮과 밤처럼 상반된 양측의 극단의 성질을 상징할 수 있다. 가로형 물결 형태는 보통 물과 연관되고, 세로 형태에선 보통 불꽃, 불을 묘사한다. 세로형 물결 형태는 즐거움, 슬픔 또는 활기와 같은 감정을 표현하는데, 이는 사람이 그림을 그리도록 "움직이게" 하는 것이다.

물결 형태는 보통 다른 형태 및 맥락 속에서 움직임으로 자주 나타나며, 동작, 주로 감정으로 표현된다.

[그림 14.69] 구근 형태

[그림 14.70] 하트 형태

[그림 14.71] 물결 형태

[그림 14.72] 이 그림에서와 같이 상승하는 물결선은 척추에서 상승하는 리비도를 묘사한 것이다. 그릇 형태는 골반을, 수직선은 척추를 나타낸다. 모든 게 하트 형태 안에 담겨 있으며, 직사각형의 경계로 보호받고 있다.

15장 남성적 기본 형태들

가이드 드로잉은 특정 형태를 그려내는 움직임을 다룬다. 이는 종이에 그려진 직사각형 이미지가 아니라, 그것을 만드는 데 요구된 운동 충동을 보는 것이다. 움직임이 반복되고 나면, 해당 형태의 감각 경험, 가령 그것이 몸 안의 어떤 암묵 기억 패턴을 떠오르게 하는지, 어떤 감정들이 연관되어 있는지, 어떠한 감각느낌felt sense에서의 욕구가 유발되는지 등을 검토한다.

직선적이고 선형적이거나, 각이 지고 뾰족한 운동 충동을 가진 형태들은 모두 양陽 혹은 남성적 의미를 가지고 있다. 예를 들어, 직사각형을 그리는 것은 한 방향으로 움직인 뒤, 멈추어서 새로운 방향을 결정하고, 다음 지점까지 해당 움직임을 실행하고, 결정하고, 다시 움직이고, 멈추며, 다음의 새로운 결정으로 이어짐을 의미한다. 움직임은 작은 부분들로 쪼개지며 각 단계는 의식적 결정을 요구한다. 프리즘에 의해 굴절된 빛처럼, 각진 선은 '부러져서 꺾여있고' 빛을 반사한다.

다른 주요 남성 형태는 명확한 시작점과 끝점을 가지는 선이다. 한계가 주어지기도 하고(이 또한 의식적 의사 결정을 포함한다), 화살을 쏘는 것처럼 방향성을 가진다. 이 경우 선의 방향은 집중력, 목표 설정, 그리고 훈련된 기술뿐 아니라, 적절한 순간에 놓아주기 위해 필요한 자신감과 지식을 요구한다.

[그림 15.1] 1세 7개월된 여자아기: 무작위적 소용돌이와 두드림; 공간 인식을 가지지 않는 즐거운 운동 충동

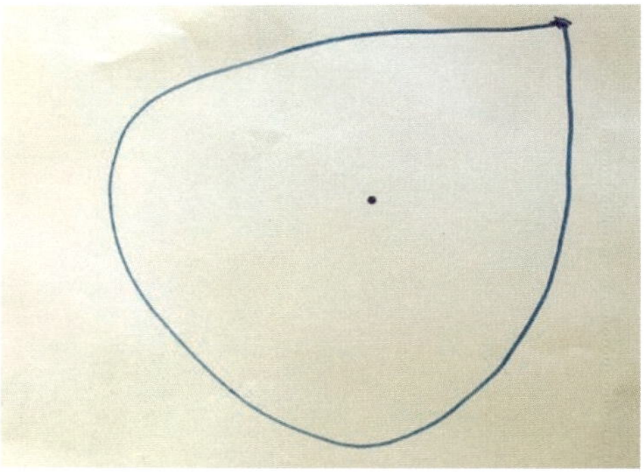

[그림 15.2] 3세 4개월된 여자아이: 원 안에 제한됨; 공간 인식이 생기기 시작함

[그림 15.3] 4세 남자아이: 의미있는 표현들로 구성된 선과 각진 선들

이 과정은 남성 형태의 주요 특성을 특징짓는다. 남성 형태의 주요 목적은 의사 결정, 구별 및 인식이다. 이들은 지각, 의식 및 주의를 불러일으키며 구조, 규칙, 질서 체계를 나타낸다.

위의 유아들의 그림들([그림 15.1]~[그림 15.3])을 보면 두 살 초기유아의 운동감각 운동 충동은 낙서와 소용돌이로 구성되어 있으며, 세 살 즈음에는 점진적으로 둥근 공간과 원형으로 변화되는 것을 보여 준다. 우뇌는 연상적이고, 연결되어 있으며, 온전히 현재에 살고 있다. Siegel에 따르면, 좌뇌는 유아들이 "왜?"라고 묻기 시작하는 세 살 정도부터 발달하기 시작한다고 하였다.[1] 좌뇌의 인지 과정은 과거에 학습된 기술을 다루며, 특정 목표를 달성하기 위해 이를 미래에 투사할 수 있다.[2] 이 시기에는 선형적이고 각진 모양이 나타난다. 따라서 우리는 모서리를 그리고 화살을 쏘는 방식으로 애착 트라우마를 치유하려고 하지 않을 것이다. 초기 아동기 문제는 연결감과 둥근 모양을 가진 흐름을 요구한다. 하지만 학습 능력의 발달, 자존감의 강화, 목소리를 높일 자신감을 쌓는 것에는 양陽의 형태가 상당히 중요하다. 둥근 모양은 흐름과 연결을 더 많이 다루는 반면, 선형적이고 각진 모양은 안팎의 공간과 구조에 대한 지각을 유발한다. 그것들은 방향을 제시하고, 구별 지으며 분별한다. 내담자들은 의식적 노력을 쏟아야만 이것들을 그릴 수 있다. 이 과정은 의도를 가지고 선의 방향을 결정하고, 목표에 집중하며, 그것을 향해 선을 놓아주는 것과 같은 기술이 적용되어야 한다. 양陽의 형태들은 우리가 공포로 얼어붙거나 때로는 수십 년 동안 이 공포를 붙들고 있을 때 Levine이 말하는 충격과 트라우마에 대한 "능동적인 반응"을 실행하도록 설계되어 있다.[3] 여성-음陰의 형태는 흐름 속에 있기, 접촉, 수용, 안전함, 완전함과 같은 '존재being' 상태를 지원한다. 남성-양陽의 형태는 '실행doing' 형태들로 행동 패턴과 의도적 운동 충동을 지원한다.

특정 모양을 개입 도구로 도입하는 것은 Lusebrink의 지각적-정동적 수준에서 보자면 지각을 향상시킨다.[4] 특히 남성-양 모양은 감정을 자극하고 감정의 안전한 발산을 지원하는 동시에, 생리적, 정서적인 측면에서도 그들의 내면의 경험이 지각을 구성하도록 돕는다. 혼돈, 압도, 공포에 눈이 먼 상태는 구별되고, 방향이 정해지고, 발산될 수 있다. 척추는 홀로 똑바로 설 수 있을 때까지 감정적인 짐을 지지 않는다. 내담자들은 골반, 횡격막 그리고 어깨와 목이 내부에서 잘 자리 잡혀있는지 인식하는 것으로 시작할 수 있다. 그들은 자신들의 호흡을 지켜보는 법을 배운다. 내면의 정향감을 얻게 되고, 내부의 반응이 허용 범위를 벗어난 상태로 급변할 경우 적절한 조치를 취할 수 있는 도구를 확보한다. Lusebrink에 따르면, 이 지각-감정적 수준은 사회적 참여 체계social engagement system를 발동하도록 설계된 배측 미주신경복합체ventral vagal complex와 관련되며, 이는 우리를 현재 시간에 있도록 해준다. 다음 장에서 양의 의미를 가지는 남성 형태에 대한 이해를 높이기 위해 설명을 이어가고자 한다.

수직선

생리학

수직선은 신체의 척추에 해당하며, 이 맥락에서 곧게 서 있는 척추는 체화된 정체성으로서 자아ego에 해당한다. 흥미롭게도 유아의 '나'와 '나의 것'에 대한 감각은 자신의 도움을 받지 않는 곧게 설 수 있다는 사실을 발견하기 시작함과 동시에 발달한다. 더욱 어린 유아는 여전히 주변 세계와 분리되지 않은 연합 상태에 있고 그것에 전적으로 의존한다. 똑바로 설 수 있는 아이만이 "나는"이라고 말할 수 있고, 새로 발견한 자아감을 욕구에 가득 찬 짜증을 통해 표현할 수 있다.

남성-양陽 형태configuration들 중 진단적 맥락에서 가장 중요한 것은 수직선([그림 15.4] 참고)이다. 그림에서 수직선 형태가 있고 없고에 따라 치료사에게 내담자의 심리적 힘이나 약점에 대한 중요한 통찰을 준다.

- 작동 중인 사회적 참여 체계를 통해 자기-조절을 하는 내담자는 명확한 수직선을 만들 수 있다. 이들은 편안하게 똑바로 서 있는 자세를 보여 준다.
- 심리적으로 압도된 내담자는 때로 수직선을 전혀 그릴 수 없거나, 그러한 수직선들이 둥글고 아치형의 운동 충동으로 뒤덮여 있는 경우가 많다. 이는 종종 처진 어깨, 구부정한 자세, 근육 긴장도의 결핍과 연관된다.
- 해리된 내담자는 조각나거나 얇고 연약해 보이는 수직선을 만드는 경향이 있다. 또는 수직선이 부재하며 탈신체화disembody되고 위축된 모습을 보인다.
- 고도로 활성화된 내담자들은 높은 필압으로 수직선을 그으며 공격적인 폭발을 나타낼 수는 있지만, 그들은 집중과 지시를 효과적으로 할 수 없기 때문에, 쉽게 압도당할 위험에 처해 있다. 이때 내담자들의 자세는 경직되고 긴장될 수도 있고, 상체가 종이 위로 구부려져 기울여짐으로써 자신의 감정의 폭풍 속으로 끌려 들어가 있는 상태일 수도 있다.

수직선은 척수의 리비도의 흐름을 가시화하고, 다미주신경 시스템polyvagal system을 흥미로운 방식으로 설명할 수 있다. 모양 그 자체와 수직 운동 충동 또한 남성의 성적 특성과도 연관되는데, 이 맥락에서 리비도의 흐름 혹은 리비도의 부재를 둘러싼 갈등은 그림에서 드러난다. 내담자는 수직선 그리기를 통해 자아감각에 대한 격려와 지지를 얻을 수 있다. 자아가 강화되는 만큼, 밖으로 뻗어 나가는 선은 곧고, 똑바로 서며, 초점이 분명하다. 자아가 상실되거나, 고착되거나, 압도될 때마다 수직선은 구부러지고, 그라운딩이 겹핍되어 있으며, 아래로 짓눌리거나, 또는, 압도적인 회전의 움직임으로 수직선이 사라지기도 한다.

어떤 삶의 상황에서, 그 원으로부터 벗어나 "나는 더 이상 이것의 일부가 되지 않을 것이며, 나는 나만의 길을 선택했다"라고 고백하기 위해서는 큰 용기와 진정한 결정이 필요하다. 이는 중독적 습관에서 벗어나거나, 인권에 대해 공개적인 입장을 표명하는 것일 수도 있다. 그리고 그것은 아마도 다른 사람의 기대에 부응하기 위해서 "내가 무엇을 해야 하는가?"라는 것 대신에 자신의 마음, 혹은 소명을 따르기로 한 결정일 수도 있다.

자신의 생각 또는 다른 사람을 위한 "바른 인성", "강한 근성"을 가진 개인들은 눈에 띄며, 그들은 변화를 만들고, 다른 어떤 것들과 다르게 차이가 있을 것이다. 이들은 "성공한 사람들"이다. 이들은 더 이상 눈에 띄는 것에 대해 부끄러워하거나 어색해하지 않는다. 이들은 더 이상 군중 속에 섞이지 않는 기조연설자이며 지도자들이다. 그러나 보통 이와 같은 성공은 기나긴 시행착오와 고난의 길을 거쳐 달성된다.

세속적인 승리보다는 내적 경지에 도달하는 것을 추구하는 사람들도 있다. 모든 명상 수행은 똑바로 앉아서 차크라를 통해 척추의 에너지 흐름을 초월로 향하도록 지시하는 것에 초점을 맞춘다, 동일한 일이 태극권이나 요가와 같은 운동적 명상과 무술에서도 발견된다. 삶의 본질을 깨달음으로 하나됨at-one-ment인 속죄atonement는 곧은 척추에서의 리비도 흐름을 변화시킴으로써 자아를 영적으로 초월하는 것을 목표로 한다. 유대교의 전통은 영성과 물리적 신체를 구분하는 경향이 있는 반면, 동양의 종교들은 신들이 그들의 여성 상대인 다키니dakini와 영원한 성적 결합상태에 있다고 묘사한다. 불교와 힌두교에서 물리적 신체는 영적 인식을 얻는 수단이다. 이는 가령 호흡 그리고 척추를 타고 흐르는 쿤달리니kundalini 에너지의 흐름에 깊게 몰입함으로써 달성된다. 유대교, 기독교, 이슬람교의 전통에서 초월은 유체 이탈 또는 사후의 경험이며, 성적 특성은 영성을 훼손하는 것으로 간주된다. 가이드 드로잉은 영적 실천에 있어 체화된embodied 접근법을 선호한다.

수직선의 영역은 일반적으로 의식적인 통제, 구별화, 구조화, 분할, 분석하는 능력과 관련되어 있다. 수직선은 정복하고, 싸우고, 무기를 다루며, 총을 쏘고, 창으로 찌르고, 검을 휘두르는 힘을 상징하며, 리비도의 흐름이 막히면 쉽게 좌절감, 공격성, 우울증으로 변할 수 있는 남근적인 성적 특성을 나타낸다. 또 그것은 옳고 그름을 구별하고, 법과 질서를 집행하고, 삶을 관리하고 경영하는 좌뇌의 능력이다. 그 영역은 모든 추상적이고 기술적인 시스템을 포함한 지성의 힘이다. 오늘날과 같은 기술 중심의 정보화 시대에는 수직 영역의 단점도 분명해진다. 양의 지배에는 음, 즉 자연, 흐름, 생명력과 인간적 연결감의 여성적 원리가 결핍되어 있다. 과도한 "행동"은 신경계 과부하를 일으킨다. 우리는 휴식이라는 "둥근" 부교감 신경계의 역할과 내면을 향한 시간 또한 필요로 한다.

원형

선택의 범위가 넓다. 수직선은 영웅의 원형을 상징한다. 여성과 남성 영웅들에 대한 우리의 동경은 신화, 동화, 종교, 영화, 소설 그리고 실제 삶의 원동력이 된다. 자아를 실현한 인간으로서의 영웅은 아마도 가장 오랫동안 추구된 서양의 원형일 것이다. 그리스와 로마의 신화는 그것으로 가득하다. 일반적으로 반인반신인 이 영웅들은 엄청난 역경에 직면한다. 우리는 헤라클레스의 12가지 과업, 이아손, 아킬레우스, 아름다운 헬렌, 오르페우스, 에우리디케, 페르세포네 등 많은 이들을 발견한다. 기독교에서 용을 죽이는 성 조지와 동물과 교감하는 성 프란치스코가 이들에 해당한다. 보다 최근의 주인공들은 제임스 본드, 「오즈의 마법사」의 도로시, 「스타워즈」의 루크 스카이워커, 전사 공주 제나, 「반지의 제왕」의 프로도 그리고 해리 포터이다. 실상, 모든 할리우드 영화의 영웅들은 가장 강력한 적들을 물리치고 영원히 승리하는 것처럼 보인다. 문화권마다 존경받는 인물들이 있다. 이들의 롤모델로서의 기능은 그들을 둘러싼 전설을 만듦으로써 촉진된다. 대중 커뮤니케이션 시스템과 스포츠 스타, 팝 스타, 영화배우들을 중심으로 한 그들의 팬덤문화가 현대적 신화를 고취시킨다.

동화는 트라우마에 대처하기 위한 고대의 지침서인 듯하다. 주인공들은 모두 부모의 죽음, 학대하는 의붓 가족, 유기, 방임, 굶주릴 정도의 가난, 부모로 인해 생명에 위협을 느끼는 상황을 포함한 폭력 등의 복잡한 트라우마 문제로 고통받는다. 극적인 전환이 있을 때까지 주인공들은 고통받고, 우리도 함께 고통받는다. 트라우마 중심 치료에서 사용하는 언어를 빌어 표현하자면, 적극적 반응이 이루어지며 부당함과 위협이 해결되고, 행복한 결말이 찾아온다. 바실리사, 헨젤과 그레텔, 빨간 모자, 라푼젤, 신데렐라, 백설공주, 개구리 왕자, 철의 헨리, 룸펠슈틸츠헨은 이러한 삶의 드라마에서 가장 잘 알려진 배우들일 뿐이다.[5]

Robert Johnson은 어부 왕과 성배에 관한 에세이에서 영웅 사의 단점을 지적한다. 퍼시벌의 아버지와 그의 모든 형제들은 무사 수행과 영웅답게 전투 중에 죽었다. 퍼시벌은 직감적으로 성배를 찾지만, 구원이라는 중요한 질문을 잊는다. 그는 신비한 경험을 의식화할 능력을 가지지 못했기 때문에 치유가 일어나는 것 또한 불가능했다. 따라서 그는

> 이후 20년 동안 처녀들을 구하고, 용과 싸우고, 포위된 성들을 구하고, 가난한 사람들을 돕는 역경을 견뎌야만 했다. 이 고난들은, 성배 성의 재방문으로 비유된 재기의 기회를 얻은 청년들이나 중년의 남성들이 겪는 경험들이다.[6]

성배가 있는 성의 죽어가는 왕 또는 어부 왕은 권력을 지속시키기 위해 힘을 굳건하게 하려는 압박감과 함께 정상에 있고자 하는 위험한 모습을 잘 보여주고 있다. 그리고 그는 똑바로 설 수 없었다. 음陰, yin 없는 양陽, yang은 시스템의 균형 상실로 이어진다. 섬김이 없는 왕권통치는 점점 더 경직되어 가고, 정권은 과도한 관료주의로 융통성을 잃게 될 것이다. 성배를 지키는 기사들의 대장 암포르트타스Amfortas인, 죽어가는 왕 또는 어부 왕은 끔찍한 부상을 입고 다시는 따뜻해지지 않을 정도로 차가워졌다. 그리고 그는 똑바로 설 수 없었다. 그는 병에서 회복할 수도 없고 죽을 수도 없었다. 그는 자신으로부터 모든 생명을 앗아간 융통성 없는 제약, 무의미한 의식들ristual 그리고 아무것도 할 수 없는 고난과 역경의 자리에 갇혀 있었다. 그의 경직성은 그를 너무도 완고하게 만들어서, 모든 것을 내려놓고 죽을 수도 없고, 치유하여 원기를 회복할 수도 없게 되었다. 그의 땅에서, "소는 번식하지 않고, 곡식은 자라지 않으며, 과수원에는 과실이 열리지 않고, 아내들은 과부가 되었으며, 남자들은 절망하였다. 그는 자

[그림 15.4] 수직선

신이 모든 영역에서 창조력을 잃었다는 것을 알게 되었다".[7] 암포르타스는 오직 성을 둘러싼 해자에서 배낚시를 할 때 위안을 찾는다. 이런 의미에서, 낚시는 여성적 원리, 본능적인 것과 다시 연결되어 내면의 작업을 하는 것과 같다.

이것은 동결 단계, 긴장성 부동증의 상태에 대한 매우 적절한 설명이다. 치유는 퍼시벌이 삶의 의미에 대해 물을 수 있을 때 일어난다. 삶은 권력을 가지는 것 이상이기 때문이다. 그래야만 어부 왕은 성배로 목을 축일 수 있다. "생명의 물"은 기적적으로 어부 왕의 건강과 힘을 회복시킨다. 온 왕국이 겨울의 차가움으로 얼어붙고 경직되었던 상태에서 부활하여, 기쁨과 삶이 시작하는 봄으로 돌아온다.[8]

덧붙이자면, 백설공주는 산 정상의 유리관에서 동결 반응으로 얼어붙어 있는 것과 같다. 백설공주를 질식시킨 독사과 조각은 왕의 사냥꾼들이 그녀를 언덕 아래로 운반할 때 목구멍으로부터 빠져나온다. 하강하는 것, 내면으로 들어서는 것, 긴장을 푸는 것, 활동성과 분주한 순환 후에 신경계를 안정시키는 것은 성공에 대한 목표만큼이나 중요하다.

개입

수직선은 결정을 내리고, 집중하고, 분리하고, 나눌 수 있는 의식의 힘으로서의 자아에 대한 시각적 표현이다. 그것은 연결을 끊고, 중단하고, 잘라내고, 분리하고, 재구성하기 위해 선택하고, 반영하고, 인식할 수 있다. 이는 좌뇌의 순차 처리serial processing이다. 관련된 이미지는 칼, 검 및 다른 절단 도구, 빛, 햇빛, X선 또는 추상적인 직립 형태가 있다.

육체적으로 표현된 경우, 수직선은 남성의 성적 특성과 활력을 나타낸다. 연관된 이미지로는 남근, 토템 폴totem pole, 창, 화살, 쏘고 찌르는 활동이 있다. 생명 에너지의 흐름이 차단되거나 변질된다면, 이러한 특성들은 공격성, 분노, 폭력성과 같은 부정적인 특성을 띠게 된다.

성적 함의가 긍정적인 경우, 수직선은 새싹, 꽃의 줄기, 나무 둥치와 같은 직립 형태의 성장 과정과 관련된다. 이것의 신체적 대응물은 등, 척추, 척수, 남근 그리고 이들 안에 흐르는 생명력과 같다.

미묘한 상태의 경우, 수직선은 정신적 에너지의 상승을 보여줄 수 있다. 가령, 차크라 또는 척추에 흐르는 에너지와 같이 쿤달리니의 상승을 나타낸다. 수직선은 과거와 미래를 구분하는 현재이기도 하며, 이런 의미에서 '나는 지금 여기에 있다'라는 것이다. 수직선은 위와 아래, 하늘과 땅, 뇌와 장 사이의 축을 나타낸다. 물론, 수직 운동이 상승하는지 하강하는지가 중요하다.

내담자는 다양한 방법으로 **상승 수직선**([그림 15.4] 참고)을 그린다. 우리가 얼마나 많은 잠재적 에너지를 가졌는지, 또 그것을 얼마나 미숙하게 사용하는지는 명백하게 알기 어렵다. 수직선과 관련된 여러 가지 주요 개입 선택지들이 있다. 특히, 그려진 수직선이 직립 자세와 상관있어야 한다는 점은 주요한 사실 중 하나이다. 이는 이어지는 모든 관찰 및 개입에 적용된다. 무술과 유사하게, 내담자들이 꼿꼿함을 잃고, 무너져 내리고 단전의 힘인 하라hara를 잃는 경우, 이들은 자신의 행동에 의해 희생되고 있는 셈이다. 이들은 주도권을 상실하였다. 때때로 나는 내담자들이 말 위에 앉아 있을 때 발생할 만한 감각느낌을 활성화하도록 권장한다. 안장에 깊숙이 앉는 것은 내담자들이 직립하여 앞으로 나아갈 수 있도록 돕는다. 수직선 그리기는 생명력을 이용하는 운동이다. 내담자들은 자신의 몸 아래의 말의 힘을 상상하면서 조율할 수 있다.

다른 모든 것들과 마찬가지로, 이것은 미세한 인식을 필요로 하며, 몸 내부의 감각을 추적하고 치료사들이 내담자의 자세를 관찰하기 위한 활동이다. 수직선은 개인의 척추뿐만 아니라 척수에 흐르는 생명력을 더 잘 묘사한다. 그려진 수직선이 직립된 형태 속에서 편안하고 이완되어 있는가? 이는 내담자들이 스스로에게 느끼는 편안함을 반영한다. 그러나 대부분의 내담자들은 그렇지 못하다. 그들은 두려움과 의심으로 마비된 상태로 회기에 도착하고, 폐쇄적이거나 매우 활성화되어 있다. 이는 내담자들의 자세와 수직선을 그리는 능력에 반영된다.

내담자의 직립성, 그리고 화살처럼 방출하듯 그려진 선들을 통해 그들의 아이디어, 생각, 감정을 세상에 자신감 있게 풀어낼 수 있는 능력에 초점을 맞추는 것은 하나의 도전일 수 있다. 적절한 방출 지점이 발견되면, 척추를 곧추세우고 복부에 힘을 주는 것으로 신체에 다시 힘을 보탠다. 이것은 일부 사람들이 우려하는 것처럼 에너지 손실이 아니라 리비도가 이제 막힘 없이 몸에 자유롭게 흐르기 때문에 증가하는 것이다. 테니스 선수들이 타격의 세기를 증가시키는 방법과 유사하게, 때때로 수직선의 방출에 소리를 추가하는 것이 도움이 될 수 있다. 무술, 춤, 스포츠에서처럼 리듬감 있는 반복은 암묵 기억을 만들어 간다. 움직이는 방식을 바꿈으로써 태도를 변화시킬 수 있다. 다르게 움직이기 시작하면, 다르게 느낄 수 있다. 다르게 느끼기 시작하면, 다르게 생각할 수 있다.

내담자의 그림에서 발견되는 에너지 흐름의 표현 사례는 아래의 [그림 15.5]에 제시되어 있다.

다음으로 내담자가 수직선을 그릴 때 가장 많이 겪는 어려움을 살펴보자. 여기서

[그림 15.5] A: 일정 높이에 다다르면 에너지가 차단되고 앞으로 나아가는 것을 멈추기 위해 크레용을 아래로 내려서 그린다. B: 앞으로 나아가기로 한 결정이 작은 고리로 후퇴되어 있다. 이는 용기와 전념으로부터 마지막 순간에 물러난 것이다. C: 선의 끝은 우울하고, 의욕이 없고, 기진맥진한 상태로 늘어져 있다. D: 어떤 이들은 끝부분에 작은 봉우리가 있는 화살표를 그리는 것을 선호한다. 이는 에너지적인 관점에서 방출을 막고 에너지가 분출되는 것을 차단하고 있음을 깨닫지 못한 채로 벌어진다. E: 이와 같이 부서지고 조각난 수직선은 신체적 또는 감정적 학대의 결과일 수 있다. F: 이것은 중심이 분명한 수직선이며, 활기찬 힘으로 가득 차 있고, 편안하게 앞으로 나아가며, 자신의 능력에 대한 자신감과 신뢰를 가지고 선의 끝에서 에너지를 방출할 수 있다.

의 개입은 내담자들이 보다 의식적으로 주도하는 행동 패턴에 도달할 수 있도록 지원하기 위해 필요하다.

내담자가 크레용에 얼마만큼의 필압을 가하고 있는가? 종이가 찢어지는 것은 큰 하향 압력을 나타내는 지표이다. 이는 내담자들이 두려움 때문에 앞으로 나아가기보다는 아래로 더 많이 짓누르는 경우이다. 이는 보통 내담자들이 자신이 준비되지 않은 것을 "수행"하도록 자신에게 많은 압박을 가하고 있다는 지표이다. 여기에서 내담자들은 자신들이 편안하다고 느끼는 높이까지 수직선을 점진적으로 상승시킬 수 있다는 것을 알게 될 때 도움을 받는다. 이러한 경우에 대신 "풀"을 그리도록 권장할 수 있다([그림 15.6] 참고). 이는 작은 방출적 운동 행동이며, 자연스럽게 강도가 증가될 수 있다. 풀은 자신감 있는 수직선으로 꽤 빠르게 치솟는 경향을 가진다. 그러한 운동 충동은 내담자들이 자신이 해야 한다고 생각하는 것보다 내담자들이 원하고 할 수 있는 것에 보다 호응한다.

많은 내담자들은 위아래로 *문지르는* 동작으로 시작한다([그림 15.9] 참고). 에너지적 관점에서 보면, 이는 자신이 갈 방향을 선택하기보다는 주차장을 왔다 갔다 하는 것과 비슷하다. 나는 이것을 "그렇다yes, 그렇지만but…" 움직임 운동이라고 말하는데, "나는 원한다, 하지만 다른 사람들은…"과 같이 때론 계속 나아가거나 끌어당기는 움직임을 강조한다. 이처럼 신체 감각을 추적하면 내담자가 자신이 가고자 하는 방향을 알 수 있다. 앞으로 나아가거나, 물러서거나, 옆으로 비켜서든지, 어디로 갈지 방향을 잡도록 연습해야 하고, 그것에 집중해야 한다. 그러면 한 방향의 운동 충동을 리듬감 있게 반복하는 움직임을 할 수 있고, 감각느낌을 추적하여 이전의 우유부단함에 비해 어떻게 다르게 느껴지는지 확인할 수 있다.

어떤 내담자들은 *붙잡혀 있다.* 이들은 필사적으로 스스로를 표현하고자 하지만, 자신의 능력을 완전히 신뢰하지도 않고, 자신의 말을 누군가 들을 것이라는 확신도 없다. 이들은 크레용을 특정 지점에서 아래로 그어서 앞으로 나아가거나 선을 방출하는 것을 막는다. 때때로 보통은 어깨나 목 높이에 보이지 않는 벽이 있는 것 같아, 그들의 목소리가 뚫고 나가지 못할 것이다([그림 15.8] 참고). 이때, 다시 한번 "풀"을 그리는 것은, 작은 도약이지만 목소리를 방출해도 안전할 수 있다는 자신감을 가지는 데 도움 된다.

이러한 두려움은 내담자가 자신의 행동과 연결되는 것을 피하려고 할 때 나타날 수도 있다. 이들은 방출점을 마주할 때마다 고개를 뒤로 젖히며, 척추의 리비도의 흐름을 목 높이에서 깨뜨린다. 이는 미묘한 형태의 회피이며, 이때 내담자들은 순응하지만 자신이 실제로 하고 있는 활동을 거부한다. 이들은 화를 내는 것이 "나쁘다"라는 패러다임을 가지고 자랐을 수 있다. 이 행동의 원인이 무엇이든, 치료사는 그것을 알아채고 이 패턴으로 감각 인식을 이끌어야 한다. 이 경우에도 '성장하는 풀' 움직임은 활성화 상태를 조절하기 쉽게 만드는 데 도움이 될 수 있다.

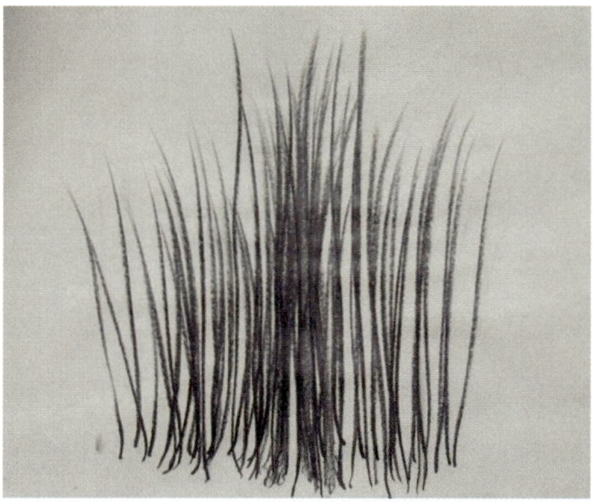

[그림 15.6] 성장하는 풀. 짧은 획으로 시작하여 자라나는 운동 충동. 내담자는 몸이 앞으로 기울어지기 전에 선을 방출하여 자신의 중심을 잃지 않는다.

[그림 15.7] 분노에 휩쓸리기. 이는 선이 제때 방출되지 않았을 때 발생한다. 내담자는 점점 종이에 기대어 문제와 동일시함으로써 실의에 빠진다.

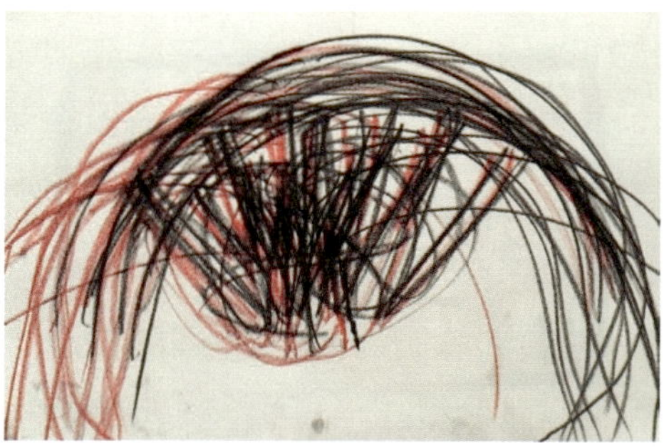

[그림 15.8] 버티기. 이는 모든 선들을 멈춰 세운 내적 벽을 드러낸다. 이 내담자는 목소리를 가지지 못하며, 일어서서 남들에게 자신을 보이는 것을 두려워한다.

[그림 15.9] 문지르기. 위로 아래로, 그리고 밀고 당기는 "그렇다, 그렇지만…" 움직임은 매우 좌절감을 줄 수 있다. 내담자들은 많은 에너지를 투자하지만 아무런 성과도 거두지 못한다.

어떤 내담자들은 선을 붙잡고 있다가 너무 늦게 방출하기도 한다([그림 15.7] 참고). 방출 시점이 되면, 선이 종이를 넘어간다. 내담자의 몸은 엎어지고 쓰러져 있다. 이들은 자신의 문제와 과도하게 동일시되어 끌려나가면서 척추의 수직선과 맞춘 정렬에서 완전히 벗어난다. 내담자들은 자신의 분노나 열정에 의해 '*휩쓸린다*'. 이는 쉽게 발생하며, 문제와 동일시 하는 것을 드러낸다. '그것에 붙잡히기' 전에 방출 지점을 찾기 위한 개입이 중요하다. 이러한 공포의 순간을 극복하는 것은 감각을 주의 깊게 추적하는 것을 통해서만 가능하다. 신뢰는 신체 감각들을 인식하게 되는 것으로 얻어지는데, 이것은 "더 강해진 느낌"이나 더 유능해진 느낌이다.

날것의 분노를 직선으로 방출하는 것은 너무 과한 활성화로 쉽게 이어질 수 있다. 이에, 과도한 흥분이나 문제가 무엇인지 알기 위한 유용한 개입은 양쪽으로 척추를 따라 위로 올라가는 움직임이며, 과도해지거나, 척추가 막히는 느낌이 들거나, "미칠 것 같다"라고 느끼기 전에 모서리가 그려져 그 과도한 흥분은 양옆으로 방출된다. 이는 감정적인 문제에 대한 통제력을 얻는 데 큰 도움이 된다.

나는 이 활동을 "씨앗 분류하기"([그림 15.10] 참고)라고 불렀는데, 동화나 신화 속 여성 주인공들이 깨어나 자신의 행동을 좀 더 의식할 때 해야 하는 일이었다. 남성 영웅들이 무기를 다루고 싸우는 법을 배우는 반면, 신화 속의 여성은 자신에게 좋은 것과 무엇이 실존적으로 해가 되는 것을 구별해야 한다. 저승, 숲 또는 위탁 가정으로 묘사되는 무의식의 영역으로 보내진 후, 그녀는 보다 의식적으로 되기 위해 이것과 저것을 구분하는 작업을 해야 한다. 이런 식으로 바실리사는 바바야가를 위해, 프시케는 아프로디테를 위해, 신데렐라는 계모를 위해 씨앗을 고른다.[9]

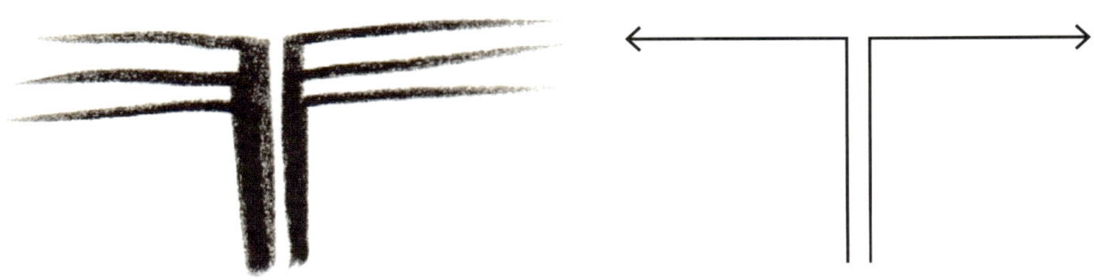

[그림 15.10] 씨앗 분류하기

[그림 15.11] 번개. 내담자가 "씨앗 분류하기"를 그릴 수 없거나 그리고 싶어 하지 않는다면, 분노를 번개로 표현할 수 있다. 이 운동은 과격한 경향이 있지만, 모서리는 점차적으로 분노는 줄어들고 보다 의식적으로 될 것이다. 분노가 안전한 방식으로 흐를 수 있는 한, 우울(억압된 분노)에서 공격성으로, 최종적으로 창의적일 수 있는 표현으로 나아갈 수 있다.

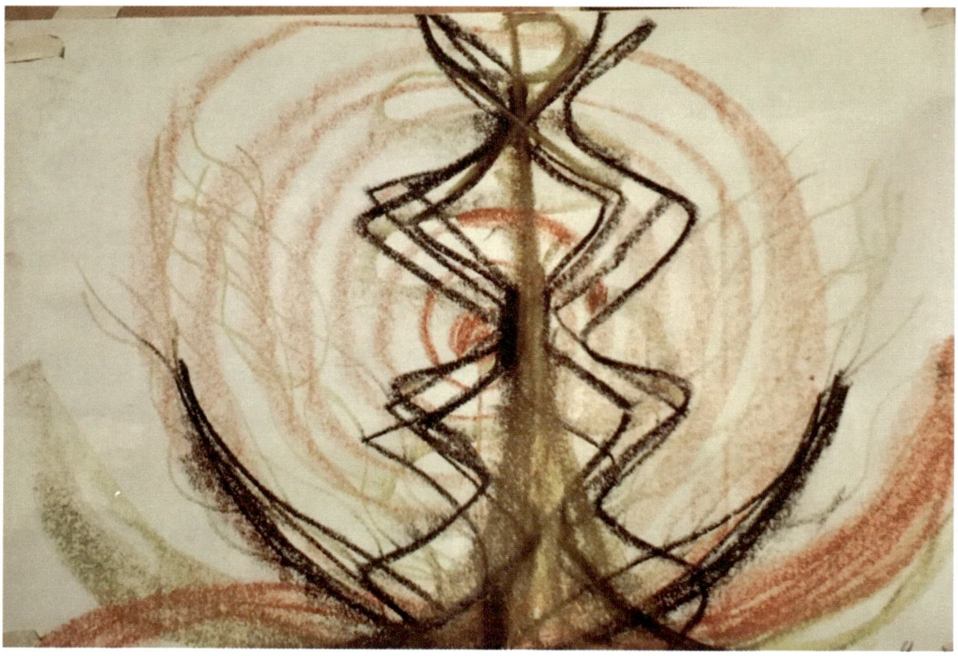

[그림 15.12] 이 여성은 유년기의 성적 학대로 인한 PTSD를 겪었고, 이는 불면과 만성적인 높은 활성화 상태로 나타났다. 여기서 그녀는 내적 긴장의 표현법을 발견하고 있다. 일어서서 스스로를 눈에 띄도록 하는 것은 학대와 연결되었기 때문에, 처음에는 그녀에게 심한 불안감을 주었다. 하지만 그녀가 처음에 그린 배경의 원 형태는 이제 그녀가 자신을 안전하게 내세울 수 있을 정도로 안정을 찾았음을 보여 준다.

씨앗을 고르는 활동은 분노 조절에 있어서 특히 유용하다. 양옆으로의 방출은 덜 공격적이다. 모서리는 내담자들이 확고한 결정을 내릴 수 있게 해준다. 그것은 내담자들이 자신의 몸에 대한 지배력을 찾도록 돕는다. 모서리는 의사 결정과 성찰을 도입하며, 이는 분노를 관리하고 높은 활성화 상태를 조절하여 내담자를 압도하지 않도록 하는 데에 도움을 준다. 그리고 치료사에게도!

분노 조절이 조심스럽게 다루어지지 않으면 큰 부정적 파급 효과를 불러올 수 있다. 나는 동료와 신체 감각 기반 심리치료Somatic Experiencing 수련 회기에 참석한 적이 있었다. 그녀는 나에게 자신을 밀어냄으로써 분노를 표현해 보라고 매우 열심히 부추겼다. 우리 둘은 두 손과 팔을 쭉 뻗었고, 나는 그녀를 밀어냈다. 나는 그것을 잘 해낼 수 있었다. 하지만 귀가한 뒤 나는 한숨도 잠을 못 잤으며 모든 신경이 곤두서있었다. 나는 긴장되고, 쉽게 놀라고, 얼음장처럼 차가워졌고, 매우 스트레스를 받았다. 다음 날 아침 수련에서 나는 도움을 요청했다. 좀 더 이해심이 많은 치료사는 나의 행동이 아무런 부정적 파급 효과를 가지지 않을 것임을 확신시켜 주었고, 나의 반대편이 아니라 옆쪽에 서서 나를 지지했다. 마침내, 나는 다시 숨을 쉴 수 있었고 차단된 상태에서 빠져나올 수 있었다. 나는 제2차 세계 대전으로 인한 PTSD를 겪은 아버지 밑에서 자랐다. 그의 앞에서는 가벼운 항의조차 사형 선고와 같았을 것이고, 그는 폭발해서 나를 심하게 혼냈을 것이다. 나의 신경계는 밤새도록 그러한 부정적 파급 효과를 예상한 것이다. 이 사건은 분노의 안전한 표현이 가지는 중요성에 대한 유익한 교훈이 되었다.

내담자가 분노 표현을 불편하게 여기거나 그에 과도하게 몰입하는 경우, **수직선에 수평선 혹은 그릇 모양을 추가하는 것**이 도움이 된다([그림 15.13] 참고). 척추는 골반에 고정한다. 그러한 움직임은 기반을 잡는 데 도움이 된다.

둥근 바닥은 보다 직관적으로 흐르며, 모서리가 추가된 변형은 보다 의도적이다. 둥근 형태([그림 15.13]의 A 참고)는 대지와 같고 활력이 있고, 때때로 감정적으로 기반을 잡게 해주어 치유와 재활을 가능하게 한다. 특히 내담자가 골반저로부터 단절된 경우 그렇다.

밑면을 의식적으로 꺾은 더욱 결단력 있는 형태([그림 15.13]의 B와 C 참고)는 승화를 촉진한다. 활력의 자유로운 흐름은 종종 성적 에너지를 꺾음으로써 보다 의식적으로

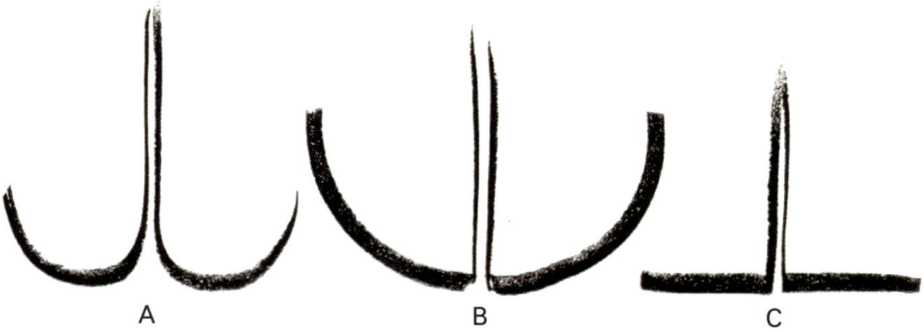

[그림 15.13] 수평선 또는 그릇 모양이 추가된 수직선

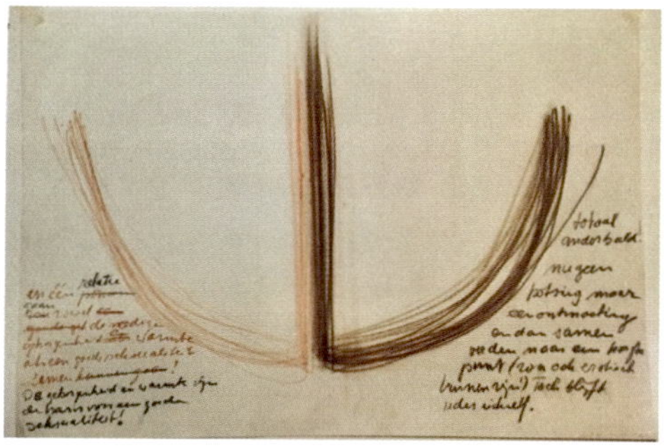

[그림 15.14] 자신의 성적 특성에 대해 고민했던 남성 내담자. 그는 거칠거나 지배적이었고, 온화하거나 무언가를 "느끼는" 데 어려움을 겪었다. 그의 아내는 이혼 소송을 제기했었다. 그릇 모양은 그가 골반에 품고 있었던 어려운 겹겹이 쌓인 감정들을 나타내며, 그는 그것을 새로운 남성적 정체성으로서의 직립성과 연결시키려고 노력했다.

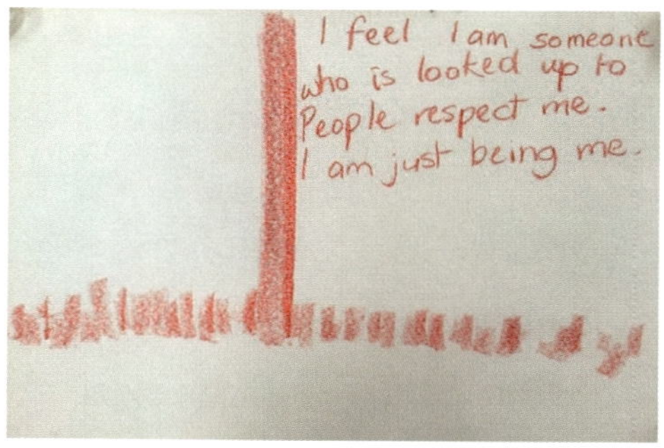

[그림 15.15] Julie의 그림 중 하나. 그녀의 작품은 앞선 3장의 [그림 3.7]~[그림 3.12]에 등장한다. 그는 "풀"을 그리는 것으로 시작해서 이와 같은 강한 수직선을 발견하였다. 그녀는 이렇게 적었다. "나는 내가 본받을 만한 사람이라고 느낀다. 사람들은 나를 존중한다. 나는 나 자신으로 존재한다." 이것이 바로 수직선의 본질이다.

만들고 불안정감과 압도감을 감소시킨다. 두 활동 모두 필요하거나 개발되어야 하며 고유한 가치를 가진다. 내담자는 위와 바깥으로 이동할 준비가 될 때까지 바닥 그리기를 반복할 수 있다.

때리듯 내려치는 선([그림 15.16] 참고)은 일반적으로 격렬하고 감정이 실린 폭발적인 여러 선들로 나타난다. 그것은 욕망이나 절망으로 종이를 실제로 두드리는 것이다. 트라우마적 측면에서, 그것은 신체적 학대에 대한 강렬한 회상을 표현할 수 있다. 해방적인 측면에서, 그것은 억압된 에너지를 자유롭게 할 수 있다. 나는 내담자들이 춤을 추거나, 깡충깡충 뛰거나 종이 위에서 북을 치는 것뿐만 아니라 모든 종류의 폭발에

[그림 15.16] 때리듯 내려치는 선

[그림 15.17] 바닥 비워내기

이 동작을 사용하는 것을 보았다. 그것은 무언가를 환기시키는 행위로 불을 끄는 것과 같은 에너지가 될 수 있다. 그 움직임은 굳어진 자세와 그와 관련된 의식의 틀을 돌파하거나 느슨하게 하려는 시도를 나타낼 수 있다.

지금까지 모든 관심은 상향 수직선에 있었다. 그러나 **하향 수직선**도 그만큼 중요하다. 이러한 운동 충동의 가장 파괴적인 측면은 내담자가 자신을 향해 공격적인 방식으로 하향 움직임을 방출할 때이다. 이것은 자해와 유사하게 볼 수 있는 가이드 드로잉이다. 그것은 자기-공격과 자해의 한 형태로 내장을 찌르는 것과 같아서 진자운동이 필요하다. 치료사는 분명하게 이를 멈추게 하고, 내담자에게 치유 소용돌이를 장려해야 한다. 이것은 내부를 향하던 선들이 외부로 반전된 것일 수 있지만, 많은 내담자들은 그렇게 할 만큼 충분히 안전하다고 느끼지 않을 수 있다. 이 경우, 자원을 사용하여 자존감을 높이는 것과 트라우마의 일부를 감당할 수 있는 방식으로 방출하는 것이 하나의 방법이다. 긴장감과 자기 공격성을 아래로 향하게 한 후 양옆으로 분출하는 것이 초기 개입이 될 수 있다([그림 15.17] 참고).

자해의 원인은 거의 항상 대인관계에 의한 트라우마이고, 내담자들은 가해자를 내면화하여, 내면에서 그들 자신이 무력하고 더럽고 "좋지 않다"라고 느끼게 한다. 적용이 가능한 개입은 그림을 그리는 행동이 한쪽만이 아닌 양 당사자 모두에게 해당하도록 하는 것이다. 한 손은 가해자를, 다른 한 손은 희생된 자신을 그릴 수 있다. 비록 이 자아가 종이의 맨 아래에 옹기종기 모여 있는 아주 작은 낙서 덩어리에 지나지 않는 것처럼 보일지라도 말이다. 그러한 대화는 내담자가 어떻게 학대를 내면화하고 계속 재연해 왔는지를 충격적으로 보여 줄 수 있다.[10]

Frederick S. Perls가 두 당사자[11] 를 도발적으로 비유하여, 탑독과 언더독 그리고 슈퍼마우스와 미키마우스라고 불렀는데, 이 둘 사이의 대화는 일반적으로, 연약하고 작은 신체와 상반되는 가해자의 지위에 대한 의식을 드러낸다. 여기서 연약하고 작은 신체는 내담자의 정체성과 강하게 연결되어 있다. 의식적인 마음은 폭력적인 사고 패턴을 병적으로 강하게 몰아가서, 자해행동만이 내면의 고통을 어느 정도 덜어줄 수 있을 거라는 생각까지 들게 한다. 수직선 방향을 상향으로 돌릴 수 있다면, 몸에 갇혀 있

[그림 15.18] Maggie는 어린 시절의 성적 학대에 대한 수많은 감각느낌의 기억을 가지고 있었지만, 의식적인 이야기는 없었다. 그녀는 양손에 갈색 크레용을 들고 시작했다. 왼쪽에는 왼손으로 그린 커다란 음경이 있고, 가운데에는 오른손으로 그린 그녀 자신인 어린 아이가 있었다. 그런 다음 그녀는 내면의 아이가 자신을 방어하는 것을 돕기 위해 각각의 손에 노란색 크레용을 집어 들었다. 그녀는 이렇게 썼다. "당신은 나를 통제하지 못한다. 나는 자유다. 일어서는 것은 안전하다. 그는 더 이상 나를 지배할 힘이 없다."

[그림 15.19] 다음으로, Maggie는 행동을 취하고 억압적인 신체 감각을 제거할 수 있는 권한을 충분히 느꼈다. 그녀는 자신을 위축되게 하고 작게 만드는 모든 것으로부터 척추를 해방시켰다.

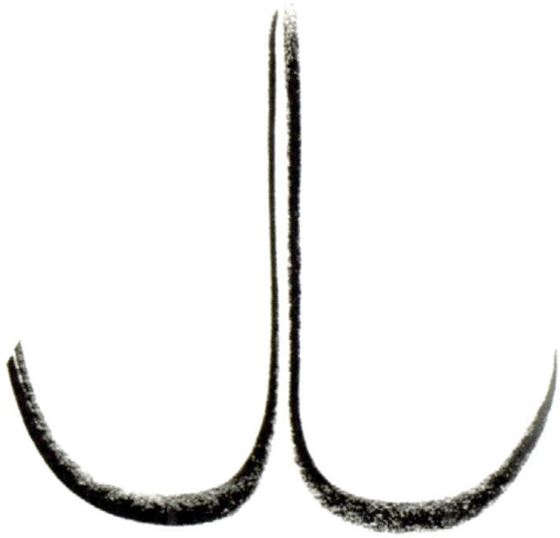

[그림 15.20] 아래로 향하는 수직선: 왼쪽 아래와 오른쪽 아래를 강조하는 수직선이 그려질 때, 이 선은 어딘가에 "다다른다"라는 이점이 있다. 복부로 직접 끌어당기는 것보다, 그릇 모양 안에서 운동 충동은 수용을 발견한다. 이것은 골반과 그 기저부에 고정된 척추와 관련이 있다.

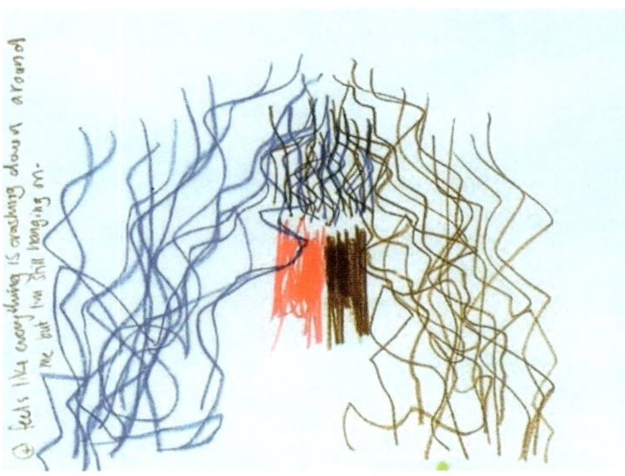

[그림 15.21] Ciara는 고통스러운 척추 변성을 겪고 있는데, 그녀의 외과의사에 따르면, 그녀는 사지마비 환자가 될 위험에 처해 있었으며, 수술은 그녀의 상태를 악화시켰다. 가이드 드로잉은 그녀가 근본적인 복합 트라우마 문제를 해결하고 고통에 맞서기보다는 고통을 감수할 수 있게 해 준다. 보조기는 통증을 악화시키고 그녀의 척추에 경련을 일으킨다. 드로잉 마사지는 그녀가 주도력을 유지하고 그녀의 움직임과 이동을 관리하는 데 도움이 된다. 그녀는 집에서 혼자 그림을 그리고 그녀의 치료사에게 이메일로 그녀의 그림을 보냈다. 첫 번째 그림은 다음과 같다. "내 주변의 모든 것이 무너지는 것처럼 느껴지지만 나는 여전히 붙잡고 있습니다. 버티는 것은 너무 많은 에너지를 사용하는 일입니다."

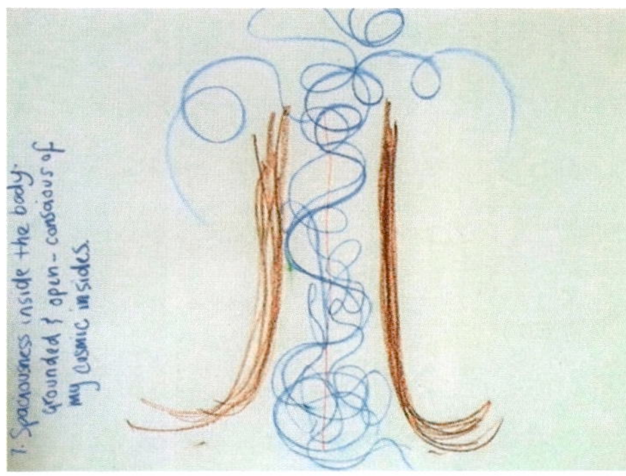

[그림 15.22] Ciara는 의도적으로 골반 안에 붙잡혀 있었지만 오히려 놓아주는 것이 답이다. 그녀는 "내 몸 안의 넓음, 그라운딩과 개방됨, 나의 우주적인 내면을 의식하게 됨"을 발견한다. 그녀의 골반에 자신을 안전하게 고정하고 놓아줌으로써 흐름이 나타난다.

[그림 15.23] Ciara는 이 회기의 마지막 그림을 "생명의 나무"라고 불렀다. 한 회기 동안, 그녀는 파편화되고 간신히 살아 있다고 느끼는 것에서 내면의 땅과 그곳으로부터 흐르는 생명력과의 강력하고 아름다운 연결로 나아갈 수 있었다. 이렇듯 Ciara는 매주 드로잉 회기를 통해 희망을 얻었고 그녀의 신체 상태는 크게 개선되었다.

던 억압된 욕구, 정서, 감정들이 분출되고, 파괴적인 사고방식의 기반이 쫓겨날 가능성이 있다. 그래야만 통찰력과 공감의 기회가 생긴다.

해리되고 두려움과 차단 상태에 있는 내담자는 [그림 15.20]의 형태를 그림으로써 도움을 얻거나, 내면에 흐름과의 연결을 위해 렘니스케이트(∞자 무한대의 곡선)와 같은 더 둥근 운동 충동이 필요하다. Ciara와 마찬가지로, 그들은 아래를 향한 움직임에 중점을 두고 척추 기저부의 안전한 장소에 안착하는 느낌을 통해 도움을 받을 수 있다.

물론, 여기에는 하향 수직선에 긍정적인 의미가 있기 때문이다. 이 경우 운동 충동은 온화하고 부드러우며 사랑스럽다. 우리는 내부를 향해 돌아가 정착한다. 특히 [그림 15.13]의 B와 같은 그릇 모양과 결합하게 되면, 우리는 긴장을 풀고 자신에게 편안함을 느낄 수 있게 된다. 그것은 소화 과정과 닮아있다. 영적인in-spiration 맥락에서, 그것은 위로부터, 하늘에서 내려오는 모든 것을 "영적인" 것으로 나타낼 수 있다. 그것은 숨을 내쉬는 움직임과 비슷한 돌봄의 양陽 충동이다. 예를 들어, 선 명상에서의 지침은 "골반 안쪽으로 앉기"와 내쉬는 숨과 함께 놓아주는 것이다. 이것은 부분적으로 날숨을 강조하는 불교 기도의 목적과도 같다. 티베트 승려들이 경전을 부르는 것을 들어 본 적이 있는가? 그들은 영원히 숨을 내쉬는 것 같아 보인다. 나의 선Zen(명상) 선생님은 이렇게 말할 것이다. "숨을 내쉬세요. 들숨은 선물입니다. 당신이 관여할 일이 아닙니다. 숨을 내쉬세요."

이 단계의 내담자는 자신감이 있다. 그들의 의식 능력은 위협받지 않는다. 그들은 두려움 없이 내면으로 향할 수 있다. 많은 사람들이 현대 사회의 끊임없는 요구로 지쳐 있다. 영웅적인 일을 마치고 나면, 그들은 집에 돌아와 진정하고 재충전할 수 있다. 여기에는 다툼도 없고 압박감도 없다, 하지만 안정감과 사랑을 느끼는 자기 돌봄이 있다. 어부 왕처럼, 내담자들은 감정과 느낌, 그리고 활력이 다시 흐르도록 내면의 본성과 다시 연결될 필요가 있다.

이 놓아주는 것의 일부는 슬픔이 될 수 있다. 아래로 향하는 움직임과 놓아주는 동작이 눈물처럼 흐를 수 있다. 이 경우, 신경계를 안정시키는 것은 날숨으로 내보내는 부교감신경의 울음이다. 이는 위로 움직이는 교감신경계 활성화의 격앙된 슬픔이 아니다. 여기에서 받아들이고 놓아줄 수 있는 것은 슬픔이다.

상향 수직선의 운동 충동은 자아와 정체성을 강화하는 데 초점이 맞춰져 있지만, 하향 형태의 경우는 그 반대이다. 이제는 내려놓음을 제안하는 움직임이다. 그것은 통제와 의도적인 행동을 놓아주고 보다 실존적인 존재로의 상태를 받아들이는 것이다. 많은 영적 수행이 여기에 초점을 맞춘다. 선 명상은 그것을 초월하려는 목표로 "자아의 죽음"에 대해 이야기한다. 이러한 발견은 하나 됨의 보편적인 상태와의 더 큰 연결을 위한 것이다. 위대한 신비주의자 Rumi는 이 내려놓음을 쉽게 이해할 수 있도록 설명한다.

> 누군가 막대기로 양탄자를 칠 때, 그는 양탄자를 치는 것이 아니다. 그의 목적은 먼지를 제거하는 것이다. 당신의 내면은 나-됨(I-ness)의 장막에서 나온 먼지로 가득 차 있으며, 그 먼지는 한꺼번에 모두 떠나지 않을 것이다. 매 순간 고통과 아픔이 있을 때마다, 그것은 우리가 잠자고 있는 동안, 때로는 깨어 있는 상태에서, 마음의 얼굴로부터 아주 조금씩 떠나간다.[12]

이 형태로 우리는 이전의 승리에서 힘들게 얻은 힘을 희생하고 자존심, 자만심, 허영심을 버릴 준비가 되어 있다. 우리의 나-됨이 우리에게서 조금씩 벗겨지는 동안, 우리는 이기적인 개인적 이익보다 더 큰 목표에 봉사하는 법을 배운다.

수평선

[그림 15.24] 수평선

수평선([그림 15.24] 참고)은 개입 관점에서는 크게 중요하지는 않다. 이것은 균형을 잡고 조절하며 상단과 하단, 위와 아래를 구분하고, 어깨 또는 횡격막과 관련될 수 있다. 또한 지평선 또는 기준선으로 간주된다. 수직적인 경험으로 위로 올라가고자 하는 충동은 수평을 제한하고 차단하는 벽으로 인식하게 된다.

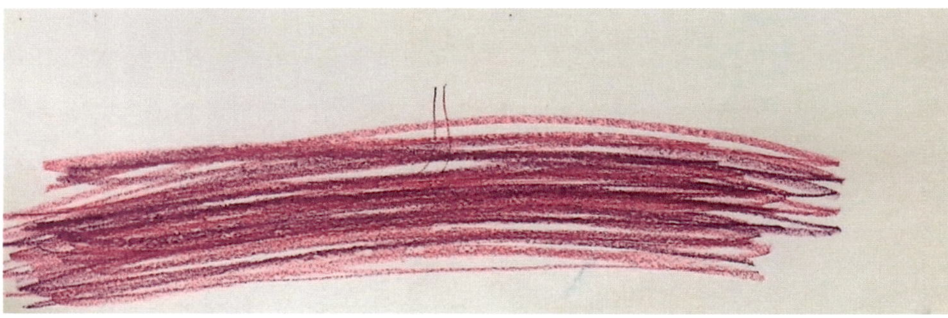

[그림 15.25] 답답하게 차단된 수평선으로 인한 좌절. 왼쪽에서 오른쪽으로 중단 없이 연속해서 그려진 선. 이러한 운동 충동은 일시적인 긴장 완화를 가져올 수 있지만 "아무런 변화도 없이 옴짝달싹 못 하고" 내담자를 낙담시키고 절망하게 만든다.

그러나 **양옆으로 그려진 수평선**([그림 15.26] 참고)은 동적이고 중요한 개입 도구가 된다. 그것은 척추를 자유롭게 풀어 준다. 측면에 긴장이 풀리고, 그 과정에서 위로 올라가기 위한 공간이 확보된다. 허리 통증, 압박감, 억압적으로 짓눌리는 것 등은 옆으로 밀어 치워 둘 수 있다. 외향적인 움직임은 내 공간, 내 방, 내 권리, 내 몸과 같은 "내

[그림 15.26] 거울 움직임, 바깥쪽으로 그려진 수평선

것"의 감각을 주장하는 것과 연관될 수 있다. 어떤 사람들은 매사에 "안 돼!"라고 하고, "나가", "꺼져"라며 큰소리로 외치는 것을 볼 수 있다.

대인관계에 관련된 학대에서 경계를 침범하는 것은 이러한 방법으로 적극 대처할 수 있다. 성폭행을 당한 여성들, 생명력에 억압을 느끼는 남성들, 어린 시절 학대를 당했거나 부모의 기대로 인한 압박감에 노출된 개인들, 이들 모두는 압도적인 침범에 대처해야 하는 사람들이며 이 움직임을 경험하는 동안 안도감을 느끼는 경향이 있다. 이 감각은 분명히 신체적이며 신체와 관련된 내적 긴장을 눈에 띄게 다룬다.

가운데를 향해 모아지도록 양손으로 그리는 역동작은 반대의 효과를 낼 수 있다 ([그림 15.27] 참고). 이 수평선은 압력, 조임, 밀폐로 적용될 수 있으며, 그렇게 그리는 것은 다치거나 아플 수 있다. 자해와 관련한 하향 수직선과 마찬가지로, 치료사는 주의를 기울여야 하며 자기 공격이 있는지 지켜봐야 한다.

긍정적인 측면에서, 이 내향적인 수평선은 어느 정도의 범위 내에서 내면의 무언가를 가져올 수 있다. 주로 선의 질을 통해 이것과 학대와 관련한 것과의 차이를 알 수 있다. 그러나 개입 도구로 사용하기에는 적합하지 않다.

[그림 15.27] 거울 움직임, 안쪽으로 그려진 수평선

십자가

생리학

독일어로 "십자가cross"라는 단어는 "등back"과 동의어이다. "교차 통증cross-ache"은 요통backache이 될 것이다. 스위스 작가 Rosenberg는 십자가를 고대 명상의 상징으로 연구했는데, 그의 접근 방식은 놀랍게도 몸에 초점을 맞추고 있다.[13] Dürckheim은 척추는 수직으로, 어깨는 수평으로 연관시켰는데, 이 두 가지는 함께 몸 안에서 십자가를 형성한다, 그리고 이것은 기독교의 상징물인 아래쪽 축이 긴 십자가와 다르지 않다. 나의 선zen(명상) 스승인 Roshi Yuhoseki는 이 불균형한 기독교 십자가가 서구의 자기중심성 때문이라고 주장한다. 그는 삶의 외적인 물질적 측면을 중시하는 서양인과 기독교 십자가 사이의 상관관계를 보았고, 그것이 "중심에서 벗어났다"라고 생각했다. 그는 중심을 되찾기 위한 자아의 죽음이라는 영적 가르침이 서양인에게 필요한 내적 치유의 상대라고 생각했다.

이들을 통합하는 종교에서는 육체와 성적 특성을 악마화하기보다, 아시아와 아메리카 원주민의 만다라에서 발견되는 것과 같이 더 균형 잡힌 십자가의 형태를 갖는데, 이 십자가는 네 개의 동일한 면을 가지고 있으며, 중심이 몸의 더 깊은 곳에 위치한다. 동양의 생리학에 따르면, 우리의 중심은 이완된 자세의 아이들처럼 자연스럽게 골반을 기반으로 하고 있다. 하지만 일단 우리가 "긴장하고" "흥분해서" 내부 기반과 단절되면, 무게 중심이 상체로 빠져나간다. 중심이 맞지 않는 이 자세는 척추가 위쪽은 무겁고 아래쪽은 약한 것을 지탱해야 하기 때문에 등 뒤쪽에 긴장을 초래한다.

대부분의 내담자들은 신체 여러 부분의 긴장과 통증을 표현하기 위해 십자가 모양을 사용하는 것 같다. 십자가는 충돌, 사고, 부상 및 수술을 보여 준다. 부정적인 혼잣말, 깔아뭉개기, 누군가를 지워 버린 트라우마 경험은 그림에서 교차하는 대각선으로 빈번하게 나타난다.

심각한 교통사고, 마취, 침습적 수술과 같은 죽음에 가까운 경험은 종종 십자가 모양으로 묘사된다. 성적 트라우마, 신체적 폭력, 공격적인 혼잣말과 같은 자기 처벌적 사고방식은 십자가에 못 박히게 할 수 있으며, 실제로 누군가를 십자가에 못 박을 수 있다.

[그림 15.28] 기독교 십자가. 이 십자가는 등과 어깨, 그리고 내부 및 외부 구조와 관련이 있다. 정적이고 안정적이거나 경직되고 유연하지 않은 것으로 경험할 수 있다.

원형

십자가는 가장 오래된 상징 중 하나이다. 그것은 기독교에만 있는 것이 아니라, 의미로 가득 차 있다. 중심을 찾아 표시하려면 두 개의 대각선을 교차해야 한다. 십자가의 축은 예술과 종교의 역사만큼이나 광범위하고 대립되는 요소들을 끌어들인다. 수직의 남성과 수평의 여성은 하늘과 땅, 양과 음, 남자와 여자, 낮과 밤 그리고 무수한 다른 양극성을 나타낼 수 있다.

Carl Jung은 원소들의 구별과 정화, 그리고 그것들의 변형과 통일의 연금술적 과정을 광범위하게 설명했다.[14] 십자가는 대업에 있어 주요 상징 중 하나이며 왕과 왕비, 왕자와 공주, 아버지와 아들, 어머니와 딸, 해와 달, 하늘과 땅과 같이 반대되는 쌍을 결합한다.

전통적인 연극과 오페라는 사람들의 상위 기능과 하위 기능 사이의 드라마를 설명하기 위해 왕족과 일반인, 이 두 쌍의 별자리를 자주 사용한다. Mozart는 프리메이슨free masonic 입문의 상징적 제정으로 「마술피리The Magic Flute」를 썼다. 작품에서 Tamino와 Pamina는 영적 차원을, Papageno와 Papagena는 생명력을 상징한다. 네 명 모두 밤의 여왕의 어둠의 힘에 의해 시련을 겪어야 하고, 지혜의 사원에 입문하는 Sarastro의 조건을 충족해야 한다. 밤의 여왕과 Sarastro는 부모의 원형을 상징한다. Papageno와 Papagena가 결혼을 하고, 섹스를 하고, 많은 자녀를 갖기를 갈망하는 동안, Tamino와 Pamina는 오시리스 신전에 있는 불과 물의 연옥인 죽음의 문

[그림 15.29] Saint Andrew의 십자가는 더 역동적인 십자가로, 종종 내부의 무언가를 지우고, 깊이 베는 것 같은 움직임을 통해 강한 감정을 표현하는 것으로 그려진다.

을 통과한다. 그들은 사랑과 내면의 힘으로 변화되고 영생을 얻는다. 결국 네 명 모두가 하나가 된다.

기독교에서 십자가의 네 끝은 종종 네 명의 전도자로 묘사되며, 그 중앙의 그리스도 또는 성모와 신성한 아이로 십자가의 회생 기능을 강조한다. 영지주의 전통의 전도자들도 네 가지 요소와 점성술의 별자리 기호와 관련이 있다.[15]

아메리카 원주민은 지구의 "네 모서리", 바람의 네 방향, 그리고 빨강, 노랑, 검정, 흰색의 네 가지 피부색을 사용하여 중심에 있는 대정령을 일깨운다.

십자가와 죽음의 공통된 연관성은 교차하는 과정에서 이원성의 죽음, 그리고 중심에서 새로운 존재로 거듭나는 데서 비롯된다. 기독교에서 인간 예수는 십자가에서 못박혀 죽고, 중앙에서 신성한 그리스도로 부활한다. 분석심리학에서 이것은 자아ego의 죽음과 자기self의 탄생을 반영한다. 이 맥락에서 자기self는 더 이상 분열될 수 없는 "개인"으로서의 전체성wholeness을 나타낸다.

개입

이 두 개의 십자가([그림 15.28]과 [그림 15.29] 참고)는 일반적으로 형태를 고정시키거나 무효화하려는 측면을 나타낸다. 이것은 수직축이 찍어 누르는 것을 뜻하고, 파괴하여 없애 버리려는 방식으로 아래 방향으로 그려질 때 더욱 강조된다. 동반되는 느낌은 "줄을 긋다", "×로 지워지다", 흔적이 지워지다, 지워져 없어지다 등이 될 수 있다. 고통, 무의미함, 허망함, 노출됨, 버려짐과 같은 경험이 따르게 된다("아버지, 아버지, 왜 저를 버렸습니까?"). 이는 산산이 조각나고 부서지거나 끝없는 암흑과 죽음에 노출되는 트라우마 경험을 표현하는 핵심 형태이다.

[그림 15.30]~[그림 15.32]는 공통적으로 ×로 지워져 있는 것이 특징이다.

위쪽 방향으로 그려진 십자가는 상징적으로 부활, 죽은 자 가운데서 일어나는 것과 관련이 있다. 이런 맥락에서 Saint Andrew 십자가는 Leonardo da Vinci의 유명한 「비트루비우스 인간Vitruvian Man」이나 십자가에서 부활한 그리스도처럼, 손과 다리를 쭉 뻗은 사람의 모습으로 묘사된다.

그러나 성 안드레아 십자가의 진정한 역동성은 모양보다는 이 축들을 실제로 그리는 것에 초점을 맞추는 데서 시작된다. 흥미롭게도, 가장 효과적이고 능동적인 트라우마 반응은 애초에 이 모양이 트라우마 이야기를 말하고 있는 상징으로 사용된다는 것이다. 각 축의 리듬감 있는 반복적 움직임은 내담자의 좌절된 투쟁-도피 반응을 완료하는 데 도움이 된다. 두 경우 모두 크레용은 손가락이 아닌 주먹으로 잡아야 한다. 미취학 아동들이 사용하는 굵은 오일 파스텔을 사용하는 것이 좋다. 종이는 테이블 위에 테이프로 단단히 고정해 움직이지 않도록 해야 하며, 그렇지 않으면 좌절감을 느끼기 쉽다. 트라우마 사례에 따라 내담자는 싸우거나 도망쳐야 하는데, 둘 다 할 필요는 없다. 그것이 무엇이든, 어떤 두려운 사건이 그들에게 일어났을 때, 하고 싶었지만 할 수 없었던 반응이다.

그들이 싸워야 할 필요가 있을 때, 그들은 종이를 가로질러 대각선 방향으로 펀치

[그림 15.30] 교차로에서 발생한 내담자의 교통사고 그림

[그림 15.31] 모욕적인 자기 비하의 괴로움은 분노의 표현으로 바뀐다.

[그림 15.32] 파란색 원은 자궁 적출술을 받은 여성 내담자의 복부를 나타낸다. 수술 자체뿐 아니라, 이것이 그녀의 여성 정체성에 미친 영향은, 그녀로 하여금 "당신은 아무 가치가 없어"라고 느끼게 한 것이다.

[그림 15.33] Carol이 처음으로 핑거 페인트를 만졌을 때, 그녀는 충격으로 얼어붙었다. 핑거 페인트와의 접촉은 그녀가 어렸을 때 겪었던 끔찍한 신체적, 성적, 정서적 학대를 회상하게 했다. 그녀는 자신을 유령의 두개골처럼 그렸다. 그녀는 보이지 않는 존재로서 "죽은" 상태로 살아남았다.

[그림 15.34] 그러나 Carol은 강렬한 표현의 여정을 시작하기에 충분한 자원을 가지고 있었다. 그녀는 다음 그림에서 긴장된 부동 상태에서 벗어나게 되었을 때, 혼돈과 분노에 쌓여 폭발했다.

[그림 15.35] 이 십자가 그림은 Carol이 그녀 존재의 조각난 부분을 연결하기 시작했을 때 나타났다. 그녀는 혼란과 분열로 부서진 후에 온전한 모습으로 나타날 수 있었다. Jung이 정의한 것처럼, 그러한 역설은 자아의 출현과 관련이 있다.[16]

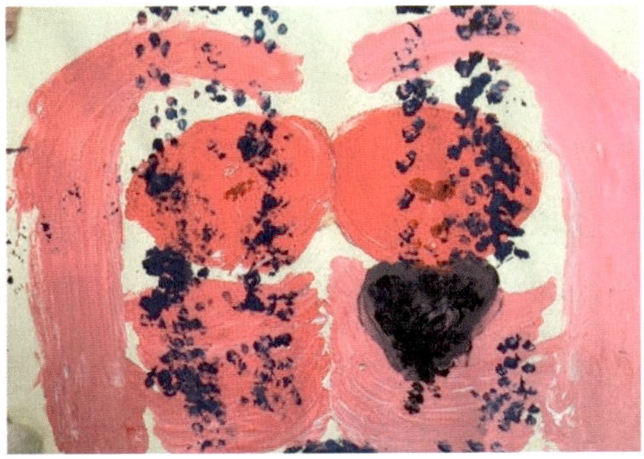

[그림 15.36] 회기가 끝날 무렵, 푸른 눈물이 그녀의 몸을 타고 아래로 흘러내렸다. Carol은 이제 새로운 피부를 얻었다. 경계가 만들어졌다. 그녀는 심장을 가지고 느낄 수 있었다. 느낄 수 있다는 것이 그녀에게 가장 중요했다. 그녀는 너무 오랫동안 차단되어 있었다. 그것은 그녀가 이제 삶과 사랑을 위해 마음을 열 수 있다는 신호였다.

를 날리듯 양손을 번갈아 가며 선을 그리는데, 반복해 가면서 선들을 놓아주어야 한다. 내담자는 타격의 효과를 위해 선을 그리면서 포효하듯 큰 소리를 낼 수도 있다. 성 안드레아 십자가의 대각선 축을 따라가는 것이 중요한데, 이는 그냥 직선을 그리는 것이 아니다. 또한 내담자가 똑바로 앉을 수 없고, 놓아주지 못하며, 테이블 위로 나아가지 못하게 자신의 감정과 너무 동일시되어 있음을 이해하기 위해서는 수직선에 관하여 이 장에서 설명한 모든 기능들을 관찰하는 것도 중요하다. 짧게 펀치를 날리듯 그리는 것이 그 역할을 할 수 있다. 척추 축이 바로 서지 않고 느슨해지면 내담자의 자율신경계를 안정시킬 수도 없으며, 또 다른 피해를 줄 수 있다.

교차하는 대각선은 척추의 비틀림 움직임을 유발한다. 척추 축을 중심으로 회전하는 것은 척추를 강화하고, 분리되고 조각난 부분을 다시 연결할 수 있다. 이 움직임은 특히 펀치를 통해 억눌린 긴장을 방출하는 것과 함께 척추 위로 리비도의 흐름을 활성화할 것이다. 이는 유아가 척추의 감각을 강화하기 위해 발달 과정에서 자연스럽게 하는 동작이기도 하다. 빙글빙글 돌면서 피루엣 춤[19)]을 추거나, 팔을 뻗은 채 서서 몸을 비틀기도 하고, 몸을 돌려 왼쪽에서 오른쪽으로 회전하기도 한다. 30개월인 내

19) 발레에서 한쪽 발로 서서 빠르게 도는 것(역자 주).

손녀는 3~5번 정도 몸을 비틀고 나서 멈추었다. 손녀는 자신의 몸을 인식하고 그 감각을 사랑하는 것이 분명하다. 그런 다음 "와아!"라고 외치며 다시 시작할 것이다.

내담자도 또한 약 3~5번의 펀치를 한 다음 감각 반응을 확인하는 것이 좋다. 그들은 몸에서 무엇을 알아차릴 수 있을까? 맹목적으로 행동하기보다 반응을 주의 깊게 추적하는 것이 중요하다.

내담자가 도망가야 할 때는, 위에서 아래로 대각선을 그리고, 테이블에서 손을 떼면서 선을 놓아주는데, 문자 그대로 무엇으로부터 도망쳐 달려왔든지 간에 남겨두고 떠나와야 한다.

스키를 탈 때 폴대로 몸을 땅에서 밀어내는 것과 같은 동작이다. 이는 추진력 있는 전진 운동이다. 달리기 선수도 마찬가지이다. 팔꿈치는 앞으로 나아가는 움직임을 지원한다.

이것은 내담자가 도망칠 곳을 알고 있는 **도피** 반응을 그릴 때 필수적이다. 달리기 자체는 끝이 없을 수 있으며, 교감신경 반응을 활성화하는 것은 일시적으로는 만족스럽지만, 트라우마 반응을 끄지는 못한다. 자율신경계를 안정시키기 위해서는 도착할

[그림 15.37] 투쟁: 오른손으로 왼쪽 상단 모서리를 향해 대각선으로 그린다.

[그림 15.38] 투쟁: 그런 다음 왼손으로 오른쪽 상단 모서리를 향해 펀치를 날린다.

[그림 15.39] 도피: 오른손으로 왼쪽 상단 모서리에서 시작해 오른쪽 하단을 향해 대각선으로 그린다. 그리고 마치, 선을 남겨 두고 떠나는 것처럼, 테이블과 종이에서 손을 떼어 선을 놓아준다.

[그림 15.40] 도피: 그런 다음 왼손으로 종이의 오른쪽 상단에서 왼쪽 하단 모서리를 향해 대각선으로 그리고 선에서 손을 뗀다.

수 있고 안전한 것이 중요하다. Rothschild는 내담자와 함께 상세한 탈출 경로를 개발하는 방법을 가르친다. 예를 들어, 강간이 일어난 방에서 문이 어디에 있는지 알아차리는 것에서 시작해, 문을 열고, 복도로 걸어 들어가고, 현관문을 열고 앞마당을 가로질러 달려가는 것까지 말이다. 안전한 장소가 너무 멀다면 마법의 양탄자가 따라오도록 하고, 그 위로 뛰어올라 친구의 집 입구에 도착할 때까지 날아간다. 도착하면 양탄자에서 내리고, 계단을 올라가 현관문을 열고, 복도로 걸어가 부엌문을 열면 그녀가 거기에서 있다. 그녀는 당신을 안아줄 것이고 당신은 당신이 안전하다는 것을 알게 된다.

각 내담자는 자신의 이야기를 발전시켜 갈 것이다. 그리고 이 이미지가 활성화되는 동안 내담자는 종이 위에서 이를 실행한다. 그리고 다시, 운동 충동은 감각을 추적하고, 이는 반복된다. 그래야만 자율신경계가 내가 지금 도망치고 있으며 안전을 찾을 수 있다는 인식을 점차 받아들일 것이다. 도착 시점에서 모든 신체 감각을 추적하고 말로 표현하는 데 충분한 시간을 갖는 것이 중요하다. 자율신경계는 수십 년간 과각성 상태였기 때문에 때로는 스스로를 재조정할 시간이 필요하다.

좌절되었던 투쟁-도피 반응의 완결 효과는 지속된다. 지금은 안전하기 때문에 암묵 기억 시스템은 과거에 스트레스 과부하로 인해 분리되었던 측면을 기억하고 재통합할 것이며, 개인은 다시 삶으로 돌아갈 수 있게 된다.

여섯-여덟 개의 축을 가진 변형된 십자 형태들([그림 15.41]~[그림 15.42] 참고)은 기본 십자가의 보다 복잡한 형태이다. 축이 증가하면서 초점이 십자가의 중심을 향해 맞춰진다. 축들은 에너지를 중심에 집중시키거나 중심에서 확장시킨다. 그 축들은 서로 다른 관점들과 상반되는 양극성들을 표현하지만, 대부분 하나됨oneness을 나타낸다. 이러한 십자가의 구조는 만다라 설계의 기초가 될 수 있다. 만다라는 언제나 내담자의 중심에서 벌어지는 일을 설명하는데, 이는 감은 눈과 양손을 통해 역동적으로 표현될 것이다.

교차된 여섯 개의 축들에서, Saint Andrew의 십자가는 "나는 존재한다"라는 중심 축을 얻었다. 그 그림은 그리스 문자로 chi라고 쓰는 그리스도Christ의 이름을 암시하며, 의식적으로 신성함을 깨달은 개인을 상징한다.[17]

불교에서는 팔괘를 "변형의 수레바퀴wheel of transformation"라고 부른다. 거의 원형에 가까운 방사선 모양을 가지고 있으며, 만다라의 기본 구조로 자주 사용된다. 숫자학numerology에서 8은 우주 질서와 완벽한 힘의 균형과 관련이 있다. 불교는 깨달음에

[그림 15.41] 여섯 개의 축을 가진 변형된 십자 형태

[그림 15.42] 여덟 개의 축을 가진 변형된 십자 형태

이르는 여덟 가지 길을 알고 있다. 창조의 8일째 되는 날은 더 높은 수준의 진동에서 새로운 시작을 의미하며, 일곱 개의 차원에서 한 차원이 충족될 때 다음 옥타브로 이어진다.

축의 개수가 증가하며 열 개의 축 십자 형태와 열두 개의 축 십자 형태가 되면 하나 됨과 통일성을 강조하는 느낌은 훨씬 더 강력해진다.

또 더 나아간 단계에서는 그 모양을 방사선으로 바꿀 것이고([그림 15.43] 참고), 이것이 빛의 찬란함이 되거나 폭발이 될 수 있다. 그러한 방사선에서 모든 빛살은 중심에서 파생되고 확장된다. 내적인 폭발implosion은 거의 일어나지 않는다. 내적 폭발로 이어질 경우, 대부분 파괴적이기 때문에 조심스럽게 다뤄져야 한다.

나는 백혈병으로 아이를 잃은 것을 받아들일 수 없었던 한 내담자를 기억한다. 그녀는 분노와 눈물이 터져 나올 때까지 이를 악물고 그런 내면의 폭발을 방사형 별로 표현했다.

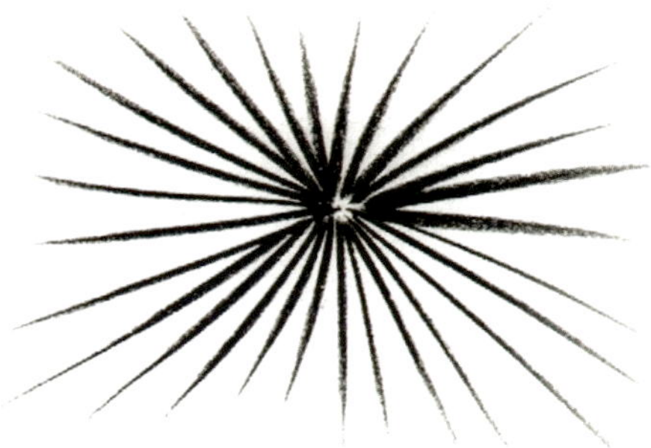

[그림 15.43] 방사선

사례

Peter는 결혼 생활에 어려움을 겪었고, 그의, 아내는 이혼 소송을 제기했으며, 그것은 그를 심각하게 불안정하게 만들었다. 둘 다 중년이었고 아이가 없었다. Peter는 성적 욕구 불만, 분노 외에는 아무것도 느낄 수 없었고, 능력, 자존감 부족 등 다양한 대인관계 문제로 어려움을 겪고 있었다. 이 그림들은 그의 다섯 번째 회기에서 발췌한 것이다.

Peter는 처음에는 말이 많았고, 높은 통찰력에 의해 활기를 띠기도 했으며, 그가 이것들을 처리하는 방법에 있어서도 꽤 인지적이었다. 더욱 놀라운 것은 다음에 일어날 일이다. 일단 눈을 감으면, 그는 전혀 다른 차원으로 순식간에 끌려가는 것처럼 보인다. 분위기는 순식간에 집중되고 매우 강렬해진다. 갑자기 그가 그린 축들은 믿을 수 없는 힘으로 그의 자아의 중심을 치는 번개 광선과 같아진다([그림 15.44] 참고). 그는 양방향의 두 대각선을 그리다가 종이를 두 번 찢었는데, 그는 공격성이 아니라 순전히 역동성 때문에 두 번째 대각선을 거의 시작할 수 없었다. 그 그림은 놀라울 정도로 단순하고 선이 선명했다. 그는 "이게 전부다"라는 느낌을 표현했지만, 그 이상은 말할 수 없었다. 그는 전기 융합의 한가운데에 있는 사람과 같았다. 그의 모든 성적 환상은 내적인 평원으로 옮겨지고, 그곳에서 그는 신성한 불꽃을 맞고는 새로운 차원으로 해방되었다.

Peter는 방금 겪은 경험에 충격을 받았고, 자신의 핵심에 있는 것이 무엇이 되었든 표현해야 할 엄청난 필요성을 느꼈다. [그림 15.45]에서, 그는 "변형의 수레바퀴"인 이중 십자가를 사용하여 중심에서부터 빙 둘러가며 수직선으로 확장했다. 그는 매우 긴장하고 고조된 경계상태에 있었으며 아직 부족하다고 느꼈다. 그는 아무 말도 하고 싶지 않았다.

이제 그는 온전히 방사선 형태에 빠져들었다([그림 15.46] 참고). 그는 전체적인 경험을 표현하기 위해 몇 가지 다른 색상을 사용했다. 그는 울고 웃으며, 전율을 느꼈다. 나중에 그는 사랑과 함께 믿을 수 없는 힘의 빛이 홍수처럼 밀려드는 느낌이었다고 말했다. 그는 자신이 그림 안에 쏟아부어야 했던 모든 것에 압도되었고, 이렇게 크고 풍성하게 자신이 쏟아부었다는 것이 기쁘기도 했다. 그의 마음이 너무 오랫동안 막혀있었다는 사실에 슬픔을 느끼기도 했다. 이 모든 경험들이 눈에 보이는 강렬함으로 종이에 동시에 방출되었다. 말로 표현할 수 있는 경험은 극히 일부에 불과했다.

[그림 15.44] 번개

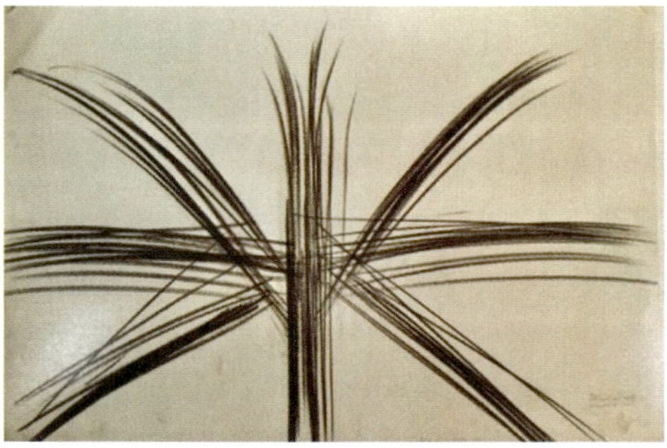

[그림 15.45] 방사선

[그림 15.46] "사랑의 발산적인 폭발"

삼각형

생리학

삼각형의 한 가지 특성은 이 형태가 긍정적으로 널리 경험된다는 것이다. 그것은 격려와 지지로 구성되어 있는데, 그 효과는 보통 건설적인 속성과 관련이 있다. 하지만 우리의 신체에는 실제로 삼각형이 없다. 그 형태들은 에너지 신체energy body에서 빛의 구조물로 나타나지만, 신체에서 그에 해당되는 부분을 구체화하지는 않는다. 그러나 자기 신체와 분리된 내담자와 자기 몸을 두려워하는 사람들에게 이러한 빛의 구조물은 연결을 이룰 수 있는 유일한 초기 방법이 될 수 있다.

Phyllis Crystal은 내담자와 치료사의 관계를 시각적으로 설명하기 위해 삼각형을 일관되게 사용했으며, "더 높은 의식higher consciousness"이라고 부르는 것과 어떻게 관련이 있는지를 설명했다.[18] 나는 이 움직임을 자주 적용한다. 이 경우, 나는 간단한 명상으로 회기를 시작한다. 여기서 우리는 내담자와 치료사, 또는 각 집단의 참가자들이 빛의 원 안에 앉아 있는 모습을 상상한다. 이 원은 각 내담자를 팔 길이로 둘러싼 땅 위에 놓인다. 한 쌍을 이루면, 두 개의 원은 8자처럼 연결되어 있다. 빛은 우리의 척추를 타고 올라와서, 머리 너머로 뻗어 나가 삼각형의 정점인 자아 또는 더 높은 의식과 연결된다. 그런 다음 나는 "무조건적인 사랑과 보편적인 지혜"의 원천으로 더 높은 의식을 소개하고, 자신에게 편안한 방식으로 그것을 상상해보라고 한다. 나는 그 의식으로부터 "안내guidance, 존재, 그리고 우리가 받을 준비가 된 통찰"을 찾아보라고 한다. 그리고 나면, 더 높은 의식은 원뿔 모양의 빛을 내려보내는데, 이것은 마치 "빛의 소나기"처럼, 내담자의 주위를 둘러싼다. 그 빛은 다섯 가지 핵심적인 특성을 가지고 있는데, 그것은 에너지를 주고, 치유하고, 깨끗하게 하고, 보호하고, 무조건적으로 사랑하는 것을 의미한다. 많은 내담자들에게 이 시각화는 중요한 영적 자원이되며, 회기 내에서 리츄얼ritual로 필요하다. 남은 시간 동안, 그들은 이 빛으로 채워진 원뿔 안에 앉아 있는 자신들을 시각화할 수 있다.

나는 이 명상법을 Phyllis Krystal과 함께 수년 간 훈련하면서 배웠고 그것이 귀중한 도구라는 것을 알게 되었다. 이는 전이transference가 일어나는 것을 늦추고, 내면의 안내가 영향력을 미칠 수 있는 상황을 준비하는 데 도움이 된다. 또한 회기 중에 내담

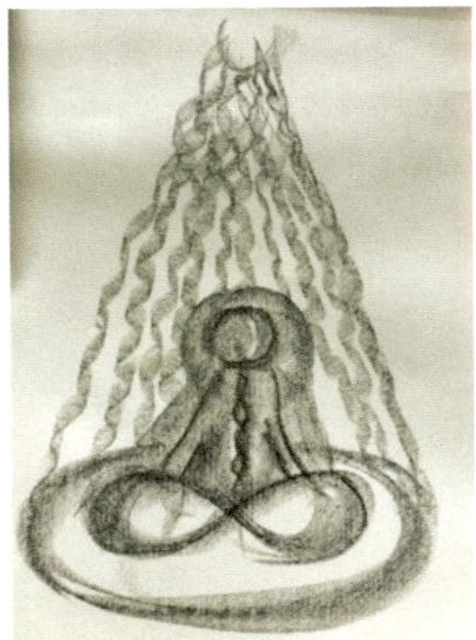

[그림 15.47] 삼각형은 "더 높은 의식"으로 표시된다.

[그림 15.48] 꼭지점이 위로 향한 삼각형

자가 진행 방법에 대해 질문이 있는 경우 삼각형의 정점을 다시 언급한다. 이 연습에서 더 높은 의식은 자아의 투영이다.

원형

삼각형은 단결의 상징이다. 그것은 아버지, 아들, 성령의 삼위일체나 브라흐마, 비슈누, 시바 또는 헤카테, 데메테르, 페르세포네와 같은 많은 세계 종교에서 그렇게 나타난다. 그것은 종종 눈을 중심에 그려두고 신성함의 추상적인 이미지를 표현할 수 있다. 삼각형은 항상 지지적이고 조화로운 것으로 여겨지고, 별자리 점성술에서 사용하는 삼각판trigon과 유사하게 삶의 전반에 걸쳐 "좋은 아버지"의 상징이다.

그것은 무한하게 확장할 수 있는 한 점이나 선(두 점 사이의 축)이 만들어 낼 수 없는 닫힌 형태로서 내면의 공간을 만들어 낼 수 있는 최초의 남성-양male-yang 형태이다. 아마도 이것이 삼각형이 신성함과 밀접하게 연관된 이유일 것이다. 그것은 영원 불멸한 상태의 존재로서 3차원 세계에서 발견된 최초의 형태이다.

삼각형은 이중성을 극복하기 위한 형태이다. 즉, 삼각형은 고전적인 정-반-합의 본보기로서, 합성상태의 정점을 나타낸다. 마찬가지로 삼각형은 배우자들이 만들어 내는 모든 사회 참여에 있어서, 가장 기본이 되는 이미지 즉, 아버지, 어머니, 자녀로 볼 수도 있다. 이원론적인 수평선은 다양성과 분리의 법칙이 적용되지만, 더 높은 의식의 차원에서의 시너지와 통합이 존재한다.

개입

모든 남성 양의 형태 중에서, 삼각형은 가장 덜 위협적인 것으로 경험된다. 내담자가 다른 선형이나 각진 형태들을 그릴 수 없는 경우, **꼭지점이 위로 향한 삼각형**peak-upward configuration([그림 15.48] 참고)이 효과적인데, 내담자들이 안전하다고 느끼게 해준다. 이것은 내담자들을 안심할 수 있게 해 준다. 심지어 천막, 집, 지붕, 축복과 같은 연관된 심상들도 보통 보호해주고 자비로운 것을 나타낸다. 하지만 나는 그것을 개입 도구로써 거의 사용하지 않는다.

다시 말하자면 한 손을 사용하여 형태를 그리는 다소 정적인 방법과 양손을 사용한 보다 역동적인 양측성 움직임([그림 15.49] 참고]) 사이에는 차이가 있으며, 이 경우 측면을 따라 위쪽 또는 아래쪽 움직임이 더 중요해진다.

위로 올라가는 동작으로 그려진 삼각형은 열렬한 열정, 영감, 기쁨의 감정을 불러일으킨다. 연금술에서 종종 불과 관련된 형태다. 또한 밑변 기준선을 약간 변형하면 연금술 기호로 공기를 뜻하는데, 삼각형을 배에 달린 부푼 돛에 사용하게 되면, 공기가 지닌 천상계의 특성이 바람으로 강조되어 나타나기도 한다. 삼각형이 바람이 가득 찬 돛을 단 배의 이미지로 바뀔 때와 같이 기호가 지닌 천상계의 특성을 강조하기도 한다.

하향 운동에 중점을 둔다면, 확실하게 보호와 안전의 가치를 강조하는 것이다. 내담자는 숨을 내쉬고 하향 조절하기 위해 이 형태를 적용하고, 자신의 내부에 “자리잡기” 위해서도 이 형태를 사용한다.

[그림 15.49] 양손을 사용하여 그린 삼각형

[그림 15.50] 이 삼각형은 Ciara가 사용하는 도구 중 하나가 되었다. "만약 내가 이 보호막을 내 주위에 두른다면, 나는 힘을 주며 단단히 움켜쥐고 있는 상태를 느슨하게 할 수 있어. 힘을 빼고, 그 단단함을 해소하면, 그 안으로 다른 것들이 들어 올 수 있을 거야."

꼭지점이 아래로 향한 삼각형([그림 15.51] 참고)은 연금술에서 물과 대지 요소와 관련이 있는데, 연금술에서는 합성, 해결책, 통합 측면이 깊은 곳에 있다고 보고, 그 정점은 밤

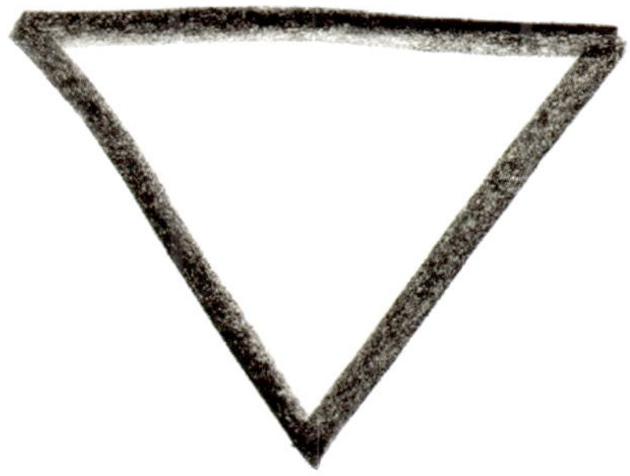

[그림 15.51] 꼭짓점이 아래로 향한 삼각형

의 지혜, 즉 대지의 지식을 지향한다. 해결책은 무의식이 지배하는 지하세계에 있다. 척추의 바닥에 깊이 뿌리내린 "신성한" 중심인 천골은 이 모양과 관련이 있다.

요가에서 차크라의 뿌리는 골반저에 위치해 있다. 그것은 잠재적인 뱀신의 힘인 쿤달리니의 집이며, 그것은 전통적으로 아래쪽 삼각형으로 묘사된다. 탄트리얀트라 tantric yantras는 근원적 차크라의 하향 삼각형을 위대한 여신 칼리의 본질을 환기시키는 상징으로 사용하는 의식용 만다라이다.[19] 나는 이 '밤'의 삼각형이 어떻게 얼굴이나 가면으로 변했는지 여러 번 목격했다. 종종 그것들이 지하세계로부터 기원한다는 맥락에서 하향삼각형은 사악한 성질을 띤다. 때때로 수평의 모서리들이 뿔로 확장되어 악마나 황소의 이미지를 만든다. 만약 우리가 이러한 이미지들과의 직면을 견뎌낼 수 있다면, 강력한 잠재력을 지닐 수 있다.

두 개의 삼각형이 합쳐져 유대 종교의 상징인 '다윗의 별'로 알려진 **육각형**([그림 15.52] 참고)을 형성하며, 이 맥락에서 이 형태는 홀로코스트와 운명적으로 연관되어 있다. 육각형은 남성과 여성의 측면이 균형 잡혀 있고 상반된 것들이 연합을 이루는 매우 복합적인 형태이다. 수직과 수평처럼 두 삼각형은 모두 남성형이지만 음-양의 의미를 모두 가지고 있다. 꼭지점이 아래로 향한 삼각형은 여성적 지구의 측면을 가리키는 반면, 꼭지점이 위로 향한 삼각형은 하늘을 향해 뻗어 있다. 육각형은 이러한 양극성을 결합한다.

따라서, 육각형은 결합 기호로 자주 나타난다. 많은 사람들은 그것이 덜 긴장되고, 드러나 있기 때문에, 십자가보다 선호한다. 육각형의 완성도와 조화로운 균형은 아름답다. 그것의 강점은 곡선이 없이 만들 수 있는 원형이라는 것이다.

육각형은 종종 만다라를 조화롭게 만들 수 있는 구조를 제공한다.

[그림 15.52] 육각형

[그림 15.53] 사고로 아버지를 잃은 9살 소년이 그린 만다라. Jeremy의 만다라는 지시적 심상 및 다른 미술치료 활동과 더불어 자원이 되었다. 그는 앞서 언급한 더 높은 의식을 나타내는 메이폴(maypole)의 꼭대기에 묶인 리본을 들고 있는 자신의 모습을 상상했다. 이 리본은 그가 아버지와 소통할 수 있는 "전화선"이었다. 그는 아버지와 이야기도 하고 아버지와 깊이 연관된 리본을 잡고 있는 것으로도 만남을 가질 수 있었다. Jeremy는 명상을 한 후에 이 만다라를 그렸다. 아버지와 연락을 하고 질문을 하고 답변을 받을 수 있다는 사실이 그에게 깊이 자리 잡고 있었다.

직사각형

생리학

우리 몸에는 직사각형 형태가 없다. 하지만 우리는 사각 형태로 우리 자신을 둘러싸길 좋아한다. 공간과 시간에 대한 모든 인위적인 정의는 직사각형 형태로 사용한다. 건물과 방, 창문과 문은 직사각형이고, 거리의 도로들도 격자를 이루며 우리의 지구 전체는 방향을 위해 경도와 위도로 이뤄진 사각형으로 나뉘어 있다. 우리는 사계절, 네 단계 모양으로 달의 주기를 구분하고, 네 번의 태양 절기로 시간을 구성한다. 티베트인들과 아메리카 원주민들은 세상 전체를 일컬을 때, 네 모서리들four corners이라고 부른다. 바람의 방향은 네 가지이고, 세상을 구성하는 네 가지 요소가 있다. 연금술사들만 정사각형을 지구의 상징으로 사용한 것은 아니다.

직사각형은 우리의 경계를 표시하고 우리를 안전하게 지켜 준다. 그것은 투옥에 대한 분노나 무의미한 훈련과 같은 강한 반응을 불러일으킬 수 있다. 그러나 그것은 또한 심오한 보호와 질서를 제공한다. 가이드 드로잉에서 형태는 대인관계에서 경계 침범을 복구하는 것에 초점을 둔다. 과거에 우리의 개인적인 공간이 침략당하고 무시당했을 때, 그것은 개인적인 경계에 약점이나 틈을 남기게 되는데, 이는 쉽게 개인을 활성화 상태로 유도하거나 근본적으로 안전하지 않다고 느끼게 할 수 있다. 이것은 분명한 감각느낌이다. 나는 사랑하는 사람들이 우리 주위에 보살핌의 아우라를 생기게 해서 우리를 안전하게 지켜 줄 수 있다고 믿는다. 엄마들은 그들의 아이들을 위해 이것을 한다. 유죄 판결을 받은 소아성애자가 나에게 이런 말을 한 적이 있다. 그는 주변에 모성 보호막이 없는 소녀들을 순식간에 식별할 수 있었고, 그것은 그들을 쉬운 먹잇감으로 만들었다고 말이다.

우리는 경계를 배운다. 그것은 우리의 생물학적 환경에 대해 순차적으로 적응해가는 과정의 일부분이다. 보살핌과 존중은 우리에게 건강한 경계를 가르쳐 준다. 학대와 방치는 그것들을 위반하고 안전하다고 느끼는 것이 무엇을 의미하는지에 대해 우리에게 혼란을 준다. 아이들은 이것들을 암묵 기억 시스템으로 내재화하는데, 그들은 어떤 차이도 모른다. 그러나 그러한 학습된 절차적 습관은 현재의 삶의 상황에 대한 적절한 대응을 방해하는 경우가 많다. 우리가 어렸을 때, 권위 있는 인물을 기쁘게 하기 위해서 우리 자신의 욕구와 감각느낌을 무시하는 것을 배웠다면, 우리는 어른이 되어서도 그렇게 할 가능성이 있다. 이런 일은 여성들에게 일어날 수 있는데, 예를 들면, 결말이 좋지 않은 성적 관계를 경험하고는 결국에 자신을 비난하는 여성들의 경우이다. 그녀들은 비록 "싫다"라고 말했어도, 그녀들의 신체는 본능적으로 자신 스스로를 보호하는 방법을 알지 못하고, 자신의 의사와 일치하는 신호를 신체 자세를 통해 전달하는 법을 알지 못했다. 이럴 경우, "싫다"라는 의사는 그녀들의 신체적 경계선을 확정시키지 못하고 무시된다. 신피질에서 처리되는 언어적 요청은 본능적 반응에 의해 쉽게 무시되기 때문이다. Orbach는 그녀의 획기적인 저서 『비만은 페미니스트 문제 Fat is a Feminist Issue』에서는 학대로 인해 신체적 경계를 주장하는 것을 배우지 않은 여성들의 경우, 자신을 매력적이지 않게 만들기 위해 체중을 사용한다고 주장한다.[20]

Ogden은 "경계에 대한 신체 감각"에 대해 말한다.[21] 우리는 본능적으로 근육의 움직임으로 친밀감과 거리감을 나타낸다. 우리는 우리가 좋아하는 누군가를 향해 가고, 우리가 접촉하고 싶지 않으면 외면한다. 우리의 경계가 무시될 때, 우리는 근육을 조이거나 뒤로 젖히거나 멀어지는 것으로 반응하는 경향이 있다.

대인관계의 경계 침범에는 두 가지 핵심적인 유형이 있다. 하나는, 우리가 다른 사람들에 의해 희생되는 것으로, 이 경우 원치 않는 접촉이 너무 가까이 와서 우리를 압도하고, 우리는 스스로를 방어하는 방법을 알지 못한다. 또 다른 하나는, 우리가 다른 사람들의 경계를 존중하는 데 실패하는 것이다. 즉, 타인들에게 방어적인 반응이나 거부 반응을 유발할 수도 있고, 심지어 다른 사람들에게 따돌림과 학대를 당하게 할 수도 있다. 대부분의 가해자들은 어린 시절에 심각한 경계 침범과 관련된 양육자의 학대 대상자들이었다.[22]

불충분한 내적경계를 갖게 되면, 우리는 다른 사람들에 의해 기분이 상하고, 창피를 당하고, 슬퍼지고, 화를 내게 되는 경험을 한다. 우리는 성적인 단계가 발전할 때, 상대로부터 우리 자신을 보호하는 데 어려움을 겪거나, 적절한 신뢰를 확립하지 못한 채 우리 자신에 대해 많은 것을 너무 빨리 공개하게 되고, 그런 다음 철수와 수치심으로 반응하게 될 수 있다. 건강한 내적 경계는 우리 자신의 신념과 의견으로 우리의 개성을 확인시켜 준다. 우리는 위협을 느끼지 않고 새로운 아이디어와 경험을 위해 마음을 열 수 있다. 우리는 대인관계를 조절하기 위해 찬성 또는 반대를 선택할 수 있다.

원형

우리는 지구나 몸을 표현할 때 상징적으로 직사각형을 사용한다. 정신과 물질의 관계는 이 형태로 완벽해진다. 지구라는 행성에서 존재하는 몸과 영혼이 통합된 자아를 직사각형으로 나타낸다. 이것은 자유를 위한 제한으로서 느껴지기도 한다. 자유롭게 돌아다니는 영혼을 끌어내리는 중력에 영향을 받는 육체는 영혼을 가두기도 하고, 또는 영혼을 담고 보호할 수도 있다.

Jung은 삼각형의 3에서 직사각형의 4까지의 단계를 통합과 수용의 과정으로 설명한다. 삼각형과 관련된 영혼은 정점을 열고 두 번째로 수평선을 그리면서 직사각형을 형성한다. 이런 식으로 연금술사들은 영혼이 자신을 실현하기 위해 지구로 내려온다고 상상했다. 이 사분면은 두 개의 남성과 두 개의 여성으로 구성되어 있다.[23] 기독교 전통은 이들을 아버지, 아들, 성령(원래는 소피아, 신성의 여성적 측면, 필로소피아라고도 함), 대지의 어머니인 성모 마리아로 간주했다. Jung에 따르면, 우리에게서 지구의 원형이 발현될 때 우리의 잠재력이 깨달아진다고 하였다. 우리는 삼각형의 이상의 세계를 떠나야만 하고 이것들을 물리적인 세계에서 실현하기 위해서 힘들고 종종 고통스러운 일을 해야 한다.

[그림 15.54] 직사각형

개입

직사각형은 질서정연하고 구조적인 힘을 가지고 있다. 그림을 그릴 때는 한 방향으로 움직이다가 멈추고, 새로운 방향을 결정하고, 그 방향을 선택하고, 따르고, 멈추고, 다시 결정한다. 그 과정은 정확성, 결정력, 명확성을 요구한다. 이 형태에는 조금도 과장된 데가 없다. 그것은 땅 위에 묵직하게 자리 잡고 있다.

직사각형은 내담자가 경계를 침범당했을 때 능동적으로 자신을 보호하는 법을 배우기 위한 중요한 개입 도구이다. 이것들은 신체적, 감정적 또는 성적 폭력에 의한 것일 수도 있지만 우리의 개인적인 공간을 침범하는 외과 수술들에 의해서도 야기될 수 있다. 우리 피부의 보호막이 공격을 받거나 심지어 대인관계에서의 경계를 침범당하는 것은 트라우마 사건이 된다. 경계의 적극적인 보수는 안전한 장소를 만들기 위한 핵심 훈련 중 하나이다. 어떤 사람들은 안전하다는 암묵 기억 상태를 결코 알지 못했다. 경계 침범은 우리의 아우라에 구멍을 남기는 것과 같다. 그것들은 심지어 사건이 일어난 지 수십 년이 지난 후에도 추적되고 물리적으로 기억될 수 있다. 우리 주변 전체 보호막을 복원하는 것, 즉 우리 경계의 그러한 균열을 복구하는 것은 감각느낌을 깊이 변화시킬 수 있다. 그때, 암묵 기억은 이제 "나는 안전하다"라는 것을 안다. 그것은 다른 사람들에게 효과적으로 경고하고 원하지 않는 사람들이 들어오지 못하게 하는 자신의 개인적인 공간, 자신의 방, 정원 또는 집의 경계이다. 그것은 내면의 성소인 테메노스를 보호한다.

원 형태는 잡아두기도 하고 보호할 수도 있지만, 보다 수동적인 수용상태인 반면에, 사각형은 의식적인 능동적인 방어를 필요로 한다. 이 경우 직사각형은 양손으로 그릴 때 가장 효과적으로 그려진다. 내담자들은 모서리들을 그릴 때마다, "안 돼!", "나가!", "꺼져!"라고 크게 말하도록 지지를 받는다. 그 모서리들은 힘으로 경계를 표시하고, 방어하고, 보수한다. 추가적으로, 네 모서리에서는 자기 창조의 상징물, 강한 동물들, 크리스탈 또는 수호자를 확인할 수 있다. 경계는 "나의 공간"을 표시한다.

Madeline은 입양되어 평생을 자신의 공간에 대한 권리가 없다는 느낌으로 살아왔는데, 이는 원치 않는 임신에 대한 어머니의 감정에서 비롯된 암묵 기억이었을 것이다. 대신 그녀는 자신을 맡아 준 새엄마에게 "영원히 감사해야 한다"라고 느꼈다. 그녀가 직사각형을 그릴 때, 그녀의 몸은 너무나 감격스럽고 의기양양해서 자발적으로 테이블 위에 올라가 그녀가 그린 직사각형 경계 안에 앉아 안도의 미소를 지었다. 얼마 지나지 않아 Madeline은 "이기적일 것"이라는 생각에 감히 하지 못했던 자신의

[그림 15.55] 괴물의 아구 속에 있는 내 가족. 이 "가족 초상화"에서 Naomi는 자신을 작은 검은 점으로 묘사한다. 아버지, 어머니, 그리고 두 형제는 막대 형태의 사람으로 그려져 있다. 그만큼 Naomi는 존재감이 없다는 걸 뜻한다. 그녀는 점에 불과했다. 거대한 아구는 그녀가 어렸을 때 피할 수 없이 갇혀 있었던 괴물 같은 사건들에 대한 표현이다. 그녀의 어머니는 Naomi에게 특히 폭력적이었던 정신 질환을 앓았고, 그녀의 아버지와 형제들은 두 살 때부터 그녀를 성적으로 학대했다. 그들은 외딴 농장에서 살았기 때문에 빠져나갈 방법이 없었다.

[그림 15.56] 이것은 긍정적인 의미를 가진 직사각형이다. "나의 공간"이라 불리는 이 작업은 자신의 공간을 주장하고 경계의 균열을 회복시키는 것을 보여주는 전형적인 그림이다. 그 당시 많은 사람들이 감히 하지 못했거나 그럴 수 없었기 때문에 "아니오!"라고 크게 말하는 것은 중요하다. 이런 식으로 직사각형을 그리는 것은 힘을 실어 줄 뿐만 아니라 공간 인식을 높인다.

집을 샀다.

나는 정신적인 공격을 경험하거나, 여러 사람들에 의해 침범을 당했거나, 청각적인 플래시백을 가진 내담자들이 이 형태로부터 상당한 혜택을 받았던 것을 기억한다. 직사각형을 그리는 것은 자아를 강화하는 운동이다. 네 모서리는 질서와 구조를 제공한다. 그것들은 방향성과 경계를 설정한다.

부정적인 의미로, 직사각형은 울타리 안이나 감옥에 갇히는 것으로 경험될 수 있고, 그것은 "상자에 넣어"진 채 관 안으로 들어가는 것과 연관된다. 드물게는 내담자들이 "하나, 둘, 셋, 넷"이라는 군대 행진 같은 뾰족하게 각잡힌 움직임을 리듬감 있는 운동 충동에 투영하는 경우도 있다.

직사각형의 또 다른 특이한 변형된 형태는 **각진 나선형**angular spiral([그림 15.57] 참고)이다. 이 모양은 위기 상황에 대한 연습으로서 가치가 있다. 그것은 질서를 만들고 의식을 강화하며, 출구가 없어 보이는 상황에서 길을 제공한다.

이 경우 내담자는 눈을 뜨고 그림을 그린다. 네 모서리는 방향 및 결정 지점을 제

[그림 15.57] 각진 나선

공한다. 중심으로 가는 길을 그리거나 중심점 밖으로 진행하는 것은 점진적으로 방향성이나 목적의식을 심어 줄 수 있다. 각진 길은 자아를 강화한다. 중지, 결정, 다시 새로운 방향, 중지, 결정 등, 많은 결정이 내려져야 한다. 동시에 나선형의 움직임은 직사각형에 의해 쉽게 유발되는 갇혀진 느낌을 피할 수 있다.

Rachel은 필사적이었다. 그녀는 알코올 문제가 있었고, 자살 충동을 느꼈고, 겉으로는 매우 성공적이었지만, 그녀의 사적인 영역에서는 방향성을 제시해 주거나 지지해주는 사람이 없었다. 치료 중, 어린 시절부터의 성적 학대에 대한 공포가 드러났을 때, 그녀는 매일 몇 시간씩 각진 나선형을 꼼꼼하고 정확하게 그렸다. 그 의식ritual 같은 작업은 그녀를 계속 나아가게 했고, 그녀의 마음이 통제할 수 없게 되는 것을 막았다. 각진 나선형은 어둠 속에서 그녀의 길이 되었다. 그녀는 자신의 모든 집중력과 기술을 그 그림들에 적용했고, 나중에 그것들이 그녀의 생명을 구했다고 했다.

점

생리학

점은 미래의 생명을 담고 있는 씨앗이다. 그것은 창조의 첫 번째 충동이다. 그것은 성장의 암호가 들어있는 시작점, 핵, 원자이다. 하나의 점은 하나뿐인 유일한 점([그림 15.58] 참고)이고, 개인이 우주 전체에서 대체 불가하다는 것을 암시한다. 많은 점들은

[그림 15.58] 점

[그림 15.59] 많은 점들

현미경 아래의 세포 구조와 유사한 활기찬 리듬감 있는 패턴을 만들어낸다.

점은 기대와 희망이 연상되며, 핵심, 제시, 의지, 정곡을 찌르는 것과도 관련 있다.

원형

점은 시작과 끝이다. 그것은 생명을 탄생시킬 씨앗이며, 모든 물질이 끝나는 티끌이기도 하다. 그것은 아마도 만다라 같은 형태의 중심이나 관심의 초점이 될 수 있다. **많은 점들**([그림 15.59] 참고) 또는 점들의 군집이 나타날 때, 그것들은 집합체와 집합체의 잠재력을 나타낸다. 그것들은 Cinderella가 분류해야 하는, 구별되지 않은 수많은 렌틸콩과 같다. 그들은 알갱이나 충동, 빗방울이나 별, 눈물이나 드문드문 있는 기쁨의 표현으로 나타난다. 그들은 활기차고, 생기 있고, 영감을 받은 마음의 상태를 따르며, 종종 어떤 일이 일어나고happen, 벌어지며come about, 생기길be 원한다는 것을 나타낸다. 호주 선주민의 전통적인 점 그림은 풍경과 사건의 활기찬 표현을 포착하는 특별한 방법을 가지고 있다.

개입

점은 원운동이 아니라 찌르는 운동이다. 원형태의 움직임은 여성적인 의미를 가진 둥근 모양인 반면, 여기의 점은 무언가를 요점으로 끌어내는 집중적인 행동이다. 개입 목적을 위해, 종이 위의 리듬감 있는 점은 신체의 팽팽하고 긴장된 감각을 느슨하게 하기 위해 제안될 수 있다. 따라서 내담자는 이전에 차단되었던 감정과 감정의 흐름을 느슨하게 할 수 있다. 어떤 사람들은 테이블 위에서 크레용으로 북을 치며 큰 소리내는 것을 좋아한다. 다른 이들은 손가락 끝으로 수백 개의 진동하는 점들을 그리며 투명하게 움직이는 것과 같은 우주의 모습을 만들어내기도 한다.

내가 경험한 점과 관련된 가장 중요한 회기는 10대 후반의 젊은 남성과 함께한 것이다. 우리가 처음 만났을 때 Jason은 매우 유능했고 해리성 장애를 진단받았다. 그는 커다란 하얀 종이를 보고 충격을 받았다. 그에게 그것은 깨끗했고, 어떤 것으로도 더럽힐 수 없게 느껴졌다. 종이를 응시하며 그는 우주의 광대함을 경험했다. 그는 방황하였고, 그의 몸이나 지구상의 어떤 장소에서도 정체성을 찾을 수 없었다. 물질이나 자신과의 접촉, 심지어 종이와의 접촉조차 얼룩지고, 흙이 되고, 완벽한 것을 더럽히기 위한 것이었다.

한 시간 동안 Jason은 몇 장의 손대지 않은 하얀 종이를 옆으로 치워야 했는데, 그

[그림 15.60] 많은 점들의 아름다운 예는 Maria의 그림이다. Maria는 어린 시절 성적 학대를 받은 뒤 남성들로부터 안전하기 위해 로마 가톨릭 수녀가 되었다. 이 그림은 수년간의 치료 끝에 나왔다. 씨앗으로 가득 찬 비옥한 그릇으로 묘사된 것은 그녀의 치유된 골반이며, 그녀의 난소는 살아 있고 수용적이며, 그녀의 심장은 생명의 물로 가득 차 있다.

[그림 15.61] 이 그림은 회기가 끝날 때 나왔다. 이 내담자는 아이를 갖지 못한 채 50대가 되어 잃어버린 기회를 슬퍼하고 있었다. 그녀는 깊은 내면으로부터, 몇 주간 "임신한 느낌"으로 지내다가 행복한 황홀감과 함께 이 "태양새"를 낳았다. 그녀의 고양된 감정은 다양한 색깔의 물감으로 퍼진 점 패턴의 방출로 표현된다.

에게 그 종이는 "가득 차 있는" 것으로 보였기 때문이다. 강렬함과 두려움, 기대감에 떨며 종이 한가운데에 하나의 점을 그리는 데 온 힘을 다했다. 말 그대로 외계에서부터 어떤 강력함을 가지고 착륙하는 느낌이었다. 마치 영화 같은 장면이 지나가고, 그는 "이제, 내가 있는 거야"라고 말했다. 그것은 태어나고 살아야 한다는 의지적 결심처럼 느껴졌다.

다음 회기에서, 그의 부모와 함께, 그들은 Jason이 입양되었음을 인정했지만, 한 번도 말한 적이 없었다고 했다. 그가 자신의 정체성에 대한 이 중요한 진실을 알게 되자, 사실상 그의 모든 해리 증상은 점차 사라졌고, 드디어 그는 존재할 수 있었다.

3부

감각운동 드로잉 회기와 전개 과정

16장 신체 중심 개입 도구

치료사로서 나는 내담자 앞에서는 침착하고 차분하게 앉아 있지만, 내면에서는 다양한 관찰과 판단이 끊임없이 이루어지고 있고. 이는 대부분 비언어적이다. 앞서 논의했던 트라우마 이론, 신체 중심, 미술재료의 선택, 기본 형태, 원형, 운동 충동 그리고 감각적 깨달음 등의 요소들이 어떻게 치료사의 내면에서 하나의 일관된 흐름이 되어 내담자의 여정에 동참하는지, 이 장에서 동행자의 관점으로 치료 과정을 좀 더 자세히 설명하려고 노력할 것이다. 치료사의 동참은 "음, 네" 같은 편안하고 확신을 주는 짧은소리만으로 전달되기도 하지만, 치료사의 내면에서는 이보다는 훨씬 많은 일들이 진행되고 있다.

만일 우리가 내담자에게 눈을 감고 감각 운동 과정 속으로 깊이 들어가 보기를 권유한다면, 치료사의 역할은 의식의 존재가 되어 주는 것이다. 마치 스쿠버 다이빙을 할 때, 누군가 수면 위에서 생명줄을 붙잡아 주고 있을 때만 안전이 확보되는 것과 비슷하게, 내담자가 변연계와 뇌간의 문제들에 집중할 수 있도록 치료사는 신피질을 보조하는 역할을 맡는다. 이것을 치료적 개입으로 적용할 때 요구되는 것은, 치료사가 비언어적 신호를 충분히 제공하여 내담자가 편안하게 생각의 방해 없이 신체 중심을 유지하도록 도와야 한다는 것이다. 스쿠버 다이빙에서는 수화 또는 줄을 당겨 신호를 보내서 비언어적으로 소통을 하고 방향을 인도한다. 우리는 내담자들이 틈날 때마다 숨을 쉬기 위해 수면 위로 올라오기를 원치 않는다. 내담자들이 통찰을 얻을 때마다 일일이 말로써 공유할 필요가 없다. 그것은 오히려 체험을 방해한다. 다만 우리는 내담자들과 소통을 이어가며 안내를 해주고 안전함을 제공해야 한다. 개인들을 그들의 내적 탐험 속으로 안내하려면, 치료사는 다양한 범주의 결정 요인들을 인지하고 있어야 한다.

미술치료가 지닌 장점은 치료적 관계에 항상 내담자, 치료사 그리고 미술 작품이라는 세 가지 구성요소들이 있다는 것이다. 따라서 미술치료에서는 치료사와 내담자 사이의 전이가 언어 중심의 심리치료보다 적은 것으로 나타나는데, 그 이유는 내담자와 미술 작품 사이에서 새로운 관계가 생기기 때문이다.[1] 미술 작품에 대한 전이를 촉진하고 장려하며, 창작 과정 동안 이 치료적 관계에 통찰을 도입하는 것이 치료사의 역할이다. 추가적으로 내면 안내inner guidance 개념을 도입하여 원하는 내담자들에게는 그들 자신만의 "정신적spiritual" 권한을 부여할 수도 있다.

그와 더불어, 복잡하고 설명하기 어려운 부분이기는 하지만, 역전이 측면에서도 치료사는 내담자가 그들의 신경계를 조절하도록 돕는 역할을 할 수 있다. 내담자가 공포를 느끼거나 긴장해서 움직이지 못한다고 여겨질 때, 치료사가 숨을 내쉬며 호흡을 고르거나 자세를 바꾸며 내담자의 반응을 유도할 수 있다. 나는 치료적인 관계로 들어서면 끊임없이 나 자신의 신경계와 신체 반응을 살피면서, 나의 반응을 조절하는 것이 내담자의 신경계 조절에 영향을 미친다는 것을 늘 염두에 둔다. 만일 내담자가 보이는 반응들과 존재하는 것, 예를 들면, 다리를 꼬고 팔짱을 끼는 자세 등을 치료사가 다루지 못한다면, 내담자는 말을 하지 않을 것이며 '존재'하는 것을 이해하지 못할 것이다. 내담자의 자세가 표현하는 것이 무엇인지 알아보고자 할 때, 나는 종종 똑같은 자세를 취해 보고 나서 나의 감각 반응을 확인한다. 나는 그 자세에서 얻은 피드백을 내담자에게 전달하거나, 또는 내담자가 "그런" 나를 보며 어떻게 반응할지 기다리기도 한다. 그림들 역시 외적 자세와 내적 신체 상태 그리고 그 안에 담긴 사연과 의미를 보여 줄 것이다. 내담자들은 일어서서 자신들의 그림에 드러난 운동 충동의 움직임과 같은 동작을 할 수도 있으며, 동작을 과장함으로써 더 깊은 탐험을 할 수도 있다. 가이드 드로잉에서 내담자의 거울 신경세포mirror neurons는 치료사의 거울 신경세포와도 상호작용을 하지만, 기본적으로는 드로잉이 자신들을 반영하는 거울이라는 것을 알게 된다.

이어지는 내용은 내가 회기 중에 관찰하는 핵심 지표들이다. 이것들은 치료적 개입에 필요한 기본 구조를 제공한다. 오직 내담자들이 방해받지 않고 자신의 내적 탐험을 할 수 있다고 확신할 때, 그리고 인지적 통합 단계에서 나의 피드백을 판단이라고 받아들이지 않을 것이 확실할 때만, 때때로 관찰내용을 내담자들과 공유한다. 나는 일치성congruency에 많은 주의를 기울인다. 내담자들이 "통합될"수록 그들의 반응들은 더욱 일치할 것이고, 반면에 해리 상태일 때는 일관성이 없거나 혼란스러운 소통 유형을 만들어 낸다.

- *분위기는 어떠한가?*
  팽팽하고 긴장되고 겁을 내는가, 아니면 평화롭고 창의적이고 편안한가? 이 같은 상태는 그림에 표현되었는가, 아니면 미술 작품이 분위기와 모순되는가?

- *내담자의 태도는 어떠한가?*
  주의를 기울이지 않고 회피하고 피상적인가, 아니면 통찰하고 참여하고 있는가? 내담자는 자발적으로 참여하고 있는가, 아니면 이 회기는 외부 권력에 의해 결정되었는가?

- *자기주도는 어떻게 나타나고 있는가?*
  이 내담자는 "도움"을 기대하는가? 만일 그렇다면, 치료사를 진정으로 필요로 하고 있는가 아니면 "구원자" 역할을 기대하는가?

- *내담자의 자세는 어떠한가?*
  곧고 바른가 아니면 구부정한가? 경직되었는가 아니면 축 늘어져 있는가? 초조하게 꼼지락거리는가, 매우 긴장하였는가 아니면 편안하고 개방적인가?

- *내담자의 신경계 조절 상태는 어떠한가?*
  내담자가 말하고 그리는 속도가 매우 빠르고, 이 두 가지가 점점 가속되며 치료사가 하향 조절 방법을 제안할만한 상황인가? 아니면 내담자는 공포로 너무 얼어서 거의 움직일 수 없고, 눈 맞춤을 하지 않고, 크레용으로 종이 위에 가늘고 흔들리는 선들을 남기는가? 그런 내담자는 안전하지 않다. 그렇다면 두려움에 대응할 치료적 자원은 어떻게 만들 수 있을 것인가? Ogden은 흥미롭게도 저각성 상태나 과각성 상태의 경계를 따라가라고 제안하는데, 그렇지 않으면 치료 과정이 지나치게 안전하기 때문이다. 치료 과정은 안전해야 하지만, 그것이 지나쳐서는 안 된다.[2] 만일, 예를 들어, 우리가 내담자의 각성 상태를 너무 일찍 진정시킨다면, 내담자들은 우리가 자신들의 고통스러운 경험을 인정하지 않는다고 느낀다.

- *내담자는 생리학적으로 어떻게 보이는가?*
  치료사는 호흡 유형을 관찰하여 내담자들이 언제 숨을 들이쉬는지, 어떤 맥락에서 눈에 띄게 한숨을 쉬고, 언제 숨을 내쉬며 진정하는지 알 수 있다. 내담자의 혈색으로 알 수 있는 것들로는, 편안한 내담자들은 발그레하고 따듯해 보이며, 과도한 활성화는 개인의 얼굴을 붉게 상기시키는 반면, 두려움에 빠진 내담자들은 두 뺨의 모든 혈색을 잃고 매우 창백하다는 것 등이 있다.

- *삼위일체의 뇌의 관점에서, 세 부분 중 어느 영역이 작동 중이고, 작동하고 있지 않은 영역은 어느 부분인가?*
  인지, 정서, 지각, 감각 그리고 행동 사이의 균형과 일치성은 어떠한가? 어떤 내담자들은 팔짱을 낀 채 대화하기만을 원하며, 다른 모든 기관은 차단한다. 또 다른 내담자들은 지나치게 감정적으로 되어서 '제대로 생각하지 못한다'. 그리고 경직된 행동양식rigid behavioral patterns 안에 속박된 듯 외부의 모든 것과 단절하려는 내담자들도 있다. 어떤 접근법들과 미술 재료들이 이런 개인의 연결성connection과 일치성congruency 을 강화하는 데 가장 도움이 될까?

- *내담자는 암묵 기억에 접근하고 있는가, 또는 신체가 겪는 공포경험에 집중하고 있는가?*

후자의 경우, 어떤 자원이 두려움을 줄이는 데 도움이 될까?

- *그려진 형태의 크기는 내면의 감각과 일치하는가?*
  내담자의 실제 골반저 경험은 정말 그려진 것처럼 거대하거나 매우 작은가? 어떤 경험들이 왜곡된 자기인식으로 이어지는가?

- *대화의 내용과 그림으로 표현된 행동은 서로 일치하는가?*
  예를 들어, 그려진 선들의 질감이 활동적이고 힘이 있는데, 내담자는 반대로 피곤하고 지쳤다고 이야기하는가? 아니면 내담자가 미소를 지으며 매우 고통스러운 사건을 이야기하고 있는가?

- *그려진 움직임의 리듬이, 당시의, 내면의 움직임과 연관되어 있는가?*
  리듬에는 너무 빠름, 너무 느림 또는 "알맞음"의 세 가지가 있다. 너무 빠르게 움직이는 내담자들은 자신의 감각적 반응을 추월하려는 경향이 있으며, 그들은 "감정"을 회피한다. 치료사로서, 이런 반응은 참으로 곤혹스럽다. 어떤 내담자들은 아주 천천히 움직이면서 자신이 하는 것을 통제하려고 시도하는데, 이는 자신을 드러내지 않으려 하는 것이기 때문에, 이러면 상황이 굉장히 힘들어진다. 느림, 활발함, 공격성을 띠는 것이 그 상황에 적절한 리듬일 수도 있다. 그럼에도 불구하고, 모든 경우에, "알맞은" 리듬이란 현재에 머물러 깨어있는 것으로 나타난다.

- *형태들의 배치는 무엇을 표현하는가?*
  신체를 반영한 투사체는 중심에 자리를 잘 잡았는가, 한구석에 찌그러져 있는가, 아니면 기저에 자리 잡지 못하고 공중에 둥둥 떠 있는가? 어떤 신체 부위들이 강조되었고, 어떤 부분들이 생략되었는가? 또 한 가지, 대부분의 내담자들은 회기 내내 주어진 주제를 가지고 작업을 한다. 예컨대 중앙에 무언가 강조되어 그려진 세 장의 연작이 있다고 하자. 이 중앙의 형태는 시간이 흐르며 색상 및 질감이 변화하고, 초기에 나타났다가 세 번째 그림, 그다음에는 여섯 번째 그림에 나타난다면, 내담자들은 이 중앙의 대상들을 그들 신체에 나타나는 여러 감각들이라고 부를 수도 있다. 한 그림에서 이것은 심장이고, 다음 그림에서는 명치, 그다음에는 머리에서 느껴지는 어떤 것일 수 있다. 하지만 그것들이 모두 종이의 중앙에 그려졌다는 것은, 비록 연관된 감각들이 몸 여기저기로 옮겨 다닌다 해도, 그것들 모두가 한 가지 주제를 표현한다는 것을 나타낸다.

- *선의 질감은 무엇을 나타내는가?*
  선의 표현에 긴장의 증가, 파편화, 강력한 동일시나, 멈춤 및 물러섬에서 비롯된 밀도, 다양한 표현을 동반한 에너지의 흐름 등이 나타나는가?

- *이 맥락에서 재료의 선택은 적절한가?*
  내담자에게는 물감이 유익한가 아니면 굵고 단단한 크레용을 강하게 눌러 그림을 그리게 하는 것이 더 나은가?

- *양손의 사용에 있어서, 형태와 선의 질감에 유의한 차이가 있는가?*
  양측은 균형 있게 연관되어 있는가, 아니면 한쪽이 대등하지 않게 나타나는가, 아니면 아예 생략되었는가? 이것은 어떤 내면 대화를 나타내는가? 이러한 내면의 대화는 다른 한편이 "경청하는" 동안 또 다른 한편이 그림으로 "의견을 표현"할 수 있도록 양손에 별도의 기회를 줌으로써 이루어질 수 있다.

- *그려진 형태의 방향은 무엇을 제시하는가?*
  운동 충동들이 향하는 방향에는 무엇이 반영되는가? 반영된 내용은 건설적이고 초점이 맞춰져 있는가, 아니면 과거의 제한적이고 파괴적인 과정으로 패턴을 반복하는가? 공격성이 내담자를 향하는가? 우유부단하게 왔다 갔다 하며 충동을 느낄 때마다 철수하는가?

- *내담자는 모든 남성적 형태나 여성적 형태를 회피하는가?*
  이런 현상이 주제에 부합하는가, 아니면 상반되는 성적 범주의 형태를 도입해야 하는가?

- *운동 충동의 표현과 감각적 인식은 균형을 이루고 있는가?*
  내담자들은 이 운동 충동들이 그들의 내면에서 어떻게 공명하는지 전혀 인식하지 못한 채, 그저 움직임으로 분출만 하는 것인가, 아니면 거의 움직이지 못할 정도로 감각이 과부하에 빠져 있는가?

내가 치료사로서 중점적으로 관찰하는 내용 중 일부이다. 내담자들은 드로잉을 통해서 이야기를 한다. 그것은 그들의 암묵적 신체 기억들이 들려주는 이야기인데, 처음에는 내담자들도 알아들을 수가 없다. 가이드 드로잉은 외현 기억을 강조하지 않기 때문에, 내담자들이 종이 위에서 그들의 신체 감각을 따라가다 보면 다음에 무엇이 떠오를지 알 수 없는 경우가 종종 있다. 종이에 그려진 운동 충동이 자신의 감각느낌에 미치는 영향을 따라가면서 확신과 이해를 얻게 되는 것이지, 그림의 상징적 의미를 해석하면서 얻는 것이 아니다. 내담자들은 과거에 일어났던 사건을 "느끼는 것"이지 그것에 대해 이야기를 하는 것이 아니다.[3] 이를 위해서는 지시적 마음챙김이 필요하다.

끔찍한 경험과 어린시절의 애착 경험들은 대부분 암묵적 신체 감각으로 기억에 저장되고 재경험 되는데, 이 감각들을 그림을 통해 직접 표현하는 것은 과거 경험들을 통합하도록 도와준다. 내부 감각 수용기가 보내는 신호를 감지하는 것은 주로 무의식적으로 이루어지는데, 마음챙김은 내담자가 내적 신호를 의식적으로 감지하는 것을 도와준다. 내담자들은 근육의 긴장, 심장의 박동, 또는 깊은 호흡을 알아채고 느끼게 된다. 초반에 약간의 개입을 통해 내담자들에게 해소하기나 수용하기와 같은 "마사지 기법"을 가르쳐 주고 나면, 대부분 신속하게 그들 스스로 각성 상태를 조절하는 법을 익히고, 고조되었던 감정과 내적인 긴장을 여러 선을 그리면서 해소해 낼 수 있다. 내담자들은 활성화 상태를 수용하고 진정시킬 수 있고, 자신의 경계boudary를 정비하고 공고히 할 수 있다. 원형의 형태들archetypal shapes로부터 행동에 나설 수 있는 도구를 제공 받은 것이다. 내담자들은 통찰력을 가지고 자신들의 에너지를 주도하는 법도 익혔고, 이제 마구 선을 그어대는 것으로는 아무것도 이룰 수 없다는 것을 이해했다. 그리고, 내면의 새로운 장소로 이동하기 위해서는 종이 위에서 자신의 에너지를 어떻게 주도할 것인지 결정해야 한다는 것도 알게 되었다.

프랑스의 정신과의사 Pierre Janet은 1898년 트라우마 치료모델을 개발하였는데, 이는 현재에도 여전히 유효하다. 그는 안정화, 트라우마 탐색, 통합을 치료의 세 가지 주요 단계로 구성했다.

안정화stabilization는 초기 단계를 말하는 것으로, 내담자들이 치료를 시작하고 나서, 두려워하고, 스스로와 단절하거나, 혹은 놀라고, 괴로워하는 시기이다. 내담자들은 치료사의 적극적인 격려가 필요하고, 대부분 너무 불안정한 상태라서 그들에게 일어났던 일들을 깊이 있게 진술하지 못하고, 오히려 재진술이 그들을 더욱 불안정하게 만들기도 한다. 이 단계가 바로 미술치료 기법을 활용하여 치료적 자원을 형성하는 과정에서 전통적인 접근법들이 활약할 시점인데, 예를 들면, 지지받고 있다고 느낄 수 있는 조력자 만들기, 마음의 안식처 만들기 또는 자존감을 위한 능력의 책 만들기 혹은 내면의 조직화를 위한 만다라 창작 등이 바로 그것들이다.

가이드 드로잉은 특정 형태들을 통해 *신체적 자원*somatic resources을 만드는데 사용될 수 있는데, 오목한 그릇 모양으로 수용과 위로를 표현하거나, 좀 더 우뚝 서는 느낌을 위해 수직선으로 표현하는 것이다. 안전하게 긴장을 이완하는 법, 가슴에 꽉 막힌 답답함을 완화할 수 있는 마사지 방법을 배우는 것은 내담자로 하여금 자신에 대해 호감을 가지도록 한다. 그것은 무력감을 감소시키고, 그들이 상황을 변화시킬 수 있다는 것을 알려 준다. 이 책의 3장 「지시적 안내」 부분에 나오는 Julie의 사례가 그 예이다. 그녀는 몹시 괴로운 상태였고, 나는 그런 그녀와 작업하면서 딱 한 가지, 씨앗 분류하기sorting the seeds형태를 제안함으로써 수직선으로 그녀의 자존감을 높이고, 모서리 그리기를 통해, 그녀의 내적 긴장을 양옆으로 분출하며 안정적으로 감정을 해소하도록 격려했다. 신체화 자원은 개인 각각의 필요와 목적에 맞게 설계되어야 한다.

Ogden은 "학습된 무력감"을 재조명하여 안정화된 인지적 자원cognitive resource으로 만드는 과정에 대해 다음과 같이 말했다.[4] 자기파괴적 습관이나 병적인 식습관은 "생존을 위한 자원"으로, 아동기에 경험한 역경에 적응하면서 발생한 행동양식으로 볼 수 있다는 것이다. 몸을 구부정하게 만들어 눈에 띄지 않는 것이 폭력적인 가정환경에서 생존하기 위한 가장 안전한 방법이었을 수도 있고, 체중을 늘리는 것이 원치 않는 성적 관심에서 벗어날 유일한 방법이었을지도 모른다. 이를 자기 징벌로 이어가는 대신, 이런 행동양식들을 창조적인 대응방법이었다고 재조명할 수 있다. 이렇게 함으로써, 내담자들은 자신들이 처한 상황에서 최선을 다했다는 것을 깨닫게 되기 때문에 스스로에 대한 호감을 더 갖게 되는 경향을 보인다. 어떤 내담자들은 절대로 트라우마 탐색의 단계로 넘어갈 만큼 안정되지 못할 수도 있다. Rothschild가 언젠가 한 세미나에서 말했듯이, "어떤 내담자들은 영원히 치유되지 않을 수 있으나, 우리는 언제나 그들의 삶의 질을 향상시킬 수 있다".

안정화 단계 동안에는, 대체로 하향식 접근법들이 주로 사용되는 경향이 있으며, 내적 힘과 내적 깨달음을 얻을 때까지 치료적 개입들은 거의 지시적이다.

트라우마 탐색trauma exploration은 바로 트라우마의 탐색이 일어나는 그 단계이다. 이전의 장들에서, 나는 트라우마 치유에 기반을 둔 여러 개념들을 소개하였다. 내담자들은 브레이크를 적용할 때 활용할 수 있도록, 자신의 치료적 자원들을 파악하는 것이 중요하다. 즉 스트레스를 받는 상황에서 치유 소용돌이에 접근하는 것이 중요하다는 의미이다. 이렇게 함으로써, 새롭고 긍정적인 정보들을 과거의 트라우마 사건들 옆에 나란히 입력할 수 있다. 예를 들어, 기억의 전개에 따라 각 단계에 필요한 것들을 차례로 그려나갈 수도 있다. 치료사는 내적 동요를 조절하기 위해서 하향식 접근법과 상향식 접근법 중 한 가지를 제안하게 된다. 하지만 이 단계에서는 감각운동의 상향식 과정이 대부분이 될 것이다.

이 단계가 되면, 감각운동 미술치료sensorimotor art therapy는 비언어적인 암묵 기억들에 접근하는데 확실히 유리하다. 우리가 현재의 신체 증상들을 그림으로 그리고 확인해 감에 따라, 우리는 학습으로 익힌 행동 유형들이 현재의 대인관계에 어떻게 영향을 미치는지 깨닫게 되고, 절차적 학습 유형들procedural learning patterns을 이해하게 되고, 어떻게 우리가 특정 자세와 행동 유형들을 획득하게 되었는지 알아간다. 절차적 학습은 습관이라는 형태로 남겨진다. 우리가 학습한 것을 반복했기 때문이다. 그래서 Mark는 아버지를 자극하지 않는 방법으로 구부정하게 어깨를 움츠려 되도록 눈에 띄지 않도록 학습하게 된 것이다. Janine도 폭행으로부터 자신을 보호하기 위해서 직접적인 접촉을 피하고자 자신의 몸을 살짝 비트는 법을 배우게 되었다. 한 편, 그 결과로 팔과 다리에 남겨진 긴장은 혹시 취해야 할지도 모르는 행동의 전조precursor가 되기도 한다. 즉, 팔은 싸울 채비를 하고 다리는 도망칠 채비를 하는 것이다. "인간을 포함한 모든 포유류는 사소한 수준에서 심각한 수준에 이르는 여러 위협으로부터 스스로를 보호할 수 있도록 고안된 단계적인 일련의 방어 대응들을 갖추고 있다."[5] 내적 긴장을 그림으로 그려 가면서, 우리는 한때 좌절되었던 방어를 실행 가능한 방어로 대체할 수 있으며, 당당하게 회복할 수 있다. Cath는 자신의 명치 부분에 단단하게 꼬여 있는 검은 공을 그리고, 이어지는 종이에 그녀는 "난 화를 내도 돼"라고 썼고, 빨간색만 사용한 핑거페인팅으로 두 팔을 펼친 자신을 종이에 가득 차는 크기로 확장하여 그리면서 성장하였다. 개인들은 기겁이나 격분처럼 무절제한 방어 대응을 개선해야 하고, 각성 상태를 유지하기 위해 약물이나 음주 같은 자가치료 대신 보다 건전한 선택에 집중해야 한다. Ogden은 트라우마에서 비롯된 과각성 상태와 애착 트라우마를 구별하였는데, 전자는 감당해내는 능력을 기르기 위해 조절이 필요하고, 후자는 내담자가 차단 상태에서 벗어나 치유되기 위해 감정의 경험이 필요하다.[6]

만일 내담자들이 그들이 안정될 때까지 신체에 나타나는 과각성 상태의 감각들을 의식적으로 잘 따라간다면, 내담자들은 자신들의 신경계를 재조직 할 수 있다. 여기에 도움이 되는 것이 바로 신경계에 내장된 기능인 진자운동pendulation이다.

모든 상황 속에서 우리가 생존할 수 있었던 이유는 바로 외적 자원들과 개인적 능력이 있었기 때문이다. 그렇지만 대부분의 경우 우리는 그 자원과 능력들을 미처 깨닫지 못한다. 이 강력한 자원들로 관심을 돌림으로써, 우리는 기억하는 방법을 재정렬할 수 있다. 어쩌면 이제 우리는 위기 모면을 위해서 눈 깜짝할 사이에 놀랍도록 정확하게 반응했던 기억을 찾아낼지도 모른다. 이런 식으로, 우리가 느끼는 무력감과 압도당하는 느낌이 감소되고, 대신 자신감과 당당함을 더 많이 느낄 때까지 재정렬의 과정을 이어갈 수 있다.

외현 기억은, 사실은, 일어났던 사건에 대한 정확한 회상이 전혀 아니며, 오히려 일부는 우리가 사건들을 떠올리면서 만들어 낸 복습에 기반을 둔 과정이다. 트라우마 기억들은 주로 파편적으로, 우리는 기억하는 내용과 대상을 왜곡하는 경향이 있다. 만일 너무 어려서 기억하지 못한다거나, 약물에 취했다거나 정신을 잃었었다면, 우리가 할 수 있는 이야기는 없다.

통합integration은 치료 과정의 마지막 단계이다. 과거 경험에 기반한 감정들과 신념들은 소위 말하는 진실이 아닐 가능성이 있고, 그것들 때문에 우리는 현재 상황을 제대로 보지 못한다. 과거에 학습된 절차 유형들이 현재의 대인관계를 방해 할 수 있다. Ogden은 이 통합 단계를 "우리 신념의 업그레이드upgrading our beliefs"라고 부른다.[7] 우리는 이제 새로운 내적 경험에 기반하여 주요 신념들을 점검할 필요가 있다. Madeleine이 자신이 그린 사각형의 내부에 앉아 자기만의 공간을 느꼈을 때, 그녀는 비록 자신이 입양된 아이라 해도, 자기만의 공간을 가질 권리가 있다는 것을 깨달았다. 이런 경험을 하고 돌아간 그녀는, 그다음 달에 "이기적이라는 느낌" 없이 자신의 집을 구매할 수 있었다. 신체 자세 역시 주요 신념과 연결되어 있다. 심지어 세계적으로 사용되는 신념의 표현들도 있는데, 예를 들면 "어느 누가 날 도와주겠어", "일단 울면 난 절대 멈출 수 없을 거야", "백인들은 전부 인종차별주의자야", "남자들은 다 똑같아"와 같은 말들이 있다. 이 그릇된 신념들을 바로잡는 유일한 방법은, 그것을 학습하면서 함께 습득한 신체 자세를 바로잡는 것뿐이다. Dennis가 주저앉아서 바닥을 바라보며 호흡 곤란을 겪는 한, 그에게는 어떤 칭찬도 의미 없고, 받아들여질 수도 없다. Dennis는 탐색 단계를 거치며 그의 구부정한 신체 자세에 새겨진 절차적 기억들을 탐색할 수 있었고, 이제 그는 곧은 자세와 눈 맞춤 같은 낯설고 새로운 변화에 알맞게 적응할 수 있도록 그의 신념 체계를 업그레이드해야 한다. 다만 정신적이라는 것만 빼면, 그것은 마치 새 옷을 맞추는 것과 비슷하다고 할 수 있다.

이 단계는 또한 용서의 단계이기도 한데, 이것은 충분한 이해를 통해 이루어진다. 어쩌면 부모님들 역시 그 이전 세대들에 의한 피해자였다는 것을 깨달으며 이루어질 수도 있을 것이다. 자신을 향한 연민과 함께 "나는 주어진 상황에서 최선을 다했어" 같은 통찰도 반드시 필요하다.

통합이 가진 또 다른 의미가 있다. 그것은 바로 내면의 깊은 변화들은 더 이상 우리가 이혼이나 직장을 그만두는 것과 같은, 인생의 중요한 결정을 내리는 일을 회피하도록 놔두지 않는다는 것이다. 변화는 희망과 새로운 선택들을 가져오지만, 동시에 익숙한 것들을 뒤로 떠나보내는 상실에 대한 슬픔을 일으키기도 한다. 우리 신체의 지성은 고정되어 있지 않다. 우리가 발견의 모험을 이어 갈수록, 점차 분명한 의미를 찾게 될 것이다.

Pierre Janet은 이 3단계 과정을 장기치료의 맥락에서 설명하였지만, 나는 이것을 매 회기에도 충분히 적용할 수 있다는 걸 알게 되었다. 각각 별도의 회기마다 초반 안정화 단계가 있을 것이고, 그때 나는 내담자의 느낌과 당장의 욕구가 무엇인지를 살필 것이다. 이 과정의 전개에 따라, 테이블 위에 있는 수정 공, 자애로운 모습의 수호상(이전 시간에 찰흙과 콜라주 재료로 만들고 치료사가 안전하게 보관함) 또는 고등 의식higher consciousness이나 신체 집중의 명상 훈련 같은 지시적 심상 수련guided imagery 중에 활용 가능한 자원들이 있는지 살펴본다.

그런 다음, 내담자들은 자신들의 트라우마 경험을 탐색하며, 암묵적 신체 감각들과 절차적 운동 충동을 그리기 시작한다. “흐름flow”에 몰두하기 위해서 리듬감 있는 동작을 반복하면서, 내담자들은 암묵적 신체 기억과 연결될 것이다. 치료사로서 나는, 리듬감 있는 흐름을 방해하지 않을 정도의 소리와 안내의 말을 통해 감각운동 탐색이 심화되도록 도울 것이다. 내담자는 “마사지”를 응용하며 경험의 정도를 적정화할 것이고, 이런 식으로 새롭고 긍정적인 정보들을 과거 트라우마 경험과 나란히 입력할 것이다. 나는 “어떻게” 질문을 통해 이 새로운 학습에 의해 감각 인식이 강화되도록 도와 줄 것이다.

회기가 끝날 무렵, 이 새로운 감각느낌felt sense은 인지적 통합을 필요로 한다. 나의 몸이 새롭게 느껴지고, 자세가 달라졌고, 감정들과 감각들이 변화되었는데, 이것을 언어로 표현하는 방법은 무엇일까? 내담자들은 새로운 감각느낌으로부터 올라온 확신들을 통합하고 신피질에 자리매김하기 위해서 자신의 그림에 글로 표현하거나, 또는 집단원들에게 이야기로 전달할 수도 있다.

다음에 이어지는 장에서, 이 감각운동 미술치료 과정의 적용을 가이드 드로잉을 사용한 사례를 가지고 설명할 것이다. 나는 이 사례가 우리 본성의 심연에서 능동적으로 활약하고 있는 내면의 지혜를 잘 표현하기를 바란다. 그 심연의 세계에서 우리는 생각을 멈추고 자신을 내려놓음으로써 치유된다.

17장 사자가 되기까지

Cath는 30대 초반이고, 결혼하여 어린 두 자녀를 두고 있다. 그녀는 어린 시절 가까운 친척에 의해 성적 학대를 당했고, 이는 수년 동안 그녀가 겪고 있는 우울증과 불안장애의 원인이었다. 학대는 Cath가 유치원생이었을 때부터 시작되었고, 그녀의 기억은 단편적으로 흐릿하게 남아 있을 뿐이다. 상황을 이야기할 수 있을 만큼 자랐을 때, 그녀는 엄마에게 사건을 털어놓았다. 하지만 가해자인 그녀의 외할아버지는 학대에 대한 그 어떠한 일도 인정하지 않았고, 오히려 그녀를 거짓말쟁이로 취급하여 Cath를 더욱 혼란스럽게 만들었다. 그녀는 아무 도움도 받을 수 없었고, 오히려 어려움은 커져만 갔다. 그녀는 어른이 되고 나서야 다른 사촌들도 같은 고통을 겪었다는 것을 알게 되었다. 그 사실을 알게 되고 오랜 심리치료를 병행하여, 마침내 그녀는 자신을 신뢰하게 되었다.

Cath는 '여러' 정신과의사와 심리학자들을 만났지만, 치유의 측면에서 보자면, 지난 2년 반 동안 받았던 기치료reiki와 도수치료kinesiology가 많은 도움이 되었다.

두 번의 출산을 하며 매번 그녀는 산후 우울증 진단을 받았다. 둘째를 출산한 후에는 우울증이 더 심해져서 6주 동안 입원을 해야 했으며, 그 얼마 후에는 8주 동안 전기 충격 치료[ECT]를 받아야 했다.

처음에 Cath는 두 차례 집단치료에 참여하여 콜라주, 점토, 동물 모형들을 가지고 작업하며 치료적 자원을 만드는 데 집중하였다. 이 회기들을 통해, 그녀가 현실을 떠나 영적 영역으로 쉽게 도피하여 공상의 세계에 머물려는 경향이 있다는 것을 알게 되었다. 하지만 충분한 도움을 받으면 그녀가 자신의 능력을 발휘할 수 있다는 것도 알게 되었다.

예를 들어, 첫 번째 집단 회기에서, Cath는 점토로 원가족 만들기 작업을 하였는데, 그녀는 검은 상자 모양을 만들고 나서, 정확히 뭐라고 설명할 수는 없지만, 그 안에 "추악한 비밀들이 가득"하다는 것을 알고 있다고 말했다. 그녀는 또 여러 색의 점토로 작은 조각상을 만들었는데, 그것을 주먹으로 뭉개 버리고 검은색 점토로 감싸 버렸다.

이 집단 회기의 두 번째 시간에 그녀는 "나의 내면 아이를 위한 치료센터"라는 주제로 자기-상자self-box를 만들었다. Cath가 고를 수 있는 여러 다른 주제들이 있었지만, 어린 시절 자신의 어두운 경험을 보상하기 위해서였는지 그녀는 정반대의 상황을 만들기로 결정했다. 그녀는 낡은 신발 상자를 여러 가지 질감의 콜라주 재료를 가지고 정성스럽게 꾸몄다. 그녀는 분홍색 양모 천으로 안쪽에 둥지 모양의 침대를 만들었고, 바깥쪽에는 부서진 CD를 가지고 뾰족하고 무시무시한 방어벽을 만들었다.

두 번째 집단 회기에서, 초반 안정화 단계 동안, Cath는 지시에 따라 여러 가지 동물 장난감 더미 중에서 작은 동물 세 개를 고르게 되었다. 그 후 주어진 활동은, 커다란 종이 위에 여러 가지 재료를 사용하여 동물이 사는 장소를 만들고 각 동물들에게 집을 지어 주는 것이었다. 그런 다음 동물들이 함께 어떤 경험과 모험을 하게 되는지 이야기를 지어내는 것이었다. 그녀는 강력한 힘이 있지만 비현실적인 동물인 유니콘과 마법의 용을 골랐다. 그녀가 유일하게 고른 현실적인 동물은 바퀴벌레였는데, 그녀가 지어낸 이야기 속에서 그녀는 그 벌레를 '치유'하려고 노력하였다. 이야기를 나누면서, 그녀는 위로조차 건넬 수 없을 정도로 많이 울었다. 치료사가 유니콘과 마법의 용에게 어떤 해결책을 제안하겠는지 물어보았고, 그들의 해결책은 바퀴벌레를 죽여서 묻는 것이었다. 그녀가 바퀴벌레의 죽음과 장례를 치르고 나서, 빈자리를 대신할 동물로 사자를 골랐다. 회기가 끝났을 때, 그녀는 다른 집단원들과 눈을 맞출 수 있었고, 의기양양한 '사자가 될' 수 있었다.

동물 이야기는 그녀가 과거 성적 학대로 얼마나 힘들고 괴로워했는지 보여 준다. 그녀는 현실의 자신을 더럽고, 징그럽고, 비난받는 존재(바퀴벌레)라고 생각해 오며, 그런 고통을 견디기 위해서 자아를 분열하여 상상 속으로 회피했다(유니콘과 마법의 용). 하지만 동시에, 동물 이야기를 통해 그녀가 충분한 내적 자원(사자)을 끌어낼 능력이 있고, 과거를 치유하고 싶은 강렬한 욕구가 있다는 것도 알게 되었다. 삼위일체의 뇌의 맥락에서 설명하자면, 그녀의 신피질(인지와 의미)과 변연계(정동과 감정)는 활동하고 있지만, 그녀의 뇌간은 복합 트라우마 반응으로 닫혀 있던 것이다. 반응의 일환으로 기능이 정지되어 있었다.

그녀는 미술을 굉장히 좋아하고, 몇 달 전에 참여했던 첫 번째 집단 회기에서 가이드 드로잉의 신체 중심 활동으로부터 강력한 영향을 받았다. 다음에 나오는 그림들은 두 회기에 걸쳐 트라우마 탐색 단계를 잘 설명해 준다. 첫 번째 회기는 15명의 집단원과 함께 하였고, 두 번째는 개인 회기였다. 이 회기들은 Cath에게는 두 번째와 세 번째 가이드 드로잉 경험이었다. 이전 회기는 집단 회기였는데, 이는 참가자들이 골반을 안정시키고 연결하기 위해 오목한 그릇 모양이나 씨앗 분류하기 형태와 같이 "마사지 기법"으로 활용할 수 있는 주요 형태를 가르치기 위해 구성되었다.

이 책의 저술을 위해 Cath가 자신의 그림들을 나에게 보내면서, 각 그림에 그녀만의 설명을 덧붙여 주었다. 그녀의 설명은 이탤릭체로 표시하였다. 인용 부호 안에 있는 그림의 제목은 당시에 그녀가 붙인 것이다.

모든 회기들은 지시적 심상 수련guided imagery exercise으로 시작하였는데, 예를 들면, 각 내담자를 둘러싼 팔 길이의 빛의 원을 상상하는 것이다. 그런 다음 내담자들은 빛줄기가 척추를 따라 올라가 상위 의식higher consciousness에 도달하고, 그곳에서 각자의 필요에 따라 빛, 인도, 지혜 또는 보호 등을 내려받는 장면을 상상한다. Cath에게 이 수련은 도움이 되었다. 이는 그녀가 안전하다고 느끼도록 해주었다.

집단 회기 50분 동안 모든 내담자는 침묵하며 물감이나 크레용 등으로 그림을 그린다. 그 후 치료사와 함께 소집단으로 모여 그림들에 관한 이야기를 나눈다. 그림들을 창작한 순서대로 펼쳐 놓고, 한 사람씩 그림을 그리는 동안의 과정들을 되새기면서 자신들의 경험을 나눈다. 그림으로 표현되어 나온, 암묵 기억들을 참여자들이 더 깊게 이해할 수 있도록, 치료사는 통찰을 제공하고 질문을 할 것이다.

이어지는 집단 회기 동안, 나는 멀지 않은 곳에 앉아 있었고, 필요했다면 개입할 수도 있었다. 하지만 Cath는 아무런 외부의 도움이 필요하지 않았다. 그녀는 스스로 자신의 각성 상태를 조절할 수 있었다.

집단 회기

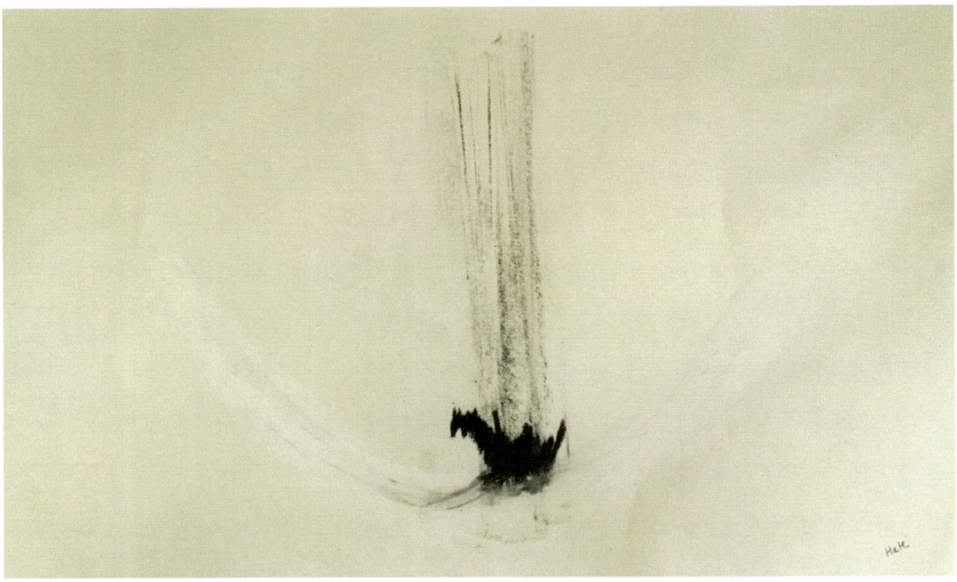

[그림 17.1] 증오. 아주 작고 응축된 동작으로 시작했고, 종이 위를 더 채우고 싶었지만 할 수가 없었다. 흰색을 가지고 흔들기 동작(rocking motion)을 하게 되었으며, 그러고는 위로 향했다. 분노와 증오, 즉 감정들을 느꼈다.

[그림 17.1]: 검게 뭉쳐 있는 움직임은 신진대사의 차단, 동결반응, 꼼짝할 수 없음, 고착된 채 고활성화된 감정의 표현이다. 그녀는 치료사의 개입 없이도 무엇을 해야 할지 알고 있다. 그녀는 치유의 소용돌이healing vortex를 오가며 진자운동pendulates을 하고 있다. 그녀는 정반대 색인 흰색을 이용하여 뭉쳐 있는 검은색 움직임에 상응하는 움직임으로 대응하는데, 그것은 바로 반복적인 흔들기 동작이다. 나는 그저 이 오목한 그릇 모양의 흔들기 동작이 어린아이로서 그녀가 그토록 원하던 어떤 것이었을 수도 있겠다는 추측만 할 뿐이다. 하지만, 안타깝게도 하얀색의 매우 크고 거의 바닥에 닿아

있는 이 형태는 그녀에게 꼭 필요한 자원이다. 그것은 그릇 형태에 대한 개폐 동작이라기보다는 골반 기저 부분의 이음새를 잘 연결해 주는 흔들 그릇rocking bowl이다. 일단 그녀가 안전하다고 느끼자, 그녀는 위를 향하여 운동 충동을 분출하였고, 이것은 당시 그녀가 차단하고 있었던 방어적인 감정들, 분노와 증오가 나갈 수 있게 해 주었다. 양육자의 학대는 어린이들에게 매우 복잡한 갈등을 일으킨다. 어린이들은 그들을 둘러싼 성인 가족 구성원들에게 의존하고 있으며, 실질적으로 자신에게 해를 가하더라도 어쩔 수 없이 그 사람들을 사랑하지 않을 수 없다.

이 한 장의 그림에서, Cath는 치유의 소용돌이(흰색 그릇)와 접촉함으로써 긴장성 무운동증과 해리(경직된 검은색 움직임)에서 벗어났고, 과거 사건에 대해 적극적인 반응으로(교감신경 각성) 접촉했다. 휘갈겨 표현한 검게 뭉친 부분은 어쩌면 이전 회기에서 그녀가 선택했던 바퀴벌레에 해당하는 이미지가 신체에 같은 의미로 나타난 표현일 수도 있다.

[그림 17.2] 괜찮아. 여전히 세게 눌러 그리기는 했지만, 검은색은 좀 더 커질 수 있었다. 위로 분출하려고 애쓰는 상태는 빨간색으로 표현했다. 그런 다음 하얗게 덧칠하는 동작들, 그리고 오른쪽부터 둥근 마사지 동작을 한 뒤 바깥으로 분출했다.

Cath는 자신이 사용하는 색채의 의미를 나에게 설명했다. "검은색은 나에게 어둠이에요. 빨간색은 학대, 트라우마, 상처이고, 노란색은 치유예요. 흰색도 그렇고요. 그리고 분홍색은 상냥한 소녀 감성이에요."

[그림 17.2]: 그녀는 다시 검은색 크레용으로 아주 강하게 밀어내며 그림을 시작했는데, 이제 그녀는 '조금 더 커졌다'. 차단은 감소되었고 움직임이 약간 증가했다. 부동 반응의 형태로 단단하게 구속되어있던 것이 활짝 개방되었다. 그 개방은 Cath 자신이 입었던 피해와 상처에 대한 분노를 일으켰다. 그녀는 빨간색 핑거페인팅을 선택하여 자신의 감정들을 폭발시켰다. 하지만 그녀는 압도되지 않은 채 씨앗 분류하기 움직임을 사용하여 교감신경계의 활성 상태를 해소해낼 수 있었다. 그녀는 하얀색 물감을 가지고 마사지 움직임을 하면서 자신을 표현할 방법과 스스로를 치유할 방법을 습득하였다. 이렇게 시간이 지난 후에 올라오는 충동들 또한 해소될 필요가 있다.

내재되어 있던 학대의 기억을 다루면서도, 자기 주도적으로 트라우마 소용돌이와 치유 소용돌이라는 양극단을 오가며 치유를 향한 진자운동을 하는 Cath의 모습을 독자 여러분들이 진심으로 깊이 이해할 수 있기를 바란다. 그녀에게 가해진 학대는 이 두 번째 그림에서 확연히 드러났고, 그 사건과 연관된 엄청난 감정들 또한 나타났지만, 그녀가 너무 어릴 때 학대가 시작되었기 때문에, 그녀에게는 겨우 약간의 의식적 기억만 있을 뿐이다. 해리라고 불리기도 하는 신진대사의 차단은 뇌간의 원시적 방어 반응으로, 야생에서 파충류가 보이는 반응이다. 맞서 싸우려는 강력한 충동은 과거 그녀의 학대로 인해 좌절되었던 적극적인 대응이다. 이것은 자율신경계에 의해 일어나는 비자발적 대응 방식이다. 무엇이 원인이었든, 언제든지 그러한 해리 상태에서 빠져나오면, 내담자들은 차단 상태에서 벗어나 다시 개방 상태가 될 것이다. 그것은 마치 우리가 치유를 위해 트라우마를 되짚어보는 것과 같다. 이것은 우리가 충분한 자원들을 동반할 수 있을 때에만 가능하다. 그렇지 않으면 과거의 사건들을 직면하는 과정이 이차 트라우마가 되어 더 심한 절박함, 좌절, 절망으로 이어질 것이다.

[그림 17.3]에 대한 Cath의 설명은 그녀에게 분노의 분출은 가장 필요한 반응인 동시에 가장 두려운 반응임을 나타낸다. 그녀가 "치유 동작"을 보이기 시작하는 것은 고무적인 일이며, 그녀는 필요에 따라 그것을 활용할 수 있다는 것을 알고 있다. 이런 방식으로 자원을 충전하면서, 과거에는 거의 불가능했을 반응인 자신의 분노를 더 많

[그림 17.3] "나는 화를 내기로 마음먹었다." 다시 작지만 움직임이 격렬해지며 오른손으로 더 강하게 밀어냈다. 종이가 찢어졌다면, 다 찢어졌을 것이다. 검은색을 사용하여 치유의 움직임이 시작될 때 화를 더 많이 분출해야 한다고 생각했다. 그리고 해소로 이어졌다.

이 표현할 용기를 얻을 수 있다. 맞서 싸우려는 강력한 충동은 과거 그녀의 학대로 인해 좌절되었던 적극적인 대응이다. "종이가 찢어졌다면, 다 찢어졌을 것이다"라는 그녀의 말은 이 분노가 매우 크다는 걸 나타낸다. 그림의 제목인 「나는 화를 내기로 마음먹었다」는 그녀가 어렸을 때 집안의 어른과 갈등이 있을 당시 그녀의 분노가 용납되지 않았다는 것을 보여 준다. 그림에서 드러난 그녀의 암묵 기억은 매우 분명하다. 그렇기 때문에 새로운 치유 소용돌이를 활성화하는 대신, 그녀는 자신의 분노 해소를 위해서 "밀어내는" 동작을 했고, 이건 마치 그녀 내면에서 어른 Cath가 어린 Cath를 응원하며 좀 더 대담해질 수 있도록 도와주는 것 같다. 그녀는 이 해소를 아치 동작으로 그려냈고, 마침내 무사히 분노를 풀어냈다.

[그림 17.4]: 그녀가 이전 그림에서 치유의 소용돌이를 그리는 과정을 생략하였기 때문에, 이제 그녀의 교감신경계의 활성 정도를 낮춰야 한다. 부드러운 붉은색 나선 모양은 더 이상 보이지 않는데, 왜냐하면 그녀가 다시 한번 분노 분출의 충동을 느껴서 그 과정을 건너뛰었기 때문이다. 그녀는 이제 자신의 분노를 집중적으로 연출하고

[그림 17.4] 오른손만 사용해서 나선형의 부드럽고 둥근 움직임으로 시작했다. 중앙은 빨간색이다. 그런 다음 흰색 그릇 모양을 그리고 좀 더 위를 향했다. 오른쪽에 푸른 것을 그린 다음에 난 드로잉을 마칠 수 있었다. 마치, 나의 부드러운/보호 구역에 상처가 있다는 것을, 나에게 상기시켜 줄 것이 필요했듯이 말이다.

있고 그 분노는 강력해 보였다. 표현은 똑바로 뻗어 나가는 형태로, 지난번 그림처럼 방향성 없는 곡선과 달랐다. 따라서, 수직적 동작은 억압 상태에 있는 것 같아 보이지 않고, 오히려 한 다발의 강력한 에너지처럼 보였다. 그녀는 자신을 지키기 위해 맞서고 있다.

이번 그림에서 하얀색 그릇 모양을 흔들기 동작이 아닌 마주 보는 거울반사 동작으로 그린 점이 흥미롭다. 그녀는 양손을 모두 사용하여 수직으로 흰색을 내려 그리고, 그 후에 (모서리 채색에 대한) 결정을 내리고 자신의 골반을 그녀의 내면 깊숙이 자리 잡게 했다. 그녀는 빨간 물감을 가지고 성공적인 방어의 운동 충동을 표현할 수 있고, 당당하게 자기 내면의 근원을 되찾을 수 있을 정도가 되었다. 그녀의 첫 번째 그림에 나온 흔들기 동작은 마치 아이를 흔들어 달래는 것과 같았다. 이 그림에서 그녀는 힘이 있는 위치에서 어른으로서 책임을 지고 자신의 것을 요구했다. 물론 아직은, 푸른색 남근 형태가 공격적으로 경계를 침범한 모습이 나타나 있다.

그녀의 말에 의하면, "검은색은 어둠이고, 빨간색은 피해와 상처이다". 이 두 가지

[그림 17.5] (회복을 향하여) 한 걸음 한 걸음 한 걸음. 종이를 완전 새까맣게 칠하고 싶었다. 여러 가지 나선형 동작. 둥그렇게 돌기. 그런 다음 자유로워지려고 빨간색을 검은색 위쪽에 칠한다. 의도적으로 반복되는 느린 동작. 한 걸음, 한 걸음, 회복을 향하여 한 걸음, 한 번에 한 걸음씩 위로 전진한다. 더디지만 괜찮다.

는 [그림 17.5]의 주요 색상이다. 나는 빨간색과 검은색의 조합을 트라우마 색상이라 부른다. 나는 그녀가 지난번 그림에서 마무리했던 부분부터 이어 가는 것이라고 짐작했다. 파랗고 공격적인 남근 모양이 경계를 침범했던 이야기가 이제 전개되고 있다. 의외로 흥미로웠던 것은 그녀가 당황하지 않은 것이었다. 그녀가 자신의 공간을 주장할 때, 그것은 "완전 새까만 검은색" 회오리였다. 첫 번째 그림에서는 작고 압축되어 있던 검은 소용돌이였다가, 세 번째 그림에서는 약간 커졌고, 이제 절정에 초점을 맞췄다. 우리가 과거의 사건에 대하여 비판단적으로 집중하는 것을 감당할 수 있게 되었을 때, 우리 몸의 과각성 상태의 감각들이 안정을 되찾을 때까지 우리가 주의를 기울이며 따라간다면, 그 감각들은 우리의 신경계를 재조정할 수 있다. 그녀는 강하게 대응했다. 그녀는 그것을 "단계별 회복"이라고 불렀다. 천천히 움직인다는 것은 그녀가 책임감을 느낀다는 것을 나타내고, 그녀의 움직임은 "의도적"이며, 그녀는 더 이상 쉽게 당황하지 않고 오히려 과거 사건에 적극적으로 반응할 수 있음을 의미한다.

이 중에 그 어떤 것도 인지적 차원에서 의식적인 단계는 없다. 그녀는 진심을 다하

[그림 17.6] 치유의 시작. 동그라미와 위를 향하는 움직임을 두 파스텔로 표현했고, 아주 살며시 중앙에서 바깥쪽을 향하여 손가락 끝으로 움직임을 만들었다. 다시 마치기 전에 손톱으로 "/" 표시를 해야만 했다. 그 표시가 마치 "난 여전히 여기 있다"라고 말하는 것 같이 느껴졌다.

여 자신의 내면 안내를 따랐다. 붉은 수직선은 그녀의 자율신경계로부터 나온 방어 반응이다. 그리고 바로 비자발적 대응들이 측두엽을 진정시키고 트라우마 활성화를 철회했다.

[그림 17.6]: 검은색 동그라미가 사라졌다. "치유"가 시작될 수 있다. 그녀가 그은 방사형 획들은 정화의 움직임처럼 보인다. 이것은 밀어내는 것이 아니라 손가락 끝으로 "아주 부드럽게" 쓸어 내는 것이다. 학대의 흔적은 여전히 그곳에 있지만, 그것의 영향력은 이제 미미하고, 아물지 않은 상처라기보다는 남겨진 흉터에 더 가까워 보인다.

[그림 17.7]: 만일 내가 그녀와 개인 회기를 했다면, 나는 이 시점에서 그녀에게 그동안 얼마나 열심히 노력해 왔는지, 그녀가 지쳤다고 느끼는 게 당연하다는 것을 정중하게 인정해 주었을 것이다. 이것은 부교감신경계의 안정화로, 그리기 회기를 끝마친 후에 따라오는 현상일 뿐만 아니라, 거의 삼십 년 동안 이어진 고활성 상태를 끝낸 Cath의 신경계가 느끼는 피로이기도 하다. 깊은 치유가 일어날 때, 내담자들은 그것

[그림 17.7] 기운이 다 빠진 느낌. 매우 두서없이 오른쪽에서 아주 작고 강한 동작으로 시작되었다. 왼쪽 하얀색 획들은 모두 위를 향한다. 똑바르게. 나는 그렇게 두서없다는 생각이 드는 게 싫어서 [무한부호 모양]을 그렸고, 그러자 두서없는 움직임이 좀 더 이어졌고 다른 것도 좀 더 그려졌다. 나는 기운이 완전히 빠진 느낌이 들었다. 피곤하고 나의 "의지"가 나를 떠나 버린 것 같았다.

이 너무 낯설어서 종종 치유를 받아들이는 데 어려움을 겪곤 한다. 이 시점에서 통합 단계가 중요해지며, 이때 우리는 신념 체계를 재조정해야 한다. Cath의 경우, 그녀는 그림에서 "두서없고 기운이 빠진 듯한" 움직임만 보고 피곤함을 느낄 수 있다. 그렇지만, 그녀가 대부분의 인생을 끊임없는 두려움과 분노의 억압 같은 등 PTSD 속에서 살아왔다는 사실을 감안하고, 이 모든 것들을 우울증 안에 꽁꽁 싸서 비밀로 숨겨둔 채 지내온 것을 생각해 보면, 모든 것이 다 끝났을 때 그녀가 넋이 나간 것처럼 느끼는 것은 전혀 놀랄 만한 일이 아니다. 휴식을 취할 시간이 되었다. 집단 사정상 내가 이 순간에 그녀의 집단에 있지 못했던 것이 정말 안타깝다. 여하튼, 그림은 두서없어 보이지 않는다.

[그림 17.8]: 내가 이 그림을 보면서 가장 중요하게 여긴 부분은 그녀가 하향 수직선을 그렸다는 점이다. 이것은 방어 표현, 분노 표현, 분출 표현 등 그녀가 이전에 사용했던 모든 운동 충동과 정반대이다. [그림 17.8]에서 그녀는 "소녀 감성을 지닌 치유의

[그림 17.8] 살며시 에너지를 다시 불러옴(차단). 분홍색과 흰색의 부드러운 소녀 감성 색상(나 자신에게 소녀 감성 색상의 사용을 허용하는 느낌). 나를 향하는 아래로의 움직임은 부드러운 치유를 수용한다는 표현이다. 손끝은 아주 천천히 가볍게 나 자신을 향해 움직인다. 그 후 어두운 차단의 느낌. 종이에 그려 넣고 싶지 않았지만 그것을 꼭 계속 그릴 수밖에 없었다. 손바닥 전체를 앞뒤로 움직여 수용 에너지를 차단한다. 그런 다음 차단을 피할 수 있기를 바라며 다시 수용 에너지로 돌아간다. 두 개의 강한 직선을 바깥쪽으로 향해 그리며 마무리한다. 해방된다.

분홍색"을 사용하여 자신을 향해 선을 모으는 동작을 그렸다. 종이의 맨 위쪽과 위쪽 가장자리에서 시작하여, 그녀는 안쪽 방향과 아래 방향으로 향하면서 치유하는 그림을 그렸다. 이것은 내면을 향하는 부드러운 안정화로, 무당들이 넋을 소환하는 것, 정신을 불러들이는 것과 같다.

당신은 그녀의 동물 이야기에 나오는 바퀴벌레를 기억하고 있을 텐데, 그 벌레는 첫 번째와 세 번째 그림에 나오는 검게 뭉친 나선형과 상당한 유사성을 갖고 있다. 바퀴벌레는 그녀가 유일하게 세상에 존재하는 수단이었다. 학대로 인해 자신의 몸에서 쫓겨났던 그녀의 정신은 달아나 있었다. 그녀는 이제 자신을 다시 내면으로 초대했다.

검은 남근 모양은 마치 그림자 같이, 여전히 거기서 "수용을 차단"하고 있다. 이는 이제 인지적 통합의 문제인데, 관건은 어떻게 과거 사건을 수용할 것인지, 그리고 결국 어떻게 용서할지에 대한 의문을 제기하는 것이다.

이 그림 다음에 이어진 '나눔show and tell'에서 모든 참여자들이 그림을 순서대로 늘어놓고 자신의 경험을 서로 이야기할 때, Cath는 나와 같은 집단이 아니었다. 다른 사람들은 의견을 전하고 통찰과 관찰 내용을 나누었을 것이다. 이 회기는 감각운동 신체 언어와 암묵 기억들이 들려주는 이야기를 해독하려고 노력하는 것에 관한 것이다. 예컨대, 나는 Cath의 변화에 대한 인지적 고찰을 쓰고 있지만, 이것은 신피질이 뒤로 물러나고 자율신경계 기능이 전면에 나서는, 나눔 회기 동안 이뤄진 것은 아니다.

나는 집단 회기를 진행하지 않았기 때문에, 나는 그녀의 설명만 전달할 수 있으며, 회기 활동을 다음과 같이 요약할 수 있다. "나 자신을 쓰레기 같은 상황에 빠져있도록 내버려두지마. 화를 내는 것이 허용되지 않은 그 느낌에서도!" 이 설명에서 나는 그녀의 분노가 아직 거기에 있고, 과거와 마찬가지로, 그 분노가 올라오는 것을 허용하는데 어려움을 겪고 있다는 것을 알았다. 그녀 역시 쓰레기 같은 상황에 머물지 않으려는 힘이 자신에게 있다는 것을 인정했다. 이것이 중요한 자원이 되는 것이다.

나눔

나눔show-and-tell에서, 일단 그림들을 순서대로 늘어놓고 나면 어떤 부분에 초점을 두며 진행해야 할지에 대하여 몇 가지 제안을 덧붙이겠다. 이 과정은 "어디에서 출발했고, 어디에 도착했나요?"라고 물으며 바라보는 것처럼 쉽게 진행될 수 있다. 또는 "이 그림들 가운데 어느 것이 당신에게 가장 중요하게 느껴지나요?"와 같은 질문도 괜찮을 것이다. 이런 질문은 내담자들이 그들의 이야기의 출발점을 찾도록 해 준다, 왜냐하면 처음 시도하는 사람들은 그들이 종이에 무엇을 표현했는지 전혀 모르는 경우가 많기 때문이다. 종이 위에 드러난 운동 충동에 의한 표현은 이미지나 상징, 스토리도 없고, 초기에는 두서없고 말도 안 된다. 그러나 점차 내담자들은 그들의 신체에서 답을 찾을 수 있게 되고, 그들의 발견과 성취를 의식적으로 통합할 수 있게 된다.

Cath의 경우, 그녀의 색상 사용에 대하여 내가 관심을 둘 수도 있을 것이다. 예컨대, 나는 그녀에게 그림들을 그려나가면서 단단히 뭉쳐 있던 검은 선들이 어떻게 발전하였는지에 대해 질문할 수 있다. 검은색은 그녀의 첫 번째, 세 번째, 다섯 번째 그리고 여덟 번째 그림에서 볼 수 있었다. 검은색은 작게 뭉쳐 있다가([그림 17.1] 참고) 약간 커지더니([그림 17.3] 참고) 더 이상 커질 수 없을 정도로 끝까지 커진 크기([그림 17.5] 참고)가 되었고, 마지막 그림에서 과거의 그림자([그림 17.8] 참고)가 되었다. 첫 그림에 나왔던 단단하게 뭉쳐 있던 검은 나선형은 그녀의 무의식이 그녀에게 던진 질문이나 의도로 받아들여질 수 있다. 그런 다음, 우리는 회기를 거듭해 가는 동안, 첫 질문에 대한 해답을 찾을 때까지 해결 단계를 따라감으로써 그들을 이해하려고 노력한다.

이와 같이 그림에 나타나는 초기 질문을 꼭 의식할 필요는 없으며, 오히려 대부분은 신체의 통증이나 불편한 부분에서 비롯된 운동 충동을 의식하게 된다. 그것은 "여기" 또는 배 속을 답답하게 한다. 왜 그런지는 모르겠지만, 아픈 것은 사라지지 않았지만 나의 관심은 그곳에 쏠려 있다. 이것이 우리가 주목받기를 원하는 신체 현상에 초점을 맞추고, 시각적 운동 충동으로 해석하여 종이 위에 표현하는 과정을 시작하는 방법이다. 자꾸 신경 쓰이는 이 통증이나 긴장의 해결법은 대부분 감각적인 성향이 있으며, 우리는 그것을 감각느낌felt sense으로 인지한다. 여기까지 우리는 리듬감 있게 형태를 그리고 그것이 우리의 감각을 통해 우리에게 미치는 영향을 살펴보았다. '좋은' 느낌도 감각적인것이고, '알맞은' 느낌도 감각적이다. 운동 충동들은 그 감각에 맞게 조율되었다.

나는 내담자들과 그들의 그림을 볼 때, 그들이 만들어낸 변화의 단계들을 그 순서대로 따라가려고 노력한다. 이 단계들은 그들이 자신들의 필요에 따라 특정 방식으로 움직이며 운동 충동의 방향을 변경하며, "괜찮다"라고 느껴질 때까지 내렸 왔던 결정의 자취들이다. 이제 겨우, 모든 것이 지난 후에, 우리는 질문할 수 있을 것이다. 당신은 여기에 어떤 이야기를 표현했나요? Cath, 당신은 스스로를 작고 응축된 긴장 덩어리로 축소해서 안쪽에 표현했는데, 어떻게 그렇게 하게 되었어요? 이제 안쪽에 공간이 생겼는데, 어떻게 느껴지나요? 스스로에게 분노의 감정을 허용했을 때 기분이 어땠나요? 그리고 부드러운 분홍빛 에너지가 다시 당신의 몸속으로 흘러 들어가는 것을 경험했을 때 기분이 어땠나요?

처음에 Cath가 선택할 수 있는 유일한 방법은 첫 번째 회기에서 주먹으로 뭉개고, 검은색으로 덮은 알록달록한 점토 공처럼 모든 것을 안에 넣고 단단히 웅크린 채 참는 것뿐이었다. 점차적으로 그녀는 자신의 분노를 분출할 수 있는 충분한 자원과 지원을 구축할 수 있었다. 그제야 그녀는 안전하게 자신의 정신을 되찾을 수 있었다. 아직 수용 단계는 아니지만, 분명한 것은 트라우마로부터 자유로워지고 치유되고 있다는 것이다.

나눔에서 개입의 목적은 내면에서 벌어지는 상황을 더욱 잘 파악하는 것이다. 집단 설정에서, 이것은 모든 내담자의 통찰을 향상시킨다. 개인 회기에서 그런 내면 인식은 회기를 진행하는 동안 이루어지는 치료사의 개입들을 통해 이루어 질 수 있다. 특정 형태를 만들기 위해서 어떤 식으로 움직임들이 지시되었는가? 우리는 이 운동 충동에 의해 추진된 방향성을 어떤 식으로 이해해야 하는가? Cath의 경우, 그녀가 내적 수직성, 즉 자신의 척추에 있는 리비도 에너지의 흐름을 어떻게 다루는지는 중요하다. 초기에 그것은 완전히 막혀 있었고([그림 17.1] 참고), 그다음에는 분노로 분출되었다([그림 17.2]~[그림 17.5] 참고). 그러나 진행 과정에서 그녀의 리비도 에너지는 점점 주도적이고, 집중되고, 강력해졌다([그림 17.4]와 [그림 17.5] 참고). 마지막 그림에서, 그녀의 에너지는 위협적이지 않은 "부드러운 치유"가 되어 그녀의 내부로 하향했다([그림 17.8] 참고). 일단 우리가 이 움직임들을 "느끼기" 시작하고, 신체에 나타나는 감각적 공명을 인식하기 시작하면 상승에 영향을 미치고, 우리는 감정적으로 반응한다.

많은 내담자들은 움직임을 그리는 동안에만, 혹은 이어지는 나눔에서만 그런 표면적 감정의 부상을 허용할 것이다. 내담자들 혼자서는, Lusebrink가 표현치료연속체[ETC]에서 정의한 자신의 지각-정서 구조를 충분히 이해하지 못하거나, 안전함을 충분히 느끼지 못한다.[1] Cath는 앞선 가이드 드로잉 회기에서 이 지각 구조에 대한 충분한 통찰을 얻었기 때문에 자신의 감정을 신뢰할 수 있었다. 그녀의 경우에는, 표면적 감정은 분노였으나, 다른 사람들에게는 슬픔이 될 수도 있다. 이어지는 회기에서, Cath는 기쁨의 감정으로 반응했다.

비록 빨간색을 "학대, 트라우마, 상처"라고 불렀지만, 그녀의 빨간색 사용은 사실상 그녀가 방어기제를 동원하는 맥락으로 이루어졌다. 빨간색은 상처와 트라우마를 시각화하는 동시에 그녀가 그것을 감당하도록 만들어 주었다. 씨앗 분류하기 형태의 역할과 의미에 대한 그녀의 이해는 근본적인 변화를 만들어냈다. 그 형태에 대한 그녀의 지식이 그녀에게 든든한 구조를 제공하여 그녀는 척추를 따라 올라가며 분출할 분노의 경로를 마련하였고, 분노를 꺾어 양옆으로 해소할 수 있게 되었다. 이런 방법 덕에, 그녀는 전혀 감정에 압도되지 않았다. 빨간색은 그녀의 분노, 격렬한 분노이다. 씨앗 분류하기 형태는 과거 사건에 적극적으로 대응할 수 있게 힘을 찾아 준다. 그 당시 그녀가 표현할 수 있었음에도 불구하고 하지 못했던 반응들을 할 수 있게 해주었다. 빨간색은 거대하며([그림 17.2] 참고) 점점 방향을 잡고 집중되어 간다([그림 17.4]와 [그림 17.5] 참고). [그림 17.3]은 방어 반응을 보여주는데, 이는 방향성이 있지도 않고 빨간색도 아니다.

흰색은 그녀에게 치유의 색이다. 그녀는 흰색을 첫 번째 그림에서 그릇 모양을 그릴 때부터 치유 소용돌이로 가져왔다. 그것은 [그림 17.4]에서 결의에 찬 자리매김 동작으로 다시 나타났고, 회복된 정신의 표상으로 분홍색과 함께 마지막 그림에 다시 나타났다([그림 17.8] 참고).

그녀의 여섯 번째와 일곱 번째 그림([그림 17.6]과 [그림 17.7] 참고)에서 나타나는 초록색과 노란색은 완전히 다른 색상 선택이다. 그것들은 나에게는 앞으로 시작될 새로운 패러다임의 맛보기처럼 보인다. 이것은 "초록색과 노란색으로 표현된 당신의 인생은 어떤 느낌일지 궁금한데요? 여태껏 당신이 알고 있던 색이라고는 빨간색과 검은색, 그리고 생존을 위한 흰색뿐이었던 것 같거든요"와 같은 질문으로 제기될 수 있다.

또 다른 관심은 그녀가 선택한 형태와 에너지 분출경로를 위해 그녀가 선택한 방향이다. 진행 과정에 나타난 수직선에 관한 그녀의 분명한 주제는, 아래를 향하는 동작을 그녀가 [그림 17.4]에서 머뭇거리며 그리고, [그림 17.8]에서 확실하게 그릴 수 있었던 것과 같이 그녀의 방어 반응을 총동원하는 것이다. 결론적으로, 이는 Cath에게 다음과 같이 질문할 수 있다. 현재 그녀의 척추는 어떻게 느껴지는가? 그리고 그녀는 회기 동안 자신의 수직성과 안정성에 일어난 변화를 찾아낼 수 있는가?

그녀의 수직성 경험과 밀접하게 연관된 것이 그릇 형태의 사용이다. 그녀의 첫 그림에서는 흰색으로 표현되어 거의 보이지 않았다가([그림 17.1] 참고), [그림 17.4]에서 힘을 얻고 더 성숙한 거울 대칭 방식으로 그려졌다. 그런 다음 [그림 17.5]에서는 검은 그릇 형태로 나타나 트라우마의 모든 하중을 대담하게 수용하고 담아낸다.

회기 진행 과정 동안, 그녀는 트라우마에서 비롯된 긴장성 무운동증([그림 17.1] 참고)에서 시작하여 교감신경계의 방어적 각성 상태([그림 17.2]~[그림 17.5] 참고)를 지나, 부교감신경계의 안정화([그림 17.4], [그림 17.7], [그림 17.8] 참고)에 이르러 복측 미주신경

복합체인 사회적 참여 체계가 다시 기능을 회복할 때까지 치유를 경험([그림 17.5]~[그림 17.8] 참고)하는 경로를 따라 이동한다. 여기에는 과거의 그림자도 포함되어 있지만, 그녀는 더 이상 과거에 의해 휘둘리지 않는다.

이 요소들을 질문을 통해 알아내려면, 색상과 형태에 집중하면서 자신의 몸이 들려준 이야기를 내담자들이 읽어 낼 수 있도록 해야 한다. 그것은 암묵 기억의 표현이다. 치료적 환경을 조성하는 사람으로서 치료사의 역할은 해석을 하지 않는 것이다. 내가 여기서 한 것은 교육적 목적이다. 그러한 분석은 내담자를 압도하기 쉽다. 그렇지만 이 암묵 기억의 언어를 이해함으로써 치료사는 내담자가 그림을 그리는 과정 중에 표현했던 주제들과 그 연관성 그리고 절차적 행동 유형들을 짚어 줄 수 있다. 이제 개인들을 격려하여 그들이 어떤 형태를 어떻게 그림으로 표현했는지 의식을 가지고 신체의 감각을 따라가도록 할 수 있으며, 그들은 여러 자세를 취해 보고 그것이 감각 느낌에 미치는 영향을 느껴 보는 등의 실험을 할 수도 있다. 내담자들은 이제 이 감각들을 과거 경험과 연결하여 그 내용을 의식화할 수 있으면서도, 해결법 또한 이끌어냈다. 개인들은 과거 사건의 회상보다 더욱 중요하게, 이제 자신의 신체가 어떻게 치유될 수 있는지 자신의 몸 안에서 그 방법을 찾을 수 있다.

개인 회기

이 개인 회기는 그다음 날에 이루어졌다. Cath가 개인 회기를 요청한 것은 분명 전날 집단 회기에서 생긴 의문 때문이었을 것이다. Cath와 나는 서로 마주 보고 앉았고, 그래서 종이를 테이프로 붙이기가 더 수월해졌다. 어떤 내담자들에게 이런 자리 배치는 너무 부담스럽다. Cath는 내가 그녀를 마주 보고 앉는 것을 개의치 않았다. 회기에 들어가면서, 나는 그녀에게 이 회기에서 특별히 집중하고 싶은 점이 있는지 물었고, 거기에 대해서 그녀는 잘 모르겠다고 했다. 그녀는 긴장되긴 하지만 괜찮다고 이야기했다. 나는 다시 그녀를 상위 의식 집중 연습high consciousness focusing exercise으로 안내했고 그녀가 자신의 두 발은 땅에 단단히 딛고, 골반은 의자에 맞닿고 척추는 수직을 느낄 수 있도록 하였다. 이 침묵의 명상이 끝나고 그녀는 그림을 그리기 시작했다.

[그림 17.9] 난 이걸 할 수 있어. 단단히 뭉친 내부(어둠). 그 뭉침을 바깥쪽으로 문지르는 마사지. 드디어 "나는 이걸 할 수 있어"라는 느낌이 든다. 나는 할 수 있으며, 더 자유롭다. 눈에 띄는 에너지의 흐름이 왼쪽 다리를 타고 올라와서 왼쪽 팔을 통해 발산되었다.

[그림 17.9]: 그녀는 검은색 크레용을 가지고 시작했다. 빽빽하게 상하로 움직이던 형태는 뾰족한 지그재그 모양으로 진화하여 양옆으로 분출되었다. 그녀가 눈을 떴을 때, 나는 그녀에게 그림에 드러난 이 긴장을 이완시킬 색이나 형태가 떠오르는지 물어보았다. 그녀는 빨간색 핑거 페인트를 요구하였고, 나는 그릇에 물감을 따라 주었고, 그녀는 그 긴장의 부분을 위쪽 외부를 향해 마사지하기 시작했다. 이 과정을 진행하는 동안, 그녀의 양손은 점점 '내려왔는데', 손가락 끝을 사용하다가 손가락 전체를 사용하고, 그 후에는 손바닥을 사용하는 식이었다. 그녀는 손바닥을 강하게 밀어내는 데 이용하였다. 내가 그 느낌에 관해 물어보자, 그녀는 스스로가 매우 강해지는 것을 느끼고 있다고 대답했다. 그녀는 이 감각을 "나는 … 이다"라는 문장으로 표현해 보라는 요청을 받자 "나는 이것을 할 수 있다"라고 말했으며, 나는 그녀가 종이에 문장을 쓰도록 권했다.

촉각, 즉 접촉을 통한 감각은 손 전체의 감각을 온몸의 감각으로 이어준다. 손끝으로 하는 핑거페인팅은 머릿속에 머무는 것과 연관되고, 반면에 손바닥으로 밀어내는 것은 골반으로부터 시작된다.[2] 나는 또한 검은색 트라우마 덩어리가 어제 초기 그림에 나타났던 것처럼 단단하게 뭉쳐 있지 않다는 것을 알아차렸다. 빨간색의 방어 운동 충동은 이제 밀어내기 운동 충동이 되었다. 내가 이 점을 그녀에게 언급하자, 그녀는 "좋다"고 중얼거리며 과거의 상황에 연결 지었다. 그래서 나는 그녀에게 계속해 보라고 북돋웠고 종이를 바꿔 주면서 다음 종이에서 밀어내기의 충동을 더 탐색해보라고 했다.

그녀의 왼쪽 다리를 타고 올라와 그녀의 왼팔로 뿜어져 나오는 "눈에 띄는 에너지 흐름"은 자율신경계와 직접적으로 연결된 비자발적 운동 영역에서 나온 반응일 것이다. 이것은 새로고침이며 생의 회복 반응이고, 그녀가 차단 상태로부터 벗어나고 있다는 표시였다. Levine이 "방전하기discharge"라고 불렀던 이와 같은 경험은 동물이 긴장성 무운동증에서 빠져 나오면서 보여준 털어내기 반응의 섬세한 버전이다.

[그림 17.10]: 그녀가 그다음에 흰색 물감을 요구했을 때, 나는 물감통으로 그녀의 두 손에 직접 부어주었다. 그녀는 두 눈을 감았다. 이와 같은 단순한 행동으로 수많은 의미를 전달할 수 있다. "당신은 혼자가 아닙니다. 당신을 응원합니다. 당신은 원하는 것을 받을 가치가 있습니다. 그것도 아주 많이요." 이것은 보살핌의 표현이다. 나는 그녀가 "손안에 페인트를 쥐고 있는 것… 그것은 나 자신에게 줄 놀라운 선물처럼 느

[그림 17.10] 나는 공간을 차지할 수 있어, 확실하게! 양손에 물감을 쥐고 천천히 나만의 시간을 보내기를 허용하는 것은 마치 나 자신에게 놀라운 선물을 주는 것과 같이 느껴졌다. 한동안 나는 어린이가 장난을 치고 있는 것처럼 느꼈다. 다정함과 보살핌의 느낌들. 내 마음의 공간이 열리고 그 안에 자리가 생기는 것을 느꼈다.

껴졌다"라고 쓰는 것이 좋았다. 사실 그녀가 나에게 '도움'을 기대한 것은 아니었지만, 나의 행동은 그녀 내면의 관계를 강화했다. 그녀는 잠시 동안 양손에 물감을 쥐고 장난을 치더니, 종이 위에서 편안하게 빙글빙글 여러 원을 그렸다. 그녀는 다음에 검은색과 파란색 물감을 요구했다. 매번 나는 다량의 물감을 그녀가 내민 두 손에 부어 주었다. 그녀는 검은색 물감을 묻힌 손바닥으로 양팔이 다 펴질 만큼 밀어내기 동작을 하였다. 그녀는 종이의 가장자리를 넘어가며 밀어냈다. 나는 작은 목소리로 "네, 좋아요. 네. 계속해 보세요"라고 인정을 표현하면서 격려했다. 그녀가 눈을 뜨자 나는 그녀에게 "이 밀어내기 동작이 당신의 몸에 어떤 울림을 주었는지 궁금한데요?"라고 물었다(감각 인식을 위한 "어떻게" 질문). 그녀는 "진정한 존재감"을 느낀다고 답하고, "확실하다"라고 적었다. 자신의 몸 안에서 감각들을 따라가면서 그녀는 커다란 공간을 느꼈고, 스스로 그 공간을 만들 수 있다는 것과 그녀가 공간을 소유할 수 있다는 것이 증명되었다. 그녀는 "나는 공간을 차지할 수 있다"라고 썼다. 이전 회기의 초기에, 그녀의 내부에는 아무 공간이 없었지만, 이제 그녀는 그 공간을 편안하게 채울 수 있다.

"나는 … 이다" 문장을 계속 사용하는 이유는 바로 나의 게슈탈트 수련에 있다. 이 문장은 단순히 "큰 공간" 또는 "공간 차지"라고 쓰는 것보다 훨씬 깊은 영향을 미친다.

[그림 17.11]: 이런 식으로 치료적 자원을 확보해 가면서 그녀는 이번 회기의 초기와 지난번 회기([그림 17.1]과 [그림 17.9] 참고)에서 품게 된 초기 의문으로 돌아간다. 그녀는 황토색 크레용으로 시작해서, 흰색, 그리고 검은색, 마지막에는 빨간색 물감을 중앙에 칠했다. 그녀의 움직임은 트라우마 소용돌이(뭉침, 고착)와 이에 대한 적극적 대응 사이를 오가며 반응했는데, 이는 아치 형태나 밀어내기 동작으로 해소하는 교감신경계의 방어 유형을 통해서였다. 그녀가 더 이상 무력하지 않다는 것을 알기 때문에, 그녀는 상처를 드러내는 것을 견뎌낼 수 있다. 상처는 존재한다. 그 사건은 그녀에게 일어났다. 그렇지만 이제 그녀는 그것 때문에 압도되거나 무력해지지 않는다. 트라우마는 그녀가 감당할 수 있는 범주 안으로 들어왔다.

9장에서 설명한 Levine의 신체기반 심리치료의 생명의 강 모델somatic experiencing stream of life model([그림 9.1]~[그림 9.4] 참고)을 상기해 보자면, 우리는 네 번째 단계에 이르렀고, 이는 바로 트라우마 소용돌이와 치유 소용돌이 사이의 진자운동pendulation이 점차 트라우마의 소용돌이(8자 형태로 나타남)를 감당할 수 있는 범위 안으로 밀어 넣는 단계이

[그림 17.11] 활짝 열고, 두려운 상처를 확인하기. 이 상처가 명치와 가슴에서 느껴졌다.

다. 이 단계에서 가장 중요하게 인정해야 할 것은 "나는 더 이상 두려워할 필요가 없다"라는 것이다. 이것으로 그녀는 실제 트라우마와 함께 자리할 수 있게 된다. 이것이 바로 그녀가 눈을 떴을 때 우리가 한 일이다. 우리 둘 모두 그것을 보고 있다. 우리 둘 모두 그것이 거기에 있다는 것을 인정한다. 내가 그녀에게 어느 부분이 가장 상처받았다고 느껴지는지 묻자, 그녀는 잠깐 명치를 만지더니 그녀의 가슴에 양손을 올렸다.

양육자의 학대는, 항상, 더욱 비참하게도, 사랑에 대한 학대이다. 어린이는 사랑이 지닌 의미와 암시하는 것을 이해할 때 매우 혼란스러워한다. 게다가 이것은 내적으로 학습한 기억의 유형이기 때문에, 원상회복하기가 쉽지 않다. 여기서 Cath는 그저 그 상처와 함께 앉아 있었고, 나는 그녀에게 "충분히 시간을 가지라"고 격려했다.

[그림 17.12]: 그녀는 이제 작고 검은 자국으로 시작하더니, 흰색 크레용을 가지고 아래로 향하는 반복 흔들기 동작을 그리며 그릇 모양으로 안착했다. 그런 다음 그녀는 [그림 17.1]과 [그림 17.3]의 형태와 비슷하게 흰색 아치를 그리며 위쪽으로 내보냈는데, 다른 점이라면 그녀가 지금은 확실하게 감소된 스트레스 상황에 있다는 것이다. 그녀는 가슴이 활짝 펴지는 것을 느끼고, '날개를 펼 수 있다'라고 느꼈다. 그녀가 눈

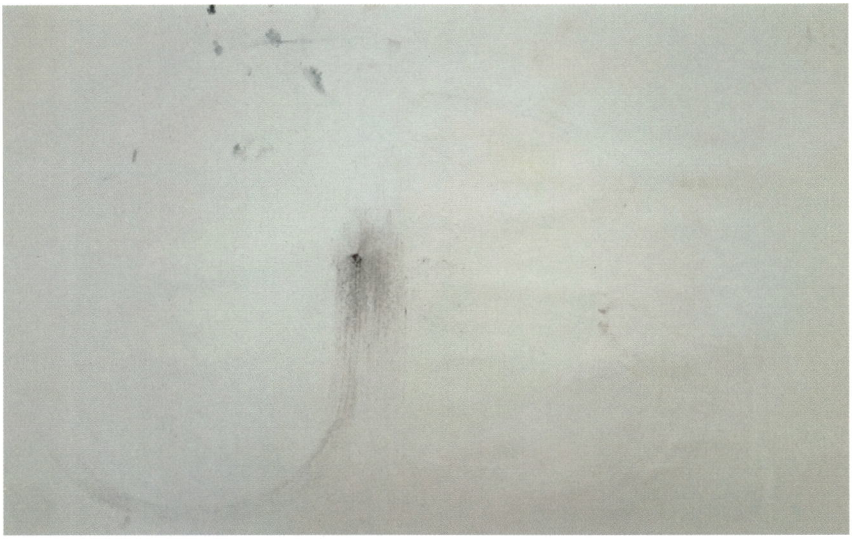

[그림 17.12] 충분한 보살핌을 받는 느낌은 내 마음에 기쁨을 가져왔다. 내 날개를 펼칠 수 있고, 마음의 공간이 확장되는 것을 느꼈다. 부드럽게 파닥거리며 아래부터 올라오는 에너지가 머리 꼭대기까지 느껴졌다. 빛이 어둠을 쫓아내고, 그것이 닿는 모든 것을 치유하는 느낌이다.

을 떴을 때, 그녀는 양팔을 펼치며 이 개방감을 보여주었다. 그녀는 "바람을 맞으며 산꼭대기에 서 있는 어린 소녀처럼" 느껴진다고 말했다. 그녀는 이것을 영화 「타이타닉」에서 Kate Winslet이 뱃머리에 서서 보여주었던 동작에 비유했다. 상처 없는 Cath가 떠오르는 것이다. 나는 그녀에게 팔을 지나치게 펼치면서 동작을 일부러 '만들지' 말고, 그저 그 동작이 일어나도록 내버려 두라고 가볍게 조언했다. 순간 그녀는 이것을 비판으로 받아들였지만, 곧 훌륭하게 알아들었다. 그녀는 양팔을 긴장 없이 자연스럽게 펼치고 '부드럽게 파닥거리며 아래에서부터 떠오르는 에너지를 머리끝까지 느끼기 시작했다. 빛이 어둠을 내쫓고, 그것이 닿는 모든 것을 치유하는 느낌이다'.

나의 가벼운 조언은 실제로 그녀의 비자발적 운동 영역이 자발적 운동 충동이 하던 역할을 대신하도록 하였다. 이런 치유 충동은 만들어지거나 인위적으로 조작될 수 없다. 이것은 말 그대로 자율신경계의 선물이다. 많은 사람이 이런 깊은 회복을 "정신적spiritual"이라고 부르는 것은 놀랍지 않다. 그것은 완전히 이완된 상태에서 마음을 내려놓을 때 시작된다. 그것은 치유가 일어나도록 허용하느냐의 문제이다. 이것은 신뢰와 충분한 자원을 확보할 능력을 요구하는데, 그래야 우리는 두려움 없이 완전히 마음을 열고, 치유를 위해 신경계가 반드시 해야 하는 것은 무엇이든 수용할 수 있다. 나는 Cath에게 이 파닥거리는 에너지가 온몸에 퍼질 수 있도록 충분한 시간을 가지라고 반복해서 격려해 주었다. 그녀는 마치 명상을 하는 것 같아 보였다. 그녀는 이완되었고 미소 짓고 있었다.

[그림 17.13] 내 안에는 힘이 있어! 나는 내 자리를 차지했어! 굉장한 힘이 발견되었다. 내 기저가 훨씬 더 강하게 느껴졌고, 난 침몰하지 않았고, 모든 걸 잃지 않았다. 이제 늠름하고 당당하게 서 있다.

[그림 17.13]: 그녀는 다음 그림에서 노란색 물감을 요구했다. 나는 그것을 그녀의 양손에 부어주었다. 그녀는 마치 기도하는 사람처럼 그것을 받았다. 지난번 회기에서처럼, 노란색은 약속의 색이고, 감춰야 할 추악한 비밀이 없는 새로운 인생의 맛보기 같은 색이다. 그녀는 커다랗고 노란 그릇 형태를 그리고, 처음에는 흔들기 동작을 하다가 그녀의 척추로 이동하여 수직선을 표현했다. 그녀는 여기에 완전히 몰입했다. "내 안에는 힘이 있다. 나는 내 공간을 차지한다." 더 이상 그림자도, 상처도, 흉터도 없다. 부드럽게 파닥거리는 에너지의 부상은 그녀의 몸 안에서 계속 이어졌다. 그녀는 자신이 치유되었다는 것을 아주 확실하게 알았다. 우리는 그녀의 골반이 이제 얼마나 강해 보이는지, 그리고 그녀가 자신의 경계를 완전하게 회복하였는지, 그녀가 얼마나

기운차게 자신의 골반 기저를 닫아 두었는지를 알아보았다. 그녀가 그 내용을 그림에 쓰고 나서, 그녀는 나와 눈을 마주치며 "제 안에는 힘이 있어요"라고 말했다. 나는 몇 개월 전 그녀의 동물 이야기에서 등장했던 바퀴벌레를 생각하지 않을 수 없었다. 죽어서 매장되어야 사자로 변신할 수 있는 바퀴벌레 말이다. 이제 여기 사자가 있다.

Cath는 회기가 끝나고 며칠 후에 자신의 경험에 대해 다음과 같이 적었다.

> 다음 날 아침 치유 명상을 하는 동안, 나는 내 골반이 어둠을 내보내고 공간을 만들고 있는 것에 집중하고 있음을 느꼈는데, 이 과정에서 "나는 엄마가 될 자격이 없어"라는 믿음을 가지고 있다는 것을 떠올렸고, 이를 의식적으로 없애 버렸다. 이 생각은 나에게 계시처럼 느껴졌는데, 만일 내가 이 생각을 무의식적으로 지니고 있었다면 내가 과거에 보였던 여러 증상들이 설명된다. 여기에 대해 좀 더 알아보고 싶다.
>
> 집에 도착했을 때, 집은 있던 그대로의 상태였고, 보통 같았으면 나는 홍수처럼 밀려드는 압도감을 느꼈을 것이다. 하지만 그것은 문득 할 만하다고 느껴졌고 나를 당황시키지 않았다.
>
> 또한 아이들과 좀 더 함께하며 즐거운 순간들을 보내기 시작했다. 자연스럽게 딸과 함께 목욕했고, 행복한 시간을 보냈다. 아들이 내 무릎 위에 앉아서 품에 안기고 싶어 하는 일이 많아졌는데, 이건 그 애가 한동안 하지 않던 행동이다.

내가 이 글에서 읽은 것은 그녀가 집에서 압도되지 않고 혼란을 다룰 수 있다고 느끼고 있다는 것이다. 모든 것은 돌연 '할 만하다'라고 느껴졌다. 그녀는 또한 그녀의 신념 체계, 즉 '자격 없는 엄마'라는 생각을 개선하기 위한 자신만의 여정을 이어 갈 수 있다. 그리고 그녀는 즐거운 시간을 보내고 포근한 신체 접촉을 하며 아이들과의 관계에서 더욱 많은 존재감을 경험한다.

18장 치유

Cath가 스스로를 혐오스럽고 해충 같은 것과 연관지으며, 자신을 바퀴벌레와 동일시했던 것은 아동기 성학대의 경험이 있는 여느 생존자들의 반응과 다르지 않다. 초기 아동기에 형성되는 우리의 암묵 기억은, 아무런 검증 없이 정체감 형성으로 이어진다. 학대로 인해 아동들이 불행하다고 느끼게 되면, 그들은 자신들이 나쁘기 때문이라고 생각한다. 어릴 때 우리는, 우리의 감각느낌을 정체성이라고 해석한다. 전-언어 시기의 우리 자아는 양육자들을 평가하거나 그들로부터 분리될 능력이 없다. 우리의 거울 신경세포들은 애착관계 안에서 삶에 적응하는 법을 배운다. 만약 우리의 양육자가 평소에 편안하고 적절하게 대응을 해준다면, 우리는 이완되고 조율된 신경계와 자신감 있는 자아감을 가지고 성장할 것이다. 만일 우리 양육자가 스스로를 조절하지 못한다면, 우리의 신경계는 혼돈과 혼란을 배울 것이다. Cath의 사례에서 성범죄 가해자는 성인 가족 중 한 명이었다. Cath에게 최악이었던 것은 그녀가 어른이 되어 마침내 그녀의 어머니에게 그 사건을 털어놓았을 때, 그녀의 어머니는 그녀를 믿어주지 않고 오히려 그녀가 거짓말을 한다고 말했던 것이다. 이것 역시 매우 흔한 상황이다. "침묵 강령code of silence"의 목적은 가족 체계의 보존으로, 학대의 내막을 밝히게 되면 관련된 모든 가족 구성원에게 심각한 결과를 초래할 것이다.[1] 말도 안 되는 이런 명분을 지키기 위해서는, 어린 여자아이 하나를 희생하는 것이 훨씬 쉬운 일이다. 하지만 이런 해결법은 아동들의 정체성에 심각한 혼란을 일으킨다. Cath가 겪은 불행은 진실이 아니라 꾸며낸 거짓이라고 여겨졌다. Alice Miller는 경우에 따라, 전쟁 수용소에 감금된 포로의 생활이 원가족과 함께 사는 일부 아동들의 삶보다 더 나을 수도 있다고 설명한다. 포로들은 최소한 자신을 괴롭히는 이를 미워할 수 있고 자신들에게 벌어졌던 만행을 고발할 수 있지만, 반면에, 아동들은 그들의 가해자를 사랑할 것이라고 예상되기 때문이다.[2] Cath가 신체적으로 겪었던 피해는 그녀의 가족들에 의해 거짓이라고 간주되었다. 이것은 글자 그대로 Cath를 미칠 지경까지 몰아갔고, 그녀는 정신적으로 병이 들었다. 그녀가 지각한 내용이 죄악이라고 간주 되었는데, 어떻게 그녀가 자신의 신체와 자신의 감정을 신뢰할 수 있겠는가? 가해자는 비난받지 않았으며, 비난은 오히려 그녀가 받았다. 해리는 종종 그런 고통을 견뎌내는 유일한 방법이 되곤 한다. 성적 학대만으로도 큰 불행인데, Cath의 엄마는 그녀가 감각한 것은 거짓이고, 그녀가 겪은 학대에 대해서는 아무것도 할 것이 없다고 가르쳤던 것이다. 그런 이유로, Cath는 스스로를 자신의 몸과 감정으로부터 분리하는 법을 배웠고, 자신이 무력하다는 것을 알게 되었다.

이 모든 것이, 내가 앞서 소개한 다섯 차례의 회기 동안에 해결되었다. 회기들은 마지막 하나만 제외하면 모두 집단 회기였다. 이 가운데 세 차례의 회기는 Cath가 트라우마 탐색을 할 준비가 될 때까지, 자원을 구축할 수 있도록 고안되었다. 그녀에게 첫 번째 실질적인 자원이 되어 준 것은, "내면의 아이를 위한 치유센터healing center for her inner child"인 자기 상자self-box 였고, 두 번째 자원이 되어 준 것은 바퀴벌레의 죽음과 장례 그리고 그녀 자신이 사자로 "부활"한 경험이었다. 세 번째 집단 회기의 목표는 자신의 몸에 집중하는 방법을 배워서 가이드 드로잉 시간에 마사지 동작을 적용할 수 있도록 하는 것이었는데, 마시지를 하면서 그녀는 도움 없이 내면의 긴장을 풀어내고 과각성 상태를 스스로 안정시킬 수 있었다.

위에서 언급하였던 두 차례의 가이드 드로잉 이후에 그녀는 감당하기 벅찰 때마다 고통스러운 상태와 안전함 사이에서 자연스럽게 진자운동pendulating을 할 수 있었다. 그녀는 자신의 자원들을 트라우마 소용돌이에 입력해 넣음으로써 힘을 얻었다. 이로 인해 그녀는 엄마가 가르쳐 준 대로 참기만 하던 수동적 대응 문제를 해결할 수 있게 되었고, 또한 그녀는 점점 더 높아지는 자신감을 가지고, 자신의 분노를 찾아내고 표현했다. 비록 그녀는 의식적인 이야기로 표현하지 않았지만, 내가 보기에 그녀에게 가장 중요했던 것은 그녀가 자신의 진실을 말할 수 있고, 마침내 그녀가 겪은 학대를 이야기하고, 본인이 그것을 믿을 수 있게 된 것이다. 그녀는 자신의 암묵 기억들의 이야기, 즉 학대 경험이 얼마나 그녀의 인생을 그늘지게 했는지를 이야기하게 된 것이다. 그녀는 과거 사건이 그녀의 에너지 신체energy body에 남긴 흉터를 드러냈고, 엄마가 되기 위해 필요했던 그녀의 자신감들이 그 사건들에 의해 얼마나 훼손당했는지 보여주었다. 그녀는 이제 '화를 내도 된다'. 그녀가 해리에서 빠져나올 때, 그녀의 분노는 타오르는 데 필요한 산소를 충분히 확보했다. 그녀의 분노는 그녀의 내면의 모든 공간을 얼룩 지게하였고, 내면은 온통 빨갛고 불에 타고 있었다. 이것은 마치, 분노의 분출만이 그녀가 치유를 불러들일 충분한 내면의 공간을 만들어 낼 수 있는, 유일한 방법인 것 같았다.

이 분노는 매우 오래된 것이다. 내담자가 신진대사의 차단 상태에서 벗어날 때(우울증은 차단 상태의 또 다른 모습이다) 내담자들은 과거 그들을 해리로 몰아넣었던 온갖 요인들과 다시 직면하게 될 것이다. 그들은 한때 떠나왔던 내면의 공간으로 다시 들어가야만 한다. 빠져나왔던 출구는 동시에 다시 돌아갈 입구이기도 하다. 내담자들은 이제 그 원인들을 직면할 때 발생할 감정들을 감당할 수 있도록 자원을 확보해야 한다. 그들은 이 같은 스트레스의 상황에서 이 자원들을 활용할 수 있어야 한다. Cath와 다른 많은 사람들에게 필요한 것은, 씨앗 분류하기 운동 충동sorting-the-seeds motor impulse인데, 이 동작은 모서리를 꺾어 그림으로써 폭발하는 감정들을 통찰할 수 있도록 해주고, 그 후 양옆으로 분출되게 해주어, 통제할 수 없을 정도의 분노가 온몸에 솟구치는 것을 방지해 준다. 수직성 유지를 염두에 두는 것도 역시 중요하다. 이런 방식으로, 분노의 파동에 압도당하지 않으며, 오히려 내담자가 그 주도권을 쥐고 유지한다.

일단 우리가 더 이상 무력하지 않고 위협에 처해 있지 않는다는 것을 깊은 내면의 직감에서 스스로 이해하게 되면, 자율신경계에 변화가 일어난다. 두 번째 가이드 드로잉 회기에서 Cath가 본능적으로 안전하다고 느낀 순간이 있었는데, 이것은 신체가 느끼는 감각으로, 그녀가 바람 속에서 산꼭대기 위에 서 있는 소녀 이미지를 떠 올렸을 때였다. 더 이상 어떤 방어나 차단도 필요하지 않다. 그녀는 이완과 행복을 느끼고,

그녀는 안전하다. 이제 치유가 일어난다. 다시 말하지만, 이것은 그녀가 의식적으로 수행하는 것이 아니다. 변화를 불러온 것은 인지적 통찰이 아니다. 이것은 그녀 안에 암묵 기억 구조 내에서 일어난 진정한 이해로, 그녀의 감각느낌과 소위 말하는 직감 gut feeling에 의해 이제 자신이 안전하고 학대는 과거의 사건이라는 것을 인식하면서 일어난 깨달음이다. 얼마 전 그녀가 강력한 분노를 경험했던 그곳, 그녀의 내면에서 이제 "치유의 물결"이 일어나고 있다. 이것들은 비자발적 운동 충동들로, 내적으로 감지된 정화와 충분한 회복을 그녀의 내부감각수용기에 전달해 준다. 이것은 마치 편도체가 재설정 버튼을 누른 것과 같다. 이제부터 당신은 괜찮아질 것이다.

Cath의 치료과정은 내면의 감각과 행동 유형 사이의 반응회로가 명확한 단계를 거치며 끊임없이 심화 발전되는 것을 보여준다. 그녀의 진실을 밝혀내는 것은 바로 이 감각 운동 과정이고, 그 방식은 자서전적 서술만큼 과도하지 않고, Cath의 자아 중심에 드리워져 있던 여러 겹의 그늘을 제거하는 형식이다.

Cath는 자신의 과거 이야기를 풀어내기 위해 노력하면서 수년 동안 심리치료를 받는데 많은 시간을 보냈다. 어른이 되어서, 그녀는 친척 중에 자신이 유일한 피해자가 아니었다는 것을 알게 되었다. 그녀의 엄마가 보였던 부정과 부인은 그녀의 존재 자체를 부정하는 것과 마찬가지였다. 그렇지만 자신의 몸이 들려주는 이야기를 들을 기회가 주어지자, 30년간 자리를 지켜왔던 그 억압이 마치 아예 없었다는 듯이 사라지고, 이 진실의 장이 펼쳐졌다. 이제 그녀는 자기자신에게 가장 의미 있는 존재이다. 그녀가 체험한 감각이 있었지만, 그것을 전혀 다른 감각이라고 느끼도록 강요하던 그 오랜 혼란이 이제 사라지고, 그 자리에는 감각느낌과 일치된 정체성이 자리 잡았다. 이 새로워진 신체는 그녀를 안정시킬 수 있었다. 공포에 질려 떠났던 집으로 다시 돌아갈 수 있는 것과 비슷하다. 마지막 두 장의 그림에서, 그녀는 말 그대로 그녀의 정신을 모아 자신의 몸 안으로 끌어들여 왔고, 그림으로써 한때 해리되었던 부분들을 통합했다. 그녀는 자신의 빛이자 힘의 근원인 정신spirit을 다시 불러들였다. 이것은 영혼soul을 되찾는 것이다. 사자만 등장한 것이 아니라, 동시에 마법의 용과 유니콘도 그녀의 내면세계에 자리를 마련하여 돌아온 것이다.

인지적 통합의 상향식 접근을 하기 위해서는 수많은 퍼즐 조각들을 종합하여 하나의 그림으로 완성할 방법을 찾아야 한다. 운동 충동들, 감각 인식, 형태와 그 형태들의 방향성, 그에 연관된 감정 등 여러 가지 측면들이 등장한다. 색깔과 미술 재료의 선택도 고려해야 한다. 생리학적으로 나타나는 반응도 관찰이 필요하다. 내담자의 지난 사건들은 여전히 배경으로 남게 되는데, 이것이 아쉬운 부분이다. 중요한 것은 기억을 되살리는 것이 아니다. 그 대신, 지금 여기, 신체가 들려주는 변화무쌍한 이야기에 관심을 집중하는 것이다. 내담자들은 매 순간마다 자신이 느끼는 것을 운동 충동의 모습으로 그려내고, 여기에 혼신을 다하여 임하며 반응한다. 자기 자신의 리비도와 함께 이루어내는 이 협업은 깊은 신뢰를 만들어내는데, 내담자들에게 자신의 진실이 느껴지기 때문이다. 내담자들은 그들의 암묵 기억이 말하는 치유의 이야기 안에서 의미를 찾게 된다. 그런 의미를 발견하고 의식적으로 그것을 인정하는 것은 매우 뿌듯한 일이다. 그것은 자율신경계 안에 영원한 해결방법을 제공한다.

이 접근법이 얼마나 자기 스스로에게 힘이 되는 방법인지가 명확하게 이해되기를 바란다. 내가 19살 순수 미술을 배우는 학생 신분으로 가이드 드로잉과 마주쳤을 때, 친구 집의 벽에 걸린 형태들의 이미지를 본 것만으로도 나는 이 기법을 선택하게 되었다. 나 자신 스스로 첫 5년 동안, 눈을 감은 채 수백 장의 그림을 그렸고, 그때 나는 처음으로 치료사를 만났다. 그 당시에, 그것은 걷잡을 수 없이 오르내리며 혼돈에 빠져 있던 나의 감정을 해소하는 데 도움이 되었다. 당시에 "카타르시스catharsis" 라고 부르던 방법으로, 마음이 가라앉고 편안해질 때까지 슬픔과 분노의 분출을 계속했었을 것이다. 1970년대에 유행하던 이 카타르시스 접근은 현재는 안전하지 않은 기법으로 여겨진다. Rothschild 및 연구자들이 분명하게 지적한 바에 의하면 트라우마를 입었던 개인들은 쉽게 다시 압도된다. 뇌간에 있는 생존 기관이 고도로 활성화되어 있기때문에, 신피질의 브로카 영역broca's area이 실제로 차단되어 어떤 인지적인 통찰도 진행할 수가 없다. 신경과학의 발전으로 트라우마 치료는 매우 안전해졌고 치료사들이 더욱 전문적인 기술을 가지고 내담자들과 동행할 수 있게 되었다.

Cath와 같은 내담자가 일단 '마사지' 개념을 받아들이면, 사실상 내담자들은 진자운동을 실행할 수 있어서 트라우마 소용돌이에 치유 소용돌이를 입력해 넣게 되고, 대부분의 과정을 도움 없이 진행할 수 있다. 내담자들에게 고통스러운 상태에 빠졌을 때, 그들이 할 수 있는 것을 가르치는 일은 가장 중요한 트라우마 개입 중 하나이다. 그것은 내담자들이 '도움'에 덜 의존하도록 만들어 주고 행동을 실행으로 옮길 힘을 준다. 나는 집에서 자기 스스로, 어떤 때는 몇 주에 걸쳐 매우 열중하면서 매일 같이, 어떤 때는 '나 자신을 정리할sort myself out' 필요가 있을 때마다, 그림을 그리는 개인들을 수년간 많이 보아 왔다. 그들이 진자운동을 할 줄 아는 한, 그들 스스로 또는 집단으로 안전하게 그림 그리기를 시작할 수 있다. 그들은 자신의 신경계를 조절하는 것을 배울 것이고, 그래서 자신의 내적 구조에 대한 통찰을 얻을 것이다. 그들은 자신의 신체-마음body-mind에 귀를 기울이기 시작할 것이고, 머릿속에서 되뇌는 자기-독백self-talk보다 점점 그것을 더 신뢰하게 될 것이다. 더 나아졌다는 느낌들은 그들을 행복하게 만들 것이다. 비록 그들이 자신들이 행복해진 이유를 인지적 차원에서 이해하지 못할지라도 말이다. 반복되는 운동 충동들은 우리의 절차적 기억procedural memory에 큰 영향을 미친다. 우리가 인지적 통찰 없이 걷는 법을 배운 것처럼, 우리는 신체 집중적이고 리듬감 있는 반복을 통해 우리의 삼위일체 두뇌를 상향적으로 재조정할 수 있다.

그림들은 내담자들의 에너지 신체energy body를 반영하는데, 그것들은 내면의 리비도 흐름을 반영한다. 이는 자신과의 이원적인 조율과정이다. 나는 그저 그 과정이 우리 두뇌 속 거울 신경세포계가 미치는 영향으로 일어나는 것이라고 짐작할 뿐이다. 마치 엄마들이 자기 아기가 내는 모든 소리를 자신의 얼굴 표정으로 반영하는 것 같이, 내담자들이 종이 위에 투사하는 동작은 그들의 느낌과 그들이 누구인지를 아무 왜곡 없이 반영하는 것이다. 내담자들은 위로가 되는 동작을 하거나 안전하게 긴장과 감정을 해소하면서 고통스러운 상태를 조절함으로써 스스로를 보살필 수 있다.

Van der Kolk는 불우한 아동들에게 사교 댄스를 가르쳐 주며 진행했던 성공적인 무용동작 치료 프로젝트에 대해 설명했다. 이 집단의 내담자들은 여러 가지 복합 트라우마 문제들을 가지고 있었고, 대부분의 내담자들은 전-언어기에 문제를 겪었기 때문에 전통적인 언어기반의 치료들은 효과가 없었다. 이들은 안전한 유아기 애착을 경험하지 못했기 때문에 주로 거울신경계가 이원적으로 주의를 집중하는 법을 익혀야 했다. 여기서 주목할 사실은 사교 댄스 회기에서 모두가 짜여진 대로 리듬감 있게 같은 동작을 하는 행위는 즐거운 활동이자, 동시에 집단 공동체의 성격이 가미된 매우 치료적인 활동이라는 것이다. 위에 언급한 이중 진단을 받은 내담자들은 복합 트라우마 증상, 정신 질환, 마약과 알코올 중독 등을 함께 겪고 있었다. 하지만 그들 모두 가이드 드로잉 과정을 통해 괴로움을 해소하고 자기를 조절하는 경험을 하고, 더 나아진 느낌을 경험할 수 있었다. 그들은 자기 스스로 그것을 이루어냈으며, 압도당하고 무력하기만 했던 개인들이 자신들의 내적 자원을 활용하는 법을 맛보게 되었다.

Freud가 그의 첫 내담자를 카우치couch에 앉힌 이후, 현대 심리치료의 형식은 하향식 언어기반의 치료가 월등한 지위를 차지해 왔다. 최근에 이르러 예술 치료 및 신체 작업에 대한 관심이 증가하고 있다. 치료사들이 초기 아동기 문제들이나 트라우마, 내담자의 성정체성과 영성spirituality을 다룰 때, 언어를 통해서는 그 갈등의 핵심에 접근할 수가 없기 때문에, 대화를 치료 도구로 사용하는 것은 제한적이다. 이제 신경과학의 도움으로 언어가 지닌 한계와 우리가 이런 경우에는 신피질이 아닌 뇌간을 다루어야 하는 이유를 설명할 수 있게 되었다. 하지만 내담자들의 비언어적인 절차 기억 기관nonverbal procedural memory systems에 도달할 수 있는 치료 접근법들은 매우 드물다. 그런 치료법들은 신체 집중적이고, 리듬감 있고, 적용하기에 단순해야 하는데, 왜냐하면 트라우마를 경험한 내담자들은 복잡한 설명을 받아들일 여유가 없기 때문이다. 자기-마사지self-massage는 진자운동의 개념을 도입한 기법인데, 어떤 내담자들은 웰빙well-being에 대한 감각에서 너무나 단절되어 있기 때문에, 그런 내담자들은 내적 치유 소용돌이에 접근하는 것이 가능할 때까지 적극적인 도움이 필요하다.

나는 가이드 드로잉이 트라우마를 다루는 미술치료, 표현치료 그리고 다른 정신건강 전문가들에게 기여할 수 있기를 진심으로 기원한다. 가이드 드로잉은, 일단 치료사들이 기본적인 트라우마의 개념을 이해하면 누구나 활용할 수 있고, 상향식 기법으로 쉽게 적용할 수 있는 치료 도구이다. 트라우마에 대한 전문성이 결여된 경우, 가이드 드로잉은 섣부른 분출 활동이 되어 버리거나 감정적으로 압도될 수도 있다. 하지만 충분히 숙련한 뒤 기법을 적용한다면, 그것은 매우 강력한 치유 도구이다.

젊은 미대생으로서, 미술치료라는 용어조차 없던 시절에, 그 당시 미개척 분야로서 날것의 모습 그대로 이 접근법을 알게 된 것은 행운이었다. 나는 나의 치유를 도와주었기 때문에 그 치료법을 고수해왔고, 더불어 지난 수십 년간 수백 명의 내담자들이 이 감각운동 접근법으로 치유되는 것을 지속적으로 지켜봐 왔다. 앞으로 많은 연구를 통해, 이 치료법의 높은 효과에 대한 좀 더 깊은 통찰이 가능해지기를 바란다.

미주

P. 9

1. Daniel Ladinsky, I Heard God Laughing: Poems of Hope and Joy: Renderings of Hafiz (New York: Penguin, 1996), 38.

추천의 글 | 캐시 A. 말키오디

1. Daniel J. Siegel, Mindsight: The New Science of Personal Transformation (New York: W. W. Norton, 2012).
2. Florence Cane, The Artist in Each of Us (London: Thames and Hudson, 1951).
3. Francine Shapiro, Eye Movement Desensitization and Reprocessing (EMDR) Therapy: Basic Principles, Protocols, and Procedures, 3rd ed. (New York: Guilford, 2017).
4. Pat Ogden and Janina Fisher, Sensorimotor Psychotherapy: Interventions for Trauma and Attachment (New York: W. W. Norton, 2015).
5. Peter A. Levine, Healing Trauma: A Pioneering Program for Restoring the Wisdom of Your Body (Louisville, CO: Sounds True, 2008).

6. Cathy A. Malchiodi, "Art Therapy and the Brain," In Handbook of Art Therapy, Cathy A. Malchiodi, ed. (New York: Guilford, 2003), 17–26.

저자 서문

1. Timothy Leary, Politics of Ecstasy (Berkeley, CA: Ronin, 1968).
2. Shunryu Roshi Suzuki, Zen Mind Beginners Mind, Trudy Dixon, ed. (Boulder, CO: Shambhala, 2011).
3. A selection of more than twenty of Durckheim's books published in various languages: Karlfried Graf Durckheim, Zen and Us (New York: Arkana, 1991); The Way of Transformation: Daily Life as Spiritual Exercise (London: Allen & Unwin, 1971); The Call for the Master (New York: Penguin, 1993); Hara: The Vital Center of Man (New York: Mandala, 1980).
4. Transpersonale Leibarbeit.
5. C. G. Jung and Marie-Luise von Franz, Man and His Symbols (Garden City, NY: Doubleday, 1964); Jung and Aniela Jaffe, Memories, Dreams, Reflections (London: Collins, 1962); Jung, Mandala Symbolism (Princeton, NJ: Princeton University Press, 1973); Jung, Psychology and Alchemy, 1944 (repr. London: Routledge, 1968); Jung, Mysterium Coniunctionis: An Inquiry into the Separation and Synthesis of Psychic Opposites in Alchemy, 1956 (repr. London: Routledge, 1970).
6. Erich Neumann, Amor and Psyche: The Psychic Development of the Feminine, 1956, trans. Ralph Manheim (repr. Princeton, NJ: Princeton University Press, 2016); Art and the Creative Unconscious, 1959, trans. Ralph Manheim (repr. Princeton, NJ: Princeton University Press, 1971); The Great Mother: An Analysis of the Archetype, trans. Martin Liebscher (Princeton, NJ: Princeton University Press, 1955); The Origins and History of Consciousness, trans. R. F. C. Hull (Princeton, New Jersey: Princeton University Press, 1954).
7. Peter A. Levine, Waking the Tiger: Healing Trauma (Berkeley, CA: North Atlantic Books, 1997); Levine, Trauma and Memory: Brain and Body in a Search for the Living Past (Berkeley, CA: North Atlantic Books, 2015); Levine, In an Unspoken Voice: How the Body Releases Trauma and Restores Goodness (Berkeley, CA: North Atlantic Books, 2010); Levine, Healing Trauma (Boulder, CO: Sounds True, 2005); Babette Rothschild, The Body Remembers: Casebook, Unifying Methods and Models in the Treatment of Trauma and PTSD (New York: W. W Norton, 2003); Rothschild, The Body Remembers: The Psychophysiology of Trauma and Trauma Treatment

(New York: W. W. Norton, 2000); Rothschild, "Applying the Brakes," Psychotherapy Networker, September 3, 2014; Bessel A. Van der Kolk, The Body Keeps the Score: Brain, Mind and Body in the Healing of Trauma (New York: Viking, 2014).

8. Cornelia Elbrecht, The Transformation Journey: The Process of Guided Drawing—An Initiatic Art Therapy (Rutte, Germany: Johanna Nordlander Verlag, 2006).
9. Eugene Gendlin, Focusing (New York: Bantam, 1978).
10. Norman Doidge, The Brain That Changes Itself (Carlton North, Australia: Scribe, 2007).
11. Van der Kolk, The Body Keeps the Score; Sue Gerhardt, Why Love Matters: How Affection Shapes a Baby's Brain (Hove, UK: Routledge, 2004).
12. Van der Kolk, The Body Keeps the Score, 272.
13. Levine, Trauma and Memory, 21.

1장 | 들어가기

1. Stanley Keleman, Your Body Speaks Its Mind (New York: Simon and Schuster, 1975).

2장 | 세팅과 미술재료

1. Cornelia Elbrecht, "The Clay Field and Developmental Trauma," In Creative Interventions with Traumatized Children, ed. Cathy A. Malchiodi (New York: Guilford, 2015).
2. Cornelia Elbrecht, Trauma Healing at the Clay Field: A Sensorimotor Approach to Art Therapy (London: Jessica Kingsley, 2012).
3. Martin Grunwald, ed., Human Haptic Perception: Basics and Applications(Boston: Birkhauser Verlag, 2008); Elbrecht, Trauma Healing at the Clay Field.
4. Joan Kellogg, Mandala: Path of Beauty (Belleair, FL: ATMA, 1978); Susan Finscher, Creating Mandalas (Berkeley, CA: Shambhala, 1991).
5. Johannes Pawlic, Theorie der Farbe (Basel, Switzerland: DuMont Verlag, 1976); Pawlic, Goethe: Farbenlehre (Basel, Switzerland: DuMont Verlag, 1974).
6. Johannes Itten, The Art of Color (Basel, Switzerland: DuMont Verlag, 1961).

7. Ingrid Riedel, Farben in Religion, Gesellschaft, Kunst und Psychotherapie (Stuttgart, Germany: Kreuz Verlag, 1999).

3장 | 가이드 드로잉 지침

1. Laurence Heller and Aline LaPierre, Healing Developmental Trauma: How Early Trauma Affects Self-Regulation, Self-Image, and the Capacity for Relationship(Berkeley, CA: North Atlantic Books, 2012), 28.
2. C. G. Jung, The Archetypes and the Collective Unconscious, Herbert Read, Michael Fordham, and P. F. C. Hull, eds. (Princeton, NJ: Princeton University Press, 1969).
3. Ibid.
4. Suzuki, Zen Mind.
5. Diane Waller, Group Interactive Art Therapy (New York: Routledge, 1993), 8–21.
6. Clarissa Pinkola Estes, Women Who Run with the Wolves: Contacting the Power of the Wild Woman (London: Rider, 1992).

4장 | 원형적 형태를 통해 보여지는 본능

1. Jung and Franz, Man and His Symbols, 67.
2. Ibid., 67–69.
3. Neumann, The Great Mother.
4. Ibid.
5. Joseph Campbell, The Hero with a Thousand Faces, 1949 (repr. London: Fontana Press, 1993).
6. Lauren Hansen, "Evaluating a Sensorimotor Intervention in Children Who Have Experienced Complex Trauma: A Pilot Study," Honors Projects, Paper 151, Illinois Wesleyan University, 2011, 16.

5장 | 신체 지각

1. Stephen W. Porges, The Polyvagal Theory: Neurophysiological Foundations of Emotions, Attachment, Communication, Self-regulation(New York: W. W. Norton, 2011); Ogden and Fisher, Sensorimotor Psychotherapy; Pat Ogden, Trauma and the Body: A Sensorimotor Approach to Psychotherapy (New York: W. W. Norton, 2006); Heller and LaPierre, Healing Developmental Trauma; Levine, In an Unspoken Voice; Bruce Perry, "Applying Principles of Neurodevelopment to Clinical Work with Maltreated and Traumatized Children: The Neurosequential Model of Therapeutics," in Working with Traumatized Youth in Child Welfare, ed. N. B. Webb (New York: Guilford, 2006); Robin S. Karr-Morse and Meredith Wiley, Scared Sick: The Role of Childhood Trauma in Adult Disease (New York: Basic, 2012); Rothschild, The Body Remembers: Psychophysiology; Van der Kolk, The Body Keeps the Score; Bruce Perry, "Examining Child Maltreatment through a Neurodevelopmental Lens: Clinical Applications of the Neurosequential Model of Therapeutics," Journal of Loss and Trauma 14 (2009), 240–55.
2. Porges, Polyvagal Theory.
3. Karr-Morse and Wiley, Scared Sick, 58.
4. Ibid.,54–65.
5. Ibid., 65.
6. Van der Kolk, The Body Keeps the Score, 113.
7. Alan Chabat and Thomas Balmes, Babies, DVD produced by Madman, Studio Canal, 2009.
8. Perry, "Examining Child Maltreatment."
9. Elbrecht, Trauma Healing.
10. Perry, "Applying Principles of Neurodevelopment," 41.
11. Daniel Siegel and Tina Payne Bryson, The Whole-Brain Child: 12 Revolutionary Strategies to Nurture Your Child's Developing Mind (New York: Bantam, 2012).
12. Van der Kolk, The Body Keeps the Score; Gerhardt, Why Love Matters; Karr-Morse and Wiley, Scared Sick; Perry, "Examining Child Maltreatment"; Perry, "Applying Principles of Neurodevelopment."
13. Perry, "Examining Child Maltreatment"; Perry, "Applying Principles of Neurodevelopment."
14. Heller and LaPierre, Healing Developmental Trauma.

15. Durckheim, Hara.

16. Jean Houston, The Search for the Beloved: Journeys in Mythology and Sacred Psychology(New York: Penguin Putnam, 1987); Keleman, Your Body Speaks.

17. Houston, Search for the Beloved, 48.

18. V. S. Ramachandran, "Mirror Neurons, Part 1," 2009, YouTube, http://youtu.be/XzMqPYfeA-s; "Mirror Neurons, Part 2," 2009, YouTube, http://youtu.be/xmEsGQ3JmKg; "The Neurons That Shaped Civilization," TED Talk, 2013, YouTube, http://youtu.be/l80zgw07W4Y.

19. Levine, Waking the Tiger.

20. Barbara Brennan, Hands of Light: A Guide to Healing through the Human Energy Field (New York: Bantam, 1987).

21. Phyllis Krystal, Cutting the Ties That Bind: Growing Up and Moving On (Newburyport, MA: Red Wheel/Weiser, 1995).

6장 | 상향식-하향식

1. Heller and LaPierre, Healing Developmental Trauma, 17.

2. Van der Kolk, The Body Keeps the Score, 3.

3. Heller and LaPierre, Healing Developmental Trauma.

4. Perry, "Examining Child Maltreatment," 252.

5. Heller and LaPierre, Healing Developmental Trauma, 18.

6. Ibid., 270.

7. Suzuki, Zen Mind.

8. Levine, Trauma and Memory.

9. Hansen, "Evaluating a Sensorimotor Intervention," 17; Perry, "Applying Principles of Neurodevelopment."

10. Shapiro, Eye Movement Desensitization.

11. Cathy A. Malchiodi, "Bilateral Drawing: Self-Regulation for Trauma Reparation," Psychology Today, September 29, 2015, http://goo.gl/kZfcts.

12. Babette Rothschild, "Trauma Specialist Babette Rothschild: Description of Dual Awareness for Treating PTSD," YouTube, November 16, 2011, http://goo.

gl/6v6mVo.

13. Levine, Waking the Tiger, 98.
14. Ibid., 21.
15. Rothschild, "Applying the Brakes," 3.
16. Patricia Fenner, "Place, Matter and Meaning: Extending the Relationship in Psychological Therapies," Health & Place 17:3 (2011), 851–57.
17. Rothschild, "Applying the Brakes," 1.
18. Based on personal notes from one of Rothschild's seminars.

7장 | 감각 인식과 운동 충동

1. Rothschild, The Body Remembers: Psychophysiology, 40; Van der Kolk, quoted in Ogden, Trauma and the Body.
2. Rothschild, The Body Remembers: Psychophysiology, 40–43.
3. Ibid,, 44.
4. Rothschild, "Description of Dual Awareness."
5. Heller and LaPierre, Healing Developmental Trauma, 96.
6. Based on Rothschild, The Body Remembers: Psychophysiology.
7. Malchiodi, "Bilateral Drawing."
8. Paul D. MacLean, The Triune Brain in Evolution (New York: Plenum, 1990).
9. Rothschild, The Body Remembers: Psychophysiology, 67; Levine, In an Unspoken Voice, 133; Ogden, Sensorimotor Psychotherapy, 137.
10. Rothschild, The Body Remembers: Psychophysiology, 67.

8장 | 신체중심 트라우마 치료

1. Levine, Trauma and Memory, 17.
2. Ibid., 21.
3. Hansen, "Evaluating a Sensorimotor Intervention," 6.

4. Jean Ayres, Sensory Integration and the Child: Understanding Hidden Sensory Challenges, 6th rev. ed. (Los Angeles: Western Psychological Services, 2005), 15.

5. Ibid., 28.

6. Ibid.

7. Gerhardt, Why Love Matters; Heller and LaPierre, Healing Developmental Trauma; Karr-Morse and Wiley, Scared Sick.

8. Heller and LaPierre, Healing Developmental Trauma, 17.

9. Ibid., 134.

10. Peter A. Levine and Maggie Kline, Trauma through a Child's Eyes (Berkeley, CA: North Atlantic Books, 2007).

11. Van der Kolk, The Body Keeps the Score, 160.

12. Gerhardt, Why Love Matters, 39.

13. Van der Kolk, The Body Keeps the Score, 163.

14. Heller and LaPierre, Healing Developmental Trauma, 134.

15. Van der Kolk, The Body Keeps the Score; Gerhardt, Why Love Matters; Karr-Morse and Wiley, Scared Sick.

16. Heller and LaPierre, Healing Developmental Trauma, 134.

9장 | 트라우마 치유

1. Van der Kolk, foreword to Levine, Trauma and Memory, xvii.

2. Foundation of Human Enrichment, Somatic Experiencing: Healing Trauma training manual (Boulder, CO: Foundation of Human Enrichment, 2007).

3. Porges, Polyvagal Theory.

4. Van der Kolk, The Body Keeps the Score, 74–86.

5. Ibid., 207.

6. Shapiro, Eye Movement Desensitization.

7. Klaus Horlitzka has created a number of useful coloring books with mandala templates: Klaus Horlitzka, Mandalas of the Celts (New York: Sterling, 1998); Native American Mandalas (New York: Sterling, 2008); Power Mandalas (New York: Sterling, 2000). Others can be downloaded from the Internet.

8. Van der Kolk, The Body Keeps the Score, 207.

10장 | 상향식 언어

1. Perry, "Examining Child Maltreatment," 252.
2. Ogden, Trauma and the Body, 199.
3. Ibid., 270.
4. Van der Kolk, quoted in Ogden, Trauma and the Body, xxiv.

11장 | 표현치료연속체[ETC]와 가이드 드로잉

1. Lisa D. Hinz, Expressive Therapies Continuum: A Framework for Using Art in Therapy (New York: Routledge, 2009); Vija Lusebrink, "Assessment and Therapeutic Application of the Expressive Therapies Continuum: Implications of Brain Structures and Functions," Art Therapy: Journal of the American Art Therapy Association 27:4 (2010), 168–77; Lusebrink, "Art Therapy and the Brain: An Attempt to Understand the Underlying Processes of Art Expression in Therapy," Art Therapy Journal of the American Art Therapy Association 21:3 (2004), 125–35.
2. Jean Piaget and Barbel Inhelder, The Psychology of the Child (New York: Basic, 1969).
3. Lusebrink, "Assessment and Therapeutic Application."
4. Perry, "Examining Child Maltreatment."
5. Perry, "Examining Child Maltreatment"; Perry, "Applying Principles of Neurodevelopment."
6. Lusebrink, "Assessment and Therapeutic Application," 172.

12장 | 선의 질

1. Plenty of studies and research have been done about the line quality in art

by psychiatric patients and other special populations: Harriet Wadeson, Art Psychotherapy (Hoboken, NJ: John Wiley & Sons, 2010); Linda Gantt and Carmello Tabone, The Formal Elements Art Therapy Scale: The Rating Manual (Morgantown, WV: Gargoyle, 1998); Caroline Case and Tessa Dalley, The Handbook of Art Therapy (New York: Routledge, 1992); B. Cohen, J. Hammer, and S. Singer, "Diagnostic Drawing Series: A Systematic Approach to Art Therapy Evaluation and Research," The Arts in Psychotherapy 12 (1985), 260–83; Cathy A. Malchiodi, Understanding Children's Drawings (New York: Guilford, 1998); Lucia Capacchione, The Creative Journal: The Art of Finding Yourself, 2nd ed. (Franklin Lakes, NJ: New Page, 2002); Karen Machover, Personality Projection in the Drawing of the Human Figure: A Method of Personality Investigation (Springfield, IL: Charles C. Thomas, 1978).

13장 | 개입

1. Levine, In an Unspoken Voice, 283.
2. Ibid., 282.
3. Ibid., 78.
4. Siegel and Bryson, Whole-Brain Child, 10.
5. Estes, Women Who Run with the Wolves, 387.

14장 | 여성적 기본 형태들

1. Durckheim, Hara.
2. Levine and Kline, Trauma through a Child's Eyes; Gerhardt, Why Love Matters; Heller and LaPierre, Healing Developmental Trauma; Van der Kolk, The Body Keeps the Score.
3. Personal communication with the author.
4. Campbell, The Hero with a Thousand Faces, 109.
5. Jacob Grimm and Wilhelm Grimm, The Complete Grimm Fairy Tales (repr. London: Routledge, 1975), 123.

6. Neumann, Amor and Psyche; Pinkola Estes, Women Who Run with the Wolves.
7. Karr-Morse and Wiley, Scared Sick, 157.
8. Heller and LaPierre, Healing Developmental Trauma.
9. Gerhardt, Why Love Matters; Levine and Kline, Trauma through a Child's Eyes; Heller and LaPierre, Healing Developmental Trauma.
10. Van der Kolk, Body Keeps the Score.
11. Neumann, Origins and History of Consciousness, 8.
12. Neumann, The Great Mother.
13. Jung, Psychology and Alchemy, 268.
14. Durckheim, Hara.
15. Jung defines circumambulation extensively in Psychology and Alchemy; Mandala Symbolism; and Mysterium Coniunctionis.
16. The creation of mandalas is the source of many books: Finscher, Creating Mandalas; Ingrid Riedel, Formen, Tiefenpsychologische Deutung von Kreis, Kreuz, Dreieck, Quadrat, Spirale und Mandala (Stuttgart, Germany: Kreuz Verlag, 2002); Elbrecht, Transformation Journey; Gyorgy Doczi, The Power of Limits: Proportional Harmonies in Nature, Art, and Architecture (Boulder, CO: Shambhala, 1981); Jose Arguelles and Miriam Arguelles, Mandala (Berkeley, CA: Shambhala,1972); Jung, Mandala Symbolism; Jung and Franz, Man and His Symbols; Madhu Khanna, Yantra: The Tantric Symbol of Cosmic Unity (London: Thames and Hudson, 1980); Kellogg, Mandala.
17. The most fascinating account of the force of the spiral I have found is Doczi, The Power of Limits. See Edmark at www.johnedmark.com.
18. Jill Purce, The Mystic Spiral: Journey of the Soul (London: Thames and Hudson, 1992), 27.
19. Ibid., 11.
20. Ibid., 110.
21. Neumann, The Great Mother; Origins and History of Consciousness; Amor andPsyche; Art and the Creative Unconscious.
22. Neumann, The Great Mother; Origins and History of Consciousness; Jung and Franz, Man and His Symbols; Jung, Mandala Symbolism; Jung, Mysterium Coniunctionis.
23. Elbrecht, Trauma Healing at the Clay Field.

24. Shapiro, Eye Movement Desensitization.

25. Anthony Twig Wheeler, www.liberationispossible.org.

26. Lama Anagarika Govinda, Foundations of Tibetan Mysticism (New York: Rider,1969), 156.

27. Ibid., 159.

15장 | 남성적 기본 형태들

1. Siegel and Bryson, Whole-Brain Child.

2. Jill Bolte Taylor, "My Stroke of Insight," TED Talk, February 2008, http://goo.gl/D8xLGu.

3. Levine, In an Unspoken Voice.

4. Hinz, Expressive Therapies Continuum; Lusebrink, "Assessment and Therapeutic Application."

5. Grimm and Grimm, Complete Grimm Fairy Tales; Jung and Jaffe, Memories, Dreams, Reflections; Jung and Franz, Man and His Symbols; Robert A. Johnson, The Psychology of Romantic Love (London: Arcana, 1987); Johnson, She: Understanding Feminine Psychology (New York: Harper and Row, 1989); Estes, Women Who Run with the Wolves.

6. Robert A. Johnson, The Fisher King and the Handless Maiden (New York: Harper Collins, 1995), 44.

7. Ibid., 30.

8. There is a parallel in this myth to the celebration of the Roman Catholic mass, in which the priest drinks the wine as the "blood of Christ" in order to give life to the community. Jung goes even farther and discusses the transformation of the angry god of the Old Testament into a god of love through the son, the Christ. The god of the Old Testament, depicted as an old man, became rejuvenated in the son. See Jung, Mysterium Coniunctionis, 24.

9. Neumann, Amor and Psyche; Grimm and Grimm, Complete Grimm Fairy Tales; Estes, Women Who Run with the Wolves.

10. Alice Miller, The Drama of the Gifted Child (New York: Basic, 1981).

11. Frederick S. Perls, Gestalt Therapy Verbatim, 1968 (repr. Highland, NY: GestaltJournal Press, 1992).

12. Rumi, quoted in Houston, Search for the Beloved, 206.
13. Alfons Rosenberg, Kreuzmeditation (Munich: Koesel, 1976); Rosenberg, Christliche Bildmeditation (Munich: Koesel, 1975).
14. The mystery of conjunction is discussed in Jung, Psychology and Alchemy and Mysterium Coniunctionis.
15. John is symbolized as enlightened man or an angel, relating to Aquarius astrologically and the element air. Mark is associated with a lion and Leo as a fire sign. Matthew is pictured with an eagle, and the heightened image of Scorpio in astrology, representing the element water. Luke appears with the bull, relating to Taurus as an earth sign.
16. Jung, Mysterium Coniunctionis; Jung, Archetypes and the Collective Unconscious.
17. Rosenberg, Kreuzmeditation.
18. Krystal, Cutting the Ties That Bind.
19. Khanna, Yantra.
20. Susie Orbach, Bodies (London: Profile, 2009); Orbach, Fat is a Feminist Issue:The Anti-Diet Guide to Permanent Weight Loss (New York: Paddington, 1978).
21. Ogden, Sensorimotor Psychotherapy, 391.
22. Van der Kolk, The Body Keeps the Score, 136–68.
23. Quaternio is Latin for “four-foldedness.” See the extensive literature about this subject in Jung, Mysterium Coniunctionis; Jung, Psychology and Alchemy.

16장 | 신체 중심 개입 도구

1. Joy Schaverien, The Revealing Image: Analytical Art Psychotherapy in Theory and Practice (London: Routledge, 1992).
2. Ogden, Sensorimotor Psychotherapy, 48.
3. Antonio R. Damasio, “How the Brain Creates the Mind,” Scientific American 281:6 (1999), 74–79.
4. Ogden, Sensorimotor Psychotherapy, 255.
5. Ibid., 515.
6. Ibid., 537.

7. Ibid., 615.

17장 | 사자가 되기까지

1. Hinz, Expressive Therapies Continuum.
2. Elbrecht, Trauma Healing at the Clay Field; Elbrecht, "Clay Field and Developmental Trauma"; Grunwald, Human Haptic Perception.

18장 | 치유

1. Cathy A. Malchiodi, Breaking the Silence: Art Therapy with Children from Violent Homes (New York: Brunner/Mazel, 1990).
2. Alice Miller, For Your Own Good: The Roots of Violence in Child Rearing (London: Virago, 1983).

참고문헌

Arguelles, Jose, and Miriam Arguelles. *Mandala*. Berkeley, CA: Shambhala, 1972.

Ayres, Jean. *Sensory Integration and the Child: Understanding Hidden Sensory Challenges*. 6th rev. ed. Los Angeles: Western Psychological Services, 2005.

Brennan, Barbara. *Hands of Light: A Guide to Healing through the Human Energy Field*. New York: Bantam, 1987.

Campbell, Joseph. *The Hero with a Thousand Faces*. 1949. Reprinted London: Fontana Press, 1993.

Cane, Florence. *The Artist in Each of Us*. London: Thames and Hudson, 1951.

Capacchione, Lucia. *The Art of Emotional Healing*. 2nd ed. Boulder, CO: Shambhala, 2006.

———. The Creative Journal: *The Art of Finding Yourself*. 2nd ed. Franklin Lakes, NJ: New Page, 2002.

Case, Caroline, and Tessa Dalley. *The Handbook of Art Therapy*. New York: Routledge, 1992.

Chabat, Alan, and Thomas Balmes. *Babies*. DVD. Produced by Madman. Studio Canal. 2009.

Cohen, B., J. Hammer, and S. Singer. "Diagnostic Drawing Series: A Systematic Approach to Art Therapy Evaluation and Research." *The Arts in Psychotherapy* 12 (1985), 260–83.

Cohen, Barry M., Mary-Michola Barnes, and Anita Rankin. *Managing Traumatic Stress through Art*. Baltimore: Sidran, 1995.

Damasio, Antonio R. "How the Brain Creates the Mind." *Scientific American* 281:6 (1999), 74–79.

Doczi, Gyorgy. *The Power of Limits: Proportional Harmonies in Nature, Art, and Architecture*. Boulder, CO: Shambhala, 1981.

Doidge, Norman. *The Brain That Changes Itself*. Carlton North, Australia: Scribe, 2007.

Durckheim, Karlfried Graf. *The Call for the Master*. New York: Penguin, 1993.

———. Hara: *The Vital Center of Man*. New York: Mandala, 1980.

———. *The Way of Transformation: Daily Life as Spiritual Exercise*. London: Allen & Unwin, 1971.

———. *Zen and Us*. New York: Arkana, 1991.

Edmark, John. n.d. John Edmark. www.johnedmark.com.

Edwards, J., ed. *Being Alive: Building on the Work of Anne Alvarez*. Philadelphia: Brunner-Routledge, 2001.

Elbrecht, Cornelia. "The Clay Field and Developmental Trauma." In Malchiodi, *Creative Interventions with Traumatized Children*, second edition. New York: Guilford, 2015,191–213.

———. *The Transformation Journey: The Process of Guided Drawing—An Initiatic Art Therapy*. Rutte, Germany: Johanna Nordlander Verlag, 2006.

———. *Trauma Healing at the Clay Field*: A Sensorimotor Approach to Art Therapy. London: Jessica Kingsley, 2012.

Elbrecht, Cornelia, and Liz R. Antcliff. "Being in Touch: Healing Developmental and Attachment Trauma at the Clay Field." *Australian Childhood Foundation Journal* 40:3 (September 2015), 209–20.

———. "Being Touched through Touch: Trauma Treatment through Haptic Perception at the Clay Field: A Sensorimotor Art Therapy." *Inscape, International Journal of Art Therapy* 19:1 (2014), 19–30.

Estes, Clarissa Pinkola. *Women Who Run with the Wolves: Contacting the Power of the Wild Woman*. London: Rider, 1992.

Fenner, Patricia. "Place, Matter and Meaning: Extending the Relationship in Psychological Therapies." *Health & Place* 17:3 (2011), 851–57.

Finscher, Susan. *Creating Mandalas*. Berkeley, CA: Shambhala, 1991.

Foundation of Human Enrichment. *Somatic Experiencing: Healing Trauma*. Training manual. Boulder, CO: Foundation of Human Enrichment, 2007.

Gantt, Linda, and Carmello Tabone. *The Formal Elements Art Therapy Scale: The Rating Manual*. Morgantown, WV: Gargoyle, 1998.

Gendlin, Eugene. *Focusing*. New York: Bantam, 1978.

Gerhardt, Sue. *Why Love Matters: How Affection Shapes a Baby's Brain*. Hove, UK: Routledge, 2004.

Gil, Eliana. "Art and Play Therapy with Sexually Abused Children." In Malchiodi, *Handbook of Art Therapy*. New York: Guilford, 2003, 152–67.

Govinda, Lama Anagarika. *Foundations of Tibetan Mysticism*. New York: Rider, 1969.

Gregory, Richard, John Harris, Priscilla Heard, and David Rose, eds. *The Artful Eye*. Oxford, UK: Oxford University Press, 1995.

Grimm, Jacob, and Wilhelm Grimm. *The Complete Grimm Fairy Tales*. Reprinted London: Routledge, 1975.

Grunwald, Martin, ed. *Human Haptic Perception: Basics and Applications*. Boston: Birkhauser Verlag, 2008.

Hansen, Lauren. "Evaluating a Sensorimotor Intervention in Children Who Have Experienced Complex Trauma: A Pilot Study." Honors Projects. Paper 151. Illinois Wesleyan University. 2011.

Heller, Laurence, and Aline LaPierre. *Healing Developmental Trauma: How Early Trauma Affects Self-Regulation, Self-Image, and the Capacity for Relationship*. Berkeley, CA: North Atlantic Books, 2012.

Hinz, Lisa D. *Expressive Therapies Continuum: A Framework for Using Art in Therapy*. New York: Routledge, 2009.

Hogan, Susan, ed. *Gender Issues in Art Therapy*. Philadelphia: Jessica Kingsley, 2003.

Horlitzka, Klaus. *Mandalas of the Celts*. New York: Sterling, 1998.

———. *Native American Mandalas*. New York: Sterling, 2008.

———. *Power Mandalas*. New York: Sterling, 2000.

Houston, Jean. *The Search for the Beloved: Journeys in Mythology and Sacred Psychology*. New York: Penguin Putnam, 1987.

Itten, Johannes. *The Art of Color*. Basel, Switzerland: DuMont Verlag, 1961.

Johnson, Robert, A. *The Fisher King and the Handless Maiden*. New York: Harper Collins, 1995.

———. *The Psychology of Romantic Love*. London: Arcana, 1987.

———. *She: Understanding Feminine Psychology*. New York: Harper and Row, 1989.

Jung, C. G. *The Archetypes and the Collective Unconscious*. Edited by Herbert Read, Michael Fordham, and P. F. C. Hull. Princeton, NJ: Princeton University Press, 1969.

———. *Mandala Symbolism*. Princeton, NJ: Princeton University Press, 1973.

———. *Mysterium Coniunctionis: An Inquiry into the Separation and Synthesis of Psychic Opposites in Alchemy*. 1956. Reprinted London: Routledge, 1970.

———. *Psychology and Alchemy*. 1944. Reprinted London: Routledge, 1968.

Jung, C. G., and Marie-Luise von Franz. *Man and His Symbols*. Garden City, NY: Doubleday, 1964.

Jung, C. G., and Aniela Jaffe. *Memories, Dreams, Reflections*. London: Collins, 1962.

Kagin, Sandra, and Vija Lusebrink. "The Expressive Therapies Continuum." *Art Psychotherapy* 5 (1978), 171–80.

Kaplan, Frances F., ed. *Art Therapy and Social Action*. Philadelphia: Jessica Kingsley, 2007.

Karr-Morse, Robin S., and Meredith Wiley. *Scared Sick: The Role of Childhood Trauma in Adult Disease*. New York: Basic, 2012.

Keleman, Stanley. *Your Body Speaks Its Mind*. New York: Simon and Schuster, 1975.

Kellogg, Joan. *Mandala: Path of Beauty*. Belleair, FL: ATMA, 1978.

Khanna, Madhu. *Yantra: The Tantric Symbol of Cosmic Unity*. London: Thames and Hudson, 1980.

Klorer, Gussie P. "Sexually Abused Children: Group Approaches." In Malchiodi, *Handbook of Art Therapy*. New York: Guilford, 2003, 339–51.

Krystal, Phyllis. *Cutting the Ties That Bind: Growing Up and Moving On*. Newburyport, MA: Red Wheel/Weiser, 1995.

Ladinsky, Daniel. *I Heard God Laughing; Poems of Hope and Joy: Renderings of Hafiz*. New York: Penguin, 1996.

Latto, R. "The Brain of the Beholder." In Gregory et al., *The Artful Eye*. Oxford: Oxford University Press, 1995.

Leary, Timothy. *Politics of Ecstasy*. Berkeley, CA: Ronin, 1968.

Levine, Peter A. *Healing Trauma*. Boulder, CO: Sounds True, 2005.

———. *Healing Trauma: A Pioneering Program for Restoring the Wisdom of Your Body*. Louisville, CO: Sounds True, 2008.

———. *In an Unspoken Voice: How the Body Releases Trauma and Restores Goodness*. Berkeley, CA: North Atlantic Books, 2010.

———. "In an Unspoken Voice: How the Body Releases Trauma and Restores Goodness." 5. *Schweizer Bildungsfestival, Weggis, Switzerland*. DVD 1 and 2. Muhlheim, Switzerland. August 23, 2011.

———. *It Won't Hurt Forever*. Boulder, CO: Sounds True, 2001.

———. *Resolving Trauma in Psychotherapy*. DVD. Mill Valley, CA: Psychotherapy.net, 2010.

———. "Rustzeug fur Zeiten von Terror und Aufruhr: Ein korperzentrierter Weg bei traumatischen Erfahrungen." *Video of presentation given at the 4. Internationale Arbeitstagung zu Systemaufstellungen*. Muhlheim, Switzerland. April 30, 2003.

———. *Sexual Healing*. Boulder, CO: Sounds True, 2003.

———. *Trauma and Memory: Brain and Body in a Search for the Living Past*. Berkeley, CA: North Atlantic Books, 2015.

———. *Waking the Tiger: Healing Trauma*. Berkeley, CA: North Atlantic Books, 1997.

Levine, Peter A., and Maggie Kline. *Trauma through a Child's Eyes. Berkeley*, CA: North Atlantic Books, 2007.

Lev-Wiesel, Rachel, and Frances Kaplan. "Art Making as a Response to Terrorism." In Kaplan, *Art Therapy and Social Action*. London: Jessica Kingsley, 2006, 191–213.

Lowe, Richard, and Stefan Laeng-Gilliatt. *Reclaiming Vitality and Presence: Sensory Awareness as a Practice for Life. The Teachings of Charlotte Selver and Charles V. W. Brooks*. Berkeley, CA: North Atlantic Books, 2007.

Lusebrink, Vija. "Art Therapy and the Brain: An Attempt to Understand the Underlying Processes of Art Expression in Therapy." *Art Therapy Journal of the American Art Therapy Association* 21:3 (2004), 125–35.

———. "Assessment and Therapeutic Application of the Expressive Therapies Continuum: Implications of Brain Structures and Functions." *Art Therapy: Journal of the American Art Therapy Association* 27:4 (2010), 168–77.

———. "A Systems Oriented Approach to the Expressive Therapies: The Expressive Therapies Continuum." *The Arts in Psychotherapy* 18 (1992), 395–403.

Machover, Karen. *Personality Projection in the Drawing of the Human Figure: A Method of Personality Investigation*. Springfield, IL: Charles C. Thomas, 1978.

MacLean, Paul D. *The Triune Brain in Evolution*. New York: Plenum, 1990.

Malchiodi, Cathy A. "Art Therapy and the Brain." In Malchiodi, *Handbook of Art Therapy*. New York: Guilford, 2003, 16–25.

———. "Bilateral Drawing: Self-Regulation for Trauma Reparation." *Psychology Today*. September 29, 2015. http://goo.gl/kZfcts.

———. *Breaking the Silence: Art Therapy with Children from Violent Homes*. New York: Brunner/Mazel, 1990.

———, ed. *Creative Interventions with Traumatized Children*. New York: Guilford, 2015.

———. *Handbook of Art Therapy*. New York: Guilford, 2003.

———. *Understanding Children's Drawings*. New York: Guilford, 1998.

McNiff, Shaun. *Art as Medicine: Creating a Therapy of Imagination*. Boston: Shambhala, 1992.

———. *Art-Based Research*. Philadelphia: Jessica Kingsley, 1998.

Miller, Alice. *The Drama of the Gifted Child*. New York: Basic, 1981.

———. *For Your Own Good: The Roots of Violence in Child Rearing*. London: Virago, 1983.

Myss, Caroline. *Anatomy of the Spirit*. New York: Bantam, 1997.

———. *The Energetics of Healing. Video*. Boulder, CO: Sounds True, 1997.

Neumann, Erich. *Amor and Psyche: The Psychic Development of the Feminine*. 1956. Translated by Ralph Manheim. Reprinted Princeton, NJ: Princeton University Press, 2016.

———. *Art and the Creative Unconscious*. 1959. Translated by Ralph Manheim. Reprinted Princeton, NJ: Princeton University Press, 1971.

———. *The Great Mother: An Analysis of the Archetype*. Translated by Martin Liebscher. Princeton, NJ: Princeton University Press, 1955.

———. *The Origins and History of Consciousness*. Translated by R. F. C. Hull. Princeton, New Jersey: Princeton University Press, 1954.

O'Brien, Frances. "The Making of Mess in Art Therapy, Attachment, Trauma and the Brain." *International Journal of Art Therapy* 9:1 (2004), 2–13.

Ogden, Pat. *Trauma and the Body: A Sensorimotor Approach to Psychotherapy*. New York: W. W. Norton, 2006.

Ogden, Pat, and Janina Fisher. *Sensorimotor Psychotherapy: Interventions for Trauma and Attachment*. New York: W. W. Norton, 2015.

Orbach, Susie. *Bodies*. London: Profile, 2009.

———. *Fat Is a Feminist Issue: The Anti-Diet Guide to Permanent Weight Loss*. New York: Paddington, 1978.

Pawlic, Johannes. *Goethe: Farbenlehre*. Basel, Switzerland: DuMont Verlag, 1974.

———. *Theorie der Farbe*. Basel, Switzerland: DuMont Verlag, 1976.

Perls, Frederick S. *Gestalt Therapy Verbatim*. 1968. Reprinted Highland, NY: Gestalt Journal Press, 1992.

Perry, Bruce. "Applying Principles of Neurodevelopment to Clinical Work with Maltreated and Traumatized Children: The Neurosequential Model of Therapeutics." In Webb, *Working with Traumatized Youth in Child Welfare*. New York: Guilford, 2005, 27–53.

———. "Examining Child Maltreatment through a Neurodevelopmental Lens: Clinical Applications of the Neurosequential Model of Therapeutics." *Journal of Loss and Trauma* 14 (2009), 240–55.

Piaget, Jean, and Barbel Inhelder. *The Psychology of the Child*. New York: Basic, 1969.

Porges, Stephen W. *The Polyvagal Theory: Neurophysiological Foundations of Emotions, Attachment, Communication, Self-regulation*. New York: W. W. Norton, 2011.

Purce, Jill. The *Mystic Spiral: Journey of the Soul*. London: Thames and Hudson, 1992.

Ramachandran, V. S. "Mirror Neurons, Part 1." 2009. YouTube. http://youtu.be/XzMqPYfeA-s.

———. "Mirror Neurons, Part 2." 2009. YouTube. http://youtu.be/xmEsGQ3JmKg.

———. "The Neurons That Shaped Civilization." TED Talk. 2013. YouTube. http://youtu.be/l80zgw07W4Y.

Riedel, Ingrid. *Farben in Religion, Gesellschaft, Kunst und Psychotherapie*. Stuttgart Germany: Kreuz Verlag, 1999.

———. *Formen, Tiefenpsychologische Deutung von Kreis, Kreuz, Dreieck, Quadrat, Spirale und Mandala*. Stuttgart, Germany: Kreuz Verlag, 2002.

Rosenberg, Alfons. *Christliche Bildmeditation*. Munich: Koesel, 1975.

———. *Kreuzmeditation*. Munich: Koesel, 1976.

Rothschild, Babette. "Applying the Brakes." *Psychotherapy Networker*, September 3, 2014.

———. *The Body Remembers: Casebook, Unifying Methods and Models in the Treatment of Trauma and PTSD*. New York: W. W Norton, 2003.

———. *The Body Remembers: The Psychophysiology of Trauma and Trauma Treatment*. New York: W. W. Norton, 2000.

———. "Trauma Specialist Babette Rothschild: Description of Dual Awareness for Treating PTSD." YouTube. November 16, 2011. http://goo.gl/6v6mVo.

Schaverien, Joy. *The Revealing Image: Analytical Art Psychotherapy in Theory and Practice*. London: Routledge, 1992.

Schore, Allan. *Affect Dysregulation and Disorders of the Self*. New York: W. W. Norton, 2003.

———. *Affect Regulation and Repair of the Self*. New York: W. W. Norton, 2003.

———. *Affect Regulation and the Origin of the Self: The Neurobiology of Emotional Development*. Hillsdale, NJ: Lawrence Erlbaum, 1994.

———. "Early Relational Trauma: Effects on Right Brain Development and the Etiology of Pathological Dissociation." Paper presented at the conference "Attachment, the Developing Brain, and Psychotherapy: Minds in the Making." University College London, 2001.

———. "Neurobiology, Developmental Psychology, and Psychoanalysis: Convergent Findings on the Subject of Projective Identification." In Edwards, *Being Alive*. Oxford: Routledge, 2003.

———. "Regulation of the Right Brain: A Fundamental Mechanism of Attachment Development and Trauma Psychotherapy." Paper presented at the conference "Attachment, Trauma, and Dissociation: Developmental, Neuropsychological, Clinical, and Forensic

Considerations." University College London, 2001.

Shapiro, Francine. *Eye Movement Desensitization and Reprocessing: Basic Principles, Protocols, and Procedures.* New York: Guilford, 2001.

———. *Eye Movement Desensitization and Reprocessing (EMDR) Therapy: Basic Principles, Protocols, and Procedures.* 3rd ed. New York: Guilford, 2017.

Siegel, Daniel, J. *Mind Sight: Change Your Brain and Your Life.* Carlton North, Australia: Scribe, 2009.

———. *Mindsight: The New Science of Personal Transformation.* New York: W. W. Norton, 2012.

Siegel, Daniel, and Tina Payne Bryson. *The Whole-Brain Child: 12 Revolutionary Strategies to Nurture Your Child's Developing Mind.* New York: Bantam, 2012.

Slater, Nancy. R. "Revisions on Group Art Therapy with Women Who Have Experienced Domestic and Sexual Violence." In Hogan, *Gender Issues in Art Therapy.* London: Jessica Kingsley, 2002, 173–85.

Suzuki, Shunryu Roshi. *Zen Mind Beginners Mind.* Edited by Trudy Dixon. Boulder, CO: Shambhala, 2011.

Taylor, Jill Bolte. "My Stroke of Insight." TED Talk. February 2008. http://goo.gl/D8xLGu.

Trevarthen, Colwyn. "Mother and Baby—eeing Artfully Eye to Eye." In Harris, *The Artful Eye.* Oxford: Oxford University Press, 1995.

Van der Kolk, Bessel A. *The Body Keeps the Score: Brain, Mind and Body in the Healing of Trauma.* New York: Viking, 2014.

———. "The Complexity of Adaptation to Trauma: Self-Regulation, Stimulus Discrimination, and Characterological Development." In Van der Kolk and McFarlane, *Traumatic Stress.* New York: Guilford, 2006, 182–214.

———. *The Secret Life of the Brain.* Video. PBS Video Series. 2002.

Van der Kolk, Bessel A., and Weisaeth McFarlane, eds. *Traumatic Stress: The Effects of Overwhelming Experience of Mind, Body and Society.* New York: Guilford, 1996.

Wadeson, Harriet. *Art Psychotherapy.* Hoboken, NJ: John Wiley & Sons, 2010.

Waller, Diane. *Group Interactive Art Therapy.* New York: Routledge, 1993.

Webb, N. B., ed. *Working with Traumatized Youth in Child Welfare.* New York: Guilford, 2006.

Wheeler, Anthony Twig. n.d. LiberationIsPossible.org. www.liberationispossible.org.

Wilson, Frank R. *The Hand.* New York: Vintage, 1998.

감사의 글

이 책에 도움을 준 많은 사람이 있다. 가장 먼저, 헤아릴 수 없는 배움을 준 모든 내담자와 학생들에게 감사를 전하고 싶다. 이들 덕분에 나는 45년 전 지녔던 미술치료사의 열정을 여전히 간직하고 있다. 특히 기꺼이 작품들을 공유해 준 수잔 캐턴Susan Catton, 가브리엘 클라크Gabrielle Clark, 엘리자베스 키네인Elizabeth Kinnane, 테건 네빌Tegan Neville, 마리 마틴Marie Martin, 소피 패터슨Sophie Patterson, 헬레나 암브로시아Helena Ambrosia, 크리스타 로즈원Krista Rosewarne, 테스 스케칠리Tess Sketchley, 아카시아 반 헤스트Acacia van Hest, 레일라니 반 헤스트Leilani van Hest, 토비아스 반 헤스트Tobias van Hest, 캐롤린 웨스트Carolyn West와 그 밖에 많은 이들에게도 감사를 전한다.

누구와도 견줄 수 없는 자매 같은 리즈 앤트클리프Liz Antcliff, 그리고 크리스 스톰Chris Storm, 샐리 스토어Sally Stower, 샐리 타이렐Sally Tyrell과 다이앤 비올리Diane Violi에게, 그들과 함께 나눈 우정, 여정, 와인, 함께 나눈 즐거움 그리고 초고에 대한 감수에 깊은 감사의 마음을 전한다. 미숙한 개념적 단계를 지나 원고를 시작하고, 출간을 앞두고 아무것도 알 수 없을 때, 친구들의 신뢰가 정말 도움이 되었다.

North Atlantic Books의 모든 분들께 감사드리며, 특히 고비마다 인내해 준 에보니 레드베터Ebonie Ledbetter, 든든한 버팀목이 되어준 히사에 마츠다Hisae Matsuda, 수백 장의 이미지를 다루며 엄청난 역할을 해낸 모린 포리스Maureen Forys에게 깊은 감사를 전한다. 이들과 함께 일할 수 있어 즐거웠다.

레굴라 불만Regula Buhlmann에게도, 12년 전에 펴냈던 첫 번째 책의 개정판인 이 책의 작업에 대한 아낌없는 지원에 감사한다. 그리고 영감이 되어주는 캐시 말키오디Cathy Malchiodi의 우정과 격려에 고마움을 전한다. 그 뱀피는 여전히 마력을 부리고 있다….

찾아보기

(ㄷ)

(ㄹ)

(ㅁ)

(ㅂ)

(ㅅ)

(ㅇ)

(ㅈ)

(ㅊ)

(ㅋ)

(ㅌ)

(ㅍ)

(ㅎ)

가이드 드로잉을 위한 정보

가이드 드로잉을 통해 트라우마 치유에 대해 더 알고 싶다면, 두 가지 주요 방법이 있다.

- 코넬리아 엘브레히트는 호주를 비롯해 전 세계에서 워크숍을 진행하고 있다. 자세한 내용은 감각운동 미술치료 연구소(Institute for Sensorimotor Art Therapy) 웹사이트 www.sensorimotorarttherapy.com에서 확인할 수 있다.
- 이 사이트에서 총 7회의 회당 2시간 세션으로 구성된 온라인 교육 과정을 수강할 수 있다. 이 과정은 미술치료사, 교육자, 그리고 예술가들을 대상으로 하며, 양손 바디매핑 가이드 드로잉을 통해서 트라우마를 치유하는 방법에 대해 교육한다.

지은이

코넬리아 M. 엘브레히트

혁신적인 예술 치료 기법의 선두주자로, 특히 트라우마 치유에 중점을 두고 활동하고 있다. 40년 이상의 경험을 가진 예술 치료사로, 저명한 작가이자 교육자이며, 감각운동 예술치료 연구소(Institute for Sensorimotor Art Therapy)를 설립해 운영하고 있다.

그녀는 독일의 슈바르츠발트[검은 숲(Black Forest)]에 위치한 이니시에이션 예술치료학교(School for Initiatic Arts Therapies)에서 공부했으며, 순수 미술과 예술 교육 학위를 가지고 있다. 또한 융 학파와 게슈탈트 치료, 생체에너지학, 그리고 신체 경험 훈련 연구소(Somatic Experiencing Training Institute, SETI)에서 광범위한 대학원 교육을 받았다.

엘브레히트는 가이드 드로잉(Guided Drawing)과 클레이 필드 치료(Clay Field Therapy)로 특히 유명하며, 국제적으로 존경받는 예술 치료 교육 기관인 호주 아폴로 베이(Apollo Bay)에 위치한 클레르웬 리트릿(Claerwen Retreat)에서 정기적으로 워크숍을 개최하고 있다.

또한, 엘브레히트는 여러 권의 책을 저술했으며, 예술 치료사, 교육자, 그리고 트라우마 치료에 신체 중심의 예술 치료 접근법을 이해하려는 정신 건강 전문가들을 위해 공인 온라인 과정을 운영하고 있다. 그녀의 강의와 저서에 대한 자세한 정보는 www.sensorimotorarttherapy.com에서 확인할 수 있다.

옮긴이

최호정

미국공인미술치료사[A.T.R.]로 서울대학교 미술대학을 졸업하고 서울여자대학교 특수치료전문대학원 표현예술치료학 박사를 취득하였다. 현재 엠버인 미술심리상담연구소 대표로서 성인과 아동 대상으로 미술심리 진단 및 평가와 심리치료를 제공하고 있다. 저서로는 『체험 미술심리치료』(공저, 학지사, 2018), 역서로는 『임상미술치료학』(공역, 2008, 시그마프레스), 『미술치료학 연구법』(공역, 시그마프레스, 2012)이 있으며 '용서미술치료'라는 주제로 다수의 논문을 발표하였다.

양지윤

ANZACATA 공인 미술치료사로 서울여자대학교 미술치료학 석사를 졸업하고, 현재 호주 퀸즐랜드 공과대학교 사회복지학과에 재학 중이다.

김수연

미술치료사로 차의과대학교 미술치료대학원 임상미술치료 석사를 취득하였으며 동 대학원 박사과정을 수료하였다. 현재 강남차병원 정신건강의학과, 아이들세상의원에서 미술치료사로 활동 중이며, 내맘지기 미술치료연구소 '동행'의 소장을 맡고 있다.

트라우마 치유를 위한 가이드 드로잉

초판 1쇄 인쇄 2024년 10월 4일
초판 1쇄 발행 2024년 10월 11일

지은이 | 코넬리아 M. 엘브레히트
옮긴이 | 최호정, 양지윤, 김수연
펴낸이 | 소정영

펴낸곳 | 도서출판 하나의학사
출판신고 | 1988년 4월 1일 제2022-000082호

주소 | 서울특별시 송파구 동남로 159, 302호(한흥빌딩)
전화 | 02-730-2555, 2556 **팩스** | 02-730-2557
이메일 | hanampc1@naver.com
홈페이지 | www.hanampc.co.kr

ISBN 979-11-91658-50-7 93180

HEALING TRAUMA with GUIDED DRAWING

A Sensorimotor Art Therapy Approach to Bilateral Body Mapping